Grundwerk
C. G. JUNG
Band 1

… Cornelia

Papi

19. Juni 1999

WW

Grundwerk C. G. JUNG

in neun Bänden, herausgegeben von

Helmut Barz, Ursula Baumgardt,
Rudolf Blomeyer, Hans Dieckmann,
Helmut Remmler, Theodor Seifert

Vorwort zur Reihe in Band 1

C. G. JUNG

Grundfragen zur Praxis

Walter-Verlag
Zürich und Düsseldorf

Gesamtwerk
ISBN 3-530-40780-1

Band 1
ISBN 3-530-40781-X

Band 2
ISBN 3-530-40782-8

Band 3
ISBN 3-530-40783-6

Band 4
ISBN 3-530-40784-4

Band 5
ISBN 3-530-40785-2

Band 6
ISBN 3-530-40786-0

Band 7
ISBN 3-530-40787-9

Band 8
ISBN 3-530-40788-7

Band 9
ISBN 3-530-40789-5

4. Auflage 1996

Druck und Einband: Clausen & Bosse, Leck
Printed in Germany

Inhalt

Der Traum des Nebukadnezar
Speculum humanae salvationis
Codex Palatinus Latinus 413 (Vatikan, 15. Jh.)

Vorwort der Herausgeber

Das Erscheinen einer Auswahl aus dem Gesamtwerk von C.G. Jung bedarf keiner Begründung. Das ständig zunehmende Interesse an Jungs Werk auch bei nichtprofessionellen Lesern einerseits und der enorme Umfang sowie die Vielschichtigkeit dieses Werkes andererseits lassen das Bedürfnis nach einer repräsentativen Auswahl selbstverständlich erscheinen. Der Evidenz dieses Bedürfnisses steht jedoch die Schwierigkeit gegenüber, ihm in einer der Bedeutung des Gesamtwerkes adäquaten Weise gerecht zu werden. Je besser ein Leser mit Jungs Werken vertraut ist, desto schwerer fällt es ihm, einzelne Teile aus diesem organisch gewachsenen Ganzen herauszubrechen und sie für entbehrlicher als das übrige zu erklären.

Die Funktion der Herausgeber bestand aber naturgemäß ausschließlich in dieser Aufgabe, mit der sich keiner der Beteiligten leichtgetan hat. Dabei herrschte die einhellige Überzeugung, daß die zu leistende Auswahl niemals mit einer *Bewertung* zu verwechseln sei, daß also beispielsweise die völlige Vernachlässigung von Jungs frühen psychiatrischen Arbeiten in dieser Ausgabe nicht deren mindere Bewertung, sondern ausschließlich ihre geringere repräsentative Bedeutung für das gesamte Werk zur Ursache hat. Ein Leser, der an dem gewichtigen Beitrag Jungs zur modernen Psychiatrie interessiert ist, wird in dieser Auswahl zwar lediglich auf den erstaunlich modern anmutenden Aufsatz «Die Schizophrenie» von 1958 stoßen, er wird aber durch dessen Lektüre vermutlich dazu angeregt werden, nach den Bänden I bis III der Gesammelten Werke zu greifen, in denen er eine Fülle weiterer psychiatrischer Arbeiten von Jung findet, die zwar aus der Entstehungsgeschichte des Werkes nicht wegzudenken, aber für ein zusammenfassendes Verständnis doch entbehrlich sind.

Der entwicklungsgeschichtliche Gesichtspunkt mußte überhaupt bei einer Auswahl dieses Umfanges außer acht gelassen werden. In einem zentralen Bereich von Jungs Forschung, nämlich bei seiner Auseinandersetzung mit der Alchemie, hat das nicht nur quantitative, sondern auch qualitative Gründe. Daß in dieser Auswahl zwar «Psychologie und Alchemie» vollständig enthalten ist, daß aber die beiden späteren Bücher «Aion» und «Mysterium Coniunctionis» fehlen, liegt nicht nur an dem Umfang dieser beiden Werke, sondern auch an dem außerordentlich hohen Anspruch, den sie an den Leser stellen. Die Herausgeber waren der Ansicht, daß der allgemein interessierte Leser sich diesem Anspruch kaum stellen wird, während der speziell mit dem Thema befaßte die beiden Bände in den Gesammelten Werken findet, und nahmen es deswegen schweren Herzens in Kauf, die Entwicklungslinie von Jungs Bearbeitung der alchemistischen Symbolik vor ihrem Höhepunkt abbrechen zu lassen und damit dieser Auswahl zwei der gewichtigsten, aber auch am schwersten zugänglichen Werke vorzuenthalten.

Zu Kompromissen dieser Art mußten die Herausgeber sich immer wieder bereit finden. Wenn das «Grundwerk C. G. Jung» sich sowohl durch einen möglichst niedrigen Preis als auch durch möglichst hohe Allgemeinverständlichkeit auszeichnen sollte, dann mußte bei seiner Zusammenstellung oft rigoros entschieden werden.

Nur in einem einzigen Falle jedoch konnten sich die Herausgeber zu einem Prinzip entschließen, dessen Anwendung ihre Arbeit (und die des Lesers) erleichtert, aber dem Werk C. G. Jungs unverzeihlichen Schaden zugefügt hätte: zum Prinzip der Kürzung. Gekürzt liegt in dieser Auswahl nur der sechste Band der Gesammelten Werke «Psychologische Typen» vor; alle anderen Werke – seien es Aufsätze, Vorträge oder Bücher – sind ohne Kürzung wiedergegeben. Aus den «Psychologischen Typen» wurde nur das zehnte von elf Kapiteln aufgenommen, so daß der Leser zwar die praktisch wichtigen Resultate des umfangreichen Buches zur Kenntnis nehmen kann, aber den für Jungs Arbeitsweise so charakteristischen Weg dorthin, der durch weite Bereiche der Geistesgeschichte führt, vermissen muß. Es hat die Herausgeber Überwindung gekostet, in diesem Fall den Lesern Jungs ebenso spannende wie anregende Exkurse vorzuenthalten. Aber die Einsparung von 356 Seiten (die in den Gesammelten Werken nachgelesen werden können) war ein gewichtiger Faktor für die Preisgestaltung. – Die im Band «Psychologische Typen» als Kapitel XI enthaltenen «Definitionen» wurden weggelassen, weil sie nicht mehr in allen Fällen für den Sprachgebrauch der späteren Werke zutreffend sind.

Weggelassen wurden auch weitgehend Jungs Auseinandersetzungen mit der Freudschen Psychoanalyse und seine Abgrenzungen von anderen psychologischen Schulen. Zwar sind die entsprechenden Aufsätze wiederum bedeutungsvoll für die Entwicklungsgeschichte des Jungschen Denkens, und jeder daran Interessierte wird etwa den Band IV der Gesammelten Werke («Freud und die Psychoanalyse») mit großem Gewinn studieren, jedoch schien den Herausgebern Jungs ebenso würdigender wie kritischer Nachruf «Sigmund Freud» von 1939 eine qualitativ genügende Repräsentanz für diesen Teil seines Werkes aufzuweisen.

Die Bedeutung der Jungschen Erkenntnisse für politische und soziale Fragen kann nicht hoch genug veranschlagt und bei der Lektüre der hier ausgewählten Werke kaum übersehen werden. Diese Bedeutung beruht jedoch nicht auf expliziten Stellungnahmen Jungs zu Einzelfragen der Politik, der Soziologie oder Ökonomie, sondern auf seinem Konzept vom Individuationsprozeß des einzelnen und dessen impliziter Bedeutung für alle Fragen des Kollektivs. Aus diesem Grunde wurden die wenigen Aufsätze, in denen Jung zur Zeitgeschichte Stellung nahm, hier ausgelassen; in ihrer zum Teil verblaßten Aktualität sind sie geeignet, den Blick auf seine grundlegenden Konzepte eher zu trüben als zu schärfen.

Auf eine Bibliographie, wie sie die «Gesammelten Werke» enthalten, wurde aus Platzgründen verzichtet; die bibliographischen Angaben erscheinen statt dessen als Anmerkungen. Bei fremdsprachigen Zitaten wird lediglich die deutsche Übersetzung gedruckt; die Sprache, in der das Zitat ursprünglich erschien, wird in Klammern angegeben.

Die Titel der einzelnen Bände mußten von den Herausgebern neu konzipiert werden; sie erheben keinen Anspruch auf Originalität, sondern sollen lediglich andeuten, in welchem Bereich der Schwerpunkt des jeweiligen Bandes liegt.

Den Sinn des «Grundwerks C. G. Jung» sehen Herausgeber und Verlag nicht darin, eine von allen Schwierigkeiten gereinigte Kurzfassung ad usum delphini vorzulegen. Gerade der zukunftsträchtige Aspekt des Jungschen Werkes wird sich nur demjenigen erschließen, der die Arbeit des Lesens mit Sorgfalt und Mühe auf sich nimmt. Die hier angebotene Auswahl möchte dem sorgfältigen Leser eine Hilfe leisten, sich bei seiner Arbeit zunächst einmal auf die grundlegenden Teile des Werkes von C. G. Jung konzentrieren zu können.

Grundsätzliches zur praktischen Psychotherapie

Die Psychotherapie ist ein Gebiet der Heilkunst, das sich erst in den letzten fünfzig Jahren entwickelt und eine gewisse Selbständigkeit erlangt hat. Die Anschauungen in diesem Gebiete haben sich in mannigfacher Weise gewandelt und differenziert, und es haben sich Erfahrungen gehäuft, welche zu den verschiedensten Deutungen Anlaß geben. Der Grund hierfür liegt darin, daß die Psychotherapie nicht eine einfache und eindeutige Methode ist, als welche man sie zuerst verstehen wollte, sondern es hat sich allmählich herausgestellt, daß sie in gewissem Sinne ein *dialektisches Verfahren* ist, d. h. ein Zwiegespräch oder eine Auseinandersetzung zwischen zwei Personen. Dialektik war ursprünglich die Unterredungskunst der antiken Philosophien, wurde aber schon früh zur Bezeichnung des Verfahrens zur Erzeugung neuer Synthesen. Eine Person ist ein psychisches System, welches, im Falle der Einwirkung auf eine andere Person, mit einem andern psychischen System in Wechselwirkung tritt. Diese vielleicht modernste Formulierung des psychotherapeutischen Verhältnisses von Arzt und Patient hat sich, wie ersichtlich, weit entfernt von der anfänglichen Meinung, daß die Psychotherapie eine Methode sei, die irgend jemand zur Erreichung eines gewollten Effektes in stereotyper Weise anwenden könne. Es sind nicht spekulative Bedürfnisse, welche diese ungeahnte und – ich darf wohl sagen – unwillkommene Erweiterung des Horizontes herbeiführten, sondern die harten Tatsachen der Wirklichkeit. Zunächst war es wohl die Tatsache, daß man die Möglichkeit verschiedener Deutungen des Erfahrungsmaterials einsehen mußte. Es entwickelten sich verschiedene Schulen mit diametral entgegengesetzten Ansichten; ich erinnere an die französische Methode der LIEBEAULT-BERNHEIMschen Suggestionstherapie, der «rééducation de la volonté», BABINSKIS «persuasion», DUBOIS' «rationelle psychische Orthopädie», FREUDS «Psychoanalyse» mit Betonung der Sexualität und des Unbewußten, ADLERS «erzieherische Methode» mit Betonung der

Machttendenz und der bewußten Fiktionen, SCHULTZ' «autogenes Training», um nur die bekannteren Methoden zu nennen. Jede dieser Methoden beruht auf besondern psychologischen Voraussetzungen und erzeugt besondere psychologische Resultate, welche nur schwer und manchmal überhaupt nicht vergleichbar sind. Es lag daher für die Vertreter der einzelnen Standpunkte stets nahe, die Meinung des andern für irrtümlich zu halten, um die Sache einfacher zu machen. Eine objektive Würdigung der Tatsachen aber zeigt, daß jeder dieser Methoden und Theorien eine gewisse Berechtigung zuzusprechen ist, indem jede nicht nur gewisse Erfolge, sondern auch psychologische Tatbestände aufzuweisen hat, welche die jeweilige Voraussetzung weitgehend beweisen. Wir sind also in der Psychotherapie mit einer Situation konfrontiert, die vergleichbar ist derjenigen der modernen Physik, welche z. B. zwei kontradiktorische Lichttheorien aufweist. Und wie die Physik diesen Widerspruch nicht unüberbrückbar findet, so sollte auch die Existenz vieler psychologischer Standpunktsmöglichkeiten kein Anlaß zur Annahme sein, daß die Widersprüche unüberbrückbar und die Auffassungen restlos subjektiv und daher inkommensurabel seien. Widersprüche in einem Wissenschaftsgebiet beweisen nur, daß der Gegenstand der Wissenschaft Eigenschaften aufweist, welche zur Zeit nur durch Antinomien erfaßt werden können, z. B. wie die Wellen- und Korpuskularnatur des Lichtes. Nur ist die Psyche von unendlich komplizierterer Natur als das Licht, daher bedarf es wohl zahlreicher Antinomien, um das Wesen des Psychischen genügend zu umschreiben. Eine der grundlegenden Antinomien ist der Satz: *Die Psyche hängt vom Körper ab, und der Körper hängt von der Psyche ab.* Für beide Teile dieser Antinomie gibt es einleuchtende Beweise, so daß ein objektives Urteil das Überwiegen der Thesis über die Antithesis unmöglich billigen kann. Das Vorhandensein gültiger Widersprüche beweist, daß der Gegenstand der Untersuchung dem forschenden Verstand ungewöhnliche Schwierigkeiten entgegensetzt, und daß daher, vorderhand wenigstens, nur relativ gültige Aussagen gemacht werden können. Die Aussage ist nämlich nur insofern gültig, als angegeben wird, auf was für ein psychisches System der Gegenstand der Untersuchung bezogen wird. Damit gelangen wir zur dialektischen Formulierung, welche nämlich nichts anderes besagen will, als daß psychische Einwirkung die Wechselwirkung zweier psychischer Systeme ist. Da die Individualität des Systems unendlich variabel ist, so ergibt sich daraus eine unendliche Variabilität relativ gültiger Aussagen. Wäre nun die Individualität eine totale Besonderung, d. h. wäre ein Individuum totaliter verschieden von jedem andern Individuum, so wäre Psychologie als Wissenschaft unmöglich, d. h. sie bestünde aus einem unauflösbaren Chaos subjektiver Meinungen. Da aber die Individualität nur relativ ist, d. h. nur komplementär zur Konformität oder Gleichartigkeit der Menschen, so sind allgemein gültige Aussagen, d. h. wissenschaftliche Feststellungen möglich. Diese Aussagen aber können sich dementsprechend nur auf jene Teile des psychischen Systems beziehen, welche konform, d. h. vergleichbar und daher statistisch erfaßbar sind, nicht aber auf das Individuelle, d. h. Einmalige eines Systems. Der zweite fundamentale Gegensatz der Psychologie lautet: *Das Individuelle bedeutet nichts gegenüber dem Allgemeinen, und das Allgemeine bedeutet nichts gegenüber dem Individuellen.* Es gibt bekanntlich keinen allgemeinen Elefanten, sondern nur individuelle. Aber wenn es keine Allgemeinheit und stetige Vielzahl von Elefanten gäbe, so wäre ein einmaliger, individueller Elefant über alle Maßen unwahrscheinlich.

Diese logischen Überlegungen scheinen unserem Thema wohl recht fern zu liegen. Insofern sie aber grundsätzliche Auseinandersetzungen mit der bisherigen psychologischen Erfahrung sind, so ergeben sich daraus praktische Schlüsse von erheblicher Bedeutung. Wenn ich mich als Psychotherapeut dem Patienten gegenüber als ärztliche Autorität fühle und demgemäß den Anspruch erhebe, etwas über seine Individualität zu wissen und gültige Aussagen über diese machen zu können, so bezeuge ich damit meine Kritiklosigkeit, denn ich bin ja keineswegs in der Lage, das Ganze der mir gegenüberstehenden Persönlichkeit zu beurteilen. Ich kann über sie nur gültig aussagen, insofern sie allgemeiner oder wenigstens relativ allgemeiner Mensch ist. Da aber alles Lebendige immer nur in individueller Form vorkommt, und ich über das Individuelle des andern immer nur das aussagen kann, was ich in meinem eigenen Individuellen vorfinde, so stehe ich in der Gefahr, entweder den andern zu vergewaltigen oder selber dessen Suggestion zu unterliegen. Ich muß daher wohl oder übel, insofern ich überhaupt einen individuellen Menschen psychisch behandeln will, auf alles Besserwissen, auf alle Autorität und alles Einwirkenwollen verzichten. Ich muß notwendigerweise ein dialektisches Verfahren einschlagen, welches nämlich in einer Vergleichung der wechselseitigen Befunde besteht. Dies wird aber erst möglich dadurch, daß ich dem andern Gelegenheit gebe, sein Material möglichst vollständig darzustellen, ohne ihn durch meine Voraussetzungen zu beengen. Durch diese Darstellung wird sein System auf das meinige bezogen, wodurch eine Wirkung in meinem eigenen System erzeugt wird. Diese Wirkung ist das einzige, was ich in individueller Hinsicht und legitimerweise meinem Patienten gegenüberstellen kann.

Diese grundsätzlichen Überlegungen bewirken also eine ganz bestimmte Haltung des Therapeuten, welche mir in allen Fällen *individueller Behandlung* unerläßlich, weil einzig wissenschaftlich verantwortbar erscheint. Jedes Abweichen von dieser Haltung bedeutet *Suggestivtherapie,* deren Grundsatz lautet: *Das Individuelle bedeutet nichts gegenüber dem Allgemeinen.* Zur Suggestivtherapie gehören also alle jene Methoden, die ein Wissen über oder ein Deuten von andern Individualitäten behaupten und anwenden. Ebenso gehören alle im eigentlichen Sinn technischen Methoden zur Suggestivtherapie, indem solche stets die Gleichartigkeit der individuellen Objekte voraussetzen. Insofern nun die These von der Bedeutungslosigkeit des Individuums eine Wahrheit ist, sind Suggestivmethoden, technische Verfahren und theoretische Voraussetzungen in irgendwelcher Form durchaus möglich und gewährleisten Erfolge am allgemeinen Menschen, so Christian Science, Mental Healing, Thought Cure, Heilpädagogik, religiöse und ärztliche Beeinflussungsmethoden und dazu noch zahllose -ismen. Sogar politische Bewegungen erheben mit gewissem Recht Anspruch darauf, Psychotherapie größten Maßstabes zu sein. Wie der Ausbruch des Krieges Zwangsneurosen geheilt hat, und wundertätige Orte seit alters neurotische Zustandsbilder zum Verschwinden bringen, so wirken auch größere und kleinere Volksbewegungen heilend auf das Individuum.

Am schönsten und einfachsten drückt sich diese Tatsache in der Anschauung der Primitiven, in der sog. *Manalehre* aus. Mana ist eine allgemein verbreitete Medizin- oder Heilkraft, welche Mensch, Tier und Pflanze fruchtbar und Häuptling und Medizinmann magisch stark macht. Der Manabegriff ist identisch mit dem Außerordentlich-Wirkungsvollen, wie LEHMANN nachweist, mit dem Eindrucksvollen schlechthin. Alles Eindrucksvolle daher ist «Medizin» auf primitiver Stufe. Da nun hundert gescheite Leute bekanntlich zusammen *einen* großen Wasserkopf ausmachen, so sind Tugenden und Begabungen wesentlich individuelle Auszeichnungen und eignen dem allgemeinen Menschen nicht. Menschenanhäufungen neigen daher immer zur Herdenpsychologie, darum zum blinden «stampede», und zur Mobpsychologie, darum zur dumpfen Brutalität und zur hysterischen Rührseligkeit. Der allgemeine Mensch hat primitive Eigenschaften, daher muß er auch mit technischen Methoden behandelt werden. Es ist sogar ein Kunstfehler, den kollektiven Menschen anders als «technisch richtig», d.h. mit kollektiv als wirksam erkannten und geglaubten Methoden zu behandeln. In diesem Sinne hat der alte Hypnotismus, oder der noch ältere animalische Magnetismus prinzipiell genau soviel geleistet wie etwa eine technisch einwandfreie Analyse unserer Tage, oder wie die Amulettbehandlung durch einen primitiven Medizinmann. Es kommt nur darauf an, an welche Methode der Therapeut jeweils glaubt. Sein Glaube an die Methode ist ausschlaggebend. Glaubt er wirklich, so wird er mit Ernst und Ausdauer sein möglichstes für den Kranken tun, und diese freiwillige Anstrengung und Hingebung hat heilende Wirkung – soweit das psychische Hoheitsgebiet des kollektiven Menschen reicht. Die Grenzen aber sind festgesetzt von der Antinomie *Individuell-Allgemein.*

Diese Antinomie ist nicht nur ein philosophisches, sondern auch ein psychologisches Kriterium, indem es zahllose Menschen gibt, die nicht nur in der Hauptsache kollektiv sind, sondern auch noch den ganz besondern Ehrgeiz haben, nichts anderes als kollektiv zu sein. Dies entspricht auch allen landläufigen Erziehungstendenzen, welche gerne Individualität und Gesetzlosigkeit als synonym darstellen. Auf dieser Stufe unterliegt das Individuelle der Minderbewertung und Verdrängung. Neurosen auf dieser Stufe zeigen deshalb auch als psychologische Noxe individuelle Inhalte und Tendenzen. Wie bekannt, gibt es auch eine Überschätzung des Individuellen auf Grund der Antithese: *Das Allgemeine bedeutet nichts gegenüber dem Individuellen.* So kann man die Psychoneurosen vom psychologischen (also nicht vom klinischen) Standpunkt aus in zwei große Gruppen teilen; die eine enthält Kollektivmenschen mit unterentwickelter Individualität, die andere Individualisten mit atrophischer Kollektivanpassung. Danach scheidet sich auch die therapeutische Einstellung, denn es ist ohne weiteres klar, daß ein neurotischer Individualist gar nicht anders gesunden kann, als daß er den Kollektivmenschen in sich und damit die Notwendigkeit der kollektiven Anpassung anerkennt. Es ist darum gerechtfertigt, ihn auf die Stufe der kollektiv gültigen Wahrheit zu reduzieren. Auf der anderen Seite kennt die psychotherapeutische Erfahrung auch jenen kollektiv angepaßten Menschen, der alles hat und alles tut, was man vernünftigerweise als Garantie der Gesundheit fordern könnte, und der doch krank ist. Es wäre ein arger Kunstfehler, der aber nichtsdestoweniger sehr häufig begangen wird, solche Menschen zu normalisieren, d. h. auf ein allgemeines Niveau reduzieren zu wollen. Man zerstört gegebenenfalls alles entwicklungsfähige Individuelle in ihnen.

Da nun das Individuelle entsprechend unserer einleitenden Auseinandersetzung das schlechthin Einmalige, Unvorhersehbare und Undeutbare ist, so muß der Therapeut in diesem Falle auf alle seine Voraussetzungen und Techniken verzichten und sich auf ein rein dialektisches Verfahren beschränken, d. h. auf jene Haltung, die alle Methoden vermeidet.

Wie man bemerkt haben wird, habe ich eingangs das dialektische Verfahren gewissermaßen als neueste Entwicklungsphase der Psychotherapie dargestellt. Ich muß mich nun hier korrigieren und dieses Verfahren an seine richtige Stelle rücken: es ist nicht etwa eine bloße Fortentwicklung früherer Theorien und Praktiken, sondern vielmehr ein völliger Verzicht auf diese zugunsten einer möglichst unpräjudizierten Haltung. Mit andern Worten: Der Therapeut ist nicht mehr das handelnde Subjekt, sondern ein Miterlebender eines individuellen Entwicklungsprozesses.

Ich möchte nicht den Anschein erwecken, als ob diese Erkenntnisse uns unmittelbar aus dem Himmel zugefallen wären. Sie haben ihre Geschichte. Obschon ich der erste war, der die Forderung erhob, daß ein Analytiker selber analysiert sein müsse, so verdanken wir doch in der Hauptsache FREUD die unschätzbare Erkenntnis, daß auch Analytiker Komplexe haben, und damit einen bis mehrere blinde Flecke, welche als ebensoviele Präjudizien wirken. Diese Erkenntnis hat sich der Psychotherapeut an jenen Fällen geholt, wo er nicht mehr aus den Wolken oder vom Katheder herunter, abgesehen von seiner eigenen Persönlichkeit, den Patienten deuten oder führen konnte, sondern bemerken mußte, daß seine Eigenart oder seine besondere Einstellung den Patienten an der Gesundung hinderte. Worüber man selber keine klare Einsicht besitzt, weil man es sich selber nicht zugeben möchte, das versucht man auch beim Patienten am Bewußtwerden zu hindern, natürlich zu dessen größtem Nachteil. Die Forderung, daß der Analytiker selber analysiert sein müsse, gipfelt in der Idee des dialektischen Verfahrens, wo der Therapeut nämlich sowohl als Fragender wie als Antwortender in Beziehung zu einem andern psychischen System tritt, nicht mehr als Übergeordneter, Wissender, Richter und Ratgeber, sondern als ein Miterlebender, der ebensosehr im dialektischen Prozeß sich befindet wie der nunmehr sogenannte Patient.

Eine andere Quelle der Idee des dialektischen Verfahrens ist die Tatsache der *mehrfachen Deutbarkeit symbolischer Inhalte.* SILBERER[1] hat die psychoanalytische und die anagogische und ich die analytisch-reduktive und die synthetisch-hermeneutische unterschieden. Was damit gemeint ist, will ich am Beispiel der sog. infantilen Fixation an die Elternimago, welche eine der reichlichsten Quellen symbolischer Inhalte ist, erörtern. Die analytisch-reduktive Auffassung besagt, daß das Interesse (die sog. Libido) regressiv auf infantiles Reminiszenzmaterial zurückströmt und sich dort fixiert oder sich überhaupt niemals davon befreit hat. Die synthetische oder anagogische Auffassung dagegen besagt, daß es sich um entwicklungsfähige Persönlichkeitsteile handle, welche sich in infantilem Zustand, gleichsam noch im Mutterschoß befinden. Beide Deutungen können als richtig nachgewiesen werden. Man könnte fast sagen, sie kämen wesentlich auf dasselbe heraus. In der Praxis aber macht es einen enormen Unterschied, ob wir etwas als regressiv oder als progressiv deuten. Es ist keineswegs eine einfache Sache, in einem gegebenen Fall das Richtige zu treffen. Man fühlt sich sogar meist etwas unsicher dieser Frage gegenüber. Die Feststellung, daß es wesentliche Inhalte gibt, die zweifellos nicht eindeutig sind, hat darum die unbekümmerte Anwendung von Theorien und Methoden als bedenklich erscheinen lassen und daher mit dazu beigetragen, das dialektische Verfahren den feineren und gröberen Suggestivmethoden an die Seite zu stellen.

Die von FREUD ausgehende Differenzierung und Vertiefung der psychotherapeutischen Problematik muß logischerweise früher oder später zum Schluß kommen, daß die letzte Auseinandersetzung zwischen Arzt und Patient die Persönlichkeit des Arztes mit einbeziehen muß. Das hat der alte Hypnotismus und die BERNHEIMsche Suggestionstherapie schon gewußt, daß die heilende Wirkung einerseits vom sog. *Rapport* – in der Sprache FREUDS *Übertragung* genannt – und andererseits von der Überzeugungs- und Durchschlagskraft der ärztlichen Persönlichkeit abhängt. In der Beziehung Arzt–Patient sind im Grunde genommen zwei psychische Systeme wechselseitig aufeinander bezogen, und daher wird jede tiefere Einsicht in das psychotherapeutische Geschehen unfehlbar zum

Schlusse kommen, daß in letzter Linie, d.h. insofern Individualität eine nicht zu übersehende Tatsache ist, die Beziehung Arzt–Patient ein dialektischer Prozeß sein muß.

Es ist nun ohne weiteres ersichtlich, daß diese Erkenntnis eine ganz wesentliche Standpunktsverschiebung gegenüber den älteren Psychotherapieformen bedingt. Um Mißverständnissen vorzubeugen will ich gleich beifügen, daß diese Standpunktsveränderung in keinerlei Weise bereits bestehende Methoden als unrichtig, überflüssig oder als überholt erklärt, denn je tiefer die Einsicht in das Wesen des Psychischen eindringt, desto mehr wächst die Überzeugung, daß bei der Vielschichtigkeit und Mannigfaltigkeit des menschlichen Wesens es auch der verschiedensten Standpunkte und Methoden bedarf, um der Verschiedenheit psychischer Dispositionen zu genügen. So hat es gar keinen Sinn, einen einfachen Patienten, dem nichts fehlt als eine Dosis gesunden Menschenverstandes, einer komplizierten Analyse seines Triebsystems zu unterziehen oder gar der verwirrenden Subtilität psychologischer Dialektik auszusetzen. Es ist aber ebenso einleuchtend, daß man bei komplizierteren, geistig hochstehenden Naturen mit wohlwollenden Ratschlägen, Suggestionen und Bekehrungsversuchen zu diesem oder jenem System nirgends hinkommt. In diesen Fällen tut der Arzt am besten daran, sein ganzes Rüstzeug an Methoden und Theorien abzulegen und einzig darauf zu vertrauen, daß seine Persönlichkeit genügend fest stehe, um dem Patienten als Richtpunkt zu dienen. Und dabei muß er erst noch die Möglichkeit ernstlich in Betracht ziehen, daß die Persönlichkeit des Patienten diejenige des Arztes unter Umständen an Intelligenz, Gemüt, Weite und Tiefe überragt. Unter allen Umständen aber ist oberste Regel eines dialektischen Verfahrens, daß die Individualität des Kranken dieselbe Würde und Daseinsberechtigung wie die des Arztes hat, und daß darum alle individuellen Entwicklungen im Patienten als gültig zu betrachten sind, insofern sie sich nicht selbst korrigieren. Insoweit ein Mensch bloß kollektiv ist, so kann er durch Suggestion auch geändert werden, und zwar dermaßen, daß er anscheinend zu etwas anderem wird, als er zuvor war. Insofern er aber individuell ist, kann er nur zu dem werden, was er ist und stets war. Insofern nun «Heilung» bedeutet, daß ein Kranker in einen Gesunden verwandelt wird, so bedeutet Heilung Veränderung. Wo dies möglich ist, d.h. wo damit kein zu großes Opfer an Persönlichkeit verlangt wird, soll man auch den Kranken therapeutisch verändern. Wo aber ein Patient einsieht, daß Heilung durch Veränderung ein zu großes Opfer an Persönlichkeit bedeuten würde, kann und soll der Arzt auf Veränderung resp. Heilenwollen verzichten. Entweder muß er die Behandlung ablehnen oder sich zum dialektischen Verfahren bequemen. Dieser letztere Fall tritt häufiger ein, als man meinen sollte. In meiner eigenen Praxis habe ich stets eine größere Anzahl von hochgebildeten, intelligenten Menschen von ausgesprochener Individualität, welche jedem ernstlichen Veränderungsversuch aus ethischen Gründen den stärksten Widerstand entgegensetzen würden. In allen diesen Fällen muß der Arzt den individuellen Heilungsweg offen lassen, und dann wird die Heilung keine Veränderung der Persönlichkeit herbeiführen, sondern es wird ein Prozeß sein, den man als *Individuation* bezeichnet, d.h. der Patient wird zu dem, was er eigentlich ist. Er wird sogar, schlimmstenfalls, seine Neurose mit in Kauf nehmen, weil er den Sinn seiner Krankheit verstanden hat. Mehr als ein Kranker hat mir gestanden, daß er gelernt habe, seinen neurotischen Symptomen dankbar zu sein, denn sie hätten ihm stets wie ein Barometer gezeigt, wann und wo er von seinem individuellen Weg abgewichen sei, oder wann und wo er wichtige Dinge unbewußt gelassen habe.

Obschon die neuen, differenzierteren Methoden einen ungeahnten Blick in die unendlichen Komplikationen psychischer Zusammenhänge eröffnen und diese theoretisch weitgehend gewürdigt haben, so beschränken sie sich doch auf den analytisch-reduktiven Standpunkt, wobei die Entwicklungsmöglichkeit individueller Natur durch Reduktion auf ein allgemeines Prinzip, z.B. Sexualität, verdeckt wird. Dies ist der nächstliegende Grund dafür, daß die Phänomenologie der Individuation vorderhand noch wenig begangenes Neuland ist. Dieser Umstand möge erklären, warum ich im folgenden etwas in die Einzelheiten der psychologischen Forschung eintreten muß, denn ich kann den Begriff des Individuationsweges nicht anders vermitteln, als daß ich versuche, am empirischen Material selber die Erscheinungen des Unbewußten aufzuzeigen. Denn dieses letztere ist es ja, was sich beim individuellen Entwicklungsprozeß in den Vordergrund des Interesses schiebt. Der tiefere Grund hierfür dürfte darin gefunden werden, daß die neurotische Bewußtseinshaltung unnatürlich einseitig ist und deshalb durch komplementäre oder kompensatorische Inhalte des Unbewußten ausgeglichen wird. Darum hat das Unbewußte in diesem Fall eine besondere Bedeutung als Korrektur der Einseitigkeit des Bewußtseins, und somit ergibt sich die Notwendigkeit einer Beobachtung der von den Träumen hervorgebrachten Gesichtspunkte und Anregungen, weil letztere an jene Stelle treten müssen, an der vordem kollektive Regulative standen, nämlich althergebrachte Anschauungen, Gewohnheiten, Vorurteile intellektueller und moralischer Natur. Der individuelle Weg ist angewiesen auf die Kenntnis der dem Individuum eigenen Gesetze, sonst geht er in den arbiträren Meinungen des Bewußtseins in die Irre und löst sich ab vom Mutterboden des individuellen Instinkts.

Soweit unsere derzeitige Kenntnis reicht, scheint es, als ob der Lebensdrang, der sich im Aufbau und in der individuellen Gestaltung eines Lebewesens ausdrückt, im Unbewußten einen Prozeß erzeugt oder ein solcher ist, der bei seinem partiellen Bewußtwerden sich als fugenartige *Bilderfolge* darstellt. Menschen mit natürlicher introspektiver Fähigkeit sind imstande, ohne allzu große Schwierigkeit wenigstens Bruchstücke dieser autonomen oder selbsttätigen Bilderfolge wahrzunehmen, meist in Form visueller Phantasieeindrücke, wobei sie allerdings oft der irrtümlichen Meinung verfallen, sie hätten diese Phantasien *gemacht,* während sie in Wirklichkeit ihnen *eingefallen* sind. Die Unwillkürlichkeit kann aber dann nicht mehr geleugnet werden, wenn das Phantasiefragment, wie das nicht selten der Fall ist, obsedierenden Charakter annimmt, wie z. B. Melodien, die einem nicht aus dem Kopf gehen, oder phobische Vorstellungen oder sog. symbolische Tics. Näher bei den unbewußten Bilderfolgen liegen die *Träume,* die, wenn in ausgedehnten Serien untersucht, die Kontinuität des unbewußten Bilderstromes oft überraschend deutlich erkennen lassen. Die Kontinuität zeigt sich in der Wiederholung sog. *Motive.* Diese können Personen, Tiere, Gegenstände oder Situationen betreffen. Die Kontinuität der Bilderfolge drückt sich also darin aus, daß ein solches Motiv in einer längeren Traumserie immer wieder auftritt.

In einer über zwei Monate sich erstreckenden Traumserie eines meiner Patienten trat das Wassermotiv in 26 Träumen auf. Zuerst erschien es als eine aufs Land hereinbrechende Brandungswoge, im 2. Traum als Ausblick auf ein spiegelglattes Meer. Im 3. Traum befindet sich der Träumer am Ufer und sieht, wie der Regen aufs Meer fällt. Im 4. Traum ist eine Meerreise indirekt angedeutet, denn die Reise geht in ein fernes, fremdes Land. Im 5. ist es eine Reise nach Amerika; im 6. wird Wasser in ein Becken gegossen; im 7. Traum fällt der Blick auf eine grenzenlose

Meeresfläche bei Morgenröte; im 8. befindet sich der Träumer auf einem Schiff. Im 9. unternimmt er eine Reise in ein fernes, wildes Land. Im 10. befindet er sich wieder auf einem Schiff. Im 11. fährt er einen Fluß hinunter. Im 12. geht er einen Bach entlang. Im 13. befindet er sich auf einem Dampfer. Im 14. hört er eine Stimme, welche ruft: «Dort geht der Weg ans Meer, wir müssen ans Meer.» Im 15. befindet er sich auf einem Schiff, das nach Amerika fährt. Im 16. ist er wieder auf einem Schiff. Im 17. fährt er im Auto zum Schiff. Im 18. macht er astronomische Ortsbestimmungen auf einem Schiff. Im 19. fährt er den Rhein entlang. Im 20. ist er auf einer Insel im Meer. Im 21. ist er wieder auf einer Insel. Im 22. fährt er mit seiner Mutter einen Fluß hinunter. Im 23. steht er am Meeresufer. Im 24. sucht er einen im Meer versunkenen Schatz. Im 25. erzählt ihm sein Vater vom Lande, wo das Wasser herkommt. Im 26. Traum endlich fährt er einen kleinen Fluß hinunter, der in einen größeren einmündet[2].

Dieses Beispiel illustriert die Kontinuität des unbewußten Themas, und zugleich zeigt es die Methode, wie solche Motive statistisch festgestellt werden. Durch vielfache Vergleichungen gelangt man nämlich zur Feststellung dessen, worauf das Wassermotiv eigentlich hinweist. Aus solchen und ähnlichen Reihen ergeben sich die Motivdeutungen. So bedeutet das *Meer* regelmäßig einen Sammel- und Ursprungsort alles seelischen Lebens, also das sog. *kollektive Unbewußte.* Das bewegte Wasser hat etwa die Bedeutung von Lebensstrom und Energiegefälle. Die allen Motiven zugrunde liegenden Ideen sind anschauliche Vorstellungen von *archetypischem Charakter,* d. h. symbolische Urbilder, über denen sich der menschliche Geist aufgebaut und differenziert hat. Diese Urbilder sind schwer zu definieren, um nicht zu sagen vage. Jede zu enge intellektuelle Fassung beraubt sie ihres umfänglichen Wesens. Es sind keine wissenschaftlichen Begriffe, von denen Eindeutigkeit gefordert werden muß, sondern höchst allgemeine Uranschauungen des primitiven Geistes, die nie spezielle Inhalte bezeichnen, sondern um ihres Beziehungsreichtums willen bedeutsam sind. LÉVY-BRUHL bezeichnet sie als *représentations collectives* und HUBERT und MAUSS als *Kategorien a priori* der Phantasie.

In längeren Traumserien lösen sich Motive öfters ab. So trat vom letzten Traum ab das Wassermotiv allmählich zurück zugunsten eines neuen Motivs, nämlich das der *unbekannten Frau.* Wenn man im allgemeinen von Frauen träumt, so handelt es sich meistens um solche, die dem Träumer bekannt sind. Dazwischen aber gibt es Träume, in denen eine weibliche Figur vorkommt, die in keinerlei Weise als eine Bekannte nachgewiesen werden kann, sondern sie ist im Traum als unzweifelhaft unbekannte Figur gekennzeichnet. Dieses Motiv hat eine interessante Phänomenologie, die ich an Hand einer Traumserie, welche sich über drei Monate erstreckt, charakterisieren möchte. In dieser Serie trat das Motiv nicht weniger als 51mal auf. Zuerst erschien es als eine Mehrheit unbestimmter Frauengestalten, dann war es die unbestimmte Gestalt einer Frau, die auf einer Treppe saß. Dann erschien sie verschleiert, und als sie den Schleier wegnahm, leuchtete ihr Gesicht wie die Sonne. Dann erschien sie als nackte Gestalt auf einem Globus stehend, vom Rücken gesehen. Darauf löste sie sich wieder auf in eine Mehrzahl von tanzenden Nymphen, dann in eine Anzahl von geschlechtskranken Prostituierten. Etwas später erscheint die Unbekannte auf einem Ball, und der Träumer gibt ihr Geld. Dann erscheint sie als syphilitisch. Von diesem Moment an verbindet sich die Unbekannte mit dem sog. *Verdoppelungsmotiv,* das ebenfalls in Träumen häufig vorkommt. Eine Wilde, vielleicht eine Malayin, verdoppelt sich. Sie sollte gefangen genommen werden, sie ist aber auch die blonde, nackte Frau, die auf dem Globus stand, oder ein junges Mädchen mit roter Kappe, ein Kindermädchen oder eine alte Frau. Sie ist sehr gefährlich, Mitglied einer Räuberbande und nicht ganz menschlich, sondern wie eine abstrakte Idee. Sie ist eine Führerin, die den Träumer auf einen hohen Berg geleitet. Sie ist aber auch wie ein Vogel, etwa wie ein Marabu oder Pelikan. Sie will sich einen Mann fangen. Sie ist meist blond und Tochter eines Coiffeurs, hat aber eine indische, offenbar dunkle Schwester. Als blonde Bergführerin erklärt sie dem Träumer, daß ein Teil der Seele seiner Schwester ihr gehöre. Sie schreibt ihm einen Brief, ist aber die Frau eines andern. Sie spricht nicht und wird nicht angesprochen. Bald hat sie schwarzes, bald weißes Haar. Sie hat eigentümliche, dem Träumer unbekannte Phantasien. Vielleicht ist sie die unbekannte Frau seines Vaters, aber nicht etwa seine Mutter. Sie fährt mit ihm im Flugzeug, das abstürzt. Sie ist eine Stimme, die sich in eine Frau verwandelt. Sie erklärt ihm, sie sei eine Scherbe, also ein Fragment, womit sie wohl meint, daß sie eine Teilseele sei. Sie hat einen Bruder, der in Moskau gefangen sitzt. Als dunkle Figur ist sie ein Dienstmädchen, dumm, und man muß auf sie aufpassen. Die Unbekannte erscheint öfters doppelt als zwei Frauen, die mit ihm auf eine Bergtour gehen. Die blonde Bergführerin erscheint ihm einmal als Vision. Sie bringt ihm Brot, beschäftigt sich mit religiösen Ideen, kennt den Weg, den er gehen sollte, er trifft sie in einer Kirche, sie ist ihm geistige Führerin. Sie kommt wie aus einem dunkeln Kasten heraus und kann sich aus einem Hund in eine Frau verwandeln. Einmal ist sie sogar ein Affe. Der Träumer zeichnet im Traum ihr Porträt; was auf dem Papier erscheint, ist aber ein abstraktes, symbolisches Ideogramm, welches hauptsächlich die *Dreiheit,* ein häufig vorkommendes Motiv, enthält.

Das Motiv der unbekannten Frau kennzeichnet also eine Figur von äußerst widerspruchsvollem Charakter, welche man in der Tat nicht auf ein normales weibliches Wesen beziehen könnte. Vielmehr ist ein Fabelwesen geschildert, eine Art von Fee, die ja auch einen schillernden Charakter hat. Es gibt bekanntlich böse und gute Feen, sie können sich ebenfalls in Tiere verwandeln, können unsichtbar sein, sind von unbestimmtem Alter, bald jung, bald alt, sind nicht von menschlicher, sondern elfischer Natur mit Teilseelencharakter, verführerisch, gefährlich und haben ein überlegenes Wissen. Wir werden darum wohl kaum fehlgehen mit der Annahme, daß dieses Motiv identisch sei mit den Parallelvorstellungen der Mythologie, wo wir dieses elfische Wesen in mancherlei Gestalten antreffen, als Nymphen, Oreaden, Sylphiden, Undinen, Nixen, Waldfrauen, Sukkuben, Lamien, Vampire, Hexen und wie sie alle heißen. Ist doch die ganze mythische Fabelwelt eine Ausgeburt der unbewußten Phantasie, genau wie der Traum! Es kommt öfters vor, daß dieses Motiv das des Wassers ablöst. Wie das Wasser das Unbewußte im allgemeinen bedeutet, so ist die Figur der unbekannten Frau eine Personifikation des Unbewußten, welche ich als *Anima* bezeichnet habe. Diese Figur findet sich im Prinzip nur bei Männern und tritt erst dann in deutliche Erscheinung, wenn die Eigenschaften des Unbewußten dem Patienten anfangen problematisch zu werden. Beim Manne hat das Unbewußte weibliches und bei der Frau männliches Vorzeichen, daher ist die Personifikation des Unbewußten beim Manne ein weibliches Wesen von der vorhin beschriebenen Art.

Der Rahmen eines Vortrages erlaubt mir nun nicht, alle jene Motive zu schildern, welche beim Prozeß der Individuation auftreten, d. h. dann, wenn die Materialien des Patienten nicht mehr auf allgemeine, nur für den Kollektivmenschen geltende Voraussetzungen reduziert werden. Es gibt zahlreiche Motive, die wir auch allesamt in der Mythologie antreffen. Man kann darum nichts anderes sagen, als daß die individuelle psychische Entwicklung zunächst etwas produziert, das wie die alte Fabelwelt aussieht. Es ist darum ohne weiteres verständlich, daß es den Anschein hat, als ob der individuelle Weg rückwärts ginge in eine menschliche Vorzeit, als ob er eine Regression in die geistige Entwicklungsgeschichte wäre, und als ob daher etwas sehr Ungehöriges passiere, das der therapeutische Eingriff verhindern müsse. Man sieht ja ähnliche Dinge auch bei psychotischen Erkrankungen, besonders bei den paranoiden Formen der Schizophrenie, wo es gelegentlich von mythologischen Gebilden wimmelt. Die Befürchtung, daß es sich um eine Fehlentwicklung handle, welche in eine chaotische oder morbide Phantasiewelt führe, liegt unmittelbar nahe. Eine solche Entwicklung kann bei einem Menschen, der als soziale Persönlichkeit nicht auf festen Füßen steht, gefährlich werden, wie ja auch schließlich jeder psychotherapeutische Eingriff gelegentlich auf eine latente Psychose treffen und diese in ein florides Stadium überführen kann. Ein unkritisches und dilettantisches Spiel mit psychotherapeutischen Methoden ist darum ein Spiel mit dem Feuer, von dem man dringend abraten muß. Besonders gefährlich wird die Sache, wenn die mythologische Schicht der Psyche freigelegt wird, denn diese Inhalte üben in der Regel eine erstaunliche Faszination auf den Patienten aus, eine Wirkung, welche den gewaltigen Einfluß mythischer Vorstellungen auf die Menschheit begreiflich macht.

Es scheint nun, als ob der Gesundungsprozeß diese Kräfte zu seinen Zwecken mobilisierte. Die mythischen Vorstellungen nämlich mit ihrer eigentümlichen Symbolik greifen in die Tiefe der menschlichen Seele, in historische Untergründe, wohin unsere Vernunft, der Wille und die gute Absicht nie gelangen, denn sie stammen aus jenen Tiefen und sprechen eine Sprache, welche unsere heutige Vernunft zwar nicht versteht, die aber sozusagen das Innerste des Menschen in Schwingung versetzt. Was uns also zunächst als Regression erschrecken könnte, ist vielmehr ein «reculer pour mieux sauter», eine Sammlung und Integration der Kräfte, welche im Laufe der Entwicklung eine neue Ordnung bewirken.

Neurose auf dieser Stufe ist ein durchaus seelisches Leiden, dem mit den gewöhnlichen rationalen Methoden nicht beizukommen ist. Es gibt darum nicht wenige Psychotherapeuten, die in letzter Linie, d.h. wenn alle Stricke reißen, zu einer der bekannten Religionen oder vielmehr Konfessionen ihre Zuflucht nehmen. Es liegt mir ferne, diese Bestrebungen ins Lächerliche zu ziehen. Ich muß vielmehr hervorheben, daß ihnen ein sehr richtiger Instinkt zugrunde liegt, enthalten doch die heutigen Religionen noch die lebendigen Reste eines mythischen Zeitalters. Und daß das politische Bekenntnis gegebenenfalls auf die Mythologie zurückgreift, das beweisen das Swastikakreuz, die «deutschen Christen» und die deutsche Glaubensbewegung aufs deutlichste. Nicht nur das Christentum mit seiner Heilssymbolik, sondern alle Religionen überhaupt bis zu den magischen Religionsformen der Primitiven sind Psychotherapien, welche das Leiden der Seele und die seelisch verursachten Leiden des Körpers behandeln und heilen. Wieviel in der heutigen Medizin noch Suggestivtherapie ist, darüber möchte ich kein Urteil aussprechen. Ganz milde ausgedrückt ist ja die sog. *Berücksichtigung des psychischen Faktors* in der praktischen Heilkunde keine ganz schlechte Sache. Die Geschichte der Medizin ist gerade in dieser Hinsicht überaus aufschlußreich.

Wenn also gewisse Ärzte auf die mythischen Vorstellungen irgendeiner Religion zurückgreifen, so tun sie im Sinne der Geschichte das Richtige. Sie können es aber nur mit jenen Patienten tun, für welche die in den Religionen enthaltenen mythischen Reste noch lebendig sind. Für diese Patienten ist irgendeine rationelle Therapie angezeigt, bis jener Moment erreicht ist, wo mythische Vorstellungen unerläßlich werden. Wenn ich praktizierende Katholiken behandle, so verweise ich sie immer auf die Beichte und die Gnadenmittel der Kirche. Bei gläubigen Protestanten, welche der Beichte und der Absolution entraten müssen, ist die Sache schon schwieriger. Im moderneren Protestantismus hat sich aber das Ventil des sog. Oxfordmovement geöffnet. Diese Bewegung gibt als Ersatz die Laienbeichte und an Stelle der Absolution das Gemeinschaftserlebnis. Eine Reihe von meinen Patienten sind mit meiner völligen Zustimmung dieser Bewegung beigetreten, wie auch einige entweder katholisch oder wenigstens bessere Katholiken als zuvor geworden sind. In allen diesen Fällen enthalte ich mich des dialektischen Verfahrens, denn es hat gar keinen Zweck, eine individuelle Entwicklung über die Bedürfnisse des Patienten hinaus zu fördern. Wenn er den Sinn seines Lebens und die Heilung seiner Unrast und Uneinigkeit im Rahmen einer existierenden Bekenntnisform – das politische Glaubensbekenntnis einbegriffen – finden kann, so soll es dem Arzt recht sein. Schließlich hat sich dieser in erster Linie um den Kranken zu bekümmern und nicht um den Geheilten.

Es gibt nun aber sehr viele Patienten, die entweder keinerlei religiöse oder dann sehr unorthodoxe Überzeugungen haben. Solche Fälle lassen sich prinzipiell nicht zu irgendeiner Überzeugung bekehren. Mit jeder rationalen Therapie bleiben sie stecken, trotzdem ihre Krankheit an und für sich heilungsfähig wäre. Unter diesen Umständen bleibt gar nichts anderes übrig als die dialektische Entwicklung jener mythischen Materialien, die im Kranken selber, jenseits aller historischen Überlieferung, lebendig sind. In diesen Fällen stoßen wir auf die mythologischen Träume mit ihren charakteristischen Bilderserien, welche das ärztliche Verständnis vor eine ganz neue und unerwartete Aufgabe stellen. Es werden vom Arzt Kenntnisse gefordert, auf die ihn sein Fachstudium nicht im geringsten vorbereitet hat. Die menschliche Seele ist eben weder ein psychiatrisches, noch ein physiologisches, noch überhaupt ein biologisches Problem, sondern ein psychologisches. Die Seele ist ein Gebiet für sich mit seiner ihm besondern Eigengesetzlichkeit. Man kann das Wesen der Seele nicht aus den Prinzipien anderer Wissensgebiete ableiten, sonst vergewaltigt man die eigentümliche Natur des Psychischen. Es läßt sich weder mit dem Gehirn, noch mit Hormonen, noch mit irgendeinem der bekannten Instinkte identifizieren, sondern es muß wohl oder übel als ein Phänomen sui generis anerkannt werden. Die Phänomenologie der Seele erschöpft sich darum nicht mit naturwissenschaftlich erfaßbaren Tatsachen, sondern begreift auch das Problem des menschlichen Geistes, welcher der Vater aller Wissenschaft ist, in sich. Diese Tatsache bekommt der Psychotherapeut zu fühlen, wenn ihn ein entsprechender Fall veranlaßt, etwas tiefer zu gehen als die landläufigen Auffassungen. Man hat dieser Ansicht schon des öftern vorgehalten, früher hätte man auch Psychotherapie gekannt, und man hätte es nicht für nötig befunden, sich auf solche Komplikationen einzulassen. Ich gebe gerne zu, daß HIPPOKRATES, GALEN und PARACELSUS auch gute Ärzte gewesen sind, glaube aber nicht, daß die moderne Medizin deshalb auf Serumtherapie und Radiologie verzichten sollte. Es ist allerdings – und ganz besonders für den Laien – schwierig, die komplizierteren Probleme der Psychotherapie zu verstehen; wenn man hingegen die einfache Überlegung macht, warum gewisse Lebenssituationen oder gewisse Erfahrungen pathogen sind, so wird man entdecken, daß die *Auffassung* dabei sehr oft eine ausschlaggebende Rolle spielt. Gewisse Dinge scheinen darum gefährlich oder unmöglich oder schädlich, weil Auffassungen bestehen, welche die Dinge in einem solchen Licht erscheinen lassen. Z. B. bedeutet für viele Leute Reichtum höchstes Glück und Armut größte Plage, trotzdem Reichsein für niemand in Wirklichkeit höchstes Glück ist, noch Armut ein Grund für Melancholie. Aber man hat solche Auffassungen, und diese Auffassungen haben ihre Gründe in gewissen geistigen Voraussetzungen, z. B. in dem, was man als *Zeitgeist* bezeichnet, oder in gewissen religiösen oder irreligiösen Anschauungen. Letztere spielen z. B. in moralischen Konflikten oft eine ausschlaggebende Rolle. Sobald die Analyse der psychischen Situation eines Patienten das Gebiet seiner geistigen Voraussetzungen berührt, ist man auch schon in das Reich der allgemeinen Ideen eingetreten. Die Tatsache, daß soundsoviel normale Menschen ihre geistigen Voraussetzungen niemals kritisieren – schon darum nicht, weil sie ihnen unbewußt sind –, beweist nicht, daß diese für alle Menschen gültig oder gar unbewußt seien, ebensowenig, daß sie nicht zu Quellen schwerster Gewissenskonflikte werden können. Vererbte allgemeine Vorurteile einerseits und weltanschauliche und sittliche Desorientiertheit andererseits sind im Gegenteil gerade in unserer Epoche einer umsturzähnlichen Wandlung sehr oft die tieferen Gründe für weitgehende Störungen des seelischen Gleichgewichtes. Patienten dieser Art hat der Arzt schlechterdings nichts anzubieten als die Möglichkeit individueller geistiger Entwicklung. Um solcher Fälle willen ist der Spezialist auch gezwungen, seine Kenntnisse im Gebiete der Geisteswissenschaft erheblich auszuweiten, wenn er dem Symbolismus der psychischen Inhalte einigermaßen gerecht werden will.

Ich würde mich einer Unterlassungssünde schuldig machen, wenn meine Ausführungen den Eindruck erwecken sollten, daß die spezielle Therapie nichts anderes erforderte als ein großes Wissen. Ebenso wichtig ist auch die moralische Differenzierung der ärztlichen Persönlichkeit. Chirurgie und Geburtshilfe wissen es schon lange, daß es nicht genügt, bloß den Patienten zu waschen, der Arzt selber soll reine Hände haben. Ein Psychotherapeut aber, der selber neurotisch ist, wird unfehlbar seine eigene Neurose am Patienten behandeln. Therapie abgesehen von der Beschaffenheit der ärztlichen Persönlichkeit ist allenfalls noch denkbar im Gebiet der rationalen Techniken, im Gebiet eines dialektischen Verfahrens hingegen wird sie zur Undenkbarkeit, denn dort muß der Arzt aus seiner Anonymität heraustreten und Rechenschaft von sich selber geben, genau das, was er von seinem Patienten verlangt. Ich weiß nicht, welches die größere Schwierigkeit ist, sich ein großes Wissen zuzulegen oder auf seine professionelle Autorität und Anonymität verzichten zu können. Auf alle Fälle bedeutet die letztere Notwendigkeit eine moralische Belastungsprobe, welche den Beruf des Psychotherapeuten nicht gerade beneidenswert macht. Beim Laienpublikum stößt man nicht selten auf das Vorurteil, Psychotherapie sei das Allerleichteste und Billigste und bestehe nur in der Kunst, einem etwas weiszumachen oder den Leuten das Geld aus der Tasche zu locken. In Wirklichkeit aber handelt es sich um einen schwierigen und nicht ungefährlichen Beruf. Wie der Arzt überhaupt Infektionen oder andern Berufsgefahren ausgesetzt ist, so riskiert der Psychotherapeut psychische Infektionen, die nicht minder bedrohlich sind. So ist er einerseits vielfach in Gefahr, in die Neurosen seiner Patienten verwickelt zu werden, andererseits muß er sich persönlich dermaßen gegen den Einfluß seiner Patienten abschirmen, daß er sich der therapeutischen Wirkung beraubt. Zwischen dieser Skylla und Charybdis liegt das Risiko, aber auch der heilende Effekt.

Die moderne Psychotherapie ist ein vielschichtiges Gebilde, entsprechend der Mannigfaltigkeit der zur Behandlung gelangenden Patienten. Die einfachsten Fälle sind die, welche bloß des menschlichen common sense und eines guten Rates bedürfen. Sie benötigen bestenfalls nur eine Konsultation. Das will nun allerdings nicht heißen, daß einfach aussehende Fälle auch immer einfach sind; man macht oft unliebsame Entdekkungen. Sodann gibt es Patienten, zu deren Heilung nichts als eine mehr oder weniger gründliche Beichte, ein sog. Abreagieren genügt. Schwerere Neurosen bedürfen in der Regel einer reduktiven Analyse ihrer Symptome und Zustände. Dabei sollte man nicht wahllos die eine oder andere Methode anwenden, sondern je nach der Art des Falles muß die Analyse mehr nach den Grundsätzen FREUDS oder mehr nach denjenigen ADLERS ausgeführt werden. AUGUSTIN unterscheidet zwei Hauptsünden, die eine ist die concupiscentia, die Begehrlichkeit, und die andere die superbia, die Überheblichkeit. Erstere entspricht dem FREUDschen Lustprinzip, letztere dem Machtwillen, dem Obenseinwollen ADLERS. Es handelt sich um zwei Menschengruppen mit verschiedenen Ansprüchen. Diejenigen, deren Charakteristikum das infantile Lustsuchen ist, sind meistens solche, denen die Befriedigung inkompatibler Wünsche und Triebe mehr am Herzen liegt als die soziale Rolle, die sie spielen könnten; darum sind es oft wohlsituierte, sogar erfolgreiche Leute, die sozial angekommen sind.

Diejenigen aber, welche «oben» sein wollen, sind meist Leute, die entweder in Wirklichkeit unten sind oder sich wenigstens einbilden, nicht die Rolle zu spielen, welche ihnen eigentlich zukäme. Es sind darum häufig Menschen, welche Schwierigkeiten mit der sozialen Anpassung haben und deshalb mit Machtfiktionen ihre Unterlegenheit zu bemänteln versuchen. Man kann natürlich alle Neurosen nach FREUD oder nach ADLER erklären, aber in der praktischen Behandlung tut man besser daran, den Fall vorher genau anzusehen. Wenn es sich um gebildete Leute handelt, so fällt die Entscheidung nicht schwer. Ich empfehle den Patienten, etwas von FREUD und ADLER zu lesen. In der Regel finden sie bald heraus, wer von beiden ihnen mehr liegt. Solange man sich im Gebiete der eigentlichen Neurosenpsychologie bewegt, kann man der FREUDschen sowohl als der ADLERschen Gesichtspunkte nicht entbehren.

Wenn aber die Sache anfängt, monoton zu werden, und Wiederholungen eintreten, so daß nach unvoreingenommenem Urteil ein Stillstand eingetreten ist, oder wenn mythologische, sog. archetypische Inhalte erscheinen, dann ist es Zeit, die analytisch-reduktive Behandlung aufzugeben und die Symbole anagogisch resp. synthetisch zu behandeln, was gleichbedeutend ist mit dem dialektischen Verfahren und der Individuation.

Die Beeinflussungsmethoden, zu denen auch die analytischen gehören, erfordern es, daß man den Patienten so oft wie möglich sieht. Ich begnüge mich allerdings mit höchstens drei bis vier Konsultationen pro Woche. Mit dem Beginn der synthetischen Behandlung wird es vorteilhaft, die Konsultationen zeitlich zu distanzieren. Ich vermindere sie dann in der Regel auf ein bis zwei Stunden pro Woche, denn der Patient muß ja lernen, seinen eigenen Weg zu gehen. Dieser besteht zunächst darin, daß er selber versucht, seine Träume zu verstehen, so daß die Inhalte des Unbewußten fortschreitend dem Bewußtsein angegliedert werden. Denn der Grund der Neurose ist die Diskrepanz zwischen der bewußten Haltung und der unbewußten Tendenz. Diese Dissoziation wird durch die Assimilation der Inhalte des Unbewußten überbrückt. Die Zeit zwischen den Konsultationen verstreicht daher nicht ungenützt. Auf diese Weise erspart man dem Kranken und sich selber eine Menge Zeit, die dem Patienten ebensoviel Geld bedeutet, und dabei lernt er auf eigenen Füßen zu stehen, anstatt sich an den Arzt anzuklammern.

Die Arbeit, die der Patient tut, führt durch fortschreitende Assimilation der Inhalte des Unbewußten zur schließlichen Integration seiner Persönlichkeit und damit zur Aufhebung der neurotischen Dissoziation. Die Einzelheiten dieses Entwicklungsweges zu schildern, würde den Rahmen eines Vortrages bei weitem überschreiten. Ich muß mich daher damit begnügen, wenigstens einen allgemeinen Überblick über die Grundsätze der psychotherapeutischen Praxis gegeben zu haben.

Ziele der Psychotherapie

In der Überzeugung, daß Neurosen funktionelle psychische Störungen und deshalb vorzugsweise durch psychische Behandlung zu heilen seien, ist man sich heute wohl einig. Wenn man aber zur Frage der Neurosenstruktur und der Prinzipien der Therapie kommt, so hört die Einigkeit auf, und man muß anerkennen, daß heutzutage noch keine allseitig befriedigende Auffassung weder vom Wesen der Neurosen, noch von den Prinzipien der Behandlung besteht. Wenn in dieser Hinsicht auch zwei Strömungen oder Schulen sich besonderes Gehör verschafft haben, so ist damit die Zahl der vorhandenen, abweichenden Meinungen noch lange nicht erschöpft. Es gibt auch zahlreiche Parteilose unter uns, die im allgemeinen Widerstreit der Meinungen sich ihre besondere Auffassung bilden. Wollte man ein zusammenfassendes Gemälde dieses Vielerlei entwerfen, so müßte man wohl den ganzen Regenbogen in allen seinen Abstufungen auf seiner Palette versammeln. Läge es in meiner Macht, so würde es mich wohl gelüsten, dies zu tun, denn das Zusammenschauen von vielerlei Meinungen war mir stets Bedürfnis. Es ist mir nie gelungen, die Berechtigung abweichender Meinungen auf die Dauer nicht zu sehen. Solche Meinungen könnten ja gar nicht entstehen oder sogar eine Gefolgschaft um sich sammeln, wenn sie nicht einer besonderen Psychologie, einem besonderen Temperament, einer mehr oder weniger allgemein vorkommenden psychischen Grundtatsache entsprächen. Schlössen wir eine solche Meinung als schlechthin irrig und verwerflich aus, so würden wir damit dieses besondere Temperament oder diese besondere Grundtatsache als Mißverständnis ablehnen, d. h. wir würden unser eigenes Erfahrungsmaterial vergewaltigen. Der Anklang, den FREUD mit seiner kausalistischen Sexualtheorie der Neurosen und mit seiner Ansicht, daß sich das psychische Geschehen im wesentlichen um die infantile Lust und ihre Befriedigung drehe, gefunden hat, sollte den Psychologen darüber belehren, daß diese Art zu denken und zu fühlen einer relativ weitverbreiteten Disposition begegnet, d.h. einer geistigen Strömung, die, unabhängig von FREUDS Theorie, als kollektiv-psychologische Erscheinung sich zugleich auch an anderen Orten, unter anderen Umständen, in anderen Köpfen und in anderen Formen bemerkbar gemacht hat. Ich erinnere einerseits an die Arbeiten von HAVELOCK ELLIS und AUGUST FOREL und die Sammler der *Anthropophyteia*[1], sodann an die Sexualexperimente der nachviktorianischen Epoche in angelsächsischen Ländern und an die breite Diskussion der Sexualmaterie in der sog. schönen Literatur, die wohl schon mit den französischen Realisten einsetzte. FREUD ist einer der Exponenten einer zeitgenössischen seelischen Tatsache, die an sich wieder eine besondere Geschichte besitzt, auf welche wir uns hier, aus begreiflichen Gründen, nicht weiter einlassen können.

Der Beifall, den ADLER, ähnlich wie FREUD, diesseits und jenseits des Ozeans gefunden hat, weist auf die unleugbare Tatsache hin, daß das auf Minderwertigkeit gegründete Geltungsbedürfnis als wesentlicher Erklärungsgrund einer sehr großen Anzahl von Menschen einleuchtet. Es ist nicht zu bestreiten, daß diese Ansicht seelische Tatbestände erfaßt, die in der FREUDschen Auffassung nicht zu ihrem Rechte kommen. Ich brauche wohl nicht ausführlich zu erwähnen, welche kollektiv-psychologischen und sozialen Bedingungen der ADLERschen Auffassung entgegenkommen und sie zu ihrem theoretischen Exponenten machen. Das liegt ja klar zutage.

Es wäre ein unverzeihlicher Irrtum, die Wahrheit dieser Auffassungen, der FREUDschen sowohl wie der ADLERschen, zu übersehen, aber ebenso unverzeihlich wäre es, die eine derselben für die alleinige Wahrheit zu halten. Beide Wahrheiten entsprechen psychischen Wirklichkeiten. Es gibt tatsächlich Fälle, die man in der Hauptsache nach der einen, und solche, die man nach der anderen Theorie am besten darstellen und erklären kann.

Ich kann keinen der beiden Autoren eines fundamentalen Irrtums zeihen, sondern bin im Gegenteil bestrebt, beiderlei Hypothesen soweit wie möglich anzuwenden, indem ich ihre relative Richtigkeit durchaus anerkenne. Es wäre mir ja ohnehin nie eingefallen, meine Wege von denen FREUDS zu trennen, wenn ich nicht an Tatsachen angestoßen wäre, die mich zu Modifikationen zwangen. Und gleiches gilt von meinem Verhältnis zur ADLERschen Auffassung.

Nach dem Ebengesagten brauche ich wohl kaum hervorzuheben, daß ich die Wahrheit meiner abweichenden Auffassungen als ebenso relativ empfinde und mich selber so sehr als bloßen Exponenten einer anderen Disposition fühle, daß ich fast mit COLERIDGE bekennen könnte: «Ich glaube an die eine und allein seligmachende Kirche, deren einziges Mitglied ich vorderhand bin.»

Wenn irgendwo, so müssen wir in der angewandten Psychologie heutzutage bescheiden sein und eine anscheinende Vielheit widersprechender Meinungen gelten lassen, denn wir sind noch weit davon entfernt, vom vornehmsten Objekt der Wissenschaft, der menschlichen Seele selber, irgend etwas Gründliches zu wissen. Vorderhand haben wir bloß mehr oder weniger plausible Meinungen, die sich noch nirgends decken wollen.

Wenn ich daher vor mein Publikum trete, um einiges von meinen Auffassungen zu sagen, so mißverstehe man dies bitte nicht als Anpreisung einer neuen Wahrheit oder gar als Verkündigung eines endgültigen Evangeliums. Ich kann in der Tat nur von Versuchen reden, entweder mir dunkle, seelische Tatsachen aufzuhellen oder therapeutische Schwierigkeiten zu überwinden.

Und es ist gerade bei letzterem Punkte, wo ich einsetzen möchte. Denn hier liegt die unmittelbarste Nötigung zu Modifikationen vor. Mit einer unzulänglichen Theorie kann man es bekanntlich sehr lange aushalten, nicht aber mit unzulänglichen therapeutischen Methoden. In meiner beinahe dreißigjährigen psychotherapeutischen Praxis habe ich mir eine beträchtliche Sammlung von Mißerfolgen zugelegt, die mir eindrücklicher waren als meine Erfolge. Erfolge in der Psychotherapie kann jedermann haben, angefangen mit dem primitiven Medizinmann und dem Gesundbeter. Aus Erfolgen lernt der Psychotherapeut wenig oder nichts, denn sie bestätigen ihn hauptsächlich in seinen Irrtümern. Mißerfolge dagegen sind überaus kostbare Erfahrungen, denn in ihnen tut sich nicht nur der Weg zu einer besseren Wahrheit auf, sondern sie zwingen uns auch zur Veränderung unserer Auffassung und Methode.

Indem ich die große Förderung, die ich in erster Linie FREUD und sodann auch ADLER verdanke, auch praktisch insofern anerkenne, als ich jede Möglichkeit, die mir ihre Gesichtspunkte bieten, in der Patientenbehandlung verwende, muß ich trotzdem anderseits hervorheben, daß ich Mißerfolge erlitten habe, von denen ich das Gefühl hatte, daß sie zu vermeiden gewesen wären, wenn ich diejenigen Tatsachen in Betracht gezogen hätte, die mich nachträglich zu Modifikationen nötigten.

Hier alle Bedingungen zu schildern, unter denen ich angestoßen bin, ist fast unmöglich. Ich muß mich damit begnügen, wenigstens einige typische Fälle hervorzuheben. Die Hauptschwierigkeiten hatte ich mit Patienten vorgerückten Alters, also jenseits vierzig. Bei jüngeren Leuten komme ich in der Regel mit den schon bekannten Gesichtspunkten aus, denn FREUDS sowohl als ADLERS Tendenz ist, die Patienten zur Anpassung zu bringen und zu normalisieren. Beide Gesichtspunkte lassen sich für den jugendlichen Menschen trefflich verwenden, anscheinend ohne daß störende Restbestände übrig bleiben. Mit älteren Leuten ist dies nach meiner Erfahrung öfters nicht der Fall. Mir scheint überhaupt, daß die seelischen Grundtatsachen sich im Laufe des Lebens gewaltig ändern, so sehr, daß man beinahe von einer Psychologie des Lebensvormittags und des Lebensnachmittags sprechen könnte. In der Regel steht das Leben des jugendlichen Menschen im Zeichen einer allgemeinen Expansion mit Erstrebung sichtbarer Ziele, und seine Neurose scheint hauptsächlich auf dem Zögern oder dem Zurückweichen vor dieser Richtung zu beruhen. Das Leben des alternden Menschen dagegen steht im Zeichen der Kontraktion, dem Behaupten des Erreichten und dem Abbau der Ausdehnung. Seine Neurose beruht im wesentlichen auf einem unzeitgemäßen Verharren in der jugendlichen Einstellung. Wie der junge Neurotiker sich scheut vor dem Leben, so weicht der alte zurück vor dem Tod. Was dem Jungen einst normales Ziel war, wird dem Alten neurotisches Hemmnis; genau so schließlich, wie sich durch das Zögern des jungen Neurotikers seine ursprünglich normale Abhängigkeit von den Eltern in ein lebenswidriges Inzestverhältnis umkehrt. Es ist natürlich, daß beim jungen Menschen Neurose, Widerstand, Verdrängung, Übertragung, Fiktionen usw. eine umgekehrte Bedeutung als beim alten haben, trotz aller anscheinenden Ähnlichkeit. Demgemäß müssen wohl auch die Ziele der Therapie modifiziert werden. Das Alter des Patienten erscheint mir daher als eine höchst wichtige Indikation.

Aber auch innerhalb der Jugendphase des Lebens gibt es verschiedene Indikationen. So ist es meines Erachtens ein Kunstfehler, einen Patienten mit dem Typus der ADLERschen Psychologie, also z. B. einen Erfolglosen mit infantilem Geltungsbedürfnis, nach FREUDschen Gesichtspunkten zu behandeln; wie es auch umgekehrt ein schwerwiegendes Mißverständnis wäre, die ADLERschen Gesichtspunkte z. B. einem Erfolgreichen mit ausgesprochener Lustpsychologie aufzunötigen. Die Widerstände des Patienten können wertvolle Wegweiser im Zweifelsfalle sein. Ich bin geneigt, tiefsitzende Widerstände zunächst ernst zu nehmen – so paradox dies auch klingen mag. Ich bin nämlich der Überzeugung, daß der Arzt es nicht notwendigerweise besser weiß als der Patient, resp. dessen seelische Beschaffenheit, die ihm selber ja ganz unbewußt sein kann. Diese Bescheidenheit des Arztes ist durchaus angebracht angesichts der Tatsache, daß es bis jetzt nicht nur keine allgemein gültige Psychologie, sondern auch daß es überdies unbekannt viele Temperamente und mehr oder weniger individuelle Psychen gibt, die in kein Schema passen wollen.

Man weiß, daß ich in punkto Temperament zwei verschiedene Grundhaltungen, in Anlehnung an die schon von vielen Menschenkennern gewitterten typischen Unterschiede, nämlich die *extravertierte* und die *introvertierte* Einstellung annehme. Auch diese Einstellungen betrachte ich als wesentliche Indikationen, ebenso wie das häufige Vorherrschen einer gewissen psychischen Funktion gegenüber den anderen Funktionen[2].

Das unerhörte Vielerlei des individuellen Lebens bedingt eigentlich beständige Modifikationen, die vom Arzte selber oft ganz unbewußt angebracht werden, die aber, prinzipiell betrachtet, gar nicht mit seinem theoretischen Glaubensbekenntnis übereinstimmen.

Bei der Frage des Temperamentes darf ich nicht unterlassen, zu erwähnen, daß es Menschen wesentlich *geistiger* und solche wesentlich *materialistischer* Einstellung gibt, wobei man ja nicht glauben darf, eine solche Haltung sei ein zufällig erworbenes, bloßes Mißverständnis. Es sind häufig sogar angeborene Leidenschaften, die keine Kritik und keine Überredung auszurotten vermag, ja es gibt Fälle, wo ein anscheinend ausgesprochener Materialismus im Grunde genommen ein Ausweichen vor einem religiösen Temperament ist. Umgekehrte Fälle werden heutzutage bekanntlich noch leichter geglaubt, obschon sie nicht häufiger sind als die anderen. Auch dies ist eine Indikation, die m. E. nicht übersehen werden darf.

Wenn wir den Ausdruck «Indikation» gebrauchen, so möchte es fast erscheinen, als ob damit, wie in der übrigen Medizin, Indikation zu der oder jener Therapie gemeint sei. Vielleicht sollte dies so sein, aber jedenfalls ist die Psychotherapie heute noch nicht so weit, weshalb der Ausdruck «Indikation» leider nicht viel mehr heißt, als eine bloße Warnung vor Einseitigkeit.

Die menschliche Psyche ist etwas ungeheuer Zweideutiges. In jedem einzelnen Fall muß man sich die Frage vorlegen, ob eine Einstellung oder ein sog. Habitus eigentlich sei, oder vielleicht bloß eine Kompensation des Gegenteiles. Ich muß gestehen, daß ich mich in dieser Hinsicht so oft getäuscht habe, daß ich im konkreten Fall von allen theoretischen Voraussetzungen über die Struktur der Neurose und über das Können und Sollen des Patienten möglichst absehe. Ich lasse so viel wie möglich die reine Erfahrung über die therapeutischen Ziele entscheiden. Das mag vielleicht befremdlich erscheinen, denn vom Therapeuten wird doch gemeiniglich vorausgesetzt, daß er ein Ziel habe. In der Psychotherapie scheint es mir geradezu ratsam, wenn der Arzt kein zu sicheres Ziel hat. Er kann es wohl kaum besser wissen als die Natur und als der Lebenswille des Kranken. Die großen Entscheidungen des menschlichen Lebens sind ja in der Regel viel mehr den Instinkten und sonstigen geheimnisvollen, unbewußten Faktoren unterworfen, als bewußter Willkür und wohlmeinender Vernünftigkeit. Der Schuh, der dem einen paßt, drückt den anderen, und es gibt kein allgemeingültiges Lebensrezept. Jeder hat wohl seine Lebensform in sich, eine irrationale Form, die durch keine andere überboten werden kann.

Das alles hindert natürlich nicht, daß man mit Normalisieren und Rationalisieren zunächst so weit geht wie möglich. Ist der therapeutische Erfolg genügend, so kann man es wohl dabei bewenden lassen. Genügt er aber nicht, so hat sich die Therapie wohl oder übel nach den irrationalen Gegebenheiten des Kranken zu richten. Hier müssen wir der Natur als Führerin folgen, und was der Arzt dann tut, ist weniger Behandlung als vielmehr Entwicklung der im Patienten liegenden schöpferischen Keime.

Was ich zu sagen habe, beginnt da, wo die Entwicklung anfängt und die Behandlung aufhört. Wie man sieht, beschränkt sich also das, was ich zur Frage der Therapie beitragen kann, auf diejenigen Fälle, bei denen die rationale Behandlung kein genügendes Resultat erzielt. Das Krankenmaterial, das mir zur Verfügung steht, setzt sich eigenartig zusammen: Frische Fälle sind in der entschiedenen Minderzahl. Die meisten haben schon irgend eine Form psychotherapeutischer Behandlung hinter sich, und zwar mit partiellem oder negativem Erfolg. Etwa ein Drittel meiner Fälle leidet überhaupt an keiner klinisch bestimmbaren Neurose, sondern an der Sinn- und Gegenstandslosigkeit ihres Lebens. Ich habe nichts dagegen, wenn man dies als allgemeine Neurose unserer Zeit bezeichnen sollte. Reichlich zwei Drittel meiner Patienten stehen in der zweiten Lebenshälfte.

Dieses eigenartige Material setzt den rationalen Behandlungsmethoden einen besonderen Widerstand entgegen, wohl deshalb, weil es meistens sozial wohl angepaßte, öfters hervorragend leistungsfähige Individuen sind, denen Normalisierung nichts sagt. Und was die sogenannten Normalen anbetrifft, so bin ich erst recht nicht in der Lage, diesen eine fertige Lebensanschauung zu servieren. Bei den meisten meiner Fälle sind die Ressourcen des Bewußtseins erschöpft – der geläufige englische Ausdruck dafür ist: «I am stuck» – «ich bin stecken geblieben». Diese Tatsache ist es, die mich hauptsächlich zwingt, nach unbekannten Möglichkeiten zu suchen. Denn ich weiß dem Patienten auf seine Frage: «Was raten Sie mir? Was soll ich tun?» nichts zu antworten. Ich weiß es auch nicht. Ich weiß nur eins, daß, wenn mein Bewußtsein keinen gangbaren Weg vor sich sieht und darum stecken bleibt, meine unbewußte Seele auf den unerträglichen Stillstand reagieren wird.

Dieses Steckenbleiben ist ein seelischer Vorgang, der sich im Laufe der Menschheitsentwicklung so unzählige Male wiederholt hat, daß er sogar zum Motiv vieler Märchen und Mythen geworden ist, wo es dann etwa eine Springwurzel für das verschlossene Tor oder ein hilfreiches Tier für die Auffindung des verborgenen Weges gibt. Das heißt, mit anderen Worten ausgedrückt: Das Steckenbleiben ist ein typisches Ereignis, das wohl auch typische Reaktionen und Kompensationen im Laufe der Zeiten veranlaßt hat. Wir dürfen daher mit einiger Wahrscheinlichkeit darauf rechnen, daß etwas Entsprechendes in den Reaktionen des Unbewußten, also z. B. in den Träumen, auftauchen wird.

In solchen Fällen richtet sich daher mein Hauptaugenmerk zunächst auf die *Träume*. Ich tue dies nicht etwa darum, weil ich mich auf die Idee versteife, es müsse durchaus mit den Träumen geschafft werden, oder weil ich eine mysteriöse Traumtheorie besitze, nach der es so und so gehen müßte, sondern ganz einfach aus Verlegenheit. Ich weiß nicht, wo ich sonst etwas herholen könnte, darum versuche ich, es in den Träumen zu finden, denn diese geben doch Imaginationen, sie deuten doch irgend etwas an, was wenigstens mehr ist als nichts. Ich habe keine Traumtheorie, ich weiß nicht, wie Träume zustande kommen. Ich bin auch durchaus nicht sicher, ob meine Art, mit den Träumen umzugehen, überhaupt den Namen *Methode* verdient. Ich teile alle Vorurteile gegen Traumdeutung als der Quintessenz aller Unsicherheit und Willkür. Aber auf der anderen Seite weiß ich, daß fast in der Regel etwas dabei herauskommt, wenn man lange und gründlich genug einen Traum recht eigentlich meditiert, d.h. mit sich herumträgt. Dieses Etwas ist natürlich kein wissenschaftliches Resultat, mit dem man prunken könnte, oder das sich rationalisieren ließe, sondern es ist ein praktisch wichtiger Wink, welcher dem Patienten zeigt, wohin der unbewußte Weg zielt. Mir darf es nicht daran liegen, daß das Resultat der Traumüberlegung wissenschaftlich beleg- oder haltbar sei, sonst verfolge ich ein autoerotisches Nebenziel. Ich muß mich ganz damit begnügen, daß es dem Patienten etwas sagt und seinem Leben Strömung verleiht. Das einzige Kriterium, das ich anerkennen darf, ist also die Tatsache, daß das Resultat meiner Bemühung *wirkt.* Meine wissenschaftliche Liebhaberei, nämlich immer wissen zu wollen, warum es wirkt, muß ich für meine freie Zeit aufsparen.

Unendlich mannigfach sind die Inhalte der Initialträume, d.h. der Träume aus dem Anfang dieser Art von Unternehmung. In vielen Fällen weisen die Träume zunächst zurück in die Vergangenheit und erinnern an Vergessenes und Verlorenes. Öfters nämlich ereignen sich diese Stillstände und Desorientierungen, wenn die Lebensführung einseitig geworden ist. Dann kann nämlich ein plötzlicher sog. Libidoverlust eintreten. Alle bisherige Tätigkeit wird uninteressant, ja sinnlos, und ihre Ziele sind plötzlich nicht mehr begehrenswert. Was bei dem einen bloß vorübergehende Laune ist, kann beim anderen chronischer Zustand werden. In diesen Fällen kommt es oft vor, daß andere Entwicklungsmöglichkeiten der Persönlichkeit irgendwo in der Vergangenheit begraben liegen, und niemand weiß davon, nicht einmal der Patient. Der Traum aber kann die Spur aufdecken.

In anderen Fällen verweist der Traum auf Gegenwartstatsachen, von denen das Bewußtsein nie angenommen hat, daß sie problematisch oder konflikthaft sein könnten, z.B. Ehe, soziale Stellung usw.

Diese Möglichkeiten liegen noch im Bereiche des Rationalen, und es würde mir wohl nicht schwer fallen, solche Initialträume plausibel zu machen. Die wirkliche Schwierigkeit beginnt erst, wenn die Träume auf keine Handgreiflichkeiten hinweisen, und das tun sie häufig, besonders dann, wenn sie etwas Zukünftiges vorauszuerfassen versuchen. Ich meine mit solchen Träumen nicht notwendigerweise prophetische Träume, sondern bloß vorfühlende oder «rekognoszierende» Träume. Solche Träume enthalten Witterungen von Möglichkeiten und sind daher dem Unbeteiligten gegenüber nie plausibel zu machen. Öfters sind sie auch mir selber nicht plausibel, weshalb ich dann dem Patienten zu sagen pflege: «Ich glaub's nicht. Aber verfolgen Sie mal die Spur.» Wie gesagt, das einzige Kriterium ist die anregende Wirkung, wobei wir aber noch längstens nicht einzusehen brauchen, warum eine solche Wirkung stattfindet.

Dies gilt ganz besonders von Träumen, die etwas wie «unbewußte Metaphysik» enthalten, nämlich mythologisches Analogiedenken, wobei gelegentlich in unerhört bizarren Formen, die einen zunächst verblüffen, geträumt wird.

Man wird mir nun gewiß einwenden, woher ich denn wisse, daß die Träume so etwas wie «unbewußte Metaphysik» enthalten. Da muß ich nun gestehen, daß ich nicht weiß, ob die Träume das enthalten. Ich weiß dazu viel zu wenig von Träumen. Ich sehe nur die Wirkung beim Patienten. Hiezu möchte ich ein kleines Beispiel geben.

In einem längeren Initialtraum eines meiner «normalen» Fälle spielte die Tatsache, daß ein Kind der Schwester des Träumers krank war, eine Hauptrolle. Es war ein zweijähriges Mädchen.

In Wirklichkeit hatte seine Schwester einige Zeit zuvor einen Knaben durch Krankheit verloren, aber sonst war keines ihrer Kinder krank. Die Traumtatsache des kranken Kindes erwies sich zunächst als unzugänglich, wohl weil sie nirgends mit der Wirklichkeit stimmte. Da zwischen dem Träumer und seiner Schwester keine unmittelbaren und nahen Beziehungen bestehen, so konnte er auch wenig Persönliches in diesem Bilde fühlen. Da fiel ihm aber plötzlich ein, daß er vor zwei Jahren mit dem Studium des Okkultismus angefangen hatte, in dessen Verlauf er dann auch die Psychologie entdeckte. Das Kind war also offenbar sein seelisches Interesse – ein Gedanke, auf den ich von mir aus nicht gekommen wäre. Rein theoretisch betrachtet kann ja dieses Traumbild alles oder nichts bedeuten. Bedeutet ein Ding oder eine Tatsache an sich überhaupt je etwas? Sicher ist nur, daß es stets der Mensch ist, der deutet, d. h. Bedeutung gibt. Und das ist für die Psychologie zunächst das Wesentliche. Daß das Studium des Okkultismus krankhaft sei, imponierte dem Träumer als ein neuer, interessanter Gedanke. Das schlug irgendwie ein. Und das ist das Entscheidende: es wirkt, was es nun immer sei nach unserem unmaßgeblichen Dafürhalten. Dieser Gedanke bedeutet für ihn eine Kritik, und damit wird eine gewisse Einstellungsveränderung bewirkt.

Durch solche leise Veränderungen, die man rational gar nicht erdenken könnte, geraten die Dinge in Bewegung, und schon ist der Stillstand, im Prinzip wenigstens, überwunden.

Ich könnte nun an Hand dieses Beispiels figürlich sagen: Der Traum habe gemeint, die okkulten Studien des Träumers seien krankhaft, und in diesem Sinne kann ich auch von «unbewußter Metaphysik» sprechen, wenn der Träumer durch seinen Traum auf solche Gedanken gebracht wird.

Ich gehe aber noch weiter: ich gebe nämlich nicht nur dem Patienten Gelegenheit, sich etwas zu seinen Träumen einfallen zu lassen, sondern auch mir. Ich gebe ihm auch meine Einfälle und Meinungen. Wenn dabei suggestive Wirkungen eintreten sollten, so ist es mir willkommen, denn bekanntlich läßt man sich nur das suggerieren, wozu man sowieso schon leise bereit ist. Daß man bei diesem Rätselraten bisweilen in die Irre geht, schadet nichts, denn bei nächster Gelegenheit wird das Unrichtige wie ein Fremdkörper wieder ausgestoßen. Ich brauche nicht zu beweisen, daß meine Traumdeutung richtig sei – ein ziemlich aussichtsloses Unterfangen –, sondern ich muß bloß mit dem Patienten zusammen das *Wirksame* suchen – beinahe wäre ich versucht zu sagen, das *Wirkliche*.

Deshalb ist es mir eine ganz besonders wichtige Angelegenheit, möglichst viel von primitiver Psychologie, Mythologie, Archäologie und vergleichender Religionsgeschichte zu wissen, weil mir diese Gebiete unschätzbare Analogien liefern, mit denen ich die Einfälle meiner Patienten bereichern kann. So können wir zusammen das anscheinend Belanglose in die Nachbarschaft des Bedeutungsreichen rücken, und damit die Möglichkeit der Wirkung beträchtlich erhöhen. Für den Laien nämlich, der in der Sphäre des Persönlichen und Rationalen sein Möglichstes getan hat und doch zu keinem Sinn und darum zu keiner Befriedigung gelangte, will es unendlich viel heißen, eine irrationale Sphäre des Lebens und Erlebens betreten zu können. Dadurch verändert sich auch der Aspekt des Gewöhnlichen und Alltäglichen, dem diese Veränderung sogar einen neuen Schimmer verleihen kann. Das meiste hängt ja doch schließlich davon ab, wie wir die Dinge betrachten, und nicht davon, wie sie an sich sind. Kleinstes mit Sinn ist immer lebenswerter als Größtes ohne Sinn.

Ich glaube, das Risiko dieser Unternehmung nicht zu unterschätzen. Es ist, wie wenn man eine Brücke ins Blaue hinaus zu bauen anfinge. Ja, man könnte ironischerweise sogar den Einwand erheben – und hat dies auch schon öfters getan –, daß bei diesem Vorgehen der Arzt zusammen mit seinem Patienten im Grunde genommen bloß phantasiere.

Dieser Einwand ist kein Gegengrund, sondern trifft durchaus das Richtige. Ich strenge mich sogar an, mit dem Patienten zu phantasieren. Ich denke nämlich nicht gering von der Phantasie. Sie ist mir in letzter Linie die mütterliche Schöpferkraft des männlichen Geistes. Im letzten Grunde sind wir nie erhaben über Phantasie. Gewiß gibt es wertlose, unzulängliche, krankhafte und unbefriedigende Phantasien, deren sterile Natur jeder mit gesundem Menschenverstand Begabte baldigst erkennen wird, aber Fehlleistungen beweisen bekanntlich nichts gegen Normalleistung. Alles Menschenwerk entstammt der schöpferischen Phantasie. Wie sollten wir da von der Einbildungskraft gering denken dürfen? Auch geht Phantasie normalerweise nicht in die Irre, dazu ist sie zu tief und zu innig verbunden mit dem Grundstock menschlicher und tierischer Instinkte. Sie kommt in überraschender Weise immer wieder zurecht. Die schöpferische Betätigung der Einbildungskraft entreißt den Menschen seiner Gebundenheit im «Nichts-als» und erhebt ihn in den Zustand des Spielenden. Und der Mensch ist, wie SCHILLER sagt, «nur da ganz Mensch, wo er spielt»[3].

Die Wirkung, auf die ich hinziele, ist die Hervorbringung eines seelischen Zustandes, in welchem mein Patient anfängt, mit seinem Wesen zu experimentieren, wo nichts mehr für immer gegeben und hoffnungslos versteinert ist, eines Zustandes der Flüssigkeit, der Veränderung und des Werdens. Ich kann meine Technik natürlich nur im Prinzip darstellen. Diejenigen unter meinen Lesern, die zufälligerweise mit meinen Arbeiten bekannt sind, können sich die nötigen Parallelen denken. Ich möchte hier nur hervorheben, daß man mein Vorgehen nicht als ziel- und schrankenlos verstehen darf. Ich mache es mir nämlich immer zur Regel, nie über den im wirkungsvollen Moment liegenden Sinn hinaus zu gehen, und ich bestrebe mich bloß, diesen Sinn jeweils so völlig wie möglich dem Patienten bewußt zu machen, so daß er auch dessen überpersönlicher Beziehung gewahr wird. Wenn nämlich einem Menschen etwas zustößt, von dem er annimmt, daß etwas Derartiges nur ihm persönlich geschieht, während es in Wirklichkeit ein ganz allgemeines Erlebnis ist, so ist der Betreffende offenbar unrichtig, nämlich zu persönlich eingestellt und dadurch von der menschlichen Gemeinschaft ausgeschlossen. Gleichermaßen ist es nötig, daß wir nicht nur ein persönliches Gegenwartsbewußtsein haben, sondern auch ein überpersönliches Bewußtsein, dessen Geist historische Kontinuität fühlt. So abstrakt dies klingen mag, so ist es doch eine praktische Tatsache, daß so und so viele Neurosen in allererster Linie darauf beruhen, daß z. B. die religiösen Ansprüche der Seele infolge des kindischen Aufklärungswahns nicht mehr wahrgenommen werden. Der Psychologe von heute sollte es endlich einmal wissen, daß es sich längstens nicht mehr um Dogmen und Glaubensbekenntnisse handelt, sondern vielmehr um religiöse Einstellung, die eine psychische Funktion von kaum absehbarer Wichtigkeit ist. Und gerade für die religiöse Funktion ist historische Kontinuität unerläßlich.

Um zum Problem meiner Technik zurückzukehren, frage ich mich, inwieweit ich FREUDS Autorität für ihr Zustandekommen in Anspruch nehmen darf. Jedenfalls habe ich sie von FREUDS Methode des freien Assoziierens gelernt, und ich betrachte meine Technik als eine direkte Weiterbildung derselben.

Solange ich dem Patienten helfe, die wirksamen Momente seiner Träume herauszufinden, und solange ich mich bestrebe, ihn den allgemeinen Sinn seiner Symbole sehen zu lassen, ist er noch in einem psychologischen Kindheitszustand. Er hängt zunächst von seinen Träumen ab und von der Frage, ob ihm der nächste Traum ein neues Licht gebe oder nicht. Sodann hängt er davon ab, ob ich Einfälle habe und ihm durch mein Wissen weitere Einsichten vermitteln kann. Er ist also noch in einem wenig wünschenswerten, passiven Zustande, in welchem alles etwas unsicher und fragwürdig ist. Denn weder er noch ich weiß, wohin die Reise geht. Oft ist es nicht viel mehr als ein Herumtappen in ägyptischer Finsternis. In diesem Zustand dürfen wir auch keine zu starken Wirkungen erwarten, denn dazu ist die Unsicherheit zu groß. Und überdies besteht die oftmals eintretende Gefahr, daß das Gewebe, das wir am Tage gesponnen, immer wieder von der Nacht zerrissen wird. Die Gefahr ist, daß nichts zustande kommt – in des Wortes vollster Bedeutung –, daß nichts stehen bleibt. In diesen Situationen ereignet es sich nicht selten, daß ein besonders farbiger Traum eintritt oder einer von seltsamer Gestalt, und der Patient sagt mir: «Sehen Sie, wenn ich jetzt ein Maler wäre, so würde ich davon ein Gemälde machen.» Oder die Träume sprechen von Photographien, von gemalten oder gezeichneten Bildern oder illuminierten Handschriften oder auch vom Kino.

Diese Winke habe ich mir zunutze gemacht und fordere deshalb meine Patienten in diesem Augenblick auf, das im Traum oder in der Phantasie Geschaute in Wirklichkeit zu malen. In der Regel begegne ich dem Einwand, man sei kein Maler, worauf ich zu sagen pflege, daß die heutigen Maler ja auch keine seien, infolgedessen die Malkunst heutzutage vogelfrei sei, und es überdies auf die Schönheit sowieso nicht ankomme, sondern bloß auf die Mühe, die man auf das Bild verwende. Wie wahr dies ist, sah ich jüngst bei einer begabten, professionellen Porträtmalerin, die mit lamentablen Kinderversuchen beginnen mußte, nach meiner Art zu malen; wörtlich so, wie wenn sie noch nie einen Pinsel in der Hand gehabt hätte. Von außen malen ist eben eine andere Kunst, als von innen nach außen.

Viele meiner vorgerückteren Patienten beginnen also zu malen. Ich begreife, wenn jedermann von der gründlichen Unnützlichkeit solchen Dilettantismus aufs tiefste beeindruckt ist. Man vergesse aber nicht, es handelt sich nicht um Personen, die ihre soziale Nützlichkeit noch zu beweisen haben, sondern um solche, die in der sozialen Nützlichkeit ihren Sinn nicht mehr erblicken können und auf die tiefere und gefährlichere Frage des Sinnes ihres individuellen Lebens gestoßen sind. Massenpartikel zu sein hat nur für denjenigen Sinn und Reiz, der es noch nicht soweit gebracht hat, nicht aber für den, der es bis zum absoluten Überdruß gewesen ist. Die Bedeutsamkeit des individuellen Lebenssinnes mag von dem geleugnet werden, der als soziales Wesen unter dem allgemeinen Anpassungsniveau steht, und wird immer von dem geleugnet, dessen Ehrgeiz im Herdenzüchten besteht. Wer weder zur einen noch zur anderen Kategorie gehört, wird früher oder später auf diese peinliche Frage stoßen.

Auch wenn gelegentlich künstlerisch schöne Dinge von meinen Patienten produziert werden, Dinge, die sich ohne weiteres in modernen «Kunst»-Ausstellungen sehen lassen könnten, so betrachte ich sie doch als völlig wertlos, gemessen am Wertmaßstab wirklicher Kunst. Es ist sogar wesentlich, daß sie wertlos seien, sonst bilden sich meine Patienten ein, Künstler zu sein, womit der Zweck der Übung gänzlich verfehlt wäre. Es handelt sich nicht um Kunst, vielmehr, es soll sich nicht um Kunst handeln, sondern um mehr und anderes als bloß Kunst, nämlich um lebendige Wirkung auf den Patienten selbst. Was der soziale Standpunkt als das Geringste bewertet, steht hier am höchsten, nämlich der

Sinn des individuellen Lebens, um dessentwillen sich der Patient bemüht, Unaussprechbares in kindlich unbeholfene, sichtbare Form zu übersetzen.

Warum aber veranlasse ich überhaupt die Patienten, sich in einem gewissen Entwicklungsstadium durch Pinsel, Stift oder Feder auszudrükken?

Auch dies geschieht in erster Linie, um Wirkung zu erzeugen. In dem vorhin geschilderten psychologischen Kindheitszustand bleibt der Patient passiv. Hier nun geht er in die Aktivität über. Zunächst stellt er passiv Geschautes dar, er läßt es dadurch zu seiner eigenen Tat werden. Er spricht nicht nur davon, sondern tut es auch. Psychologisch macht es einen gewaltigen Unterschied aus, ob einer einige Male pro Woche ein interessantes Gespräch mit seinem Arzt führt, dessen Ergebnis irgendwo in der Luft hängt, oder ob er stundenlang mit widerspenstigen Pinseln und Farben sich müht, um etwas, oberflächlich betrachtet, völlig Sinnloses zustande zu bringen. Wäre es nun wirklich sinnlos für ihn, so würde die Bemühung, es zu zeichnen, ihn derart anwidern, daß er wohl kaum ein zweites Mal wieder an diese Übung heranzubringen wäre. Weil aber seine Phantasie ihm doch nicht völlig sinnlos erscheint, so wird die Betätigung derselben ihre Wirkung noch unterstreichen. Überdies zwingt die materielle Gestaltung des Bildes zu einer anhaltenden Betrachtung desselben in allen Teilen, so daß es dadurch seine Wirkung völlig entfalten kann. Dadurch kommt in die bloße Phantasie ein Moment der Wirklichkeit hinein, wodurch der Phantasie ein größeres Gewicht, eben größere Wirkung verliehen ist. Und es gehen nun auch tatsächlich Wirkungen von diesen selbstgefertigten Bildern aus, Wirkungen, die allerdings schwer zu beschreiben sind. Es braucht z. B. ein Patient nur einige Male gesehen zu haben, wie er aus einem miserablen seelischen Zustande dadurch erlöst wird, daß er ein symbolisches Bild anfertigt, um stets wieder zu diesem Mittel zu greifen, sobald es ihm schlecht geht. Damit ist etwas Unschätzbares gewonnen, nämlich ein Ansatz zur Unabhängigkeit, ein Übergang zur psychologischen Erwachsenheit. Mit dieser Methode – wenn ich dieses Wort überhaupt gebrauchen darf – kann sich der Patient schöpferisch unabhängig machen. Er hängt jetzt nicht mehr von seinen Träumen ab und nicht mehr vom Wissen seines Arztes, sondern, indem er sozusagen sich selber malt, kann er sich selber gestalten. Denn was er malt, sind wirkliche Phantasien, es ist das, was in ihm wirkt. Und was in ihm wirkt, das ist er selbst, aber nicht mehr im Sinne des früheren Mißverständnisses, wo er sein persönliches Ich für sein Selbst hielt, sondern in einem neuen, ihm bisher fremden Sinne, wo sein Ich als Objekt des in ihm Wirkenden erscheint. In zahllosen Bildern müht er sich, das in ihm Wirkende erschöpfend darzustellen, um schließlich zu entdecken, daß es das ewig Unbekannte und Fremde ist, das tiefste Grundlage unserer Seele ist.

Ich kann unmöglich schildern, welche Veränderungen der Standpunkte und Werte, welche Verschiebungen des Gravitationszentrums der Persönlichkeit dadurch zustande kommen. Es ist, wie wenn die Erde die Sonne als das Zentrum der Planetenbahnen und ihrer eigenen Bahn entdeckt hätte.

Aber haben wir das nicht schon längstens gewußt? Ich glaube auch, daß wir das schon längst wußten. Aber wenn ich etwas weiß, so weiß es das andere in mir noch längstens nicht, denn in Tat und Wahrheit lebe ich so, wie wenn ich es nicht wüßte. Die meisten meiner Patienten wußten es, aber sie lebten es nicht. Und warum lebten sie es nicht? Wohl aus dem Grunde, der uns alle veranlaßt, aus dem Ich zu leben. Dieser Grund ist die *Überschätzung des Bewußtseins.*

Für den jugendlichen, noch unangepaßten, erfolglosen Menschen ist es von größter Wichtigkeit, sein bewußtes Ich so wirkungsvoll wie möglich zu gestalten, d.h. seinen Willen zu erziehen. Wenn er nicht gerade ein Genie ist, so darf er gar nicht an etwas an ihm Wirkendes, das nicht mit seinem Willen identisch wäre, glauben. Er muß sich als Willenswesen fühlen und darf alles andere in sich entwerten oder als seinem Willen unterworfen wähnen, denn ohne diese Illusion gelänge ihm wohl die soziale Anpassung nicht.

Anders aber beim Menschen der zweiten Lebenshälfte, der es nicht mehr nötig hat, seinen bewußten Willen zu erziehen, der vielmehr, um den Sinn seines individuellen Lebens zu verstehen, der Erfahrung seines eigenen Wesens bedarf. Ihm ist seine soziale Nützlichkeit kein Ziel mehr, obschon er deren Wünschbarkeit nicht leugnet. Er empfindet seine schöpferische Tätigkeit, deren soziale Unnützlichkeit ihm völlig klar ist, als Arbeit und als Wohltat an sich selbst. In steigendem Maße auch befreit ihn seine Tätigkeit von krankhafter Abhängigkeit, und er gewinnt damit eine innere Festigkeit und ein neues Vertrauen zu sich selber. Und diese letzteren Errungenschaften sind es nun, die auch dem sozialen Leben des Patienten wieder zugute kommen. Denn ein innerlich fester und sich selber vertrauender Mensch wird seinen sozialen Aufgaben besser gewachsen sein als einer, der mit seinem Unbewußten auf schlechtem Fuße steht.

Ich habe es absichtlich vermieden, meinen Vortrag mit Theorie zu beschweren, daher muß auch vieles dunkel und unerklärt bleiben. Aber um die von meinen Patienten produzierten Bilder verständlich zu machen, müssen doch gewisse theoretische Gesichtspunkte erwähnt werden. Alle diese Bilder sind gekennzeichnet durch einen primitiv symbolischen Charakter, der ebenso sehr aus der Zeichnung, wie aus der Farbe hervorleuchtet. Die Farben sind in der Regel barbarisch intensiv. Oft ist ein unverkennbarer Archaismus vorhanden. Diese Eigenschaften weisen auf die Natur der zugrunde liegenden bildnerischen Kräfte hin. Es sind irrationale symbolistische Tendenzen von dermaßen historischem oder archaischem Charakter, daß ihre Parallelisierung mit ähnlichen Gebilden aus der Archäologie und vergleichenden Religionsgeschichte nicht schwer hält. Wir dürfen daher wohl annehmen, daß unsere Bilder hauptsächlich denjenigen Regionen der Psyche entstammen, die ich als das *kollektive Unbewußte* bezeichnet habe. Unter dieser Bezeichnung verstehe ich ein unbewußtes, allgemein menschliches, seelisches Funktionieren, welches nicht nur Anlaß zu unseren modernen symbolistischen Bildern, sondern auch Anlaß zu all den ähnlichen Produkten der menschlichen Vergangenheit war. Solche Bilder entspringen einem natürlichen Bedürfnis und befriedigen auch ein solches. Es ist, wie wenn die bis ins Primitive zurückreichende Psyche sich in diesen Bildern ausdrückte und dadurch eine Möglichkeit bekäme, mit unserem ihr fremdartigen Bewußtsein zusammen zu funktionieren, wodurch ihre das Bewußtsein störenden Ansprüche in Wegfall kämen, d.h. gesättigt würden. Ich muß allerdings beifügen, daß die bloß darstellerische Tätigkeit an sich ungenügend ist. Es bedarf darüber hinaus noch eines intellektuellen und emotionalen Verständnisses der Bilder, wodurch sie nicht nur verstandesmäßig, sondern auch moralisch dem Bewußtsein integriert werden. Sie müssen noch einer synthetischen Deutungsarbeit unterzogen werden. Trotzdem ich viele Male mit einzelnen Patienten diesen Weg durchlaufen habe, so ist es mir bis jetzt noch nicht gelungen, einen solchen Verlauf in allen Einzelheiten klarzustellen und zu publizieren[4]. Es ist dies bisher nur stückweise geschehen. Wir bewegen uns hier eben auf absolutem Neuland, auf dem es zu allernächst auf reichliche Erfahrung ankommt. Und aus sehr gewichtigen Gründen möchte ich gerade hier vorschnelle Schlüsse vermeiden. Handelt es sich doch um einen Lebensprozeß der Seele außerhalb des Bewußtseins, den wir hier indirekt beobachten können. Und noch wissen wir nicht, zu welch unbekannten Tiefen unser Blick hier dringt. Wie ich schon vorhin andeutete, scheint es sich um eine Art von Zentrierungsvorgang zu handeln – sehr viele entscheidende Bilder, die besonders vom Patienten als solche empfunden werden, weisen in diese Richtung; bei diesem Zentrierungsvorgang scheint das, was wir Ich nennen, in eine periphere Stellung zu kommen. Diese Veränderung wird anscheinend durch ein Heraufkommen des historischen Seelenteiles bewirkt. Was der Zweck dieses Vorganges ist, bleibt zunächst dunkel. Wir können nur seine bedeutende Wirkung auf die bewußte Persönlichkeit konstatieren. Aus der Tatsache, daß diese Veränderung das Lebensgefühl erhöht und das Leben strömend erhält, muß man schließen, daß ihr eine eigentümliche Zweckmäßigkeit innewohnt. Man mag es eine neue Illusion nennen. Aber was ist Illusion? Von welchem Standpunkt aus können wir etwas als Illusion bezeichnen? Gibt es für die Seele etwas, was wir als «Illusion» bezeichnen dürften? Für die Seele ist sie vielleicht eine wichtigste Lebensform, eine Unerläßlichkeit, wie der Sauerstoff für den Organismus. Was wir «Illusion» nennen, ist vielleicht eine seelische Tatsächlichkeit von überragender Bedeutung. Die Seele kümmert sich wahrscheinlich nicht um unsere Wirklichkeitskategorien. Für sie scheint in erster Linie *wirklich* zu sein, was *wirkt.* Wer die Seele erforschen will, darf sie nicht mit seinem Bewußtsein verwechseln, sonst verhüllt er den Gegenstand der Forschung seinem eigenen Blicke. Man muß im Gegenteil noch entdekken, wie verschieden die Seele vom Bewußtsein ist, um sie erkennen zu können. Nichts ist daher möglicher, als daß jenes, das für uns Illusion heißt, für sie Wirklichkeit ist, weshalb nichts inkommensurabler wäre, als die seelische Wirklichkeit an unserer Bewußtseinswirklichkeit zu messen. Für den Psychologen gibt es nichts Blöderes als den Missionarsstandpunkt, der die Götter der armen Heiden für Illusion erklärt. Aber leider wird immer noch dogmatisch gepfuscht, wie wenn unsere sogenannte Realität nicht ebenso illusionär wäre. Im Seelischen sind, wie überall in unserer Erfahrung, wirkende Dinge Wirklichkeiten, gleichgültig, welche Namen ihnen der Mensch gibt. Und diese Wirklichkeiten möglichst als solche zu verstehen, darum handelt es sich und nicht etwa darum, daß man ihnen andere Namen unterschiebt. So ist Geist für die Seele nicht weniger Geist, auch wenn man ihn Sexualität nennt.

Ich muß wiederholen, daß diese Benennungen und Veränderungen von Benennungen dem Wesen des geschilderten Vorganges nirgends auch nur nahe kommen. Er ist, wie alles Seiende, nicht durch rationale Bewußtseinsbegriffe zu erschöpfen, weshalb auch meine Patienten folgerichtigerweise symbolische Darstellung und Interpretation als das Adäquatere und Wirksamere vorziehen.

Damit habe ich nun so ziemlich alles gesagt, was ich im Rahmen eines allgemein orientierenden Vortrags über meine therapeutischen Absichten und Ansichten sagen könnte. Es kann nicht mehr als eine Anregung sein, und ich bin ganz zufrieden, wenn es eine solche ist.

Psychotherapie und Weltanschauung

Die Psychotherapie ist aus dermaßen praktischen und behelfsmäßigen Methoden hervorgegangen, daß sie lange Zeit Mühe hatte, sich auf ihre eigenen denkerischen Grundlagen zu besinnen. Wie die empirische Psychologie sich zuerst an physikalische Begriffe und sodann an physiologische anlehnte und nur zögernd sich an die komplexen Phänomene, d.h. an ihr eigentlichstes Arbeitsgebiet heranwagte, so war die Psychotherapie zunächst Hilfsmethode und hat sich nur allmählich aus der medizinisch-therapeutischen Vorstellungswelt befreit und verstanden, daß sie es nicht nur mit physiologischen Voraussetzungen zu tun hat, sondern in erster Linie mit psychischen. Mit andern Worten, sie fand sich zu psychologischen Fragestellungen genötigt, die bald den Rahmen der bereits bestehenden experimentellen Psychologie mit ihren elementaren Feststellungen sprengten. Durch die Anforderungen der Therapie traten hochkomplexe Tatbestände in das Gesichtsfeld der noch jungen Wissenschaft, deren Vertreter sehr oft des zur Bewältigung der auftauchenden Probleme nötigen Rüstzeuges entbehrten. Kein Wunder daher, wenn die Diskussion innerhalb der durch die therapeutischen Erfahrungen sozusagen erzwungenen Psychologie zunächst eine sinnverwirrende Mannigfaltigkeit von Einsichten, Theorien und Standpunkten erkennen ließ! Es war dem Außenstehenden keineswegs zu verdenken, wenn er den Eindruck einer babylonischen Sprachverwirrung erhielt. Diese Konfusion war aber unvermeidlich, denn es mußte sich notgedrungenerweise einmal herausstellen, daß man die Psyche nicht behandeln kann, ohne ans Ganze und damit an Letztes und Tiefstes zu rühren, sowenig man den kranken Körper behandeln kann ohne Berücksichtigung des Ganzen seiner Funktionen oder gar ohne Berücksichtigung des kranken Menschen, wie auch die moderne Medizin dies gelegentlich durch den Mund einzelner Vertreter betont.

Je «psychischer» ein Zustand ist, desto komplexer ist er, und desto mehr bezieht er sich auf das Ganze. Gewiß sind elementare psychische

Gebilde aufs engste mit physiologischen Körpervorgängen verschwistert, und es besteht nicht der mindeste Zweifel darüber, daß der *physiologische Faktor* zum mindesten den *einen* Pol des psychischen Kosmos bedeutet. Wenn schon die Trieb- und Affektvorgänge sowie die ganze neurotische Symptomatologie, die aus deren Störung hervorgeht, klar auf physiologischer Grundlage beruhen, so beweist aber andererseits der Störungsfaktor, daß er die physiologische Ordnung in Unordnung zu verkehren die Macht hat. Besteht die Störung in einer Verdrängung, so gehört der Störungsfaktor, eben das Verdrängende, einer «höheren» psychischen Ordnung an. Es ist kein elementares, physiologisch Bedingtes, sondern, wie die Erfahrung zeigt, in der Regel eine hochkomplexe Bedingung, wie z. B. rationale, ethische, ästhetische, religiöse oder sonstwie tradtitionsgebundene Vorstellungen, für welche eine physiologische Basis wissenschaftlich nicht nachzuweisen ist. Diese Sphäre hochkomplexer Dominanten bildet den anderen Pol der Psyche. Er hat, wie die Erfahrung zeigt, eine Energie, welche gegebenenfalls derjenigen der physiologisch gebundenen Psyche um ein Mehrfaches überlegen ist.

Schon die ersten Vorstöße der werdenden Psychotherapie in das Gebiet der eigentlichen Psychologie führten zur Kollision mit der der Psyche im Tiefsten eigentümlichen *Gegensatzproblematik.* Die Struktur der Psyche ist in der Tat dermaßen kontradiktorisch oder kontrapunktisch, daß es wohl keine psychologische Feststellung oder keinen allgemeinen Satz gibt, zu dem man nicht sofort auch das Gegenteil behaupten müßte.

Die Gegensatzproblematik erweist sich als der geeignetste und idealste Tummelplatz für die allerwidersprechendsten Theorien und besonders für halb oder ganz unrealisierte, weltanschauliche Präjudizien. Mit dieser Entwicklung hat die Psychotherapie ein Wespennest erster Güte aufgestört. Nehmen wir als Beispiel den sogenannten einfachen Fall einer Triebverdrängung. Wird die Verdrängung aufgehoben, so wird der Trieb freigesetzt. Ist er frei, so will er mitleben und sich in seiner Art betätigen. Damit wird die Situation aber peinlich, gelegentlich allzu peinlich. Der Trieb sollte daher modifiziert, d. h. «sublimiert» werden, wie man so zu sagen pflegt. Wie das ohne neuerliche Verdrängung zugehen soll, weiß niemand so recht zu sagen. Schon das Wörtchen «sollte» beweist immer die Ohnmacht des Therapeuten und zugleich das Eingeständnis, daß er am Ende seiner Weisheit steht. Der schließliche Appell an die Vernunft wäre ja ganz schön, wenn der Mensch von Natur ein animal rationale wäre; er ist es aber nicht; er ist im Gegenteil mindestens ebenso unvernünftig. Daher genügt auch die Vernunft häufig nicht, um den Trieb so zu modifizieren, daß er sich der vernünftigen Ordnung fügt. Was an dieser Stelle des Problems an moralischen, ethischen, philosophischen und religiösen Konflikten zum Vorschein kommt, ist nicht auszudenken; die Praxis überbietet alle Phantasie. Jeder gewissenhafte und wahrheitsliebende Psychotherapeut weiß davon – natürlich im Stillen – ein Lied zu singen. Die ganze Zeitproblematik, die philosophischen und religiösen Fragwürdigkeiten unserer Tage werden in einem solchen Fall aufgewühlt, und wenn der Psychotherapeut oder der Patient nicht beizeiten die Flinte ins Korn wirft, so geht es dem einen und dem andern an die Haut. Der eine wie der andere wird zu einer weltanschaulichen Auseinandersetzung mit sich selber sowohl wie mit dem Partner gezwungen. Es gibt zwar gewaltsame Antworten und Lösungen, aber im Prinzip und auf die Dauer sind sie weder empfehlenswert noch befriedigend. Kein gordischer Knoten ist je auf die Dauer zerhauen worden; er hat die unangenehme Eigenschaft, sich stets wieder selber zu schürzen.

Die weltanschauliche Auseinandersetzung ist eine Aufgabe, die sich die Psychotherapie unweigerlich selber stellt, auch wenn nicht jeder Patient bis zum Grundsätzlichen vordringt. Die Frage der Maßstäbe, mit denen gemessen werden soll, und die der ethischen Kriterien, die unser Handeln bestimmen sollen, muß irgendwie beantwortet werden, denn gegebenenfalls erwartet der Patient Rechenschaft über unsere Urteile und Entscheidungen. Nicht alle Patienten lassen sich dadurch, daß wir die Rechenschaft verweigern, zu infantiler Minderwertigkeit verurteilen, ganz abgesehen davon, daß man durch einen solchen therapeutischen Mißgriff den Ast absägen würde, auf den man sich selber gesetzt hat. Mit andern Worten also fordert die Kunst der Psychotherapie, daß sich der Therapeut im Besitz einer angebbaren, glaub- und verteidigungswürdigen, letzthinnigen Überzeugung befinde, die ihre Tüchtigkeit dadurch bewiesen hat, daß sie auch bei ihm selber neurotische Dissoziationen entweder aufgehoben hat oder nicht aufkommen läßt. Der Besitz an Neurose dementiert den Therapeuten. Man kann nämlich keinen Patienten weiterbringen als man selber ist. Der Besitz von Komplexen hingegen bedeutet an sich keine Neurose, denn Komplexe sind normalerweise Brennpunkte des psychischen Geschehens, deren Schmerzhaftigkeit keine krankhafte Störung beweist. Leiden ist keine Krankheit, sondern der normale Gegenpol des Glücks. Krankhaft wird ein Komplex erst dann, wenn man meint, man hätte ihn nicht.

Die Weltanschauung ist, als komplexestes Gebilde, der Gegenpol der physiologisch gebundenen Psyche, und als oberste psychische Dominante entscheidet sie letzthinnig über deren Schicksal. Sie leitet das Leben des Therapeuten und bildet den Geist seiner Therapie. Da sie in erster Linie, auch bei strengster Objektivität, ein subjektives Gebilde ist, so kann und wird sie vielleicht viele Male an der Wahrheit des Patienten zerbrechen und doch an dieser sich wieder verjüngt aufrichten. Überzeugung nämlich wird leicht zur Selbstsicherung, und dadurch wird sie zur Starrheit verführt, und diese ist nicht im Sinne des Lebens. Eine feste Überzeugung beweist sich in ihrer Weichheit und Nachgiebigkeit, und wie jede hohe Wahrheit gedeiht sie am besten auf ihren zugegebenen Irrtümern.

Ich kann es kaum verschleiern, daß wir Psychotherapeuten eigentlich Philosophen oder philosophische Ärzte sein sollten oder vielmehr, daß wir es schon sind, ohne es wahr haben zu wollen, denn ein allzu krasser Unterschied klafft zwischen dem, was wir betreiben, und dem, was auf Hochschulen als Philosophie gelehrt wird. Man könnte es auch *Religion in statu nascendi* nennen, denn in nächster Nähe der großen Konfusion des Urlebendigen gibt es noch keine Sonderung, die einen Unterschied zwischen Philosophie und Religion erkennen ließe. Und das stete Ungemach der psychotherapeutischen Situation mit ihren die Affektwelt störenden Eindrücken läßt uns keine Muße zu systematischer Aussonderung und Abstraktion. Wir haben daher weder der philosophischen noch der theologischen Fakultät eine reinliche Exposition von dem Leben entwundenen Leitsätzen anzubieten.

Unsere Patienten leiden an der Unfreiheit der Neurose, sie sind Gefangene des Unbewußten, und wenn wir uns bemühen, mit Verständnis in jene Sphäre unbewußter Mächte einzudringen, so haben wir uns derselben Einflüsse zu erwehren, denen unsere Patienten unterlegen sind. Wie Ärzte, welche epidemische Krankheiten behandeln, setzen wir uns den bewußtseinsbedrohenden Mächten aus und müssen mit aller Kraft darauf bedacht sein, nicht nur unser Menschsein, sondern auch das des Kranken aus der Umklammerung des Unbewußten zu retten. Eine weise Selbstbeschränkung bedeutet noch kein philosophisches Lehrbuch und ein Stoßgebet in Lebensgefahr keinen theologischen Traktat. Aber beide sind Ausfluß einer religiös-philosophischen Haltung, wie sie dem Dynamismus des unmittelbarsten Lebens angemessen ist.

Die höchste Dominante ist immer religiös-philosophischer Natur. Sie ist an sich eine durchaus primitive Tatsache, die wir daher auch am Primitiven in reichster Entfaltung beobachten können. Jede Schwierigkeit, Gefahr oder kritische Lebensphase läßt ohne weiteres das Hervortreten dieser Dominante erkennen. Sie ist die natürlichste Reaktion gegenüber allen affektbetonten Situationen. Aber sie bleibt oft ebenso dunkel wie das Halbbewußtsein des sie erregenden Affektzustandes. Es ist daher ganz natürlich, daß die affektiven Störungen der Patienten die diesen entsprechenden religiös-philosophischen Faktoren im Therapeuten wachrufen. Das Bewußtwerden solcher primitiven Inhalte ist dem Arzte häufig peinlich und zuwider, weshalb er dann begreiflicherweise es vorzieht, bei der seinem Bewußtsein von außen übermittelten Philosophie oder Religion Anlehnung und Unterstützung zu suchen. Dieser Ausweg scheint mir insofern nicht illegitim zu sein, als damit eine Gelegenheit gegeben ist, den Patienten in das Gefüge einer schutzverheißenden, in der Außenwelt existierenden Organisation einzugliedern. Diese Lösung ist eine durchaus natürliche, insofern es Totemklans, Kultgemeinschaften und Bekenntnisreligionen überall und seit alters gegeben hat, stets mit dem Zweck verbunden, der chaotischen Triebwelt geordnete Form zu verleihen.

Die Situation wird aber schwierig, wenn die Natur des Patienten der Kollektivlösung widerstrebt. In diesem Fall erhebt sich dann die Frage, ob der Therapeut gewillt ist, an der Wahrheit des Patienten seine Überzeugung zerbrechen zu lassen. Will er ihn weiter behandeln, so muß er ohne Voraussetzung wohl oder übel mit ihm auf die Suche gehen, um die den emotionalen Zuständen entsprechenden religiös-philosophischen Gedanken zu entdecken. Diese präsentieren sich in archetypischer Gestalt, frisch jenem Mutterboden entsprossen, aus dem überhaupt alle religiös-philosophischen Systeme einstmals herausgewachsen sind. Ist der Therapeut aber nicht gewillt, seine eigene Überzeugung um des Patienten willen in Frage zu ziehen, so erhebt sich der berechtigte Zweifel an der Festigkeit seiner Grundhaltung. Er kann vielleicht nicht nachgeben aus Gründen der Selbstsicherung, welche ihn mit Erstarrung bedroht. Der psychischen Elastizitätsleistung sind allerdings individuell und kollektiv verschiedene Grenzen gezogen, die manchmal so eng sind, daß eine gewisse Starrheit tatsächlich das Ende der Leistungsfähigkeit bedeutet. Ultra posse nemo obligatur.

Der Trieb ist nichts Isoliertes und kann auch praktisch nicht isoliert werden. Er führt stets archetypische Inhalte geistigen Aspektes mit sich, durch welche er sich einesteils begründet, andernteils beschränkt. Mit andern Worten, der Trieb paart sich stets und unvermeidlich mit etwas wie einer Weltanschauung, so archaisch, unklar und dämmerhaft diese auch sein mag. Der Trieb gibt einem zu denken, und wenn man nicht freiwillig darüber denkt, so entsteht ein Zwangsdenken, denn die beiden Pole der Seele, der physiologische und der geistige, sind unlöslich miteinander verknüpft. Darum gibt es auch keine einseitige Triebbefreiung, wie auch der Geist, losgelöst von der Triebsphäre, zum Leerlauf verdammt ist. Man stelle sich aber nicht vor, daß dessen Bindung an die Triebsphäre notwendigerweise harmonisch sei. Sie ist im Gegenteil konflikthaft und bedeutet Leiden. Darum ist es das vornehmste Ziel der Psychotherapie, den Patienten nicht in einen unmöglichen Glückszustand zu versetzen, sondern ihm Festigkeit und philosophische Geduld im Ertragen des Leidens zu ermöglichen. Die Ganzheit und Erfüllung des Lebens erfordert ein Gleichgewicht von Leid und Freude. Weil das Leiden aber positiv unangenehm ist, so zieht man es natürlicherweise vor, nie zu ermessen, zu wieviel Angst und Sorge der Mensch geschaffen ist. Darum spricht man stets begütigenderweise von Verbesserung und größtmöglichem Glück, nicht bedenkend, daß auch das Glück vergiftet ist, wenn sich das Maß des Leides nicht erfüllt hat. So oft verbirgt sich hinter der Neurose all das natürliche und notwendige Leid, das man zu ertragen nicht gewillt ist. Am deutlichsten sieht man das an hysterischen Schmerzen, die im Heilungsprozeß vom entsprechenden seelischen Schmerz, den man vermeiden wollte, abgelöst werden.

Die christliche Doktrin von der Erbsünde einerseits und vom Sinn und Wert des Leidens andererseits ist daher von eminenter therapeutischer Bedeutung und für den westlichen Menschen unzweifelhaft viel geeigneter als der islamische Fatalismus. Ebenso gibt der Unsterblichkeitsglaube dem Leben jenes ungestörte Fließen in die Zukunft, dessen es zur Vermeidung von Stockungen und Regressionen bedarf. Obschon man für diese psychologisch äußerst wichtigen Vorstellungen gerne den Ausdruck «Doktrin» verwendet, so wäre es doch ein großer Irrtum, zu meinen, es handle sich dabei um arbiträre, intellektuelle Theorien. Psychologisch besehen, handelt es sich vielmehr um Gefühlserfahrungen indiskutabler Natur. Wenn ich mir einen banalen Vergleich gestatten darf – wenn ich mich wohl und zufrieden fühle, so kann mir kein Mensch beweisen, daß dem nicht so sei. An der erfahrenen Gefühlstatsache prallen logische Argumente ab. Es gibt eine Gefühlstatsache der Erbsünde, des Leidenssinnes und der Unsterblichkeit. Sie zu erfahren ist aber ein Charisma, das keine menschliche Kunst erzwingen kann. Nur vorbehaltlose Hingabe kann solches Ziel erhoffen.

Aber nicht jeder ist dieser Hingebung fähig. Es gibt kein «sollte» oder «müßte», denn gerade in der Willensanstrengung liegt unvermeidlich eine solche Betonung des *Ich will,* daß das Gegenteil der Hingebung erreicht wird. Die Titanen haben es nicht vermocht, den Olymp zu stürmen, noch weniger ein Christ den Himmel. So bedeuten gerade die allerheilsamsten und seelisch nötigsten Erfahrungen eine «schwer erreichbare Kostbarkeit», die zu erlangen ein Außergewöhnliches vom gewöhnlichen Menschen verlangt.

Wie man weiß, stellt sich dieses Außergewöhnliche in der praktischen Arbeit mit dem Patienten als Einbruch archetypischer Inhalte dar, zu deren Assimilation es nicht genügt, zur Hand liegende philosophische oder religiöse Auffassungen zu verwenden, denn sie passen ganz einfach nicht auf den archaischen Symbolismus dieser Materialien. Wir sind deshalb genötigt, auf vorchristliches und außerchristliches Weltanschauungsmaterial zurückzugreifen auf Grund der Überlegung, daß das Menschsein keine Prärogative des okzidentalen Typus, und daß die weiße Rasse keine von Gott bevorzugte Spezies des homo sapiens ist. Übrigens können wir auch gewissen zeitgenössischen Kollektiverscheinungen nicht gerecht werden, wenn wir nicht auf die entsprechenden vorchristlichen Voraussetzungen zurückgehen.

Davon scheinen die mittelalterlichen Ärzte einiges gewußt zu haben, pflegten sie doch eine Philosopie, deren Wurzeln nachweisbar der vorchristlichen Sphäre entstammen, und die so beschaffen war, daß sie genau jenen Erfahrungen entspricht, die wir heute bei unsern Patienten machen. Diese Ärzte erkannten neben dem Lichte der heiligen Offenbarung ein lumen naturae als eine zweite unabhängige Erleuchtungsquelle, auf die der Arzt zurückgreifen kann, wenn die kirchlich übermittelte Wahrheit ihm selber oder dem Kranken aus irgendeinem Grunde unwirksam sein sollte.

Es sind wesentlich praktische Gründe, die mich veranlaßten, historische Forschungen anzustellen, und nicht die Kaprizen eines Steckenpferdes. Unsere moderne Schulmedizin sowohl wie die akademische Psychologie und Philosophie geben dem Arzte weder die nötige Bildung noch die nötigen Mittel in die Hand, um den oft sehr dringenden Anforderungen der psychotherapeutischen Praxis wirksam und verständnisvoll zu begegnen. Wir sind deshalb darauf angewiesen, ohne Scheu vor der Unzulänglichkeit unseres historischen Dilettantismus, bei den ärztlichen Philosophen einer fernen Vergangenheit, in der Körper und Seele noch nicht in verschiedene Fakultäten auseinandergerissen waren, noch etwas in die Schule zu gehen. Obschon wir die Spezialisten par excellence sind, so zwingt uns unser Spezialgebiet merkwürdigerweise zum Universalismus und zur gründlichen Überwindung des Spezialistentums, wenn anders die Ganzheit von Körper und Seele nicht leeres Gerede bleiben soll. Haben wir es uns schon in den Kopf gesetzt, die Seele behandeln zu wollen, so können wir nicht mehr mit geschlossenen Augen an der Tatsache vorübergehen, daß die Neurose kein an sich abzusonderndes Wesen, sondern die krankhaft gestörte Psyche überhaupt ist. Es war ja die erschütternde Entdeckung FREUDS, daß die Neurose kein bloßes Symptomengebilde, sondern ein die ganze Seele in Mitleidenschaft ziehendes Fehlfunktionieren darstellt. Wichtig ist nicht mehr die Neurose, sondern *wer* die Neurose hat. Beim Menschen haben wir einzusetzen und dem Menschen müssen wir gerecht werden können.

Die heutige Tagung beweist es, daß unsere Psychotherapie ihr Ziel erkannt hat, nämlich die gleichmäßige Berücksichtigung des physiologischen und des geistigen Faktors. Von der Naturwissenschaft herkommend, überträgt sie deren objektive empirische Methode auf die Phänomenologie des Geistes. Auch wenn es beim Versuch bleiben sollte, so kommt diesem Schritt doch unabsehbare Bedeutung zu.

Die Psychotherapie in der Gegenwart

Es wäre eine an sich wichtige Aufgabe, das Verhältnis der Psychotherapie zu der gegenwärtigen Lage des europäischen Geistes einer näheren Untersuchung zu unterziehen. Man wird es aber wohl keinem verdenken, wenn er vor einer solchen Kühnheit zurückschreckt, denn wer garantiert dafür, daß das Bild, das er sich von der seelischen und geistigen Verfassung Europas in der Gegenwart macht, auch ein getreues und der Wirklichkeit entsprechendes sei? Sind wir überhaupt imstande, als Teilnehmer und Zeitgenossen eines unerhörten Geschehens, uns ein ungetrübtes Urteil zu bilden und klar zu sehen in dem unbeschreiblichen politischen und weltanschaulichen Chaos des heutigen Europa? Oder sollten wir vielleicht die Grenzen der Psychotherapie enger ziehen und unsere Wissenschaft auf einen bescheidenen Spezialistenwinkel, dem auch ein halber Weltuntergang gleichgültig sein könnte, beschränken? Ich fürchte, daß eine solche Bescheidung, trotz ihrer empfehlenswerten Bescheidenheit, sich mit dem Wesen der Psychotherapie, welche doch «Behandlung der Seele» ist, schlecht vertrüge. Im Begriffe «Psychotherapie», in welchem Umfange man ihn auch deuten möge, liegt ein großer Anspruch: ist doch die *Seele* die Mutterstätte alles Handelns und damit alles von Menschen gewollten Geschehens! Es wäre nicht bloß schwer, sondern geradezu unmöglich, ein beliebig begrenztes Stückchen aus dem unendlich weiten Lebensgebiet der Seele herauszuschneiden und zum Privatspielplatz einer sogenannten Psychotherapie zu erklären. Die Medizin hat sich zwar genötigt gesehen, ein Spezialgebiet, nämlich dasjenige der Neurosen und Psychosen, abzugrenzen, was für den praktischen Zweck der Behandlung tunlich und möglich ist. Die künstliche Beschränkung muß aber allsogleich durchbrochen werden, sobald die Psychotherapie ihre Problematik nicht bloß als Technik, sondern auch als Wissenschaft versteht. Die Wissenschaft an sich hat keine Grenzen, und es gibt schlechterdings keine Spezialität, die sich einer totalen Autarkie rühmen könnte. An ihren

Grenzen muß sie in die Nachbargebiete übergreifen, soll sie überhaupt auf den Namen einer Wissenschaft ernstlich Anspruch erheben. Selbst eine so hoch spezialisierte Technik, wie die FREUDsche Psychoanalyse, hat nicht umhin gekonnt, schon in ihren ersten Anfängen in andere, zum Teil weitentlegene Wissenschaftsgebiete hinauszugreifen. Es ist in der Tat unmöglich, die Seele und die menschliche Persönlichkeit überhaupt in bloßen Ausschnitten zu behandeln. Bei allen seelischen Störungen wird es vielleicht noch deutlicher als bei körperlichen Erkrankungen, daß die Seele ein Ganzes ist, wo alles an allem hängt. Der Kranke bringt uns mit seiner Neurose keine Spezialität, sondern eine ganze Seele und damit auch ein ganzes Stück Welt, an welchem diese Seele hängt und ohne welches sie nie genügend verstanden werden könnte. Die Psychotherapie ist deshalb vielleicht weniger als irgendein anderes Spezialgebiet in der Lage, sich in den geheiligten Bezirk einer Spezialität, die mit der Welt im Großen sozusagen nichts mehr zu tun hat, verkriechen zu können. Versuchen wir es, soviel wir können, uns auf das Persönlichste des Persönlichen zu konzentrieren, so steht und fällt unsere Therapie doch mit der Frage: aus welcher Welt kommt unser Kranker und an welche Welt hat er sich anzupassen? Die Welt ist eine überpersönliche Gegebenheit, der eine wesentlich personalistisch eingestellte Psychologie nie gerecht werden kann. Letztere gilt nur, soweit das Persönliche im Menschen reicht. Insofern aber der Mensch auch ein Stück Welt ist, trägt er Welt, d.h. Über- und Unterpersönliches in sich. Dazu gehört seine ganze physische sowohl wie psychische Grundlage, insofern sie vorgefundene Gegebenheit ist. Gewiß sind die Persönlichkeiten von Vater und Mutter die erste und anscheinend einzige Welt des infantilen Menschen; insofern sie es zu lange bleiben, ist letzterer auf dem sichersten Weg zur Neurose, denn die große Welt, in die er als Ganzes eintreten sollte, ist eben keine Vater- und Mutterwelt mehr, sondern eine überpersönliche Gegebenheit. Schon bei den Geschwistern fängt die Entwöhnung vom Kindheitsverhältnis zu Vater und Mutter an. Selbst der ältere Bruder ist nicht mehr der richtige Vater und die ältere Schwester nicht mehr die richtige Mutter. Gatte und Gattin sodann sind einander ursprünglich Fremde und kommen aus fremden Familien mit verschiedenartigem historischem und oft auch sozialem Hintergrund. Die Kinder vollends drängen die Eltern in die Vater- und Mutterrolle hinein, welche sie, aus ihrer infantilen Einstellung heraus, zuvor nur an andern sahen und dabei sich selber alle Vorteile der

Kinderrolle sichern wollten. Dieser enantiodromische Verlauf eines jeden mehr oder weniger normalen Lebens zwingt zu einer Wandlung der Einstellung vom Extrem des Kindes bis zum andern Extrem der Eltern. Diese Wandlung erfordert die Anerkennung objektiver Tatsachen und Werte, deren sich das Kind entschlagen kann.

Aber schon die Schule bringt ihm unerbittlich den Begriff einer objektiven Zeit, von Pflicht und Pflichterfüllung und fremder Autorität bei, ob es nun die Schule oder den Lehrer liebt oder haßt. Und mit der Schule und der unaufhaltsam fortschreitenden Zeit drängt sich ein objektiv Vorhandenes nach dem andern und in zunehmendem Maße in das persönliche Leben ein, ohne Rücksicht darauf, ob es willkommen ist, oder ob man irgendeine Einstellung dazu hat. Dabei wird eines überwältigend klar, daß nämlich jede Verlängerung der Vater- und Mutterwelt über die bekömmliche Zeit hinaus schwer bezahlt werden muß. Alle Versuche zur Übertragung der persönlichen Infantilwelt in die große Welt schlagen schließlich fehl, und selbst die Übertragung in der Neurosenbehandlung ist bestenfalls ein Zwischenstadium, in welchem Gelegenheit geboten ist, alle Eierschalen, die dem Individuum von der Kindheit her noch anhaften, abzustreifen und die Projektion der Elternimago aus der äußeren Wirklichkeit zu entfernen. Diese Operation gehört zu den schwierigsten Aufgaben der modernen Psychotherapie. Man hat früher optimistischerweise angenommen, die Elternimagines könnten durch die Analyse ihrer Inhalte gewissermaßen zersetzt und aufgelöst werden. Dem ist aber in Wirklichkeit nicht so: man kann die Elternimagines zwar aus dem Projektionszustand herauslösen und aus der Außenwelt zurückziehen, aber sie bleiben, wie alle frühinfantilen Erwerbungen, in ursprünglicher Frische erhalten. Durch die Zurücknahme der Projektion fallen sie in die eigene Seele zurück, von wo sie ja zum größeren Teil ihren Ursprung genommen haben[1].

Bevor wir aber darauf eingehen, was dann geschieht, wenn die Elternimagines nicht mehr projiziert sind, wollen wir uns einem andern Problem zuwenden, nämlich der Frage, ob dieses durch die moderne Psychologie aufgeworfene Problem eine Neuigkeit sei in der Hinsicht, daß frühere Zeiten, die ja keine wissenschaftliche Psychologie in unserem Sinne besaßen, es noch nicht oder auch schon gekannt hätten, und wie dieses Problem sich für die Vergangenheit darstellte.

Insofern frühere Zeiten eine Psychotherapie in unserem Sinne tatsächlich nicht kannten, so können wir unmöglich erwarten, in der historischen Vergangenheit irgendwelche Formulierungen ähnlich den unsern zu finden. Insofern aber jene Wandlung vom Kinde bis zu den Eltern überall und seit jeher vorhanden war und, mit zunehmendem Bewußtsein, auch subjektiv als schwierig empfunden wurde, müssen wir die Existenz eines oder mehrerer allgemeiner psychotherapeutischer Systeme vermuten, welche dem Menschen die schwierigen Übergänge ermöglichten. Schon auf primitivster Stufe finden wir in der Tat gewisse einschneidende Maßnahmen in allen jenen Lebensmomenten, wo psychische Übergänge zu bewerkstelligen sind. Ich erwähne vor allem die Pubertätsweihen, die Hochzeits-, Geburts- und Totengebräuche. Alle diese Zeremonien, die auf primitiver und von Fremdeinflüssen noch freier Stufe überaus genau und sorgfältig eingehalten werden, dienen vielleicht in erster Linie dazu, psychische Schädigungen, welche in diesen Augenblicken drohen, fernzuhalten, sodann aber auch dazu, dem Einzuweihenden die zum Leben nötigen Vorbereitungen und Lehren beizubringen. Das Leben und Gedeihen eines primitiven Stammes hängt recht eigentlich an der gewissenhaften und traditionsmäßigen Ausführung der Zeremonien. Wo durch den Einfluß der Weißen diese Gewohnheiten in Abgang kommen, hört das Eigenleben des Stammes auf, er verliert seine Seele und löst sich auf. Man ist besonders über den Einfluß der christlichen Missionen in dieser Hinsicht sehr geteilter Meinung. Was ich davon selber in Afrika gesehen habe, hat mich durchaus pessimistisch gestimmt.

Auf höherer, zivilisierter Stufe sehen wir die großen Religionen am selben Werke. Wir haben Taufe, Konfirmation, Heirats- und Bestattungsgebräuche, welche innerhalb des katholischen Ritus bekanntlich noch viel ursprünglicher, lebendiger und vollständiger sind als im Protestantismus. Hier sehen wir auch, wie die Vater-Mutterwelt des Kindes abgelöst wird durch eine reiche Analogiesymbolik: eine patriarchalische Ordnung nimmt den Erwachsenen auf in eine neue Kindschaft durch geistige Zeugung und Wiedergeburt[2]. Der Papst als *Pater patrum* und die *Ecclesia mater* sind die Eltern einer Familie, welche die ganze Christenheit umfaßt, insofern diese nicht teilweise dagegen protestiert. Wären im Laufe der Entwicklung die Elternimagines zersetzt und damit unwirksam geworden, so hätte eine solche Ordnung ihre raison d'être sowohl wie ihre Möglichkeit verloren und könnte daher gar nicht existieren. So ist aber ein Platz gefunden für die stets aktiven Elternimagines sowohl wie für das nicht auszulöschende Kindheitsgefühl, das sinnvoll im Schoße dieser Ordnung geborgen ist. Außerdem sorgen mehrere andere Institutionen der Kirche für das stetige Fortschreiten und die jeweilige Erneuerung des Zusammenhanges. Darunter erwähne ich vor allem die Messe und die Beichte. Die Kommunion ist recht eigentlich der Familientisch, an dem sich die Angehörigen versammeln und im Beisein der Gottheit das Mahl einnehmen, nach weit in die christliche Vorzeit zurückreichendem, heiligem Gebrauche.

Es erübrigt sich, diese allbekannten Dinge ausführlicher zu schildern. Ich erwähne sie nur, um zu zeigen, daß die Behandlung der Seele in den Zeiten vor uns die gleichen Grundtatsachen des menschlichen Lebens im Auge hatte, wie die moderne Psychotherapie. Wie anders aber verfährt die Religion mit den Elternimagines! Sie denkt nicht daran, sie aufzulösen oder zu zerstören, sondern erkennt sie als Lebenstatsachen, deren Beseitigung entweder nicht möglich oder nicht vorteilhaft ist. Sie läßt sie in veränderter und erhöhter Gestalt weiterleben im Rahmen einer patriarchalischen Ordnung strengster Tradition, welche nicht bloß Jahrzehnte, sondern Jahrtausende in lebendiger Verknüpfung erhält. Wie sie die Kindheitsseele des einzelnen trägt und bewahrt, so hat sie auch die Kindheitsseele der Menschheit in zahlreichen lebendigen Spuren konserviert. Damit beugt sie einem der größten seelischen Übel vor, nämlich der Entwurzelung, welche nicht nur etwa primitiven Stämmen, sondern auch dem zivilisierten Menschen gefährlich ist. Das Auflösen einer Tradition, so notwendig dies auch zu Zeiten sein mag, ist immer ein Verlust und eine Gefahr; eine seelische Gefahr darum, weil das Instinktleben als das Allerkonservativste im Menschen sich eben gerade in den traditionsmäßigen Gebräuchen ausdrückt. Althergebrachte Überzeugungen und Gebräuche wurzeln zutiefst in den Instinkten. Gehen sie verloren, so tritt eine Abtrennung des Bewußtseins vom Instinkt ein: das Bewußtsein hat damit seine Wurzeln verloren, und der ausdruckslos gewordene Instinkt fällt ins Unbewußte zurück und verstärkt dessen Energie, die dann ihrerseits auf die jeweiligen Bewußtseinsinhalte überfließt, wodurch die Entwurzelung des Bewußtseins erst eigentlich gefährlich wird. Diese geheime vis a tergo verursacht eine Hybris des Bewußtseins, die sich als Selbstüberschätzung oder als Minderwertigkeitskomplex äußert. Auf alle Fälle entsteht eine Gleichgewichtsstörung, welche der empfänglichste Nährboden für seelische Schäden ist.

Blicken wir auf die über tausendjährige Geschichte unserer europäischen Zivilisation zurück, so sehen wir, daß das europäische Ideal seelischer Erziehung und Behandlung eine auf der Anerkennung der Elternimagines beruhende patriarchalische Ordnung war und zum großen Teil noch ist. Wir haben daher auch beim einzelnen, unbekümmert darum, wie revolutionär sein Bewußtsein eingestellt sein mag, mit einer patriarchalisch oder hierarchisch eingestellten Psyche zu rechnen, welche instinktiv diese Ordnung festhält oder wenigstens sucht. Unser etwaiger Versuch, die Elternimagines und die Kindheitsseele überhaupt unwirksam zu machen, ist daher von vornherein zum Scheitern verurteilt.

Damit kehren wir zu unserer früheren Frage zurück, was dann geschehe, wenn die Elternimagines aus der Projektion zurückgezogen werden? Die Ablösung der Elternimagines von gewissen persönlichen Projektionsträgern ist zweifellos möglich und gehört sozusagen zum eisernen Bestand unserer therapeutischen Erfolge. Schwieriger hingegen wird das Problem im Falle der Übertragung der Imagines auf den Arzt. Hier kann die Ablösung sogar zu einem entscheidenden Drama werden. Denn, was soll mit den Imagines geschehen, wenn sie nicht mehr an einem Menschen haften? Der Papst als oberster Vater der Christenheit hat sein Amt von Gott. Er ist Diener seiner Dienstbarkeit, und die Übertragung der Imagines ist damit auf den Vater im Himmel und auf die Mutter Kirche auf Erden abgeleitet. Was aber geschieht mit den Entwurzelten und von der Tradition Abgerissenen? Professor MURRAY[3] an der Harvard University hat, in Bestätigung meiner schon früher geäußerten Erfahrung, auf Grund eines umfänglichen statistischen Materials nachgewiesen, daß die Komplexhaftigkeit bei Juden durchschnittlich am größten ist. An zweiter Stelle stehen die Protestanten und erst an dritter Stelle die Katholiken. Daß die Weltanschauung mit dem Wohlbefinden der Psyche direkt zusammenhängt, können wir schließlich schon daran sehen, daß die Art und Weise des Auffassens, nämlich die *Anschauung,* für den Menschen und sein seelisches Befinden von geradezu gewaltiger Bedeutung ist, so sehr nämlich, daß man beinahe sagen könnte, die Dinge seien viel weniger so, wie sie sind, als vielmehr, wie wir sie sehen. Haben wir eine unbekömmliche Ansicht von einer Situation oder Sache, so ist uns die Freude daran verdorben, und dann ist sie auch meist unbekömmlich. Und wie vieles wird umgekehrt erträglich und sogar möglich, wenn wir gewisse Vorurteile aufgeben und unsere Ansicht darüber ändern können! PARA-

CELSUS, der in erster Linie ein genialer Arzt war, betont, daß einer kein Arzt sei, der die Kunst des «Theoricierens» nicht verstünde[4]. Damit meinte er nichts anderes, als daß der Arzt nicht nur sich selber, sondern auch dem Kranken eine Auffassung und Anschauung der Krankheit beibringen müsse, welche dem Arzt das Heilen und dem Kranken das Gesundwerden, zum mindesten aber das Kranksein ermögliche. Darum sagt er: «Und ist ein ietliche krankheit ein Fegefeur[5].» Er hat bewußt die Heilkraft der Auffassung erkannt und reichlich verwendet. Wenn ich daher praktizierende Katholiken behandle, so trete ich beim Übertragungsproblem, kraft meines Amtes als Arzt, zurück und leite das Problem über in die Kirche. Behandle ich aber einen Nichtkatholiken, so ist mir dieser Ausweg versperrt, und ich kann, kraft meines Amtes als Arzt, nicht zurücktreten, denn es ist in der Regel dann niemand und nichts da, worauf ich die Vaterimago passenderweise überleiten könnte. Ich kann zwar die vernünftige Einsicht herstellen, daß ich nicht der Vater bin. Aber dann bin ich eben der vernünftige Vater und trotz alledem der Vater. Auch der Patient, nicht nur die Natur, hat einen horror vacui. Ihm graut es instinktiv davor, die Elternimagines und seine Kindheitsseele ins Nichts einer hoffnungs- und zukunftslosen Vergangenheit fallen zu lassen. Sein Instinkt sagt ihm, daß, um seiner eigenen Ganzheit willen, diese Dinge in irgendeiner Form am Leben bleiben sollten. Er weiß, daß die totale Zurückziehung der Projektion von einer anscheinend grenzenlosen Einsamkeit in dem wenig geliebten und deshalb um so aufdringlicheren Ich gefolgt ist. Man hat es darin schon vorher nicht ausgehalten. Es ist darum wenig wahrscheinlich, daß man es jetzt und erst noch aus purer Vernunft täte. Darum kann in diesem Moment der von allzu persönlicher Bindung an die Eltern befreite Katholik unschwer zu den nun besser und tiefer verstandenen Mysterien der Kirche zurückkehren. Ja, es gibt auch Protestanten, die in einer der neueren Varianten des Protestantismus einen ihnen liegenden Sinn erkennen und damit wieder zu echter Religiosität gelangen. Alle andern Fälle – insofern es nicht zu gewaltsamen und nicht selten schädigenden Lösungen kommt – werden im Übertragungsverhältnis, wie man zu sagen pflegt, «stecken bleiben» und dadurch sich selber und dem Arzte eine Geduldsprobe ersten Ranges auferlegen. Darum ist wohl nicht herumzukommen, denn ein plötzliches Hinunterfallen in den verwaisten, elternlosen Zustand kann wegen der damit verbundenen ebenso plötzlichen Aktivierung des Unbewußten unter Umständen, d.h.

bei psychotischer Belastung, gefährliche Folgen haben. Die Zurücknahme der Projektion kann und soll deshalb nur stufenweise erfolgen. Die Integrierung der in den Elternimagines abgespaltenen Inhalte hat auf das Unbewußte einen aktivierenden Einfluß, denn diese Imagines sind mit jener Energie geladen, die sie schon anfänglich in der Kindheit besaßen und mit der sie auch im erwachsenen Alter stets schicksalsbestimmend wirkten. Durch die Integrierung erhält das Unbewußte daher einen erheblichen Energiezuwachs, der sich bald dadurch bemerkbar macht, daß das Bewußtsein stark durch unbewußte Inhalte determiniert wird. Die Isolierung im Nur-Ichsein hat die paradoxe Folge, daß nunmehr in Träumen und Phantasien unpersönliche, kollektive Inhalte auftreten, welche zugleich der Stoff sind, aus dem sich gewisse schizophrene Psychosen aufbauen. Aus diesem Grunde ist die Situation nicht ungefährlich, denn die Herauslösung des Ich aus den Projektionsbindungen, unter denen zuletzt die Übertragung auf den Arzt die Hauptrolle spielt, hat zur Folge, daß das Ich, das früher in die Beziehungen zur persönlichen Umwelt aufgelöst war, nunmehr Gefahr läuft, sich in den Inhalt des kollektiven Unbewußten aufzulösen, denn in dieses Jenseits sind nun die in der Außenwelt gestorbenen Eltern und deren Imagines eingegangen und üben dieselbe auflösende Projektionstendenz aus wie zuvor.

Hier tritt nun aber ein heilsamer kompensierender Effekt hervor, den ich immer wie ein Wunder bestaunen muß. Gegenüber der gefährlichen Auflösungstendenz erhebt sich aus demselben kollektiven Unbewußten eine Gegenwirkung in der Form eines durch eindeutige Symbole gekennzeichneten Zentrierungsvorganges. Dieser Prozeß schafft nichts Geringeres als ein neues Persönlichkeitszentrum, welches zunächst durch Symbole als dem Ich überlegen gekennzeichnet ist und sich später empirisch auch als überlegen erweist. Man kann es daher nicht subsumieren, sondern es muß letzterem in der Bewertung superordiniert werden. Auch kann man ihm den Namen *Ich* nicht mehr geben, weshalb ich es als *Selbst* bezeichnet habe. Das Erfahren und Erleben dieses Selbst ist das vornehmste Ziel des indischen *Yoga*, weshalb wir auch gut daran tun, uns für die Psychologie des Selbst in den Schätzen des indischen Wissens umzutun. Die Erfahrung des Selbst hat, wie bei uns, so auch in Indien mit Intellektualismus nichts zu tun, sondern sie ist ein vitales und von Grund auf verwandelndes Geschehen. Den Prozeß, der zu dieser Erfahrung führt, habe ich *Individuationsprozeß* benannt. Wenn ich das Studium des klassischen Yoga empfehle, so geschieht dies nicht etwa darum, weil ich etwa zu jenen Leuten gehöre, die ekstatisch die Augen verdrehen, wenn sie von dhyana und budhi und mukti oder sonstigen Zauberwörtern hören, sondern weil wir psychologisch aus der Yogaphilosophie sehr vieles lernen können, das uns praktisch zugute kommt. Und überdies liegt das Material in den östlichen Büchern, resp. deren Übersetzungen, in klar verständlichen Formulierungen vor. Auch geschieht es nicht darum, weil wir im Westen etwa nichts Äquivalentes besäßen: ich empfehle den Yoga nur darum, weil unser westliches, dem Yoga verwandtes Wissen sozusagen unzugänglich, d. h. nur für Spezialisten erreichbar ist. Es ist verborgen und durch eine Arkandisziplin und durch den in deren Kielwasser schwimmenden Unsinn bis zur Unkenntlichkeit entstellt: in der Alchemie nämlich ist ein westlicher Meditationsyoga verborgen und aus Furcht vor der Häresie und ihren peinlichen Folgen aufs sorgfältigste versteckt. Die Alchemie hat aber einen speziell für den praktischen Psychologen unschätzbaren Vorzug vor dem indischen Yoga, und das ist die Tatsache, daß in ihr der Ideengehalt fast ausschließlich in einer überaus reichen Symbolik ausgedrückt ist, und zwar eben gerade in der Symbolik, die wir auch heutzutage noch bei unsern Patienten finden. Die Hilfe, welche die Alchemie beim Verstehen der Symbole des Individuationsprozesses gewährt, ist meines Erachtens von größter Bedeutung[6].

Die Alchemie nun bezeichnet das, was ich das *Selbst* nenne, als «incorruptibile», d. h. die nicht mehr auflösbare Substanz, als ein Eines und Einfaches, auf Anderes nicht mehr Reduzierbares, und zugleich als Universales, dem ein Alchemist des XVI. Jahrhunderts sogar den Namen eines Filius Macroscosmi gegeben hat[7]. Mit diesen Formulierungen stimmen die modernen Befunde im Prinzip überein.

Alle diese Dinge mußte ich erwähnen, um zur Frage des Heute zu kommen. Wenn wir nämlich mit Ausdauer und Konsequenz den Weg der natürlichen Entwicklung verfolgen, so gelangen wir zur Erfahrung des Selbst und des einfachen Soseins. Dasselbe, aber als ethische Forderung, drückt die ebenso echt schweizerische wie echt alchemistische Devise des PARACELSUS aus, dessen 400jährigen Todestag wir im Herbst 1941 gefeiert haben: «Alterius non sit, qui suus esse potest». (Keinem anderen gehöre, der sein eigen sein kann.) Der Weg zu diesem Ziel aber ist mühevoll und nicht von allen zu beschreiten. «Est longissima via», sagen die Alchemisten. Jedenfalls stehen wir erst am Anfang einer Entwicklung, deren Ursprünge in der Spätantike liegen und deren Leben während des ganzen Mittelalters kaum mehr als eine im Dunkel vegetierende Sonderexistenz war, vertreten durch einsame Sonderlinge, die nicht zu Unrecht als «tenebriones» bezeichnet wurden. Immerhin waren Männer wie ALBERTUS MAGNUS, ROGER BACON und PARACELSUS Väter der modernen Naturwissenschaft, deren Geist ein mehreres dazu beigetragen hat, die Autorität der totalen Kirche zu erschüttern. Aus dem Geist der Naturwissenschaft ist auch unsere moderne Psychologie erwachsen, welche, ohne es zu wissen, das von den Alchemisten begonnene Werk fortsetzt. Wie jene überzeugt waren, daß das «donum artis» nur wenigen «electis» zukomme, so erfahren wir es nur zu deutlich, wie mühselig die Arbeit am einzelnen ist, und wie nur wenigen die Erkenntnisse und Erfahrungen der psychologischen Arbeit zukommen können. Unterdessen geht die Zersetzung und Schwächung jener heilsamen Institution der christlichen Kirche in bedrohlicher Weise weiter, und der Verlust einer sicheren Autorität führt allmählich zu einer weltanschaulichen sowohl wie politisch-sozialen Anarchie, die dem an patriarchalische Ordnung gewöhnten Europäer in der Seele zuwider ist. Die Ansätze zu einer individuellen Bewußtwerdung und zur Reifung der Persönlichkeit sind, sozial gesehen, noch dermaßen schwach, daß sie gegenüber den historischen Notwendigkeiten überhaupt nicht ins Gewicht fallen. Sollen nicht die Grundlagen der europäischen Gesellschaftsordnung überhaupt ins Wanken kommen, so muß Autorität à tout prix und in erster Linie wiederhergestellt werden.

Aus diesem Grunde wohl entstand in Europa eine Bestrebung, das Kollektiv der Kirche durch das Kollektiv des Staates zu ersetzen. Und wie die Kirche einst absolut war in ihrer Bestrebung, die Theokratie wahr zu machen, so erhebt jetzt der Staat den absoluten Anspruch auf ausschließliche Totalität. Die Mystik des Geistes wird nicht etwa abgelöst durch eine Mystik der Natur oder des «lumen naturae», wie PARACELSUS es nannte, sondern durch die totale Eingliederung des einzelnen in einem politischen Kollektiv genannt «Staat». Damit eröffnet sich ein Ausweg aus dem Dilemma, indem nun die Elternimago auf den Staat als Allernährer und als bestimmende Autorität alles Denkens und Wollens projiziert werden kann. Der Zweck der Wissenschaft wird dem sozialen Kollektiv dienstbar gemacht und nur nach seiner materiellen Nützlichkeit für dessen Zwecke bewertet. An die Stelle der natürlichen seelischen

Entwicklung tritt keine geistige Orientierung, welche, die Zeiträume überbrückend, Kulturwerte lebendig erhält, sondern eine politische, welche dem Machtstreben gewisser Gruppen dient und der Masse gewisse ökonomische Vorteile verspricht. Die im Europäer zutiefst verwurzelte Sehnsucht nach patriarchalischer und hierarchischer Ordnung findet auf diese Weise einen passenden konkreten Ausdruck, welcher den Masseninstinkten nur zu gut entspricht, aber auf einem Niveau fixiert wird, welches der Kultur in jeder Hinsicht abträglich ist.

Hier werden sich die Geister wohl scheiden müssen. Insofern die Psychotherapie auf eine wissenschaftliche Grundlage und hiermit auf eine prinzipiell freie Forschung sich beruft, verkündet sie ihre Absicht, den Menschen zur Selbständigkeit seines Wesens und zur sittlichen Freiheit zu erziehen, in Übereinstimmung mit den durch vorurteilslose, wissenschaftliche Forschung gefundenen Erkenntnissen. Welchen Bedingungen auch immer das Individuum sich einzupassen gedenkt, so soll dies stets mit Bewußtsein und aus freier Wahl geschehen. Insofern aber politische Ziele, d. h. der Staat, ihren Vorrang behaupten sollten, würde die Psychotherapie zwangsläufig zum Instrument eines bestimmten politischen Systems, zu dessen Zielen der Mensch erzogen und zugleich von seiner eigenen und höchsten Bestimmung abgezogen werden müßte. Gegen diesen Schluß wird zweifellos der Einwand erhoben werden, daß die letzthinnige Bestimmung des Menschen nicht in seiner individuellen Existenz, sondern im Bestreben der menschlichen Sozietät liege, weil ohne diese das Individuum überhaupt nicht sein könnte. Dieser Einwand ist schwerwiegend und kann nicht mit leichten Worten abgetan werden. Es ist eine unzweifelhafte Wahrheit, daß das Individuum nur vermöge der Sozietät existiert und daß es immer so existiert hat. Daher finden wir bei primitiven Stämmen Männerweihen, die den einzelnen von seiner Familie und überhaupt von seiner früheren Identität durch einen Mysterientod ablösen und ihn als Stammesglied wieder gebären. Oder wir finden frühe Zivilisationen, wie die ägyptische und babylonische, wo alle Individualität in der Person des Königs gipfelt und wo der einzelne Mensch anonym ist. Oder wir beobachten ganze Familien, wo seit Generationen die Individualität des Namens die Nullität der Träger dieses Namens kompensiert, oder wir sehen Generationen von japanischen Künstlern, die den Namen des Meisters adoptieren mit einer bescheidenen Numerierung dahinter, den eigenen Namen aber ablegen. Es war jedoch im Gegensatz zu diesen archaischen Erscheinungen, die alle auf der ursprünglichen Projektion seelischer Inhalte beruhen, die unauslöschliche Großtat des Christentums, daß jedem die Würde einer unsterblichen Seele zukam, während früher nur die einzige Person des Königs ein Anrecht auf diese Prärogative hatte. Es würde zu weit führen, hier zu erörtern, inwiefern die christliche Neuerung einen Fortschritt des menschlichen Bewußtseins und der Kultur überhaupt darstellt, indem sie die Projektion der höchsten Werte der Einzelseele auf die Person des Königs oder auf sonstige Auserwählte aufhob. Hier hat sich die in der Natur des menschlichen Wesens liegende Bestimmung zur Bewußtheit, zur sittlichen Freiheit und zur Kultur stärker erwiesen als der dumpfe Zwang der Projektionen, welche das Individuum dauernd in der Finsternis der Unbewußtheit gefangen halten und damit zur Nullität herabdrücken. Damit wurde ihm allerdings ein Kreuz auferlegt, nämlich die Qual der Bewußtheit, der moralische Konflikt und die Ungewißheit des eigenen Denkens. Diese Aufgabe ist so unerhört schwer, daß, wenn ihre Lösung überhaupt jemals gelingen soll, sie nur in säkularen Stufen erreicht werden kann, erkauft durch endlose Leiden und Mühen im Kampf mit all den Mächten, die uns stets zu dem anscheinend leichteren Wege der Unbewußtheit überreden wollen. Auf dem Wege zur Unbewußtheit glaubt man, die Aufgabe könne getrost «andern» überlassen werden oder am Ende gar dem anonymen Staat. Wer aber sind diese «andern», diese offenbaren Übermenschen, die das zu können vorgeben, von dem jedermann gern überzeugt ist, daß er es nicht kann? Es sind Menschen, die genau so sind, denken und fühlen wie wir, nur sind sie Meister in der Kunst, es andern zu überlassen. Wer ist vollends der Staat? Er ist die Anhäufung aller Nullitäten, aus denen er besteht. Könnte man ihn personifizieren, so käme ein Individuum oder vielmehr ein Monstrum heraus, das in geistiger und ethischer Hinsicht weit unter dem Niveau der meisten einzelnen, die ihn zusammensetzen, stünde, denn er stellt die Psychologie der Masse in höchster Potenz dar. Das Christentum hat sich in seinen besten Zeiten darum nie als staatsgläubig erwiesen, sondern dem Menschen ein überweltliches Ziel gesetzt, um ihn von der zwingenden Macht aller seiner Projektionen auf diese vom Geist der Finsternis beherrschte Welt zu erlösen. Und es gab ihm eine unsterbliche Seele, damit er einen Punkt habe, von dem aus er die Welt aus den Angeln heben könne, dadurch, daß er sein Ziel nicht in der Beherrschung dieser Welt, sondern im Besitze des Gottesreiches, das ihm in seinem Herzen begründet ist, erblicke.

Der Mensch kann daher nicht ohne die Sozietät existieren, so wie er auch nicht sein kann ohne Sauerstoff, Wasser, Eiweiß, Fett usw. Wie diese, so ist auch die Sozietät eine der notwendigsten Existenzbedingungen. Es wäre lächerlich zu behaupten, der Mensch lebe dazu, um Luft atmen zu können. Ebenso lächerlich ist es, zu sagen, das Individuum existiere für die Sozietät. «Sozietät» ist ein bloßer Begriff für die Symbiose einer Menschengruppe. Ein Begriff ist kein Lebensträger. Der natürliche und einzige Lebensträger ist das Individuum, und dem ist so in der ganzen Natur[8]. «Sozietät» oder «Staat» ist eine Anhäufung von Lebensträgern und zugleich, als eine Organisation derselben, eine der wichtigen Lebensbedingungen. Darum ist es auch nicht ganz wahr, daß das Individuum nur als Partikel einer Sozietät existieren könne. Auf jeden Fall kann der Mensch sehr viel länger leben ohne Staat als ohne Luft.

Wenn das politische Ziel überwiegt, so ist zweifellos eine Nebensache zur Hauptsache erhoben worden. Dann ist der einzelne um seine eigentliche Bestimmung betrogen, und zweitausend Jahre christlicher Kultur sind abgestrichen. Denn an Stelle der Erweiterung des Bewußtseins durch Zurücknahme der Projektionen tritt eine Verengerung desselben, nämlich darum, weil die Sozietät, eine bloße Bedingung menschlicher Existenz, als Ziel vorgeschoben wird. Die Sozietät aber ist die größte Verführung zur Unbewußtheit, denn die Masse schluckt den einzelnen, der nicht in sich begründet ist, unfehlbar auf und reduziert ihn auf alle Fälle zur ohnmächtigen Partikel. Der Totalitätsanspruch des Staates könnte es auch nicht für einen Augenblick dulden, daß die Psychotherapie sich das Recht herausnähme, einem Menschen zur Erfüllung seiner natürlichen Bestimmung zu verhelfen. Im Gegenteil müßte er darauf bestehen, daß die Psychotherapie nichts sein soll, als ein Hilfsinstrument zur Erzeugung einer staatlich nützlichen Hilfskraft. Auf diese Weise würde die Psychotherapie zu einem zweckgebundenen Technizismus, dessen einziges Ziel die Erhöhung der sozialen Leistung sein kann. Die Seele ginge ihres Eigenlebens verlustig und würde zu einer nach staatlichem Gutdünken zu verwendenden Funktion. Die psychologische Wissenschaft würde zur bloßen Untersuchung über die Rationalisierungsmöglichkeiten des psychischen Apparates erniedrigt. Was endlich die Heilungsabsicht der Therapie anbelangt, so würde die geglückte totale

Eingliederung in das stattliche Gefüge zum Kriterium der Heilung. Insofern aber dieses Ziel am besten durch die völlige Entseelung des Individuums, d. h. durch dessen weitgehende Unbewußtmachung erreicht werden könnte, so würden mit einem Schlag alle Methoden der Bewußtmachung obsolet, und es würde sich empfehlen, alle jene Methoden aus der Rumpelkammer der Vergangenheit wieder hervor zu holen, welche je dazu gedient haben, den Menschen vor dem Bewußtwerden seiner unbewußten Inhalte zu schützen. Auf diese Weise würde die psychische Heilkunst zum totalen Rückschritt gezwungen[9].

Das ist, in großen Zügen, die Alternative, vor welche die Psychotherapie in der augenblicklichen Gegenwart gestellt ist. Es wird von den zukünftigen Entwicklungen abhängen, ob Europa, das dem Mittelalter entronnen zu sein wähnte, ein zweites Mal in die Finsternis einer mehrhundertjährigen Inquisition getaucht werden soll. Dieser Fall würde allerdings nur dann eintreten, wenn sich der Totalitätsanspruch des Staates gewaltsam durchsetzen und auf die Dauer behaupten sollte. Kein Einsichtiger wird es leugnen, daß die Organisation unserer Sozietät, genannt Staat, nicht nur das lebhafte Bedürfnis empfindet, sondern auch durch die Umstände gezwungen ist, sich größere Autorität zu schaffen. Geschieht dies mit freiwilliger Zustimmung auf Grund bewußter Einsicht der Bürger, so ist damit nur Wünschenswertes erreicht. Geschieht es aber aus der Bequemlichkeit, lästigen Entscheidungen ausweichen zu können, oder aus Unbewußtheit, so läuft der einzelne die sichere Gefahr, als verantwortlicher Mensch ausgelöscht zu werden. Der Staat aber wird sich dann in nichts von einem Gefängnis oder einem Termitenbau unterscheiden.

Indem die Bewußtwerdung der Individualität zwar der natürlichen Bestimmung entspricht, so ist sie dennoch nicht das ganze Ziel. Es kann nämlich unmöglich die Absicht der Menschenerziehung sein, ein anarchisches Konglomerat von Einzelexistenzen zu erzeugen. Das entspräche zu sehr dem uneingestandenen Ideal eines extremen Individualismus, der an sich nichts als eine krankhafte Reaktion gegen den ebenso unzulänglichen Kollektivismus ist. Im Gegensatz dazu bringt der natürliche Individuationsprozeß eine Bewußtheit menschlicher Gemeinschaft hervor, weil er eben das alle Menschen verbindende und allen Menschen gemeinsame Unbewußte zur Bewußtheit führt. Die Individuation ist ein Einswerden mit sich selbst und zugleich mit der Menschheit, die man ja auch ist. Ist der Bestand des einzelnen so gesichert, dann besteht auch die Gewähr dafür, daß die organisierte Anhäufung der einzelnen im Staate, auch in dem mit größerer Autorität ausgestatteten Staate, wohlverstanden, nicht mehr zur Bildung einer anonymen Masse, sondern zu einer bewußten Gemeinschaft wird. Unerläßliche Voraussetzung hierzu ist aber die bewußte und freie Wahl und die individuelle Entscheidung. Ohne diese Freiheit und Selbständigkeit des einzelnen gibt es keine wahre Gemeinschaft, und – wie wir sagen müssen – ohne solche Gemeinschaft kann auch das in sich begründete und selbständige Individuum auf die Dauer nicht gedeihen[10]. Überdies ist die selbständige Persönlichkeit auch der beste Diener am Gemeinwohl. Ob aber der Mensch von heutzutage schon die zu solcher Wahl nötige Reife besitzt, ist eine andere Frage. Aber ebenso fragwürdig sind Lösungen, die mit Gewalt, der natürlichen Entwicklung vorgreifend, dem Menschen aufgezwängt werden. Naturtatsachen lassen sich auf die Dauer nicht vergewaltigen. Mit der eindringenden und durchdringenden Eigenschaft des Wassers werden sie jedes System, das ihnen nicht Rechnung trägt, unterhöhlen und früher oder später zu Fall bringen. Eine Autorität aber, die mit weiser Staatskunst der Natur, zu der auch der Geist gehört, den nötigen Raum läßt, braucht nicht sobald ihren Untergang zu fürchten. Es mag ein für den europäischen Menschen beschämendes Zeugnis der geistigen Unreife sein, wenn er Autorität in höherem Maße braucht und wünscht. Wir sind jedoch mit der Tatsache konfrontiert, daß ungezählte Millionen in Europa der kirchlichen Autorität ebenso wie der patris potestas von Königen und Kaisern entglitten sind, mit der schuldhaften Beihilfe ebenso traditionsloser wie kindischer Aufklärer, um nun irgendeiner Gewalt, die sich Autorität anmaßt, sinn- und steuerlos zum Opfer zu fallen. Wir haben mit der Unreife der Menschen als einer Tatsache zu rechnen.

Wir leben in der Schweiz nicht auf irgendeinem im leeren Raum schwebenden Planetoiden, sondern auf derselben Erde, aus der Europa besteht. Wir stehen mitten drin in diesen Problemen, und insofern wir unbewußt sind, sind wir diesen ebenso verfallen wie alle andern Nationen. Das Gefährlichste wäre, wenn wir uns einbildeten, etwa gar auf einer höheren Bewußtseinsstufe zu stehen als unsere weitere Umgebung. Davon ist gar keine Rede. Ohne die Handvoll Psychologen und Psychotherapeuten, die wir darstellen, in ungebührlicher Weise als wichtig, oder besser, als gewichtig zu nehmen, möchte ich doch betonen, daß wir gerade in unserer Eigenschaft als Psychologen die Aufgabe und die Pflicht in erster Linie haben, die psychische Lage unserer Zeit zu verstehen und darin klar zu sehen, was die Gegenwart als Fragen und Forderungen an uns heranträgt. Wenn auch unsere Stimme zu schwach ist und im Lärm des politischen Getümmels wirkungslos verhallt, so können wir uns doch trösten mit dem chinesischen Meisterspruch: «Wenn der in sich Geklärte allein ist und das Richtige denkt, so wird er in tausend Meilen Entfernung gehört.»

Alles, was anfängt, fängt stets im kleinen an. Darum soll es uns nicht verdrießen, zwar mühsame, aber gewissenhafte Arbeit an unscheinbaren einzelnen zu verrichten, auch wenn das Ziel, nach dem wir streben, in unerreichbar weiter Ferne zu liegen scheint. Ein Ziel aber liegt erreichbar vor uns, und das ist die Entwicklung und Reifung der individuellen Persönlichkeit. Und insofern wir überzeugt sind, daß das Individuum der Lebensträger ist, so haben wir dem Sinne des Lebens gedient, wenn es gelingt, daß wenigstens ein Baum Früchte trägt, auch wenn tausend andere unfruchtbar bleiben sollten. Wer es aber darauf abgesehen hätte, alles, was wachsen will, zum äußersten Gedeihen zu bringen, der wird es bald erleben, daß das Unkraut, das stets am besten gedeiht, ihm über den Kopf wächst. Ich erachte es daher für die vornehmste Aufgabe der Psychotherapie in unserer Gegenwart, unentwegt dem Ziel der Entwicklung des einzelnen zu dienen. Damit folgt unsere Bemühung dem Streben der Natur, in jedem Individuum die größtmögliche Fülle des Lebens zu entfalten, denn nur im einzelnen kann das Leben seinen Sinn erfüllen, nicht aber im Vogel, der in einem vergoldeten Käfig sitzt.

Grundfragen der Psychotherapie

Es ist noch nicht so lange her, daß man in medizinischen Veröffentlichungen unter dem Titel «Therapie» nach einer Reihe von Heilverfahren und Rezepten auch noch «Psychotherapie» lesen konnte. Was hierunter etwa zu verstehen wäre, blieb in vielsagendes Dunkel gehüllt. Was war damit gemeint? Hypnose, Suggestion, «persuasion», kathartische Methode, Psychoanalyse, ADLERsche Erziehungskunst, autogenes Training etc.? Diese Aufzählung veranschaulicht die ganze unbestimmte Vielfältigkeit von Meinungen, Auffassungen, Theoremen und Methoden, die allesamt unter dem Namen «Psychotherapie» gehen.

Wenn ein neuer, unbewohnter Kontinent entdeckt wird, so gibt es dort keine Landmarken, keine Namen, keine Straßen, und jeder neue Pionier, der ihn betritt, weiß etwas anderes zu erzählen. Etwas derartiges scheint sich ereignet zu haben, als die Ärzte zum ersten Mal in das Neuland *Psyche* vorstießen. Einer der ersten, dem wir einigermaßen erkennbare Kunde verdanken, ist PARACELSUS. Sein seltsames Wissen, dem es gelegentlich nicht an ahnungsvoller Tiefe gebricht, ist aber ausgedrückt in einer Sprache, die dem Geist des XVI. Jahrhunderts verhaftet ist. Sie ergeht sich nicht nur in dämonologischen und alchemistischen Vorstellungen, sondern auch in Paracelsischen Neologismen, deren blühende Exuberanz ein geheimes Minderwertigkeitsgefühl und einen entsprechenden Geltungsdrang ihres öfters nicht ohne Grund verkannten Schöpfers kompensiert. Das naturwissenschaftliche Zeitalter, das recht eigentlich mit dem XVII. Jahrhundert anbrach, hat mit dem Wust auch die Perlen der Paracelsischen Medizin verschüttet. Erst zwei Jahrhunderte später kam eine neue und neuartige Empirie auf, nämlich die MESMERsche Lehre vom Lebensmagnetismus, hervorgegangen einerseits aus praktischen Erfahrungen, die wir heutzutage den Suggestionsphänomenen zuteilen würden, andererseits aus altem alchemistischem Lehrgut. Auf dieser Linie bewegten sich die romantischen Ärzte, deren Interesse sich entsprechend dem Somnambulismus zuwandte. Damit wurde die Grundlage zur klinischen Entdeckung der Hysterie gelegt. Es braucht aber noch beinahe ein Jahrhundert, bis CHARCOT und seine Schule einigermaßen gefestigte Begriffe auf diesem Gebiete zustande brachten. Eine vertiefte und genauere Kenntnis der hysterischen Phänomene verdanken wir PIERRE JANET und eine systematische Erforschung und Beschreibung der Suggestionsphänomene den beiden französischen Ärzten LIEBAULT und BERNHEIM, denen sich in der Schweiz AUGUST FOREL anschloß. Für die Erkenntnis der Kausalität psychogener Symptome bedeutete die BREUER-FREUDsche Entdeckung der affektiven Quellen derselben einen entscheidenden Vorstoß in das Gebiet der Psychologie. Die Tatsache, daß dem Bewußtsein verloren gegangene Erinnerungsbilder und deren Gefühlston dem hysterischen Symptom zugrundelagen, führte unmittelbar zum Postulate einer *unbewußten Schicht* psychischen Geschehens. Letztere erwies sich nicht als *somatisch,* wie die damalige akademische Psychologie anzunehmen geneigt war, sondern als *psychisch,* insofern sie sich genau so verhielt wie eine psychische Funktion, der zufälligerweise das Bewußtsein, das heißt die Assoziation mit dem Ich, entzogen war. Wie JANET ungefähr gleichzeitig und unabhängig von FREUD nachgewiesen hat, gilt das vom hysterischen Symptom überhaupt. Während aber JANET den Grund für den Bewußtseinsentzug in einer gewissen spezifischen Schwäche vermutete, wies FREUD darauf hin, daß den ätiologischen Erinnerungsbildern ein unangenehmer Gefühlston eigentümlich ist. Ihr Verschwinden aus dem Bewußtsein ließ sich daher unschwer durch *Verdrängung* erklären. Er faßte deshalb die ätiologischen Inhalte als mit der Tendenz des Bewußtseins *inkompatibel* auf. Diese Hypothese stützte sich auf die Tatsache, daß die verdrängten Erinnerungen in vielfacher Hinsicht eine moralische Zensur herausforderten und zwar um ihrer traumatischen oder moralisch anstößigen Natur willen.

FREUD dehnte die Verdrängungstheorie auf das Gesamtgebiet der psychogenen Neurosen mit großem heuristischem Erfolg aus; ja, er stieß noch weiter vor, nämlich bis zu einer Erklärung des Kulturphänomens. Damit geriet er in das Gebiet der allgemeinen Psychologie, die bislang der Philosophischen Fakultät anvertraut gewesen war. Außer Wortbegriffen und einigen methodischen Gesichtspunkten hatte ihr die praktische Psychologie des Arztes bisher allerdings wenig entlehnen können, und so stieß die medizinische Psychologie, die gleich zu Anfang schon einer unbewußten Psyche begegnete, recht eigentlich ins Leere vor. Der Begriff des Unbewußten wurde, bis auf wenige rühmliche Ausnahmen, von der akademischen Psychologie perhorresziert, und damit verblieben nur die Bewußtseinsphänomene als Gegenstand der psychologischen Forschung. Der Zusammenstoß der medizinischen mit der vorherrschenden allgemeinen Psychologie war daher erheblich. Auf der anderen Seite bildete die FREUDsche Entdeckung gegenüber der rein somatischen Orientierung der Ärzte einen ebenso herausfordernden Stein des Anstoßes. Dies ist auch in den nachfolgenden fünfzig Jahren so geblieben. Es brauchte schon die von Amerika herüberkommende Richtung der sogenannten psychosomatischen Medizin, um diesem Bild einige neue Züge einzuzeichnen. Die allgemeine Psychologie hat es aber noch immer nicht vermocht, aus der Tatsache des Unbewußten die nötigen Konsequenzen zu ziehen.

Der Vorstoß in Neuland birgt stets gewisse Gefahren in sich: der Pionier ist nämlich bei seiner Unternehmung auf dasjenige Rüstzeug angewiesen, das er sozusagen zufälligerweise bei sich führt. Das ist in unserem Falle seine Ausbildung in somatischer Medizin, seine allgemeine Bildung und Weltanschauung, die hauptsächlich auf seinen subjektiven, teils temperamentmäßigen, teils sozialen Voraussetzungen beruht. Seine medizinischen Voraussetzungen befähigen ihn, den somatischen und biologischen Aspekt des Erfahrungsmaterials richtig zu bewerten; seine allgemeine Bildung ermöglicht ihm, den Charakter des verdrängenden Faktors annähernd zu erfassen; seine Weltanschauung schließlich hilft ihm zu einer Verallgemeinerung und damit zur Eingliederung seiner speziellen Erkenntnisse in ein größeres Ganzes. Bewegt sich aber die Forschung in einem bisher nicht entdeckten und darum unbekannten Gebiet, so muß der Pionier sich stets dessen bewußt sein, daß ein anderer, der an anderer Stelle den neuen Kontinent mit einer anderen Ausrüstung betritt, auch ein ganz anderes Bild entwerfen kann.

Es ist nun FREUD passiert, daß sein Schüler ALFRED ADLER eine Auffassung entwickelt hat, welche der Neurose ein völlig anderes Gesicht verleiht. Es ist nicht mehr der Sexualtrieb, bzw. das Lustprinzip, welches das Bild beherrscht, sondern der *Machttrieb* (Geltungsdrang, «männlicher Protest», «Obenaufseinwollen»). Wie ich an einem konkreten Fall gezeigt habe[1], kann man beide Theorien mit Erfolg auf einen und denselben Fall anwenden, und es ist überdies allgemein psychologisch wohlbekannt, daß sich die beiden Triebe die Waage halten und ebenso oft der eine dem anderen unterliegt. ADLER blieb ebenso einseitig wie FREUD und beide haben das eine gemeinsam, daß sie nicht nur die Neurose, sondern auch den Menschen, aus dem *Schatten,* das heißt aus der moralischen Minderwertigkeit erklären.

Dieser Sachverhalt entspricht dem Vorhandensein einer persönlichen Gleichung, eines subjektiven Vorurteils, das nie der Kritik unterworfen wurde. Die Starrheit, mit der beide ihren Standpunkt vertreten, bedeutet, wie stets, eine Kompensation für eine heimliche Unsicherheit und einen inneren Zweifel. Die Tatsachen, die von den beiden Forschern beschrieben wurden, bestehen cum grano salis zu Recht. Deren Deutung aber kann auf die eine wie auf die andere Weise bewerkstelligt werden, das heißt sie sind beide zum Teil unrichtig, resp. sie ergänzen einander. Man kann daraus die Lehre ziehen, daß man wohl daran tut, gegebenenfalls beide Auffassungen zu berücksichtigen.

Der Grund zu diesem ersten Dilemma der medizinischen Psychologie liegt vermutlich darin, daß die Ärzte kein schon beackertes Feld vorfanden, indem die allgemeine Psychologie ihnen auf dem Boden der Tatsachen nichts anzubieten hatte. Sie waren daher auf ihre eigenen subjektiv präjudizierten Werkzeuge angewiesen. Daraus ergab sich für mich die unmittelbare Notwendigkeit, einmal zu untersuchen, mit welchen Einstellungen die Menschen dem Objekt (was es auch immer sei) im allgemeinen begegnen. Ich habe dementsprechend eine Reihe von Typen aufgestellt, die allesamt auf dem jeweiligen Vorherrschen der einen oder anderen Orientierungsfunktion des Bewußtseins beruhen, und habe damit versuchsweise ein Schema entworfen, in das die verschiedenen empirischen Einstellungen eingegliedert werden können. Es ergeben sich daraus nicht weniger als acht theoretisch mögliche Standpunkte. Rechnen wir dazu noch alle anderen mehr oder weniger individuellen Voraussetzungen, so ergibt sich daraus eine Unzahl von Möglichkeiten der Auffassung, die alle ihre wenigstens subjektive Berechtigung haben. Damit wird aber die Kritik der psychologischen Voraussetzung zu jeder Theoriebildung eine gebieterische Notwendigkeit. Leider ist dies noch nicht überall verstanden worden, sonst könnten nicht gewisse Standpunkte mit ebensoviel Hartnäckigkeit wie Blindheit vertreten werden. Daß dem aber so ist, kann nur dadurch verstanden werden, daß man in Betracht zieht, was das subjektive Präjudiz bedeutet: es ist in der Regel ein mehr oder weniger sorgfältig aufgebautes Produkt der ganzen Lebenserfahrung eines Individuums. Es entsteht aus dem Zusammenprall einer individuellen Psyche mit den Umweltbedingungen. Es bildet daher in der Regel eine subjektive Variante der allgemeinen Erfahrung, und es bedarf darum schon einer sorgfältigen Selbstkritik und einer umfassenden Vergleichungsarbeit, um das Urteil etwas allgemeiner zu gestalten. Je mehr aber bei dieser unumgänglich nötigen Bemühung auf die Prinzipien des Bewußtseins abgestellt wird, desto mehr wächst die Gefahr, daß die Erfahrung in deren Sinne gedeutet und damit die Tatsachen theoretisiert und vergewaltigt werden. Unsere psychologische Erfahrung ist noch zu jung und zu wenig ausgedehnt, um allgemeine Theorien zu ermöglichen. Die Forschung braucht vorerst noch eine Menge von Tatsachen, welche das Wesen der Seele beleuchten, bevor wir auch nur daran denken können, allgemeingültige Sätze aufzustellen. Vorerst müssen wir uns an die Regel halten, daß jeder psychologische Satz erst dann einigen Anspruch auf Bedeutung erheben kann, wenn man auch den Sinn, den seine Umkehrung ergibt, als gültig anerkennt.

Das persönliche und das weltanschauliche Präjudiz stehen der psychologischen Urteilsbildung zwar in erster Linie und in bedenklichster Weise im Wege. Sie können aber mit gutem Willen und Einsicht eliminiert werden. Schon FREUD hat meinen Vorschlag akzeptiert, daß jeder Arzt, der sich mit dem Unbewußten seiner Patienten zu therapeutischen Zwecken beschäftigt, sich zuvor einer sog. *Lehranalyse* unterziehen sollte. Alle einsichtigen Psychotherapeuten, welche die Notwendigkeit der Bewußtmachung unbewußter ätiologischer Tatbestände anerkennen, pflichten dieser Ansicht bei. Es ist ja ohne weiteres verständlich und durch hundertfache Erfahrung bestätigt, daß der Arzt, was er bei sich selber nicht sieht, bei seinem Patienten entweder gar nicht oder dann in übertriebenem Maße wahrnimmt, und daß er das fördert, wozu er selber in unkontrollierter Weise neigt, und jenes verdammt, das er bei sich selber verurteilt. Wie man mit Recht vom Chirurgen verlangt, daß seine Hände nicht infektiös seien, so muß man mit besonderem Nachdruck darauf bestehen, daß der Psychotherapeut genügend Selbstkritik an sich ausübe, bzw. jederzeit bereit sei, dies zu tun, welche Notwendigkeit namentlich dann gebieterisch an ihn herantritt, wenn er beim Patienten auf unüberwindliche Widerstände stößt, die möglicherweise berechtigt sind. Der Patient ist nämlich dazu da, um behandelt zu werden, und nicht, um eine Theorie zu verifizieren. Es gibt nämlich keine Theorie im weiten Felde der praktischen Psychologie, die nicht gegebenenfalls grundfalsch sein kann. Namentlich ist die Ansicht, die Widerstände des Patienten seien unter allen Umständen unberechtigt, durchaus zu verwerfen. Der Widerstand kann nämlich auch beweisen, daß die therapeutische Prozedur auf unrichtigen Voraussetzungen beruht.

Ich hebe das Thema der Lehranalyse darum ausführlich hervor, weil neuerdings wieder Tendenzen sich zu Wort melden, die ärztliche Autorität als eo ipso vorhanden hinzustellen und somit wieder nur eine Psychotherapie ex cathedra zu inaugurieren; ein Vorhaben, das sich in nichts von dem etwas antiquierten Suggestionsverfahren, dessen Ungenügen längst zutage getreten ist, unterscheidet. (Damit soll wohlverstanden keineswegs gesagt sein, daß überhaupt keine Indikation zu einer Suggestionstherapie bestehe.)

Es ist dem einsichtigen Psychotherapeuten schon lange bewußt, daß jede kompliziertere Behandlung einen individuellen, *dialektischen Prozeß* darstellt, an dem der Arzt als Person so viel beteiligt ist als der Patient. Bei einer solchen Auseinandersetzung bedeutet die Frage, ob der Arzt ebensoviel Einsicht in seine eigenen psychischen Vorgänge besitzt, als er sie vom Patienten erwartet, natürlich sehr viel, und zwar besonders in Hinsicht auf den sog. *Rapport,* das heißt das Vertrauensverhältnis, von dem in letzter Linie der therapeutische Erfolg abhängt. Denn gegebenenfalls kann der Patient seine eigene innere Sicherheit nur aus der Sicherheit seiner Beziehung zur menschlichen Person des Arztes gewinnen. Mit der ärztlichen Autorität ist bei leichtgläubigen Leuten etwas durchzusetzen. Für kritische Augen aber ist sie im allgemeinen zu fadenscheinig. Aus diesem Grunde hat ja auch der Vorgänger des Arztes als psychologischer Therapeut, der Priester nämlich, seine Autorität wenigstens beim gebildeten Publikum in hohem Maße eingebüßt. Schwere Fälle bedeuten daher für den Patienten sowohl wie für den Arzt nichts weniger als eine menschliche Bewährungsprobe. Dafür soll letzterer so gut wie möglich durch eine ernsthafte Lehranalyse ausgerüstet werden. Sie ist gewiß kein ideales und absolut sicheres Mittel, um Illusionen und Projektionen zu verhindern. Sie kann aber dem angehenden Psychotherapeuten wenigstens die Notwendigkeit der Selbstkritik demonstrieren und eine gewisse Bereitschaft dazu unterstützen. Keine Analyse wäre je imstande, alle Unbewußtheiten auf immer aufzuheben. Man hat unendlich zu lernen und sollte nie vergessen, daß jeder neue Fall neue Probleme aufwirft und damit Anlaß zu bisher nie konstellierten unbewußten Voraussetzungen gibt. Man könnte ohne allzuviel Übertreibung sagen, daß jede tiefergreifende Behandlung etwa zur Hälfte in der Selbstprüfung des Arztes besteht, denn nur, was er in sich selber richtigstellt, kann er auch beim Patienten in Ordnung bringen. Es ist kein Irrtum, wenn er sich vom Patienten betroffen und getroffen fühlt: nur im Maße seiner eigenen Verwundung vermag er zu heilen. Nichts anderes als eben das will das griechische Mythologem vom verwundeten Arzt besagen[2].

Die Probleme, um die es hier geht, stellen sich im Gebiete der sog. «kleinen» Psychotherapie sozusagen nicht. Man kann dort mit Suggestion, mit einem guten Rat, mit einer treffenden Aufklärung schon auskommen. Neurosen oder psychotische Grenzzustände bei komplizierten und intelligenten Leuten hingegen verlangen öfters das, was man «große» Psychotherapie nennt, nämlich das dialektische Procedere. Um letzteres mit einiger Aussicht auf Erfolg durchführen zu können, müssen nicht nur die subjektiven, sondern auch die weltanschaulichen Voraussetzungen tunlichst eliminiert werden. Man kann einen Mohammedaner nicht mit christlichen Voraussetzungen, noch einen Parsi mit jüdischer Orthodoxie, noch einen Christen mit antik-heidnischer Philosophie behandeln, ohne damit einen unter Umständen gefährlichen Fremdkörper einzuschmuggeln. Gewiß werden solche Dinge beständig und nicht immer mit schlechtem Erfolg praktiziert, aber sie stellen ein Experiment dar, dessen Legitimität mir zweifelhaft erscheint. Ich halte konservative Behandlung für ratsamer. Man soll möglichst keine Werte zerstören, welche sich nicht als direkt schädlich erwiesen haben. Eine christliche Weltanschauung durch eine materialistische zu ersetzen, halte ich für ebenso verfehlt wie Bemühungen, eine materialistische Überzeugung wegzuargumentieren. Das sind Aufgaben für den Missionar, aber nicht für den Arzt.

Viele Psychotherapeuten nun sind, im Gegensatz zu mir, der Ansicht, daß weltanschauliche Probleme im therapeutischen Prozeß überhaupt nicht in Frage kommen. Die ätiologischen Faktoren seien, meinen sie, samt und sonders Fragen der persönlichen Psychologie. Wenn wir aber diese Faktoren etwas genauer unter die Lupe nehmen, so ergibt sich ein ganz anderes Bild. Nehmen wir zum Beispiel den Sexualtrieb, der in der FREUDschen Theorie eine so große Rolle spielt. Dieser Trieb ist, wie jeder Trieb überhaupt, keine persönliche Acquisition, sondern eine objektive und allgemeine Gegebenheit, die mit unserem persönlichen Wünschen, Wollen, Meinen und Entscheiden nicht das mindeste zu tun hat. Er ist eine durchaus unpersönliche Macht, mit der wir uns allerdings mit objektiven und weltanschaulichen Urteilen auseinanderzusetzen versuchen. Von letzteren gehören nur die subjektiven Prämissen (und auch diese nur zum Teil) zur persönlichen Sphäre; die weltanschaulichen aber hat man größtenteils aus der allgemeinen Tradition und aus dem Milieueinfluß bezogen, und nur zu einem geringen Teil hat man sie persönlich aufgebaut oder bewußt gewählt. Wie ich mich durch äußerliche und objektive soziale Einflüsse geformt vorfinde, so auch durch innere, zunächst unbewußte Gegebenheiten, die ich als den *subjektiven Faktor* schlechthin bezeichnet habe. Der eine, nämlich der extravertiert Eingestellte, gründet sich hauptsächlich auf die sozialen Beziehungen, der andere, der introvertiert Eingestellte, hauptsächlich auf den subjektiven Faktor. Ersterer ist seiner subjektiven Bestimmtheit größtenteils nicht gewahr und hält sie für unerheblich; ja, er scheut sich sogar davor. Letzterer zeigt ein geringes Interesse für die sozialen Beziehungen, er übersieht sie gerne und empfindet sie als lästig, wenn nicht gar als furchterregend. Die Beziehungswelt erscheint dem einen als das Wesentliche, Normale und Erstrebenswerte, dem anderen aber liegt es in erster Linie an der inneren Konsequenz, der Übereinstimmung mit sich selber.

Bei der Analyse der Persönlichkeit ergibt es sich beim Extravertierten, daß er seine Eingliederung in die Beziehungswelt durch eine Unbewußtheit über sein Subjekt, bzw. durch Illusionen über sich selber erkauft; beim Introvertierten dagegen, daß er bei der Verwirklichung seiner Persönlichkeit in der Sozietät ahnungslos die gröbsten Fehler und die absurdesten Ungeschicklichkeiten begeht. Schon diese beiden allgemein bekannten typischen Haltungen – ganz abgesehen von den typischen physiologischen Temperamenten, die KRETSCHMER beschrieben hat – zeigen, wie wenig man die Menschen und ihre Neurosen über den Leisten einer einzigen Theorie schlagen kann.

In der Regel sind diese subjektiven Prämissen dem Patienten und leider auch vielfach dem Arzt unbekannt, wodurch letzterer nur allzuoft dazu verführt wird, die alte Wahrheit zu übersehen: quod licet Jovi, non licet bovi, oder, was für den einen gut, das ist für den anderen schädlich, und damit Türen zu öffnen, die geschlossen werden müßten und umgekehrt. Wie der Patient in höchstem Maße seinen subjektiven Prämissen zum Opfer fällt, so auch die ärztliche Theorie, wennschon diese in geringerem Maße, da sie doch wenigstens aus der Vergleichung vieler Einzelfälle hervorgegangen ist und damit allzu individuelle Varianten abgestoßen hat. Dies gilt aber nur in sehr beschränktem Maße für das persönliche Präjudiz ihres Schöpfers. Es wird sich zwar, eben durch die vergleichende Arbeit, einigermaßen mildern, der ärztlichen Tätigkeit aber dennoch gewisse Tönungen geben und gewisse Grenzen setzen. Je nachdem wird dann der eine oder andere Trieb, der eine oder andere Begriff zur Grenze und damit zu einem anscheinenden Prinzip, welches das jeweilige Ende der Nachforschung bedeutet. Innerhalb dieses Rahmens kann alles richtig beobachtet und, der subjektiven Voraussetzung entsprechend, logisch gedeutet sein, was bei FREUD sowohl wie bei ADLER zweifellos der Fall ist, und dennoch oder eben gerade deshalb ergeben sich höchst verschiedene und – prima vista – kaum zu vereinigende Auffassungen, wie wir gesehen haben. Der Grund hierfür liegt, wie leicht ersichtlich, in der jeweiligen subjektiven Prämisse, welche Passendes akkumuliert und Unpassendes eliminiert.

Eine derartige Entwicklung ist in der Geschichte der Wissenschaften keineswegs eine Ausnahme, sondern die Regel. Wer daher der modernen medizinischen Psychologie den Vorwurf macht, sie könne sich nicht einmal über ihre eigenen Theorien einig werden, der vergißt völlig, daß noch nie eine Wissenschaft lebendig geblieben ist ohne divergente theoretische Gesichtspunkte. Solche Unstimmigkeiten bilden, wie immer, den Ausgangspunkt für neue Fragestellungen. So war es auch hier der Fall. Das Dilemma FREUD–ADLER fand seine Lösung in der Anerkennung verschiedener prinzipieller Einstellungen, die jeweils einen bestimmten Aspekt des Gesamtproblems akzentuieren.

Von hier aus ergeben sich viele Möglichkeiten weiterer Nachforschung. Vor allem interessiert das Problem der apriorischen Einstellungstypen und der diesen zugrundeliegenden Funktionen. Auf dieser Linie bewegen sich der *Rorschachtest,* die *Gestaltpsychologie* und weitere Versuche zur Aufstellung typischer Unterschiede. Eine andere – wie mir scheint – ebenso wichtige Möglichkeit ist die Untersuchung der *weltanschaulichen Faktoren,* welche, wie wir sahen, für die Wahl und Entscheidung eine so ausschlaggebende Bedeutung besitzen. Sie kommen nicht nur in Betracht bei der Ätiologie der Neurosen, sondern auch bei der Auswertung der analytischen Ergebnisse. FREUD hat selber schon mit großem Nachdruck auf die Funktion der moralischen «Zensur» als eine der Ursachen der Verdrängung hingewiesen und sich sogar bemüßigt gefühlt, die Religion als einen jener neurotisierenden Faktoren, welche infantile Wunschgebilde unterhalten, hinzustellen. Es sind auch weltanschauliche Prämissen, welche hinsichtlich der «Sublimierung» eine entscheidende Mitwirkung beanspruchen; mit anderen Worten, es sind weltanschaulich begründete Wertkategorien, welche die durch die Analyse des Unbewußten bloßgelegten Tendenzen bald fördernd, bald hemmend in den Lebensplan des Patienten eingliedern sollen. Nicht nur hinsichtlich der Ätiologie, sondern auch – was sehr viel wichtiger ist – hinsichtlich der Therapie und des unerläßlichen *Wiederaufbaues der Persönlichkeit,* kommt der Untersuchung der sogenannten weltanschaulichen Faktoren eine besonders große Bedeutung zu, was ja auch FREUD schon – allerdings in negativer Hinsicht – durch seine späteren Arbeiten bestätigt hat. Ein wichtiger Teil dieser Prämisse ist das, was FREUD das «Über-Ich» genannt hat, nämlich die Summe aller bewußt übermittelten kollektiven Überzeugungen und Werte, welche, wie die Thora für den orthodoxen Juden, ein dem Ich übergeordnetes, konsolidiertes psychisches System darstellen, von welchem für das Ich konflikterregende Wirkungen ausgehen.

Daneben hat FREUD auch schon bemerkt, daß das Unbewußte gelegentlich Gebilde produziert, die man wohl nicht anders als *archaisch* ansprechen darf. Man begegnet ihnen besonders in den Träumen und Wachphantasien. Er hat sich auch schon um die «historische» Deutung oder Amplifikation solcher Symbole bemüht wie zum Beispiel bei dem Zweimüttermotiv in einem Traum des Leonardo da Vinci[3].

Es ist nun eine bekannte Tatsache, daß das, was das sog. Über-Ich zusammensetzt, den «représentations collectives», welchen Begriff LÉVY-BRUHL für die Psychologie der Primitiven aufgestellt hat, entspricht. Es sind auf mythologischen Urmotiven beruhende Allgemeinvorstellungen und Wertkategorien, welche das psychische und soziale Leben der Primitiven so regulieren und gestalten, wie die für uns gültigen allgemeinen Überzeugungen, Auffassungen und ethischen Werte, mittels welcher wir erzogen werden und uns in Welt und Leben orientieren. Sie greifen, wie allbekannt, beinahe automatisch in alle unsere Wahl- und Entscheidungsakte sowohl wie in unsere Auffassungsbildung ein. Wir können daher, bei einiger Besinnung, fast stets angeben, warum wir etwas tun und aus welcher allgemeinen Voraussetzung unser Urteil und unsere Entscheidung hervorgehen. Die neurotischen Fehlschlüsse und -entscheidungen, welche pathogen wirken, bestehen in der Regel in einem Konflikt mit diesen Prämissen. Wer innerhalb derselben ohne Reibung leben kann, ist unserer Sozietät so eingegliedert wie ein primitiver, der seine Stammeslehren sich zur absoluten Richtschnur nimmt.

Es besteht nun die Möglichkeit, daß ein Individuum infolge einer abweichenden persönlichen Disposition (worin diese immer bestehe) den Kanon der kollektiven Ideen nicht mehr einhält und infolgedessen nicht nur in Konflikt mit seiner Sozietät, sondern darüber hinaus noch in Widerstreit mit sich selbst gerät, da ja das Über-Ich auch ein psychisches System in ihm selber darstellt. In diesem Fall wird es neurotisch, das heißt es ist eine *Dissoziation der Persönlichkeit* eingetreten, die auf entsprechender psychopathischer Grundlage bis zur Aufsplitterung derselben, das heißt zum Schizoid resp. zur Schizophrenie führen kann. Dieser gedachte Fall stellt das Modell einer *persönlichen Neurose* dar, deren personalistische Erklärung vollauf genügt, denn es bedarf, wie die Erfahrung zeigt, keines weiteren Verfahrens zur Heilung als eines Abbaues der subjektiven Fehlschlüsse und -entscheidungen. Der Patient kann sich, nach erfolgter Korrektur seiner unrichtigen Einstellung, der Sozietät wieder eingliedern. Seine Krankheit war in der Hauptsache nichts anderes als das Produkt einer angeborenen oder erworbenen «Schwäche». Es wäre ganz verfehlt, in einem derartigen Falle an der allgemeinen Voraussetzung, der «représentation collective», etwas ändern zu wollen. Man würde damit den Patienten nur noch tiefer in seinen Konflikt mit der Sozietät hineinstoßen, indem man eben gerade seiner pathogenen Schwäche Vorschub leistete.

In der klinischen Beobachtung Schizophrener ergeben sich Andeutungen von zwei verschiedenen Typen, einem asthenischen (daher der französische Terminus «Psychasthénie»!) und einem gespannten und aktiv konflikthaften. Dasselbe ist auch bei den Neurosen der Fall. Ersterer Typus führt zu der rein personalistisch zu erklärenden Neurose, die eine auf persönlicher Schwäche beruhende Unangepaßtheit darstellt. Letzterer Typus dagegen wird von einem Individuum, das unschwer angepaßt sein könnte und seine Fähigkeit dazu bewiesen hat, dargestellt. Es kann oder will sich aus Überzeugung nicht anpassen oder versteht nicht, warum seine «Angepaßtheit» ihm kein normales Leben ermöglicht, wo doch nach allem Dafürhalten ein solches durchaus möglich sein sollte. Der Grund für seine Neurose scheint in einem über das Durchschnittliche hinausgehenden Plus zu liegen, wofür keine Verwendungsmöglichkeit vorhanden ist. In solchen Fällen ist eine bewußte oder meistens unbewußte Kritik an der weltanschaulichen Prämisse zu erwarten. FREUD scheint auf ähnliche Erfahrungen gestoßen zu sein, sonst hätte er sich wohl kaum veranlaßt gefühlt, den Versuch zu wagen, vom Standpunkt des ärztlichen Psychologen die Religion als den Kern der weltanschaulichen Prämisse kritisch anzugreifen. Diese Unternehmung war aber, im Lichte der ärztlichen Erfahrung betrachtet, in einem gewissen Sinne durchaus konsequent, obschon man über die Art und Weise ihrer Durchführung sehr verschiedener Meinung sein kann; ist doch die Religion selber nicht nur kein Feind des Kranken, sondern sogar ein *psychisches Heilsystem,* wie gerade der christliche Sprachgebrauch klar macht und es übrigens auch aus dem Alten Testament mit Evidenz hervorgeht[4].

Es sind nun gerade die Neurosen vom zweiten obenerwähnten Typus, welche den Arzt mit derartigen Problemen konfrontieren. Aber es sind nicht diese allein, sondern es gibt auch nicht wenige sog. Patienten, die, ohne eine klinisch formulierbare Neurose zu besitzen, wegen seelischen Konflikten und sonstigen Lebensschwierigkeiten den Arzt konsultieren und ihm Probleme vorlegen, deren Beantwortung geradewegs in die Diskussion prinzipieller Fragen hineinführt. Solche Leute wissen oft sehr genau – was der Neurotiker selten oder nie weiß –, daß es sich bei ihren Konflikten um das fundamentale Problem der Einstellung handelt und daß diese von gewissen Prinzipien oder Allgemeinvorstellungen abhängt, das heißt von gewissen religiösen, ethischen oder philosophischen Überzeugungen. Die Psychotherapie erstreckt sich dank solcher Fälle weit über den Rahmen der somatischen Medizin sowohl wie der Psychiatrie hinaus und reicht in Gebiete, auf denen sich in früheren Zeiten Priester und Philosophen betätigten. An dem Maße, in welchem diese es heutzutage nicht mehr tun, oder ihnen das Publikum die Fähigkeit dazu abspricht, läßt sich erkennen, welche Lücke der Psychotherapeut gelegentlich auszufüllen hat, bzw. bis zu welchem Grade sich einerseits die Seelsorge, andererseits die Philosophie von der Lebenswirklichkeit entfernt haben. Man wirft dem Seelsorger vor, man wisse schon von vornherein, was er sagen werde, und dem Philosophen, daß er überhaupt nichts sage, womit sich praktisch etwas anfangen ließe. Merkwürdigerweise ist beiden – von verschwindenden Ausnahmen abgesehen – die Psychologie, die hier in Frage kommt, ausgesprochen unsympathisch.

Die positive Bedeutung des religiösen Faktors in der weltanschaulichen Prämisse hindert nun nicht, daß infolge Veränderung der Zeiten, der sozialen Umstände und der damit verbundenen Bewußtseinsentwicklung gewisse Deutungen und Auffassungen ihre Aktualität einbüßen und damit obsolet werden. Die Mythologeme, auf denen alle Religionen letzten Endes beruhen, sind, für unser Begreifen wenigstens, Ausdruck innerer seelischer Ereignisse und Erlebnisse und ermöglichen durch kultische «Anamnesis» den beständigen Zusammenhang des Bewußtseins mit dem Unbewußten, das ursprünglich und immer wieder die Urbilder ekphoriert. Vermöge dieser Formeln und Bilder ist das Unbewußte im Bewußtsein genügend ausgedrückt, und seine instinktiven Regungen können reibungslos dem Bewußtsein übermittelt werden, so daß letzteres nie seiner instinktiven Wurzeln verlustig geht. Werden aber gewisse dieser Formeln antiquiert, das heißt verlieren sie ihren verstehbaren Zusammenhang mit dem Gegenwartsbewußtsein, dann sind die Wahl- und Entscheidungsakte des Bewußtseins entsprechend von ihren instinktiven Wurzeln abgeschnitten, und es entsteht eine, zunächst partielle, Desorientiertheit, weil dem Urteil das Bestimmtheits- und Sicherheitsgefühl und der Entscheidung die emotionale *vis a tergo* fehlt. Die «représentations collectives», welche den Primitiven mit den Ahnenleben oder den Urhebern der Anfangszeit verknüpfen, bilden auch für den Kulturmenschen die Brücke zum Unbewußten, welches der gläubige Mensch für die Welt der göttlichen Wesenheit hält. Diese Brücken sind, zum Teil wenigstens, eingestürzt, und der Arzt findet sich nicht in der Lage, die von diesem Verlust Betroffenen für das Unglück verantwortlich zu machen. Er weiß, daß es sich um säkulare Veränderungen der psychischen Gesamtlage handelt, wie sie sich schon viele Male in der Geschichte ereignet haben. Solchen Wandlungen steht der einzelne ohnmächtig gegenüber.

Der Arzt kann nur zu beobachten und zu begreifen versuchen, welche Heil- und Restitutionsversuche die Natur unternimmt. Die Erfahrung hat ja schon längst gezeigt, daß zwischen dem Bewußtsein und dem Unbewußten ein *kompensatorisches Verhältnis* besteht, und daß das Unbewußte immer versucht, den bewußten Teil der Psyche durch Anfügung des Fehlenden zur Ganzheit zu ergänzen und damit gefährlichen Gleichgewichtsverlusten vorzubeugen. In unserem Falle nun erzeugt das Unbewußte, wie zu erwarten, *kompensierende Symbole,* welche die zusammengebrochenen Brücken ersetzen sollen, es aber nur mit Hilfe des Bewußtseins auch wirklich können. Die vom Unbewußten erzeugten Symbole müssen nämlich, um effektiv zu werden, vom Bewußtsein «verstanden», das heißt assimiliert und integriert werden. Ein unverstandener Traum bleibt bloßes Ereignis, aber das Verstehen macht ihn zum Erlebnis.

Ich habe es daher als meine Hauptaufgabe betrachtet, die Äußerungsformen des Unbewußten zu untersuchen, um dessen Sprache verstehen zu lernen. Da nun einerseits die weltanschauliche Prämisse eine eminent historische Angelegenheit darstellt, und andererseits die Symbole, die das Unbewußte erzeugt, archaischen Funktionsweisen der Psyche entspringen, so muß bei diesen Untersuchungen einesteils ein großes historisches Material bewältigt und anderenteils ein ebenso großes empirisches Beobachtungsmaterial gesammelt und bearbeitet werden.

Die praktische Notwendigkeit eines vertieften Verständnisses gegenüber den Produkten des Unbewußten liegt auf der Hand. Ich setze damit jene Richtung fort, die schon FREUD eingeschlagen hat, wobei ich es allerdings zu vermeiden suche, vorgefaßte metaphysische Meinungen zu haben. Ich suche vielmehr, mich an die unmittelbare Erfahrung zu halten und metaphysische Überzeugungen für oder wider auf sich beruhen zu lassen. Ich bilde mir nicht ein, über oder jenseits der Psyche zu stehen, so daß ich sie gewissermaßen von einem transzendentalen archimedischen Punkt aus zu beurteilen vermöchte. Ich bin mir bewußt, in der Psyche befangen und zu nichts anderem befähigt zu sein, als zu beschreiben, was mir innerhalb der Psyche begegnet. Wenn man zum Beispiel die Welt der Märchen untersucht, so kann man sich kaum des Eindrucks erwehren, daß gewisse Gestalten sich öfter wiederholen, wennschon in verschiedener Gewandung. Aus solcher Vergleichung ergibt sich das, was die Folkloristik als *Motivforschung* bezeichnet. Nicht anders verfährt die Psychologie des Unbewußten mit den psychischen Gestalten, die im Traum, in Phantasien, Visionen und Wahnvorstellungen, wie in Sagen, Märchen, Mythen und Religionen auftreten. Auf diesem psychischen Gesamtgebiet gibt es *Motive,* das heißt typische Gestalten, die sich weit in die Geschichte und sogar Vorgeschichte zurück verfolgen lassen und deshalb als *Archetypen* bezeichnet werden dürfen[5]. Sie scheinen mir zum strukturellen Bestand des menschlichen Unbewußten schlechthin zu gehören, denn anders vermöchte ich ihr universales und sich selbst identisches Vorkommen nicht zu erklären, ob nun der Erlöser ein Fisch, ein Hase, ein Lamm, eine Schlange oder ein Mensch ist. Es ist dieselbe Erlöserfigur in vielerlei akzidenteller Vermummung. Aus vielen Erfahrungen dieser Art habe ich den Schluß gezogen, daß das Individuellste am Menschen wohl sein Bewußtsein ist, sein Schatten dagegen, das heißt eine gewisse oberflächliche Schicht des Unbewußten, ist schon weniger einzigartig, indem der Mensch sich mehr durch seine Tugenden als durch seine Untugenden von seiner Art unterscheidet. Das Unbewußte aber in seiner hauptsächlichsten und einflußreichsten Erscheinung kann als ein kollektives Phänomen, das sich selber überall identisch ist, gelten, und weil es nirgends von sich selber abzuweichen scheint, dürfte es vielleicht eine merkwürdige Einheit bilden, über deren Natur allerdings noch ein großes Dunkel schwebt. Dazu kommt noch, daß es heutzutage eine Parapsychologie gibt, deren Objekt Manifestationen bilden, die mit dem Unbewußten direkt zusammenhängen. Dazu gehören vor allem die E. S. P.-Phänomene (Extra-Sensory Perception)[6], welche die medizinische Psychologie keinesfalls übersehen darf. Wenn diese Phänomene etwas beweisen, so ist es eine gewisse psychische Relativität von Raum und Zeit, was auf die Einheit des kollektiven Unbewußten ein bezeichnendes Licht wirft. Vorerst allerdings stehen nur zwei Tatsachengruppen fest, nämlich einerseits die Übereinstimmung zwischen individuellen Symbolen und Mythologemen und andererseits das E. S. P.-Phänomen. Die Deutung dieser Phänomene ist der Zukunft vorbehalten.

Der therapeutische Wert des Abreagierens

In seiner Besprechung der Arbeit WILLIAM BROWNS, *«The Revival of Emotional Memories and Its Therapeutic Value»*[1], äußert WILLIAM MCDOUGALL[2] einige wichtige Gedanken, auf welche ich hier hinweisen möchte. Durch die nach dem ersten Weltkrieg auftretenden Neurosen mit ihrer wesentlich traumatischen Genese wurde die Frage der traumatischen Neurosentheorie wieder aktuell, nachdem sie in den Jahren vor dem ersten Weltkrieg begreiflicherweise im Hintergrund der wissenschaftlichen Diskussion geblieben war.

Die Schöpfer dieser Theorie waren BREUER und FREUD. FREUD nahm eine gründliche Untersuchung der Neurosen vor und gelangte bald zu einer Auffassung, die deren wirklichem Ursprung eher gerecht wurde; denn bei der Mehrzahl der gewöhnlichen Neurosen kann keinerlei traumatische Ursache festgestellt werden.

Um nun aber die These, die Neurose sei durch irgendein Trauma verursacht worden, aufrechtzuerhalten, werden unwichtige, sekundäre Geschehnisse um der Theorie willen hervorgehoben. Sofern diese traumatischen Inhalte nicht bloß auf der Phantasie des Arztes oder dem Entgegenkommen des Patienten beruhen, stellen sie Sekundärerscheinungen dar, welche aus einer schon als neurotisch zu bezeichnenden Einstellung hervorgehen. In der Regel ist die Neurose eine pathologisch einseitige Entwicklung der Persönlichkeit, deren kaum wahrnehmbare Anfänge bis in die früheste Kindheit zurückverfolgt werden können. Es wäre sehr willkürlich geurteilt, wollte man sich mit Bestimmtheit über den tatsächlichen Beginn einer Neurose äußern. Es ließe sich wohl eher rechtfertigen, die determinierende Ursache im praenatalen Stadium eines Patienten zu suchen und damit auch die psychische und physische Disposition der Eltern zur Zeit der Konzeption und der Schwangerschaft in Betracht zu ziehen, als willkürlich ein Moment im persönlichen Leben des Patienten für die Entstehung der Neurose verantwortlich zu machen.

Es ist klar, daß man sich bei dieser Frage nicht zu sehr durch das eigentliche Auftreten der Symptome beeinflussen lassen sollte, auch wenn der Patient und seine Familie das Sichtbarwerden der Symptome gerne dem Ausbruch der Neurose gleichsetzen. Bei einer gründlichen Nachforschung wird sich mit größter Wahrscheinlichkeit zeigen, daß schon lange vor dem Auftreten klinischer Symptome eine krankhafte Tendenz existierte.

Diese den Spezialisten schon lange bekannten Tatsachen führten dazu, daß die Traumatheorie etwas in den Hintergrund geriet, bis zu dem Augenblick, wo, als eine der Folgen des Krieges, eine wahre Flut von traumatisch bedingten Neurosen in Erscheinung trat.

Wenn wir von den zahlreichen Kriegsneurosen absehen, bei denen ein Trauma – ein heftiger Schock – auf eine neurotische Vorgeschichte trifft, dann bleiben doch nicht wenige Fälle, bei denen keine neurotische Disposition festgestellt werden kann, oder wo diese so unbedeutend ist, daß die Neurose ohne ein Trauma kaum zum Ausbruch gekommen wäre. Hier ist das Trauma mehr als nur ein auslösendes Moment; es ist die Ursache im Sinne einer causa efficiens, vor allem wenn wir die besondere psychische Atmosphäre des Schlachtfeldes als wesentlichen Faktor mitberücksichtigen.

Diese Fälle stellen uns vor ein neues therapeutisches Problem, das die Wiederaufnahme der ursprünglichen Methode BREUERS und FREUDS und der ihr zugrundeliegenden Theorie zu rechtfertigen scheint; denn das Trauma ist dann entweder eine einzelne, bestimmte heftige Erschütterung oder aber ein Komplex von Ideen und Emotionen, einer psychischen Wunde vergleichbar. Alles was an diesen Komplex rührt, und sei es auch noch so geringfügig, entfesselt eine außerordentlich heftige Reaktion, einen regelrechten Gefühlsausbruch. Man könnte sich daher das Trauma als einen Komplex von intensiver emotionaler *Ladung* vorstellen; und weil nun bei einer oberflächlichen Betrachtung diese äußerst wirksame Ladung als die pathologische Ursache der Störung erscheint, ist es verständlich, wenn man sich für eine Therapie einsetzt, die eine vollständige *Entladung* möglich macht. Eine solche Auffassung ist einfach und logisch und stimmt scheinbar auch mit der Tatsache überein, daß das Abreagieren – d.h. die dramatische Wiederholung des traumatischen Momentes, die gefühlsmäßige Rekapitulation im Wachzustand oder unter Hypnose – oft eine heilsame Wirkung hat. Bekanntlich hat der

Mensch das Bedürfnis, ein starkes Erlebnis wieder und wieder zu erzählen, bis es seinen affektiven Wert verloren hat. «Wes das Herz voll ist, des geht der Mund über», sagt das Sprichwort. Durch das Aussprechen wird die Affektivität des traumatischen Erlebnisses allmählich abgeschwächt und damit verliert sich auch der störende Einfluß.

Aber leider entspricht diese scheinbar so klare und einfache Auffassung der Wirklichkeit ebensowenig wie andere ebenso einfache, aber irreführende Erklärungen – wie McDougall mit Recht betont. Auffassungen dieser Art werden oft heftig, ja fanatisch verteidigt, als ginge es um ein Dogma, weil sie sich den Erfahrungstatsachen gegenüber nicht behaupten können. McDougall weist also mit Recht darauf hin, daß das Abreagieren in einer ganzen Anzahl von Fällen nicht nur umsonst, sondern sogar schädlich ist.

Demgegenüber könnte man wohl vorbringen, daß die Methode des Abreagierens nie den Anspruch erhob, ein Universalmittel zu sein, und daß es bei jeder Methode Fälle gibt, die nicht ansprechen.

Dazu möchte ich sagen, daß gerade eine sorgfältige Untersuchung der refraktären Fälle den besten Aufschluß über eine Methode oder Theorie gibt; denn in den Mißerfolgen zeigen sich die Schwächen einer Theorie am deutlichsten. Damit wird natürlich weder die Wirksamkeit der Methode noch deren Berechtigung in Frage gestellt, doch können derartige Untersuchungen zu einer Korrektur der Theorie und damit – indirekt – zur Korrektur der Methode führen.

Wenn McDougall betont, daß nicht die durch die Affekte verursachte Spannung, sondern die Dissoziation der Psyche der Hauptfaktor einer Neurose ist, und daß infolgedessen das therapeutische Problem nicht in erster Linie im Abreagieren besteht, sondern in der Behebung der Dissoziation, so hat er wohl das Wesentliche getroffen. Dieses Argument bringt unsere Diskussion insofern weiter, als es mit der Erfahrung übereinstimmt, daß ein traumatischer Komplex zu einer Dissoziation der Psyche führt. Der Komplex untersteht nicht der Kontrolle des Willens, sondern er besitzt psychische Autonomie.

Die Autonomie besteht darin, daß sich der Komplex unabhängig vom Willen manifestiert und sogar in direktem Gegensatz zu den bewußten Tendenzen in Erscheinung treten kann. Der Komplex drängt sich dem Bewußtsein tyrannisch auf. Der Ausbruch eines Affektes ist gleichsam ein Totalangriff auf die Persönlichkeit; das Individuum wird wie von einem Feind oder einem wilden Tier überfallen. Ich habe des öfteren die Beobachtung gemacht, daß der typische, traumatische Affekt im Traume als ein wildes und gefährliches Tier dargestellt wird – eine treffende Illustration seiner autonomen Natur, wenn er vom Bewußtsein abgespalten ist.

Von diesem Gesichtspunkt aus erscheint das Abreagieren in einem gänzlich anderen Licht, nämlich als ein Versuch, den autonomen Komplex wieder zu integrieren, d. h. ihn dem Bewußtsein allmählich als einen Bestandteil einzuverleiben, indem die traumatische Situation einmal oder mehrere Male wieder erlebt wird.

Aber ich bezweifle, daß die Sache wirklich so einfach ist, wie es den Anschein hat, und es stellt sich die Frage, ob in diesem Vorgang nicht noch anderen Faktoren wesentliche Bedeutung zukommt. Es muß nämlich betont werden, daß die bloße Wiederholung der Erfahrung allein keine heilende Wirkung besitzt; sie muß in Gegenwart des Arztes wiederholt werden.

Wäre die Heilwirkung einzig von der Wiederholung des Erlebnisses abhängig, so könnte das Abreagieren vom Patienten ganz allein, sozusagen als eine Übung, ausgeführt werden. Er würde kein menschliches Gegenüber brauchen, das ihm seinen Affekt abnähme. Das Eingreifen des Arztes ist aber absolut notwendig, und es ist ohne weiteres ersichtlich, was es dem Patienten bedeutet, wenn er sein Erlebnis einem mitfühlenden und verständnisvollen Arzt anvertrauen kann. Sein Bewußtsein findet im Arzt eine moralische Stütze gegen den sonst nicht zu bewältigenden Affekt seines traumatischen Komplexes. Er steht nicht länger allein im Kampf gegen diese elementaren Mächte, sondern ein Mensch, dem er Vertrauen entgegenbringt, steht ihm zur Seite und verleiht ihm dadurch die moralische Kraft, deren er bedarf, um die Tyrannei der unkontrollierbaren Emotionen zu bekämpfen. Auf diese Weise wird sein Bewußtsein gestärkt, bis er den Komplex zu integrieren vermag und der Affekt schließlich wieder beherrscht werden kann. Man kann diesen absolut unerläßlichen Einfluß von seiten des Arztes vielleicht Suggestion nennen.

Mir scheint es aber eher menschliches Interesse und persönliche Einsatzbereitschaft zu sein. Es geht dabei nicht um eine bestimmte Methode; es sind moralische Qualitäten, welche nicht nur im Falle des Abreagierens, sondern in allen psychotherapeutischen Methoden von größter Bedeutung sind. Die neurotische Dissoziation kann bei einer Wiederholung des traumatischen Momentes erst dann behoben werden, wenn die bewußte Persönlichkeit des Patienten durch die Beziehung zum Arzt so weit gestärkt ist, daß der Patient den autonomen Komplex bewußt der Kontrolle seines Willens unterstellen kann.

Nur unter diesen Bedingungen hat das Abreagieren Heilwirkung; doch hängt diese Wirkung nicht nur vom Entladen der affektiven Spannung ab, sondern, wie McDougall zeigt, in weit höherem Maße davon, ob die Bewußtseinsspaltung wirksam behandelt wird. Somit erscheinen die Fälle, bei denen das Abreagieren ein negatives Resultat herbeiführt, in einem ganz anderen Licht.

Das Abreagieren allein genügt nämlich nicht, um die dissoziierte Psyche wieder zu einen; es sei denn, die oben genannten Bedingungen seien erfüllt. Gelingt es trotz der Wiederholung des Traumas nicht, den autonomen Komplex zu reintegrieren, so vermag die Beziehung zum Arzt das Bewußtseinsniveau des Patienten immerhin so weit zu heben, daß er imstande ist, den Komplex zu überwinden und zu assimilieren. Wenn aber der Patient einen besonders hartnäckigen Widerstand gegen den Arzt hat, oder wenn der Arzt nicht die richtige Einstellung zum Patienten findet, wird die Methode des Abreagierens fehlschlagen.

Es versteht sich von selbst, daß die kathartische Methode des Abreagierens bei Neurosen, die nur zum Teil traumatisch bedingt sind, wenig Erfolg haben wird; denn das eigentliche Wesen der Neurose wird damit nicht berücksichtigt und die starre Anwendung der kathartischen Methode ist daher in diesen Fällen ganz verfehlt. Sollte sich dennoch ein teilweiser Erfolg einstellen, so darf dem nicht mehr Bedeutung zugemessen werden als dem Erfolg irgendeiner anderen Methode, welche sich ebensowenig um die tatsächliche Beschaffenheit der Neurose kümmert.

Ein solcher Erfolg ist der Suggestion zuzuschreiben; in der Regel ist er von sehr beschränkter Dauer und nichts als ein glücklicher Zufall. Die Hauptursache derartiger Erfolge ist immer die Übertragung auf den Arzt und diese bildet sich ohne allzu große Schwierigkeit, vorausgesetzt, daß der Arzt von seiner Methode aufrichtig überzeugt ist. Schon seit längerer Zeit ist man von der kathartischen Methode zur Analyse übergegangen, und zwar eben darum, weil jene mit dem Wesen der Neurose ebensowenig oder ebensoviel zu tun hat, wie z. B. die Hypnose und ähnliche Heilmethoden.

Nicht zufällig liegt die Stärke der analytischen Methode gerade dort, wo die kathartische Methode am schwächsten ist; nämlich in der Beziehung zwischen Arzt und Patient. Daß immer noch die Ansicht herrscht, die Analyse bestehe hauptsächlich darin, früheste Kindheitskomplexe «auszugraben», um das Übel mit der Wurzel auszurotten, tut nichts zur Sache. Es handelt sich hierbei bloß um Nachwirkungen der alten Traumatheorie. Die biographischen Tatsachen sind nur von Bedeutung, insofern sie die Anpassung des Patienten an die Gegenwart erschweren. Die sorgfältige Erforschung aller Verzweigungen der kindlichen Phantasien ist an sich relativ unwichtig; denn die therapeutische Wirkung ergibt sich aus den Bemühungen des Arztes, in die Seele des Patienten einzudringen und auf diese Weise eine psychologisch richtige Beziehung herzustellen. Es ist gerade das Fehlen einer solchen Beziehung, worunter der Patient leidet. FREUD selber hat schon lange erkannt, daß die Übertragung das Alpha und Omega der Psychoanalyse ist. Die Übertragung stellt den Versuch des Patienten dar, einen psychologischen Rapport zum Arzt herzustellen. Er braucht diese Beziehung, wenn er die Dissoziation überwinden soll. Je schwächer der Rapport aber ist, d. h. je weniger Arzt und Patient sich *verstehen,* umso intensiver wird die Übertragung gefördert und zwar hauptsächlich in ihrer sexuellen Form.

Es ist für den Patienten von solch vitaler Bedeutung, das Ziel der Anpassung zu erreichen, daß die Sexualität nun als kompensierende Funktion miteingreift. Mit ihrer Hilfe soll eine Beziehung erzielt werden, die auf gewöhnlichem Wege und durch gegenseitiges Verständnis nicht hergestellt werden kann. Unter solchen Umständen kann die Übertragung wohl zum größten Hindernis einer erfolgreichen Behandlung werden. Es ist nicht weiter erstaunlich, daß stark sexuell betonte Übertragungen dort besonders häufig vorkommen, wo der Analytiker sich zu sehr auf den sexuellen Aspekt konzentriert, weil alle anderen Verständigungswege versperrt sind. Die einseitig sexuelle Deutung von Träumen und Phantasien ist eine Vergewaltigung des psychischen Materials des Patienten; denn es handelt sich bei diesem Material durchaus nicht nur um infantile sexuelle Phantasien. Es finden sich darin immer auch schöpferische Elemente, mit deren Hilfe der Weg aus der Neurose gestaltet werden kann. Dieser natürliche Ausweg ist in der Neurose blockiert. So ist der Arzt die einzig sichere Zuflucht in einem Wirrwarr sexueller Phantasien, und es bleibt dem Patienten nichts anderes übrig, als sich mittels einer krampfhaften erotischen Übertragung an ihn zu klammern; es sei denn, er ziehe es vor, die Beziehung voller Haß abzubrechen.

In beiden Fällen ist das Resultat eine geistige Verödung. Dies ist umso bedauerlicher, als der Psychoanalytiker offensichtlich ein solch trostloses Resultat keineswegs angestrebt hat; aber leider ist es eben oft die Folge seiner blinden Ergebenheit gegenüber dem Dogma der Sexualität.

Vom intellektuellen Standpunkt aus ist eine Interpretation, die nur die Sexualität berücksichtigt, natürlich außerordentlich einfach; ihr kommt es nur auf wenige elementare Tatsachen an, die in unzähligen Variationen vorkommen. Man weiß schon im voraus, wo die Sache hinaus will. «Inter faeces et urinam nascimur» bleibt eine ewige Wahrheit, aber es ist eine unfruchtbare, monotone und vor allem eine unappetitliche Wahrheit. Es führt zu nichts, das höchste Streben der Seele immer wieder aus dem Mutterschoß zu erklären und dadurch zu entwerten. Außerdem wäre das ein grober technischer Fehler, der das psychologische Verständnis zerstören anstatt fördern würde. Neurotische Patienten bedürfen vor allem anderen eines psychologischen Rapportes, mit dessen Hilfe sie sich in ihrem dissoziierten Zustand an die Psyche des Arztes anpassen können. Doch ist es gar nicht so einfach, eine solche menschliche Beziehung herzustellen; dies gelingt nur mit einem großen Aufwand an Mühe und Aufmerksamkeit. Die unausgesetzte Reduktion aller Projektionen auf ihren Ursprung – und die Übertragung ist ja aus Projektionen zusammengesetzt – mag von beträchtlichem historischem und wissenschaftlichem Interesse sein, aber nie schafft sie eine angepaßte Einstellung zum Leben, denn sie vereitelt alle Versuche des Patienten, eine normale menschliche Beziehung zu gestalten, weil sie jede Beziehung immer von neuem in ihre ursprünglichen Komponenten auflöst.

Wenn dem Patienten die Anpassung an das Leben trotzdem gelingen sollte, so geschieht dies auf Kosten vieler moralischer, intellektueller und ästhetischer Werte, deren Verlust sehr bedauerlich ist, weil dadurch die Entwicklung der Gesamtpersönlichkeit wesentlich beeinträchtigt wird. Ganz abgesehen davon besteht die Gefahr, daß der Patient sich in Grübeleien über die Vergangenheit verliert und wehmütig Dingen nachtrauert, die nicht mehr geändert werden können; es ist die krankhafte, unter Neurotikern sehr verbreitete Tendenz, den Grund für ihre Minderwertigkeit im Dämmer der Vergangenheit, z. B. in ihrer falschen Erziehung, in der Veranlagung der Eltern usw. zu suchen.

Keine noch so genaue Ergründung all dieser nebensächlichen Ursachen wird die gegenwärtige Minderwertigkeit des Patienten beeinflussen können; ebensowenig wie die bestehenden sozialen Verhältnisse durch eine gründliche Erforschung der Ursachen des Weltkrieges gebessert würden. Worauf es im Grunde ankommt, ist die moralische Leistung der Gesamtpersönlichkeit.

Es wäre allerdings kurzsichtig, wollte man prinzipiell eine reduktive Analyse für unnötig halten; ebenso unintelligent wäre es, den Untersuchungen über die Kriegsursachen ihren Wert abzusprechen. Der Arzt muß so weit wie möglich zu den Anfängen der Neurose vordringen, um eine Basis für die nachfolgende Synthese zu schaffen. Im Verlaufe der reduktiven Analyse, die den Patienten zu seinem Ursprung zurückführt, geht seine – zwar mangelhafte – Anpassung auch noch in die Brüche; diesen Verlust will seine Psyche begreiflicherweise wieder wettmachen und so klammert sie sich umso krampfhafter an ein menschliches Objekt. In der Regel ist der Arzt dieses Objekt, aber gelegentlich kann es auch ein anderer Mensch sein, z. B. der Ehepartner oder ein Freund, der dann als Gegenpol des Arztes wirkt. Diese Situation kann unter Umständen eine allzu einseitige Übertragung ausgleichen, erweist sich aber für den Fortschritt der Arbeit oft als ein Hindernis.

Die intensive Bindung an den Arzt – die Übertragung – ist eine Kompensation für die ungenügende Einstellung des Patienten zur Wirklichkeit. Das Übertragungsphänomen ist das unausweichliche Kennzeichen jeder tiefer gehenden Analyse; denn es ist absolut notwendig, daß der Arzt in eine möglichst nahe Beziehung zu der psychologischen Entwicklung des Patienten tritt. Man könnte sagen, daß der Arzt im gleichen Maße, wie er die innersten psychischen Inhalte des Patienten «versteht», das heißt assimiliert, seinerseits, als eine Figur, der Psyche des Patienten einverleibt wird. Wenn ich sage «als eine Figur», so will ich damit andeuten, daß der Patient den Arzt nicht wahrnimmt, wie er wirklich ist, sondern daß er in ihm eine jener typischen Gestalten sieht, die in seiner Vorgeschichte so bedeutsam waren. Mit diesen Erinnerungsbildern wird der Arzt kontaminiert, weil er den Patienten veranlaßt, seine intimsten Geheimnisse zu offenbaren. Es ist, als ob die Macht jener Erinnerungsbilder auf ihn überginge.

Die Übertragung besteht also aus verschiedenen Projektionen, welche als Ersatz für eine wirkliche psychologische Beziehung stehen. Sie schaffen eine Scheinbeziehung; doch in einem gewissen Zeitpunkt ist diese von großer Bedeutung für den Patienten, wenn nämlich seine habituelle Anpassungsschwäche durch die in der Analyse notwendige vermehrte Beschäftigung mit der Vergangenheit noch verstärkt wird. Daher ist eine plötzliche Unterbrechung der Übertragung immer mit äußerst unangenehmen und oft sogar gefährlichen Folgen verbunden; denn der Patient gerät dadurch in eine unerträgliche Beziehungslosigkeit.

Auch wenn die Projektionen bis zu ihrem Ursprung zurück analysiert werden – und alle Projektionen lassen sich auf diese Art auflösen – so bleibt der Anspruch des Patienten auf eine menschliche Beziehung trotzdem bestehen und diesem sollte Genüge getan werden; denn ohne Beziehung irgendwelcher Art fällt der Mensch ins Leere.

Er muß sich irgendwie auf ein unmittelbar gegenwärtiges Objekt beziehen können, wenn er den Anforderungen, die ihm aus der Bemühung, sich anzupassen, erwachsen, einigermaßen gerecht werden soll. Ungeachtet der reduktiven Analyse wird er sich dem Arzt nicht nur als einem Sexualobjekt zuwenden, sondern er wird ihn als Partner in einer rein menschlichen Beziehung betrachten, wobei jedem sein individueller Standort zugesichert ist. Dies ist natürlich nicht möglich, solange die Projektionen nicht bewußt erkannt werden; folglich müssen sie zuerst einmal einer reduktiven Analyse unterzogen werden, selbstverständlich immer vorausgesetzt, daß man sich die Berechtigung und Wichtigkeit des zugrundeliegenden Anspruches auf eine persönliche Beziehung vor Augen hält.

Wenn die Projektionen als solche erkannt sind, nimmt diese spezielle Art des Rapportes, nämlich die Übertragung, ein Ende, und das Problem der individuellen Beziehung muß aufgenommen werden. Wer die diesbezügliche Literatur einigermaßen kennt und sich damit beschäftigt hat, Träume zu interpretieren und bei sich und anderen nach Komplexen zu forschen, wird ohne erhebliche Schwierigkeit bis zu diesem entscheidenden Punkt kommen. Aber das Recht weiter zu gehen hat nur derjenige Arzt, der selber eine Lehranalyse durchgemacht hat oder der für seine Arbeit ein solches Maß an Wahrheitsliebe aufbringt, daß es ihm gelingt, sich selber durch seinen Patienten zu analysieren. Ein Arzt, welcher für das eine keine Lust zeigt und das andere nicht erreichen kann, sollte sich nie an eine Analyse wagen; etwas wird ihm immer fehlen, mag er sich auch noch so sehr auf seine Autorität berufen.

Letzten Endes erweist sich seine Arbeit als intellektueller Bluff – denn wie könnte er seinem Patienten helfen, die krankhafte Minderwertigkeit zu überwinden, wenn seine eigene Inferiorität so offensichtlich ist? Wie kann der Patient seine neurotischen Ausflüchte opfern, wenn er sieht, wie der Arzt mit sich selber Verstecken spielt, als fürchte er, für minderwertig angesehen zu werden, wenn er die professionelle Maske der Autorität, der Kompetenz, des überlegenen Wissens usw. fallen ließe?

Der Prüfstein jeder Analyse, die sich nicht mit einem teilweisen Erfolg zufrieden gibt oder erfolglos zum Stillstand kommt, ist immer diese Mensch-zu-Mensch-Beziehung. In dieser psychologischen Situation steht der Patient dem Arzt als Gleichberechtigter und mit derselben unbarmherzigen Kritik gegenüber, die er selber im Laufe der Behandlung durch den Arzt erfahren mußte.

Diese Form der persönlichen Beziehung entspricht einer freiwillig eingegangenen Verpflichtung oder Verbindung, die der Fessel der Übertragung entgegengesetzt ist. Für den Patienten bedeutet sie gleichsam eine Brücke, über die er die ersten Schritte auf eine sinnvolle Existenz hin wagen kann. Er entdeckt nun den Wert seiner eigenen, einmaligen Persönlichkeit; er sieht, daß er so, wie er ist, angenommen wird, und daß er imstande ist, sich den Forderungen des Lebens anzupassen. Aber diese Entdeckung kann nicht gemacht werden, solange der Arzt sich hinter einer Methode verschanzt und es sich gestattet, hemmungslos zu nörgeln und zu kritisieren. Welche Methode er dann auch immer anwendet, sie wird sich wenig von Suggestion unterscheiden und auch dementsprechende Resultate erzielen. Darum sollte der Arzt statt dessen vielmehr dem Patienten das Recht zu absolut freier Kritik einräumen; denn der Patient muß sich wirklich menschlich gleichberechtigt fühlen.

Ich glaube, aus dem Gesagten geht deutlich hervor, daß die Analyse, nach meiner Ansicht, weit höhere Ansprüche an die geistige und moralische Verfassung des Arztes stellt als die bloße Anwendung einer routinemäßigen Technik, und daß der therapeutische Einfluß des Arztes vor allem in dieser mehr persönlichen Richtung liegt.

Sollte der Leser jedoch zum Schlusse kommen, daß wenig oder nichts an der Methode liege, so wäre das ein Zeichen dafür, daß meine Auffassung vollkommen mißverstanden worden ist. Rein persönliche Anteilnahme kann dem Patienten niemals jenes objektive Verständnis seiner

Neurose vermitteln, das ihn aus seiner Abhängigkeit vom Arzt löst und ein Gegengewicht zur Übertragung darstellt.

Für das objektive Verständnis seiner Krankheit und für das Schaffen einer menschlichen Beziehung ist Wissen notwendig – und zwar nicht nur rein medizinisches Wissen, das ein begrenztes Gebiet betrifft, sondern eine umfassende Kenntnis aller Aspekte der menschlichen Seele. Die Behandlung muß mehr erreichen als nur die Auflösung der alten krankhaften Einstellung; sie muß zu einer neuen Einstellung führen, die gesund und lebensfähig ist. Dazu ist oft eine fundamentale Änderung der Lebensauffassung notwendig. Der Patient soll nicht nur fähig sein, Ursache und Ursprung seiner Neurose zu erkennen, er muß auch das Ziel sehen, dem er zustrebt. Das Krankhafte kann nicht einfach wie ein Fremdkörper beseitigt werden, ohne daß man Gefahr läuft, zugleich etwas Wesentliches, das auch leben sollte, zu zerstören. Unsere Aufgabe besteht nicht darin, es zu vernichten, sondern wir sollten vielmehr das, was wachsen will, hegen und pflegen, bis es schließlich seine Rolle in der Ganzheit der Seele spielen kann.

Die praktische Verwendbarkeit der Traumanalyse

Die therapeutische Verwendbarkeit der Traumanalyse ist ein noch sehr umstrittenes Thema. Viele halten die Traumanalyse in der praktischen Neurosenbehandlung für unerläßlich und erheben damit den Traum zu einer an seelischer Wichtigkeit dem Bewußtsein äquivalenten Funktion. Andere hingegen bestreiten die Gültigkeit der Traumanalyse und machen damit den Traum zu einem unerheblichen psychischen Nebenprodukt. Es ist selbstverständlich, daß jede Ansicht, die dem Unbewußten in der Ätiologie der Neurose eine ausschlaggebende Rolle zumißt, auch dem Traum, als der unmittelbaren Äußerung dieses Unbewußten, eine wesentliche praktische Bedeutung zuerkennt. Ebenso ist es selbstverständlich, daß eine Anschauung, welche das Unbewußte entweder leugnet oder wenigstens für ätiologisch belanglos hält, auch die Traumanalyse als entbehrlich erklärt. Man könnte es für beklagenswert halten, daß im Jahre des Herrn 1931, reichlich mehr als ein halbes Jahrhundert, seitdem ein CARUS den Begriff eines Unbewußten formte, mehr als ein Jahrhundert, seitdem ein KANT von dem «unermeßlichen Felde der dunkeln Vorstellungen» sprach, an die 200 Jahre, seitdem ein LEIBNIZ ein unbewußt Seelisches postulierte, nicht zu sprechen von den Leistungen eines JANET, FLOURNOY und vieler anderer, daß nach all dem die Tatsächlichkeit des Unbewußten noch kontrovers sein sollte. Ich möchte hier aber, wo es sich ausschließlich um eine praktische Frage handelt, keine Apologie des Unbewußten vorbringen, obschon unser spezielles Problem der Traumanalyse mit der Hypothese des Unbewußten steht und fällt. Ohne diese ist der Traum bloß ein lusus naturae, ein sinnloses Konglomerat zerbröckelter Tagesreste. Wäre dem wirklich so, so gäbe es nicht einmal einen Entschuldigungsgrund für eine Diskussion über die Verwendbarkeit der Traumanalyse. Wir können dieses Thema überhaupt nur auf der Grundlage der Anerkennung des Unbewußten behandeln, denn der vorgestellte Zweck der Traumanalyse ist nicht irgendwelche Denkübung, sondern die Auffindung und Bewußtmachung bisher unbewußter Inhalte, die für die Erklärung oder Behandlung einer Neurose als belangreich angesehen werden. Wem die Hypothese als unannehmbar erscheint, für den existiert auch eine Frage der Verwendbarkeit der Traumanalyse nicht.

Indem nun auf Grund unserer Hypothese das Unbewußte ätiologische Bedeutung hat, und indem die Träume unmittelbare Äußerung unbewußter seelischer Tätigkeit sind, so ist der Versuch einer Analyse und Deutung der Träume, zunächst von einem wissenschaftlichen Standpunkt aus, eine theoretisch gerechtfertigte Unternehmung. Insofern dieser Versuch gelingt, dürfen wir davon zunächst einen wissenschaftlichen Einblick in die Struktur der seelischen Ätiologie erwarten, ganz abgesehen von der etwaigen therapeutischen Wirkung. Da nun aber für den Praktiker wissenschaftliche Entdeckungen höchstens ein erfreuliches Nebenprodukt der therapeutischen Tätigkeit bedeuten dürfen, so kann die Möglichkeit einer bloß theoretischen Durchleuchtung ätiologischer Hintergründe wohl kaum als ein genügendes Motiv oder gar als Indikation zur praktischen Verwendung der Traumanalyse gelten. Es sei denn, daß der Arzt eben von dieser erklärenden Durchleuchtung sich einen therapeutischen Effekt verspricht. In diesem Falle erhebt er die Verwendung der Traumanalyse zur ärztlichen Pflicht. Wie bekannt, steht die FREUDsche Schule weitgehend auf dem Standpunkt, daß Durchleuchtung und Erklärung, d.h. die völlige Bewußtmachung der unbewußten ätiologischen Faktoren, von größter therapeutischer Bedeutung sei.

Stellen wir uns zunächst auf den Standpunkt, daß diese Erwartung durch Tatsachen gerechtfertigt sei, dann besteht nur noch die Frage, ob die Traumanalyse ausschließlich oder relativ, d.h. in Verbindung mit andern Methoden, oder überhaupt nicht zur Auffindung der unbewußten Ätiologie geeignet sei. Ich darf die FREUDsche Ansicht wohl als bekannt voraussetzen. Ich kann diese Ansicht insofern bestätigen, als Träume, namentlich Initialträume, d.h. solche aus dem unmittelbaren Beginn der Behandlung, nicht selten den ätiologisch wesentlichen Faktor unmißverständlich ans Licht heben. Folgendes Beispiel diene zur Illustration des Gesagten:

Ein Mann in führender Stellung konsultiert mich. Er leidet an Ängstlichkeit, Unsicherheit, Schwindel, gelegentlich bis zum Erbrechen, Benommenheit des Kopfes, Atembeklemmung; ein Zustand, welcher der

Bergkrankheit zum Verwechseln ähnlich sieht. Der Patient hat eine außerordentlich erfolgreiche Karriere hinter sich. Er begann sein Leben als strebsamer Sohn eines armen Bauern und stieg durch großen Fleiß und gute Begabung von Stufe zu Stufe bis zu einer führenden Stellung, welche für einen noch weiteren sozialen Aufstieg ungemein aussichtsreich war. In der Tat hatte er nunmehr das eigentliche Sprungbrett erreicht, von dem er den Flug ins Weite hätte antreten können, wenn nicht plötzlich seine Neurose dazwischen getreten wäre. Der Patient konnte nicht umhin, an dieser Stelle jene nur allzu bekannte Phrase auszusprechen, welche mit den stereotypen Worten beginnt: «Und gerade jetzt, wo...» usw. Die Symptomatologie der Bergkrankheit scheint besonders geeignet zu sein, die eigentümliche Situation des Patienten drastisch darzustellen. Der Patient hatte auch gleich zwei Träume der letzten Nacht zur Konsultation mitgebracht. Der erste Traum lautet: *«Ich bin wieder in dem kleinen Dorf, wo ich geboren wurde. Auf der Straße stehen einige Bauernjungen zusammen, die mit mir zur Schule gegangen sind. Ich tue so, als ob ich sie nicht kenne und gehe an ihnen vorüber. Da höre ich, wie einer von ihnen sagt, auf mich deutend: ‹Der kommt auch nicht oft in unser Dorf zurück›.»*

Es bedarf keiner Deutungsakrobatik, um in diesem Traum den Hinweis auf den bescheidenen Ausgangspunkt seiner Karriere zu erkennen und zu verstehen, was diese Andeutung besagen will. Sie meint offenbar: «Du vergissest, wie tief unten du begonnen hast.»

Der zweite Traum lautet: *«Ich bin in größter Hast, da ich verreisen will. Ich suche noch mein Gepäck zusammen, finde nichts. Die Zeit eilt, der Zug wird bald abfahren. Endlich gelingt es mir, meine Siebensachen zusammenzukriegen, ich eile auf die Straße, entdecke, daß ich eine Mappe mit wichtigen Schriftstükken vergessen habe, eile atemlos zurück, finde sie endlich, renne dann zum Bahnhof, komme aber kaum vorwärts. Endlich, mit letzter Anstrengung, stürze ich auf den Bahnsteig, um zu sehen, wie der Zug eben aus der Halle hinausfährt. Er fährt in einer merkwürdigen S-förmigen Kurve, ist sehr lang und ich denke, wenn der Lokomotivführer nun nicht aufpaßt und Volldampf gibt, sobald er die gerade Strecke erreicht, dann sind die hinteren Wagen des Zuges noch in der Kurve und werden durch die Beschleunigung aus dem Geleise geworfen. Tatsächlich gibt der Lokomotivführer Volldampf, ich versuche zu schreien, die hinteren Wagen schwanken entsetzlich und werden nun wirklich aus dem Geleise geworfen. Es ist eine furchtbare Katastrophe. Ich erwache mit Angst.»*

Auch hier kostet es keine Mühe, die Darstellung des Traumes zu verstehen. Der Traum schildert zunächst die vergebliche nervöse Hast, doch noch weiter zu kommen. Da der Lokomotivführer vorne aber doch rücksichtslos vorwärts fährt, entsteht hinten die Neurose, das Schwanken und die Entgleisung.

Der Patient hat offenbar im gegenwärtigen Abschnitt seines Lebens seinen Höhepunkt erreicht, niedere Herkunft und die Mühe des langen Aufstiegs haben seine Kräfte erschöpft. Er sollte sich mit dem Erreichten begnügen, statt dessen treibt ihn sein Ehrgeiz weiter, höher hinauf in eine für ihn zu dünne Luft, an die er nicht angepaßt ist. Deshalb erreicht ihn die warnende Neurose.

Aus äußeren Gründen konnte ich den Patienten nicht weiter behandeln, und meine Auffassung behagte ihm auch nicht. Infolgedessen nahm das in diesem Traum skizzierte Schicksal seinen Lauf. Er versuchte ehrgeizig, seine Chancen auszunützen, und entgleiste bei dieser Gelegenheit beruflich so völlig, daß die Katastrophe zur Wirklichkeit wurde.

Was die bewußte Anamnese nur vermuten ließ, nämlich die Bergkrankheit als symbolische Darstellung des Nicht-mehr-weiter-steigen-Könnens, wird durch die Träume als Tatsache erhärtet.

Hier stoßen wir auf ein für die Verwendbarkeit der Traumanalyse überaus bedeutsames Faktum: Der Traum schildert die innere Situation des Träumers, deren Wahrheit und Wirklichkeit das Bewußtsein gar nicht oder nur widerwillig anerkennt. Bewußt sieht er nicht den leisesten Grund, warum er nicht weiter gehen sollte, im Gegenteil, er drängt ehrgeizig nach oben und leugnet sein eigenes Unvermögen, welches dann durch die späteren Ereignisse seines Lebens nur allzu deutlich zutage trat. Im Gebiete des Bewußtseins sind wir immer unsicher in solchen Fällen. Seine Anamnese kann so oder so bewertet werden. Schließlich trägt auch der gemeine Soldat den Marschallsstab im Tornister, und mancher Sohn armer Eltern ist zum höchsten Erfolg gelangt. Warum sollte es hier nicht der Fall sein? Mein Urteil kann getrübt sein, warum sollte meine Vermutung besser sein als die seinige? Hier nun kommt der Traum herein, als die Äußerung eines unwillkürlichen, dem Einfluß des Bewußtseins entzogenen, unbewußten seelischen Prozesses, der die innere Wahrheit und Wirklichkeit so darstellt, wie sie ist; nicht, weil ich sie so vermute, und nicht, wie er sie haben möchte, sondern *wie sie ist.* Ich habe es mir darum zur Regel gemacht, Träume zunächst so zu betrachten wie physiologische Äußerungen: Tritt Zucker im Urin auf, so ist Zucker im Urin und nicht Eiweiß oder Urobilin oder sonst etwas, was meiner Erwartung vielleicht besser entspräche. Ich fasse also den Traum als diagnostisch verwertbare Tatsache auf.

Mein kleines Traumbeispiel hat, wie Träume immer tun, etwas mehr ergeben, als was wir mit unserer Erwartung gefordert haben. Der Traum gab uns nicht nur die Ätiologie der Neurose, sondern auch eine Prognose, ja noch mehr: wir wissen sogar unmittelbar, wo die Therapie einzusetzen hat. Wir müssen den Patienten hindern, Volldampf zu geben. Er sagt es ja zu sich selber im Traum.

Wir wollen uns vorderhand mit dieser Andeutung begnügen und zunächst wieder zu unserer Überlegung, ob Träume geeignet seien, die Ätiologie einer Neurose aufzuklären, zurückkehren. Mein Traumbeispiel zeigt einen in dieser Hinsicht positiven Fall. Ich könnte nun aber sehr leicht eine Unzahl von Initialträumen zitieren, in denen keine Spur eines ätiologischen Faktors zu erkennen ist, auch wenn es sich um Träume durchsichtiger Art handeln sollte. Ich möchte nämlich Träume, die einer eingehenden Analyse und Deutung bedürfen, vorläufig außer Betracht lassen.

Es gibt bekanntlich Neurosen, deren wirkliche Ätiologie erst zu allerletzt klar wird, und es gibt auch Neurosen, deren Ätiologie mehr oder weniger belanglos ist. Damit greife ich nun zurück auf die Hypothese, von der wir ausgegangen sind, nämlich die Annahme, daß die Bewußtmachung des ätiologischen Faktors therapeutisch unerläßlich sei. In dieser Annahme steckt noch ein gutes Stück alter Traumatheorie. Zwar leugne ich keineswegs die Tatsache, daß viele Neurosen traumatogen sind, bestreite aber, daß alle Neurosen traumatisch verursacht seien im Sinne von ausschlaggebenden Kindheitserlebnissen. Diese Auffassung bedingt nämlich eine kausalistische, wesentlich aufs Vergangene eingestellte Aufmerksamkeit des Arztes, die immer nur nach dem *Warum* fragt und sich um das ebenso wesentliche *Wozu* nicht kümmert, oft zum größten Schaden des Patienten, der dadurch gezwungen wird, gegebenenfalls jahrelang nach einem unmöglichen Kindheitserlebnis zu forschen unter handgreiflichster Vernachlässigung von Dingen, die unmittelbar wichtig wären. Eine rein kausalistische Einstellung ist zu eng und wird weder dem Wesen des Traumes noch dem der Neurose gerecht. Deshalb ist eine Fragestellung, welche die Träume nur zur Auffindung des ätiologischen Faktors benutzen möchte, präjudiziert und übersieht den größeren Teil der Traumleistung. Gerade unser Beispiel könnte zeigen, daß zwar die Ätiologie deutlich hervorgehoben ist, daneben aber noch eine Prognose oder Antizipation und überdies ein therapeutischer Wink gegeben ist. Dazu kommt die große Anzahl von Initialträumen, welche die Ätiologie nicht berühren, sondern ganz andere Fragen behandeln, z. B. die Einstellung zum Arzt. Als Beispiel hierfür möchte ich drei Träume derselben Patientin anführen, die im Anfang der Behandlung bei drei verschiedenen Analytikern geträumt wurden. Der erste Traum lautet: *«Ich sollte die Landesgrenze überschreiten, finde aber die Grenze nirgends, und niemand kann mir sagen, wo die Grenze ist.»*

Diese Behandlung wurde nach kurzer Zeit als ergebnislos abgebrochen. Der zweite Traum lautet: *«Ich sollte die Grenze überschreiten. Es ist finstere Nacht, und ich kann das Zollhaus nicht finden. Ich entdecke nach längerem Suchen ein kleines Licht in größerer Entfernung und vermute, daß dort die Grenze sei. Um aber dorthin zu gelangen, muß ich ein Tal durchschreiten und einen finsteren Wald, in dem ich die Orientierung verliere. Da merke ich, daß jemand zugegen ist. Dieser klammert sich plötzlich wie ein Verrückter an mich, und ich erwache mit Angst.»*

Diese Behandlung wurde nach einigen Wochen Dauer abgebrochen, weil eine unbewußte Identität von Analytiker und Analysandin eintrat, welche eine völlige Desorientierung veranlaßte.

Der dritte Traum fand in meiner Behandlung statt. Er lautet: *«Ich muß eine Grenze überschreiten, d. h. ich habe sie schon überschritten und befinde mich in einem schweizerischen Zollhaus. Ich habe nur eine Handtasche und glaube, nichts verzollen zu müssen. Der Zollwächter aber greift in meine Tasche und zieht zu meinem Erstaunen zwei ganze Matratzen heraus.»*

Die Patientin hat während meiner Behandlung geheiratet, wogegen sie zunächst die heftigsten Widerstände hatte. Die Ätiologie der neurotischen Widerstände wurde erst nach vielen Monaten klar und war in diesen Träumen mit keinem Wort angegeben. Die Träume sind ohne Ausnahme Antizipationen und beziehen sich auf die bei dem betreffenden Arzt zu erwartenden Schwierigkeiten.

Diese Beispiele mögen anstelle von vielen andern ähnlichen zeigen, daß Träume sehr oft Antizipationen sind, welche bei rein kausalistischer Betrachtung ihren eigentlichen Sinn gänzlich verlieren. Diese Träume geben eine unmißverständliche Information über die analytische Lage, deren richtige Erkenntnis therapeutisch von größtem Belang ist. Arzt Nr. 1 hat in richtiger Erkenntnis der Situation die Patientin an Arzt Nr. 2 weitergeleitet. Bei diesem hat die Patientin selber ihre Schlüsse aus dem Traum gezogen und ist freiwillig gegangen. Meine Deutung hat sie zwar enttäuscht, aber die Tatsache, daß der Traum den Grenzübertritt als geschehen meldete, hat ihr entschieden geholfen, trotz aller Schwierigkeiten auszuharren.

Initialträume sind öfters erstaunlich durchsichtig und klar geformt. Mit fortschreitender Analyse aber verlieren die Träume bald ihren klaren Charakter. Behalten sie ihn ausnahmsweise bei, so kann man sicher sein, daß die Analyse an einen wesentlichen Teil der Persönlichkeit überhaupt noch nicht herangekommen ist. In der Regel werden die Träume bald nach Beginn der Behandlung undurchsichtiger und verwischter, wodurch ihre Deutung erheblich erschwert wird, letzteres auch darum, weil unter Umständen bald jenes Niveau erreicht wird, wo der Arzt in Tat und Wahrheit die Situation nicht mehr übersieht. Der Beweis hiefür ist, daß die Träume undurchsichtiger werden, was bekanntlich eine durchaus (vom Arzt aus gesehen) subjektive Feststellung ist. Dem Verstehen ist nichts unklar, nur dem Nichtverstehen erscheinen die Dinge undurchsichtig und verworren. An sich sind die Träume natürlich klar, d.h. genau so, wie sie unter den momentanen Bedingungen sein müssen. Wenn man einmal im späteren Stadium der Behandlung oder gar nach Jahren auf jene Träume zurücksieht, so greift man sich oft an den Kopf, wie man damals so blind sein konnte. Wenn wir also mit fortschreitender Analyse auf Träume stoßen, welche im Vergleich zu den lichtvollen Initialträumen von bemerkenswerter Dunkelheit sind, so sollte der Arzt nicht die Träume der Verworrenheit oder den Patienten eines absichtlichen Widerstandes anklagen, sondern den Befund als Anzeichen seines nunmehr einsetzenden Nichtverstehens auffassen, gleichwie ein Psychiater, der einen Patienten verwirrt nennt, dies als eine Projektion erkennen und sich selber verwirrt nennen sollte, denn in Wirklichkeit wird er durch das eigentümliche Verhalten des Kranken in seinem Verständnis verwirrt. Überdies ist es therapeutisch ungemein wichtig, sein Nichtverstehen beizeiten einzusehen, denn nichts ist dem Patienten unzuträglicher, als immer verstanden zu werden. Er verläßt sich sowieso auf das geheimnisvolle Können des Arztes und legt damit diesen mit seiner professionellen Eitelkeit hinein, ja er siedelt sich auf dem selbstsicheren, «tiefen» Verständnis des Arztes förmlich an und verliert dadurch jeden Wirklichkeitssinn, mit ein wesentlicher Grund zu hartnäckigen Übertragungen und zur Verzögerung des Heilerfolges.

Verstehen ist bekanntlich ein sehr subjektiver Vorgang. Er kann sehr einseitig sein, indem der Arzt versteht, der Patient aber nicht. In diesem Fall hält es der Arzt für seine Pflicht, den Patienten zu überzeugen, und sollte letzterer sich doch nicht überzeugen lassen, wird ihm der Arzt Widerstände vorwerfen. In diesem Falle, das heißt, wo das Verstehen einseitig ist, würde ich ruhig von Nichtverstehen reden, denn im Grunde genommen kommt es sehr wenig darauf ab, ob der Arzt versteht; alles aber hängt davon ab, ob der Patient versteht. Das Verständnis sollte daher vielmehr ein *Einverständnis* sein, ein Einverständnis, das die Frucht gemeinsamer Überlegung ist. Die Gefahr bei einseitigem Verstehen besteht nämlich darin, daß der Arzt aus vorgefaßter Meinung sich ein Urteil über den Traum bildet, das zwar orthodox mit irgendeiner Lehre übereinstimmt oder sogar in letzter Linie fundamental richtig ist. Es erreicht aber nicht das freiwillige Einverständnis des Patienten und ist darum praktisch unrichtig; unrichtig auch deshalb, weil es die Entwicklung des Patienten antizipiert und dadurch lähmt. Der Patient muß nämlich nicht von einer Wahrheit belehrt werden – so wendet man sich nämlich nur an seinen Kopf –, sondern er muß sich vielmehr zu dieser Wahrheit entwickeln – und so erreicht man sein Herz, was tiefer ergreift und stärker wirkt.

Steht aber die einseitige Deutung des Arztes bloß in einer Übereinstimmung mit einer Theorie oder sonstigen vorgefaßten Meinung, so beruht die eventuelle Überzeugung des Patienten oder ein gewisser Heilerfolg wesentlich auf *Suggestion,* worüber man sich keiner Täuschung hingeben sollte. Suggestive Wirkung ist zwar an sich nichts Verwerfliches, aber ihr Erfolg hat nur allzu bekannte Grenzen, und sie hat Nebenwirkungen auf die Selbständigkeit des Charakters, die man auf die Dauer lieber missen möchte. Wer analytische Behandlung treibt, glaubt damit implizite an den Sinn und den Wert der Bewußtmachung, wodurch bisher unbewußte Persönlichkeitsteile der bewußten Wahl und Kritik unterstellt werden. Dadurch wird der Patient vor Probleme gestellt und zu bewußtem Urteil und bewußter Entscheidung angeregt. Das bedeutet aber nichts Geringeres als eine direkte Provokation der ethischen Funktion, womit auch das Ganze der Persönlichkeit auf den Plan gerufen wird. Der analytische Eingriff steht daher in Hinsicht auf die Reifung der Persönlichkeit beträchtlich höher als die Suggestion, welche eine Art von Zaubermittel ist, das im Dunkeln wirkt und niemals einen ethischen Anspruch an die Persönlichkeit erhebt. Suggestion ist immer ein trügerisches und bloß behelfsmäßiges Mittel und sollte deshalb, wenn irgend möglich, als mit dem Prinzip der analytischen Behandlung unvereinbar vermieden werden. Natürlich kann sie nur vermieden werden, wo ihre Möglichkeit dem Arzte bewußt wird. Unbewußt bleibt ja noch genug und übergenug suggestiver Wirkung übrig.

Wer bewußte Suggestion vermeiden will, muß also eine Traumdeutung so lange als ungültig ansehen, bis jene Formel gefunden ist, die das Einverständnis des Patienten erreicht.

Die Beachtung dieser Grundregeln erscheint mir als unerläßlich bei der Behandlung jener Träume, deren Undurchsichtigkeit das Nichtverstehen des Arztes sowohl wie des Patienten ankündigt. Solche Träume sollte der Arzt immer als Novum betrachten, als eine Information über Bedingungen unbekannter Natur, über die er so viel zu lernen hat wie der Patient. Es sollte dabei ganz selbstverständlich sein, daß er jeweils auf jede theoretische Voraussetzung verzichtet und gewillt ist, in jedem einzelnen Falle eine ganz neue Traumtheorie zu entdecken, denn hier steht der Pionierarbeit noch ein unermeßliches Feld offen. Daß Träume bloß verdrängte Wunscherfüllungen sind, ist ein längst überholter Standpunkt. Gewiß gibt es auch Träume, die erfüllte Wünsche oder Befürchtungen manifest darstellen. Aber was gibt es nicht alles sonst noch? Träume können unerbittliche Wahrheiten, philosophische Sentenzen, Illusionen, wilde Phantasien, Erinnerungen, Pläne, Antizipationen, ja sogar telepathische Visionen, irrationale Erlebnisse und Gott weiß was sonst noch sein. Wir dürfen nämlich eines nicht vergessen: Fast die Hälfte unseres Lebens spielt sich in einem mehr oder weniger unbewußten Zustand ab. Die spezifische Bewußtseinsäußerung des Unbewußten ist das Träumen. Wie die Seele eine Tagesseite, das Bewußtsein, hat, so hat sie auch eine Nachtseite, das unbewußte psychische Funktionieren, das man als traumhaftes Phantasieren auffassen könnte. Wie es nun auch im Bewußtsein nicht nur Wünsche und Befürchtungen, sondern noch unendlich viele andere Dinge gibt, so besteht auch die allergrößte Wahrscheinlichkeit dafür, daß unsere Traumseele über einen ähnlichen, vielleicht sogar noch viel größeren Reichtum an Inhalts- und Lebensmöglichkeiten verfügt als das Bewußtsein, dessen essentielle Natur Konzentration, Einschränkung und Ausschließlichkeit ist.

Bei dieser Sachlage ist es nicht ungerechtfertigt, sondern geradezu geboten, den Sinn eines Traumes nicht zum voraus doktrinär zu beschränken. Man muß nämlich wissen, daß es nicht selten Träumer gibt, welche den jeweiligen technischen oder theoretischen Jargon des Arztes sogar in ihren Träumen nachahmen nach der alten Sentenz: Canis panem somniat, piscator pisces. Womit nicht gesagt ist, daß die Fische, von denen der Fischer träumt, nun auch allemal nichts als Fische seien. Es gibt keine Sprache, die nicht mißbraucht werden könnte. Man kann sich leicht vorstellen, wie man dadurch hinters Licht geführt wird; ja das Unbewußte scheint sogar eine gewisse Tendenz zu haben, den Arzt in seine eigene Theorie bis zum Ersticken einzuwickeln. Ich sehe darum gerade bei der Traumanalyse soviel wie möglich ab von Theorie, nicht ganz allerdings, denn etwas Theorie brauchen wir immer, um die Dinge klar erfassen zu können. So ist es eine theoretische Erwartung, daß ein Traum überhaupt einen Sinn habe. Das läßt sich nämlich keineswegs in allen Fällen strikte beweisen, denn es gibt Träume, die man schlechterdings nicht versteht, weder Arzt noch Patient. Ich muß jedoch eine solche Hypothese machen, um den Mut zu haben, überhaupt mit Träumen umgehen zu können. Eine weitere Theorie ist, daß der Traum der bewußten Erkenntnis etwas Wesentliches hinzufüge, und daß mithin ein Traum, der dies nicht tut, ungenügend gedeutet sei. Auch diese Hypothese muß ich machen, um mir zu erklären, warum ich überhaupt Träume analysiere. Alle weiteren Hypothesen aber, z. B. über die Funktion und die Struktur des Traumes, sind bloße Handwerksregeln und müssen beständiger Modifikation zugänglich sein. Man darf bei dieser Arbeit keinen Augenblick außer acht lassen, daß man sich auf trügerischem Boden bewegt, wo Unsicherheit das einzig Sichere ist. Man möchte dem Traumdeuter beinahe zurufen: «Nur nicht verstehen wollen!», damit er ja nicht zu schnell deute.

Beim undurchsichtigen Traum handelt es sich zunächst nicht darum, zu verstehen und zu deuten, sondern um sorgfältige Herstellung des Kontextes. Damit meine ich eben nicht ein uferloses «freies Assoziieren», ausgehend von den Traumbildern, sondern ein sorgfältiges, bewußtes Ableuchten derjenigen Assoziationsverbindungen, die objektiv um ein Traumbild gruppiert sind. Zu dieser Arbeit müssen viele Patienten überhaupt erst erzogen werden, denn wie der Arzt, so haben auch sie die unüberwindliche Neigung, sofort zu verstehen und zu deuten, ganz besonders dann, wenn sie durch Lektüre oder durch eine etwas mißratene Analyse vorgebildet und damit verbildet worden sind. Daher assoziieren sie zuerst theoretisch, d. h. verstehend und deutend, und bleiben womöglich darin stecken. Sie wollen sofort, wie der Arzt, gewissermaßen hinter den Traum kommen, in der fälschlichen Annahme, der Traum sei eine bloße Fassade, welche den wirklichen Sinn verdecke. Die sog. Fassade ist aber bei den meisten Häusern keineswegs ein Trug oder eine täuschende Verzerrung, sondern entspricht dem Gehalt des Hauses und verrät ihn sogar oft ohne weiteres. So ist auch das manifeste Traumbild der Traum selber und enthält den ganzen Sinn. Wenn ich Zucker im Urin finde, so ist es Zucker und nicht eine bloße Fassade für Eiweiß. Was FREUD «Traumfassade» nennt, ist die Undurchsichtigkeit des Traumes, was aber in Wirklichkeit eine bloße Projektion des Nichtverstehens ist, d. h. man spricht nur darum von Fassade, weil man keine Einsicht in den Traum hat. Sagen wir darum besser, es handle sich um etwas wie einen unverständlichen Text, der überhaupt keine Fassade hat, sondern von uns einfach nicht gelesen werden kann. Dann brauchen wir auch nicht zu deuten, was dahinter sein könnte, sondern müssen ihn zuerst lesen lernen.

Das geschieht am besten, wie ich sagte, durch die Herstellung des Kontextes. Mit dem sog. freien Assoziieren komme ich nicht zum Ziel, so wenig als ich damit eine hethitische Inschrift entziffern könnte. Ich komme damit natürlich auf alle meine Komplexe, aber zu diesem Zweck brauche ich keinen Traum, sondern ich kann es an einer Verbotstafel oder an einem Satz in der Zeitung geradesogut tun. Mit freiem Assoziieren kommen die Komplexe heraus, aber ein Traumsinn nur ausnahmsweise. Um den Traumsinn zu verstehen, muß ich mich möglichst eng an die Traumbilder halten. Wenn jemand von einem tannenen Tisch träumt, so genügt es nicht, wenn er damit seinen Schreibtisch assoziiert, schon aus dem einfache Grunde nicht, weil sein Schreibtisch nicht aus Tannenholz besteht. Der Traum aber meint ausdrücklich einen tannenen Tisch. Nehmen wir nun an, daß dem Träumer hier nichts mehr einfalle, so hat diese Stockung eine objektive Bedeutung, denn sie deutet an, daß in der unmittelbaren Nachbarschaft des Traumbildes eine besondere Dunkelheit herrscht, die einen zum Denken verführen könnte. Natürlicherweise hätte man Dutzende von Assoziationen mit einem tannenen Tisch; daß aber anscheinend nichts vorhanden ist, ist bedeutsam. In diesem Falle kehrt man wieder zum Bilde zurück, und ich pflege meinen Patienten dann zu sagen: «Nehmen Sie mal an, ich wüßte überhaupt nicht, was die Worte ‹Tannener Tisch› bedeuten, und geben Sie mir nun eine solche Beschreibung des Gegenstandes und seiner Naturgeschichte, bis ich schließlich begreife, was das für ein Gegenstand ist.»

Auf diese Weise gelingt es, den gesamten Kontext des Traumbildes annähernd festzustellen. Ist dies nun für den ganzen Traum geschehen, so kann das Wagnis der Deutung beginnen.

Jede Deutung ist eine Hypothese, ein bloßer Versuch der Lesung eines unbekannten Textes. Selten ist ein isolierter undurchsichtiger Traum auch nur mit annähernder Sicherheit zu deuten. Deshalb messe ich auch der Deutung eines einzelnen Traumes wenig Gewicht bei. Eine relative Sicherheit erreicht die Deutung erst in der *Traumserie,* wobei die nachfolgenden Träume die Irrtümer in der Deutung der vorausgehenden berichtigen. Auch lassen sich in der Traumserie die zugrundeliegenden Inhalte und Motive viel besser erkennen. Ich halte darum meine Patienten an, über ihre Träume und die Deutungen sorgfältig Buch zu führen. Auch leite ich sie an, ihre Träume in der angedeuteten Weise vorzubereiten, so daß sie ihren Traum mit dem Kontextmaterial aufgeschrieben schon zur Stunde bringen. In späteren Stadien lasse ich sie auch die Deutungen ausarbeiten. Auf diese Weise lernt es der Patient, auch ohne Arzt mit seinem Unbewußten richtig zu verfahren.

Wären die Träume nur Informationsquellen für ätiologisch wichtige Momente, so könnte man die ganze Traumarbeit ruhig in der Hand des Arztes lassen. Oder würde der Arzt die Träume nur dazu benützen, um allerhand nützliche Winke oder psychologische Einsichten daraus zu gewinnen, so würde sich mein Verfahren gewiß erübrigen. Da aber die Träume, wie meine Beispiele gezeigt haben, etwas mehr enthalten dürften, als was dem Arzt handwerklich dienen könnte, so muß der Traumanalyse wohl eine ganz besondere Aufmerksamkeit geschenkt werden. Denn manchmal handelt es sich sogar um direkte Lebensgefahr. Unter vielen Fällen dieser Art ist mir einer besonders eindrücklich geblieben. Es handelt sich um einen ärztlichen Kollegen, der, etwas älter als ich, mich bei gelegentlichen Zusammentreffen jeweils wegen Traumdeuterei zu necken pflegte. So traf ich ihn auch einmal auf der Straße an, und er rief mir zu: «Na, wie geht es denn? Immer noch Träume deuten? A propos, ich habe neulich einen blödsinnigen Traum gehabt. Bedeutet der auch etwas?» Er hatte geträumt: *«Ich steige auf einen hohen Berg auf steiler Firnhalde. Es geht immer höher, und es ist wunderschönes Wetter. Je höher ich komme, desto wohler wird mir zumute, ich habe das Gefühl, wenn ich nur ewig so steigen könnte. Mein Glücksgefühl und meine Erhobenheit, als ich den Gipfel erreiche, sind so groß, daß ich fühle, ich könne weiter hinauf in den Weltraum steigen. Ich kann dies nun auch tun und steige in die Luft hinauf. Ich erwachte in völliger Ekstase.»*

Ich antwortete ihm darauf: «Mein lieber Kollege, da ich weiß, daß Sie das Bergsteigen doch nicht lassen können, möchte ich Sie sozusagen inständigst bitten, von aller Alleingängerei von nun an abzusehen. Wenn Sie gehen, nehmen Sie zwei Führer, denen Sie ehrenwörtlich absoluten Gehorsam versprechen.» Er lachte: «Unverbesserlich», und verabschiedete sich. Ich sah ihn nicht wieder. Zwei Monate darauf fiel der erste Schlag: Er wurde als Alleingänger von einer Lawine zugedeckt, aber noch im letzten Moment von einer zufällig anwesenden Militärpatrouille ausgegraben. Drei Monate darauf kam das Ende: Auf einer führerlosen Tour mit einem jüngeren Freunde trat er, wie von einem unten stehenden Führer beobachtet wurde, beim Abstieg über eine Wand buchstäblich in die Luft, fiel dem weiter unten wartenden Freunde auf den Kopf und beide rollten zerschmettert in die Tiefe. Das war die Ekstasis in jeder Beziehung.

Ich habe es mit aller Skepsis und Kritik nie dazu gebracht, die Träume für quantité négligeable zu halten. Erscheinen sie uns unsinnig, so sind bloß wir unsinnig und besitzen offenbar den Witz nicht, die rätselhafte Botschaft unserer Nachtseite richtig zu lesen. Um so mehr aber sollte sich die ärztliche Psychologie durch systematische Arbeit an Träumen die Sinne schärfen, denn zum mindesten die Hälfte unseres seelischen Lebens spielt sich auf jener Nachtseite ab, und ebensosehr wie das Bewußtsein in die Nacht hinüberspielt, ragt auch das Unbewußte in unser Tagleben. Niemand zweifelt an der Wichtigkeit des bewußten Erlebens, warum sollte man dann an der Bedeutung des unbewußten Geschehens zweifeln? Es ist *auch* unser Leben, manchmal sogar mehr und gefährlicher oder hilfreicher als das Tagleben.

Da die Träume uns Kunde geben von dem inneren verborgenen Leben und Persönlichkeitskomponenten des Patienten enthüllen, welche im Tagleben nur neurotische Symptome bedeuten, so kann der Patient eigentlich nicht nur vom und im Bewußtsein behandelt werden, sondern es bedarf auch der Behandlung des Unbewußten. Dieses kann nun, soweit unser derzeitiges Wissen reicht, wohl nicht anders geschehen, als dadurch, daß die Inhalte des Unbewußten weitgehend ans Bewußtsein assimiliert werden.

Unter *Assimilation* in diesem Falle wäre eine gegenseitige Durchdringung bewußter und unbewußter Inhalte gemeint, nicht eine einseitige Bewertung, Umdeutung und Umbiegung der unbewußten Inhalte durch das Bewußtsein, wie dies gemeiniglich gedacht und auch praktiziert wird. Es bestehen in dieser Hinsicht sehr irrige Auffassungen über den Wert und die Bedeutung unbewußter Inhalte. Wie bekannt, sieht die FREUDsche Auffassung das Unbewußte in einem durchaus negativen Licht, wie auch der primitive Mensch nach der Meinung jener Schule sozusagen ein Ungeheuer ist. Die Ammenmärchen vom fürchterlichen Urmenschen zusammen mit der Lehre vom infantil-pervers-kriminellen Unbewußten haben es vermocht, das Naturding, welches das Unbewußte eigentlich ist, als ein gefährliches Monstrum erscheinen zu lassen. Wie wenn alles Gute, alles Vernünftige, alles Lebenswerte und alles Schöne im Bewußtsein angesiedelt wäre! Hat uns der Weltkrieg mit seinen Greueln die Augen wirklich noch nicht weiter geöffnet, so daß wir immer noch nicht sehen können, daß unser Bewußtsein noch teuflischer und perverser ist als das Naturwesen des Unbewußten?

Neuerdings wurde mir vorgeworfen, daß meine Lehre der Assimilation des Unbewußten die Kultur untergrabe und unsere höchsten Werte der Primitivität überantworte. Eine solche Meinung kann nur auf die gänzlich irrige Voraussetzung, daß das Unbewußte ein Monstrum sei, gegründet sein. Diese Auffassung entspringt der Furcht vor der Natur und vor der tatsächlichen Wirklichkeit. Die FREUDsche Theorie hat zum Zwecke der Errettung aus den imaginären Klauen des Unbewußten den Begriff der Sublimierung erfunden. Was wirklich und als solches vorhanden ist, läßt sich nicht alchimistisch sublimieren, und was anscheinend sublimiert wird, das war auch gar nie das, was es infolge falscher Deutung zu sein schien.

Das Unbewußte ist kein dämonisches Ungeheuer, sondern ein moralisch, ästhetisch und intellektuell indifferentes Naturwesen, das nur dann wirklich gefährlich wird, wenn unsere bewußte Einstellung dazu hoffnungslos unrichtig ist. In dem Maße, wie wir verdrängen, steigt die Gefährlichkeit des Unbewußten. In dem Moment aber, wo der Patient beginnt, seine unbewußt gewesenen Inhalte zu assimilieren, vermindert sich auch die Gefährlichkeit des Unbewußten. Die Persönlichkeitsdissoziation, die ängstliche Trennung von Tag- und Nachtseite hört mit fortschreitender Assimilation auf. Was mein Kritiker fürchtet, nämlich die Überwältigung des Bewußtseins durch das Unbewußte, tritt eben gerade dann am ehesten ein, wenn das Unbewußte am Mitleben durch Verdrängung, durch falsche Deutung und Entwertung gehindert wird.

Der Grundirrtum in bezug auf das Wesen des Unbewußten ist wohl der, daß man allgemein annimmt, seine Inhalte seien eindeutig und mit unveränderlichem Vorzeichen versehen. Diese Auffassung ist, meines unmaßgeblichen Erachtens, zu naiv. Die Seele als ein selbstregulierendes System ist balanciert wie das Leben des Körpers. Für alle exzessiven Vorgänge treten sofort und zwangsläufig Kompensationen ein, ohne sie gäbe es weder einen normalen Stoffwechsel, noch eine normale Psyche. In diesem Sinne kann man die *Kompensationslehre* als eine Grundregel für das psychische Verhalten überhaupt erklären. Das Zuwenig hier erzeugt ein Zuviel dort. So ist auch das Verhältnis zwischen Bewußt und Unbewußt ein kompensatorisches. Dies ist eine der am besten bestätigten Handwerksregeln der Traumdeutung. Immer können wir mit Nutzen in der praktischen Traumdeutung die Frage aufwerfen: Welche bewußte Einstellung wird durch den Traum kompensiert?

Die Kompensation ist in der Regel nicht bloß eine illusionäre Wunscherfüllung, sondern eine Tatsächlichkeit, die um so tatsächlicher wird, je mehr man sie verdrängt. Durst hört bekanntlich nicht dadurch auf, daß man ihn verdrängt. Der Trauminhalt ist darum zunächst als Tatsächlichkeit ernst zu nehmen und als solche in die bewußte Einstellung als mitbestimmender Faktor aufzunehmen. Tut man das nicht, so verharrt man eben in jener exzentrischen bewußten Einstellung, welche die unbewußte Kompensation herausgefordert hat. Es ist gar nicht abzusehen, wie man dann zu einem richtigen Urteil über sich selbst und zu einer balancierten Lebensführung gelangen soll.

Ließe es sich jemand einfallen – und das ist gerade das, was von meinen Kritikern befürchtet wird –, den unbewußten Inhalt an Stelle des bewußten zu setzen, so würde er letzteren natürlich verdrängen, wodurch dann der früher bewußte Inhalt im Unbewußten die kompensatorische Rolle übernähme. Damit hätte das Unbewußte das Gesicht völlig gewechselt und wäre nun ängstlich vernünftig in auffallendstem Gegensatz zur eben noch innegehabten Stellung. Diese Operation wird dem Unbewußten nicht zugetraut, trotzdem sie sich beständig ereignet und dessen ureigenste Funktion ist. Deshalb ist jeder Traum Informations- und Kontrollorgan und darum das wirksamste Hilfsmittel beim Aufbau der Persönlichkeit.

Im Unbewußten an und für sich liegen keine Explosivstoffe, es sei denn, daß ein überhebliches oder feiges Bewußtsein dort heimlich welche aufgestapelt hat. Um so mehr Grund, nicht achtlos daran vorbeizugehen!

Aus all diesen Gründen mache ich es zur heuristischen Regel, mir bei jedem Traumdeutungsversuch die Frage vorzulegen: Welche bewußte Einstellung wird durch den Traum kompensiert? Damit setze ich, wie ersichtlich, den Traum in engste Beziehung zur Bewußtseinslage, ja, ich muß sogar behaupten, daß ein Traum ohne Kenntnis der bewußten Situation überhaupt nie auch nur mit annähernder Sicherheit gedeutet werden kann. Nur aus der Kenntnis der Bewußtseinslage heraus ist es möglich, auszumachen, welches Vorzeichen den unbewußten Inhalten zu geben ist. Der Traum ist ja kein isoliertes, vom Tagleben und dessen Charakter völlig abgeschnittenes Ereignis. Erscheint er uns so, so ist das nichts als unser Nichtverstehen, eine subjektive Illusion. In Wirklichkeit besteht zwischen dem Bewußtsein und dem Traum strengste Kausalität und ein aufs feinste abgewogenes Beziehungsverhältnis.

Ich möchte diese wichtige Prozedur der Bewertung unbewußter Inhalte an einem Beispiel erläutern. Ein junger Mann brachte mir folgenden Traum: *«Mein Vater fährt in seinem neuen Wagen von Hause fort. Er fährt sehr ungeschickt, und ich rege mich über seine anscheinende Dummheit auf. Der Vater fährt nun kreuz und quer rückwärts, wodurch er den Wagen in eine gefährliche Lage bringt, und schließlich rennt er in eine Mauer hinein, wobei der Wagen schwer beschädigt wird. Ich rufe ihm in hellstem Zorne nach, er solle sich doch vernünftig benehmen. Da lacht mein Vater, und ich sehe, daß er total betrunken ist.»* Dem Traum liegt kein wirkliches Ereignis dieser Art zu Grunde. Der Träumer ist sicher, daß sein Vater, auch wenn er betrunken wäre, sich niemals so benehmen würde. Er selber ist Automobilist, sehr sorgfältig, in Alcoholicis durchaus mäßig, besonders wenn er fährt; er kann sich in hohem Maße über ungeschicktes Fahren und kleine Beschädigungen am Wagen aufregen. Das Verhältnis zu seinem Vater ist positiv. Er bewundert ihn, weil er ein ungewöhnlich erfolgreicher Mann sei. Ohne weitere Deutekunststücke kann man sagen, daß der Traum ein für den Vater äußerst ungünstiges Bild entwirft. In welchem Sinne also werden wir die Fragen nach der Bedeutung dieses Traumes für den Sohn zu beantworten haben? Ist sein Verhältnis zum Vater nur scheinbar gut und besteht es in Wirklichkeit aus überkompensierten Widerständen? In diesem Falle müßte man dem Trauminhalt ein positives Vorzeichen geben, d. h. man müßte sagen: «Das ist Ihr wirkliches Verhältnis zu Ihrem Vater.» Da im wirklichen Verhältnis des Sohnes zum Vater nichts neurotisch Zweideutiges auffindbar ist, so wäre es ungerechtfertigt, das Gefühl des jungen Mannes mit einer solchen vernichtenden Denkweise zu beschweren. Therapeutisch wäre das einfach ein Mißgriff.

Ist sein Verhältnis zum Vater aber tatsächlich ein gutes, warum muß der Traum dann künstlich eine so unwahrscheinliche Geschichte erfinden, um den Vater zu diskreditieren? Es muß im Unbewußten des Träumers eine Tendenz vorhanden sein, einen solchen Traum zu produzieren. Ist das so, weil er doch Widerstände hat, vielleicht aus Neid oder sonstigen minderwertigen Motiven? Bevor wir sein Gewissen beschweren, was bei empfindsamen jungen Leuten sowieso eine etwas gefährliche Sache ist, wollen wir lieber einmal fragen – nicht warum, sondern wozu hat er einen solchen Traum? Die Antwort in diesem Falle würde lauten: Sein Unbewußtes will offenkundig den Vater heruntersetzen. Nehmen wir diese Tendenz als kompensatorische Tatsache, so sind wir zum Schlusse gedrängt, daß sein Verhältnis zum Vater nicht nur gut, sondern sogar zu gut ist. Er ist nun in der Tat, was die Franzosen fils à papa nennen. Der Vater ist noch zu viel Garantie seines Lebens, und der Träumer lebt noch zu sehr das, was ich *provisorisches* Leben nenne. Das ist sogar seine besondere Gefahr, daß er vor lauter Vater seine eigene Wirklichkeit nicht sieht, weshalb das Unbewußte zu einer künstlichen Blasphemie greift, um den Vater herunter- und damit den Träumer heraufzusetzen. Gewiß, eine unmoralische Prozedur! Ein uneinsichtiger Vater würde sich dagegen wohl verwahren, aber es ist eine überaus zweckmäßige Kompensation, denn sie drängt den Sohn in einen Gegensatz zum Vater, ohne welchen er nie zur Bewußtheit seiner selbst gelangen könnte.

Letztere Deutung war die richtige und schlug dementsprechend ein, d. h. sie erreichte das spontane Einverständnis des Träumers, und kein wirklich vorhandener Wert ward dabei gekränkt, weder beim Vater noch beim Sohne. Diese Deutung war aber nur möglich durch eine sorgfältige

Ableuchtung der ganzen bewußten Phänomenologie des Vater-Sohn-Verhältnisses. Ohne Kenntnis der bewußten Lage wäre der wirkliche Traumsinn in suspenso geblieben.

Für die Assimilation der Trauminhalte ist es von überragender Wichtigkeit, daß keine wirklichen Werte der bewußten Persönlichkeit verletzt oder gar zerstört werden, denn sonst ist niemand mehr da, der assimilieren könnte. Es handelt sich bei der Anerkennung des Unbewußten nicht um ein bolschewistisches Experiment, welches das Unterste zu oberst kehrt und damit eben genau wieder denselben Zustand herbeiführt, den es bessern wollte. Es ist darum strikte darauf zu achten, daß die Werte der bewußten Persönlichkeit erhalten bleiben, denn die Kompensation durch das Unbewußte ist ja nur dann wirksam, wenn sie mit einem integralen Bewußtsein kooperiert. Bei der Assimilation handelt es sich nie um ein *Entweder-Oder,* sondern stets um ein *Entweder und Oder.*

Wie es für die Deutung des Traumes unerläßlich ist, eine genaue Kenntnis der jeweiligen Bewußtseinslage zu haben, so ist es ebenso wichtig, hinsichtlich der Symbolik des Traumes, die philosophischen, religiösen und moralischen Überzeugungen des Bewußtseins in Betracht zu ziehen. Es ist praktisch unendlich viel ratsamer, die Symbolik des Traumes nicht semiotisch, d.h. nicht als Zeichen oder Symptom von feststehendem Charakter, sondern als wirkliches Symbol, d.h. als Ausdruck eines im Bewußtsein noch nicht erkannten und begrifflich formulierten Inhaltes und zudem als relativ zur jeweiligen Bewußtseinslage zu betrachten. Ich sage, es sei *praktisch* ratsam, so zu verfahren, denn theoretisch gibt es relativ feststehende Symbole, bei deren Deutung man sich aber aufs strengste hüten muß, sie auf inhaltlich Bekanntes und begrifflich Formulierbares zu beziehen. Gäbe es solche relativ feststehende Symbole nicht, so wäre auch gar nichts über die Struktur des Unbewußten auszumachen, denn es wäre dann ja nichts vorhanden, das sich irgendwie festhalten und bezeichnen ließe.

Es mag vielleicht befremden, daß ich den relativ feststehenden Symbolen einen sozusagen unbestimmbaren Inhaltscharakter gebe. Hätten sie keinen solchen, so wären sie keine Symbole, sondern Zeichen oder Symptome. Wie bekannt, nimmt die FREUDsche Schule feststehende sexuelle *Symbole,* d.h. *Zeichen* in diesem Fall, an und gibt ihnen den anscheinend definitiven Inhalt der Sexualität. Leider ist aber gerade der Sexualbegriff FREUDS von unerhörter Dehnbarkeit und dermaßen vage, daß gegebenenfalls alles in ihm Platz hat. Zwar klingt das Wort bekannt, aber die damit bezeichnete Sache ist so gut wie ein X, das zwischen den Extremen einer physiologischen Drüsentätigkeit und den sublimsten Geistesblitzen schillernd und unbestimmbar schwankt. Ich ziehe es darum vor, daß das Symbol eine unbekannte, schwer erkennbare und in allerletzter Linie nie ganz bestimmbare Größe bezeichne, anstatt mich einer dogmatischen Überzeugung auf Grund der Illusion, daß durch das bekannte Wort auch eine bekannte Sache gesetzt sei, hinzugeben. Nehmen wir als Beispiel die sog. phallischen Symbole, die angeblich nichts anderes als das membrum virile bezeichnen sollen. Von der Psyche aus gesehen ist aber auch das membrum ein Sinnbild, wie KRANEFELDT in einer neueren Arbeit[1] ausführt, für einen weiteren schwer bestimmbaren Inhalt, wie es ja auch den Primitiven und den Alten, die mit phallischen Symbolen sehr freigebig verfuhren, niemals eingefallen ist, den Phallus, das rituelle Symbol, mit dem Penis zu verwechseln. Stets bedeutete der Phallus das schöpferische *Mana,* das «Außerordentlich Wirksame», um mich des LEHMANNschen Ausdruckes zu bedienen, die Medizin- und Fruchtbarkeitskraft, welche äquivalent auch durch den Stier, den Esel, den Granatapfel, die Yoni, den Bock, den Blitz, den Pferdehuf, den Tanz, den magischen Beischlaf auf dem Acker, das menstruum und unendlich viele andere Analogien ausgedrückt wurde, genau wie im Traum. Das allen Analogien, also auch der Sexualität, Zugrundeliegende ist ein archetypisches Bild von schwer zu bestimmendem Charakter, dem das primitive Manasymbol psychologisch wohl am nächsten kommt.

All diese Symbole sind relativ feststehend, wobei wir aber in keinem einzelnen konkreten Falle die apriorische Sicherheit hätten, daß praktisch das Symbol auch so gedeutet werden müßte.

Das praktische Erfordernis kann ein ganz anderes sein. Gewiß, hätten wir einen Traum theoretisch, d.h. wissenschaftlich erschöpfend zu deuten, so müßten wir solche Symbole auf Archetypen beziehen. In der Praxis aber kann das geradezu ein Fehler sein, denn die momentane psychologische Situation des Patienten erfordert vielleicht alles andere eher als eine Ablenkung auf Traumtheorie. Deshalb ist es ratsam, in praxi vor allem in Betracht zu ziehen, was die zur Bewußtseinslage relative Bedeutung des Symboles ist, d.h. das Symbol so zu behandeln, wie wenn es nicht feststehend wäre. Mit anderen Worten ausgedrückt, man verzichte auf alles Vorher- und Besserwissen und forsche eher nach, was die Dinge für den Patienten bedeuten. Selbstverständlich bleibt dabei die theoretische Deutung mehr als bloß auf halbem Wege, in der Regel sogar an einem bloßen Anfang stehen. Hantiert der Praktiker aber zu viel mit feststehenden Symbolen, so verfällt er bloßer Routine und einem gefährlichen Dogmatismus, mit dem er des öfteren am Patienten vorbeigerät. Leider muß ich darauf verzichten, das Gesagte mit einem Beispiel zu illustrieren, denn das Beispiel selber erforderte eine solche Ausführlichkeit, daß ich mit meiner Zeit nicht auskäme. Überdies habe ich über diese Angelegenheit schon genug Material publiziert.

Sehr häufig ereignet sich schon am Anfang der Behandlung ein Traum, welcher dem Arzt das ganze Programm des Unbewußten auf weite Sicht enthüllt. Diese Einsicht ist dem Arzt durch die Kenntnis der relativ feststehenden Symbole ermöglicht. Aber es ist aus praktischen Gründen noch ganz unmöglich, die tiefere Bedeutung des Traumes dem Patienten klar zu machen. Auch auf dieser Seite beschränkt uns die praktische Rücksicht. Prognostisch und diagnostisch kann eine solche Einsicht von größtem Wert sein. Ich wurde einmal im Falle eines 17jährigen Mädchens konsultiert. Ein Spezialist hatte die Vermutung ausgesprochen, es könnte sich um einen allerersten Anfang von progressiver Muskelatrophie handeln, ein anderer war der Ansicht, es handle sich um eine Hysterie. Infolge letzterer Ansicht wurde ich beigezogen. Körperlich war die Sache verdächtig, jedoch war tatsächlich auch Hysterisches vorhanden. Ich fragte nach Träumen. Sofort antwortete die Patientin: «Ja, ich habe schreckliche Träume. *Eben habe ich geträumt, ich komme nachts nach Hause. Alles ist totenstill. Die Türe zum Salon steht halb offen, und ich sehe meine Mutter am Kronleuchter aufgehängt im kalten Winde, der durch die offenen Fenster dringt, schwingen. Und dann träumte ich, daß nachts ein furchtbarer Lärm im Haus losgehe. Ich sehe nach und entdecke, daß ein scheues Pferd in der Wohnung herumrast. Endlich findet es die Türe auf dem Korridor und springt nun durch das Korridorfenster aus dem vierten Stock auf die Straße hinunter. Ich sah mit Schrecken, wie es unten zerschmettert liegen blieb.*»

Der nefaste Charakter der Träume allein schon kann einen aufhorchen machen. Jedoch haben auch andere Leute gelegentlich Angstträume. Wir müssen deshalb etwas näher auf die Bedeutung der beiden Hauptsymbole «Mutter» und «Pferd» eingehen. Es muß sich um Äquivalente handeln, denn beide tun dasselbe. Beide suizidieren sich. «Mutter» ist ein Archetypus, welcher Ursprung, Natur, passiv Erzeugendes (daher Stoff, materia) andeutet, daher auch materielle Natur, Unterleib (Gebärmutter) und vegetative Funktionen, daher auch das Unbewußte, das Natur- und Triebhafte, das Physiologische, den Körper, in dem man wohnt oder enthalten ist, denn «Mutter» ist auch Gefäß, Hohlform (ebenso Unterleib), tragend und nährend, und daher auch psychisch die Grundlagen des Bewußtseins ausdrückend. Mit dem Innen- oder Enthaltensein ist das Dunkle, Nächtliche und Ängstliche (Enge) verbunden. Mit diesen Andeutungen gebe ich einen großen Teil der mythologischen und sprachgeschichtlichen Abwandlung des Mutterbegriffes oder einen wesentlichen Teil des Yinbegriffes der chinesischen Philosophie wieder. Das ist nicht individuelle Erwerbung des 17jährigen Mädchens, sondern kollektives Erbgut, einerseits in der Sprache noch lebendig vorhanden, andernteils hereditäre Struktur der Psyche, und darum zu allen Zeiten und bei allen Völkern wiederzufinden.

Das so bekannt klingende Wort «Mutter» bezieht sich anscheinend auf die allerbekannteste individuelle Mutter, «meine Mutter», als Symbol aber auf einen der begrifflichen Formulierung sich hartnäckig widersetzenden Hintergrund, den man nur sehr vage und ahnungsweise als das verborgene, naturhafte, körperliche Leben bezeichnen könnte, was aber schon zu eng ist und zu viele unerläßliche Nebenbedeutungen ausschließt. Die zugrunde liegende psychische Urtatsache ist von unerhörter Komplexität und kann daher nur mit weitester Anschauung und auch dann nur ahnungsweise erfaßt werden. Deshalb eben braucht es die Symbole.

Setzen wir den gefundenen Ausdruck in den Traum ein, dann lautet die Deutung: Das unbewußte Leben zerstört sich selbst. Das ist die Botschaft ans Bewußtsein und an jedermann, der Ohren hat zu hören.

«Pferd» ist ein in Mythologie und Folklore weit verbreiteter Archetypus. Als Tier vertritt es die nicht menschliche Psyche, das Untermenschliche, Animalische, somit das unbewußt Psychische; darum sind Pferde folkloristisch hellsichtig und hellhörig und sprechen bisweilen. Als tragende Tiere haben sie nächste Beziehung zum Mutterarchetypus (Walküren, die den toten Helden nach Walhall tragen, das trojanische Pferd usw.). Als unterhalb des Menschen Befindliches stellen sie den Unterleib und die daraus heraufsteigende Triebwelt dar. Das Pferd ist Dynamis und Vehikel, es trägt einen dahin wie ein Trieb, aber es ist wie die Triebe der

Panik unterworfen, weil ihm höhere Bewußtseinsqualität mangelt. Es hat mit Magie, d. h. irrationaler, zauberischer Wirkung zu tun, besonders schwarze (d. h. Nacht-) Pferde, die Tod ankündigen.

Das «Pferd» ist dementsprechend ein Äquivalent der «Mutter» mit einer leisen Verschiebung der Bedeutungsnuance von Ursprungsleben auf bloß animalisches, körperliches Leben. Setzen wir diesen Ausdruck in den Traumtext ein, dann lautet die Deutung: Das animalische Leben zerstört sich selbst.

Die Aussagen der beiden Träume sind also beinahe identisch, wobei der zweite, wie es in der Regel der Fall ist, sich mehr spezifisch ausdrückt. Man wird die besondere Feinheit des Traumes bemerkt haben: er spricht nicht vom Tode des Individuums. Bekanntlich kann man leicht vom eigenen Tode träumen, aber dann ist es nicht ernst. Wenn es wirklich gilt, dann spricht der Traum eine andere Sprache.

Beide Träume also deuten schwere organische Krankheit mit letalem Ausgang an. Diese Prognose bestätigte sich bald.

Was nun die Frage der relativ feststehenden Symbole betrifft, so kann dieses Beispiel eine ungefähre Idee der Natur dieser Symbole geben. Es gibt ihrer unendlich viele, die sich alle durch subtile Verschiebungen der Bedeutungsnuance individuell auszeichnen. Die wissenschaftliche Feststellung ihrer Natur ist nur durch vergleichende mythologische, folkloristische, religions- und sprachgeschichtliche Untersuchungen möglich. Mehr noch nämlich als in unserem Bewußtsein offenbart sich im Traum das entwicklungsgeschichtlich aufgebaute Wesen der Psyche. Im Traum kommen ihre aus primitivster Natur abstammenden Bilder und Triebe zum Wort. Durch die Assimilation unbewußter Inhalte gleichen wir daher das augenblickliche und vom Naturgesetz nur allzu leicht abweichende Bewußtseinsleben diesem wieder an und bringen so den Patienten wieder zu seiner natürlichen Eigengesetzlichkeit.

Ich habe hier nur Elementares vorgebracht. Der Rahmen eines Vortrages erlaubte es nicht, die einzelnen Bausteine zusammenzufügen und damit jenes Gebäude wieder zu errichten, welches in jeder einzelnen Analyse vom Unbewußten aufgebaut und bis zur endgültigen Wiederherstellung der ganzen Persönlichkeit durchgeführt wird. Der Weg der sukzessiven Assimilationen reicht weit über den speziell ärztlich interessanten Heilungserfolg hinaus und führt schließlich zum fernen Ziel, das vielleicht als erste Ursache das Leben veranlaßte, nämlich zur völligen Verwirklichung des ganzen Menschen, zur Individuation. Wir Ärzte sind wohl die ersten bewußten Beobachter dieses dunkeln Naturvorganges geworden. Wir sehen aber in der Regel nur den krankhaft gestörten Teil dieser Entwicklung und verlieren den Patienten aus den Augen, wenn er geheilt ist. Aber erst nach der Heilung wäre die wirkliche Gelegenheit, den normalen Vorgang, der sich über Jahre und Jahrzehnte erstreckt, zu studieren. Hätte man einige Kenntnisse von den Zielen der unbewußten Entwicklungstendenz und schöpfte der Arzt seine psychologische Einsicht nicht gerade aus der krankhaften Störungsphase, so wäre der Eindruck der durch die Träume dem Bewußtsein vermittelten Vorgänge wohl weniger verwirrend und man könnte klarer erkennen, worauf die Symbole in letzter Linie hinzielen. Meines Erachtens sollte jeder Arzt sich der Tatsache bewußt sein, daß jedes psychotherapeutische Verfahren, und ganz besonders das analytische, in einen zielgerichteten Zusammenhang und Vorgang einbricht, bald an dieser, bald an jener Stelle, und einzelne Phasen desselben aufdeckt, die in ihren jeweiligen Richtungen widersprechend zu sein scheinen. Jede Einzel-Analyse zeigt nur einen Teil oder einen Aspekt des zugrundeliegenden Vorganges, weshalb kasuistische Vergleichungen zunächst nur hoffnungslose Verwirrung stiften. Ich habe mich deshalb auch nicht ungern auf das Elementare und Praktische beschränkt, denn nur in nächster Nähe der tagtäglichen Empirie ist es möglich, zu einem einigermaßen befriedigenden Einverständnis zu kommen.

Allgemeine Gesichtspunkte zur Psychologie des Traumes

Der Traum ist ein psychisches Gebilde, das im Gegensatz zu sonstigen Bewußtseinsinhalten nach Form und Bedeutungsgehalt anscheinend nicht in der Kontinuität der Entwicklung der Bewußtseinsinhalte liegt. Jedenfalls erscheint der Traum in der Regel als kein integrierender Bestandteil des bewußten Seelenlebens, sondern als ein mehr äußerliches, anscheinend zufälliges Erlebnis. Die Gründe für diese Ausnahmestellung des Traumes liegen in seiner besonderen Entstehungsweise: er geht nicht, wie andere Bewußtseinsinhalte, aus einer klar ersichtlichen, logischen und emotionalen Kontinuität des Erlebens hervor, sondern ist ein Überbleibsel einer eigenartigen psychischen Tätigkeit, welche während des Schlafes stattfindet. Diese Entstehungsweise schon isoliert den Traum von den übrigen Inhalten des Bewußtseins, ganz besonders aber noch sein eigentümlicher Inhalt, der sich zu dem bewußten Denken in auffälligem Kontrast befindet.

Ein aufmerksamer Beobachter wird aber unschwer entdecken, daß der Traum doch nicht ganz aus der Kontinuität des Bewußtseins herausfällt, indem fast bei jedem Traum gewisse Einzelheiten aufzufinden sind, welche von Eindrücken, Gedanken, Stimmungen des oder der Vortage herkommen. Insofern besteht also doch eine gewisse Kontinuität, zunächst nach *rückwärts*. Es wird wohl keinem, der dem Traumproblem ein lebhaftes Interesse widmet, entgangen sein, daß der Traum auch eine Kontinuität nach *vorwärts* besitzt, wenn dieser Ausdruck gestattet ist, indem gelegentlich Träume bemerkenswerte Wirkungen auf das bewußte Geistesleben hinterlassen, auch bei Personen, die nicht als abergläubisch oder besonders abnorm betrachtet werden dürfen. Diese gelegentlichen Nachwirkungen bestehen meist in mehr oder weniger deutlichen Alterationen der Stimmung.

Wohl vermöge dieser lockeren Anfügung an den übrigen Bewußtseinsinhalt ist der Traum hinsichtlich der Wiedererinnerung ein äußerst labiles Gebilde. Viele Träume entziehen sich der Reproduktion sofort nach dem Erwachen, andere sind nur mit höchst zweifelhafter Treue zu reproduzieren, und nur relativ wenige sind als eigentlich klar und sicher reproduzierbar zu bezeichnen. Dieses eigentümliche Verhalten gegenüber der Reproduktion läßt sich auch aus der Qualität der im Traum auftretenden Vorstellungsverbindungen verstehen. Im Unterschied zum logisch gerichteten Vorstellen, das wir als ein besonderes Charakteristikum des bewußten Geistesprozesses betrachten dürfen, ist die Vorstellungsverbindung im Traum eine wesentlich phantastische; eine Assoziationsart, welche Zusammenhänge liefert, die dem Wirklichkeitsdenken in der Regel ganz fremd sind.

Diesem Charakter verdankt der Traum das vulgäre Epitheton «sinnlos». Bevor wir dieses Urteil aussprechen, müssen wir uns aber darauf besinnen, daß der Traum und sein Zusammenhang etwas ist, das *wir* nicht verstehen. Wir würden mit einem solchen Urteil also zunächst bloß unser Nichtverstehen auf das Objekt projizieren. Das würde aber nicht hindern, daß dem Traum ein ihm eigentümlicher Sinn innewohnt.

Abgesehen von den jahrtausendealten Bemühungen, dem Traum einen prophetischen Sinn anzudeuten, ist die Entdeckung FREUDS praktisch der erste Versuch, in den Sinn der Träume einzudringen; ein Versuch, dem das Attribut «wissenschaftlich» zuerkannt werden darf, indem dieser Forscher eine Technik angegeben hat, von der nicht nur er selber, sondern auch sehr viele andere Forscher behaupten, daß sie zum Ziele, nämlich zum Verstehen des Traumsinnes führe; eines Sinnes, der nicht identisch mit den fragmentarischen Sinnandeutungen des manifesten Trauminhaltes ist.

Es ist hier nicht der Ort, mich mit der Traumpsychologie FREUDS kritisch auseinanderzusetzen. Ich will mich vielmehr bemühen, das in Kürze darzustelllen, was wir heute als mehr oder weniger sichere Errungenschaften der Traumpsychologie betrachten dürfen.

Zunächst müssen wir uns mit der Frage beschäftigen, woher wir überhaupt die Berechtigung ableiten, dem Traum einen anderen Sinn beizumessen als jenen unbefriedigenden fragmentarischen des manifesten Traumgebildes. Ein Argument, das in dieser Hinsicht besonders ins Gewicht fällt, ist die Tatsache, daß FREUD den verborgenen Traumsinn *empirisch und nicht deduktiv* gefunden hat. Ein weiteres Argument zugunsten eines möglichen verborgenen oder nicht manifesten Traumsinnes liefert die Vergleichung der Traumphantasie mit sonstigen Phantasien des Wachzustandes in einem und demselben Individuum. Es ist nicht schwierig einzusehen, daß solche Wachphantasien nicht bloß einen oberflächlichen, konkretistischen Sinn haben, sondern auch einen tieferen, psychologischen Sinn. Es geschieht lediglich aus dem Grunde der Kürze, die ich mir hier auferlegen muß, daß ich solche Materialien nicht vorlege. Ich möchte aber darauf aufmerksam machen, daß ein sehr alter und weitverbreiteter Typus der Phantasieerzählung, für den zum Beispiel die AESOPsche Tierfabel charakteristisch ist, das, was vom Sinn der Phantasien zu sagen ist, gut illustriert. Es wird zum Beispiel irgendeine Phantasie von den Taten des Löwen und des Esels erzählt. Der konkrete Oberflächensinn der Erzählung ist ein unmögliches Phantasma, der darin verborgene moralische Sinn ist aber für jedermann, der nachdenkt, offenbar. Charakteristisch ist, daß Kinder sich schon am exoterischen Sinn der Fabel genügen und erfreuen können.

Weitaus das beste Argument für die Existenz eines verborgenen Traumsinnes aber liefert die gewissenhafte Anwendung des technischen Verfahrens zur Auflösung des manifesten Trauminhaltes. Damit gelangen wir zum zweiten Hauptpunkt, nämlich zur Frage des analytischen Verfahrens. Auch hier möchte ich die Ansichten und Entdeckungen FREUDS weder verteidigen noch kritisieren, sondern mich auf das mir gesichert Erscheinende beschränken. Wenn wir von der Tatsache ausgehen, daß der Traum ein psychisches Gebilde ist, so haben wir zunächst nicht den geringsten Anlaß, anzunehmen, daß die Konstitution und Bestimmung dieses Gebildes anderen Gesetzen und Absichten gehorche als irgendein anderes psychisches Gebilde. Nach dem Satze «Principia explicandi praeter necessitatem non sunt multiplicanda» (Erklärungsprinzipien sollen nicht über das Notwendige hinaus vermehrt werden), haben wir den Traum analytisch so zu behandeln wie irgendein anderes psychisches Gebilde, bis wir durch anders lautende Erfahrungen eines Besseren belehrt werden.

Wir wissen, daß jedes psychische Gebilde, vom Kausalstandpunkt aus betrachtet, die Resultante vorausgegangener psychischer Inhalte ist. Wir wissen ferner, daß jedes psychische Gebilde, vom finalen Standpunkt aus betrachtet, einen ihm eigentümlichen Sinn und Zweck im aktuellen psychischen Geschehen hat. Dieser Maßstab muß auch an den Traum angelegt werden. Wenn wir also den Traum psychologisch zu erklären haben, so müssen wir zuerst einmal wissen, aus was für vorgängigen Erlebnissen er zusammengesetzt ist. Wir verfolgen daher jedes Stück des Traumbildes in seine Antezedentien. Ich gebe ein Beispiel: Jemand träumt, *er geht auf der Straße, vor ihm springt ein Kind, das plötzlich von einem Automobil überfahren wird.*

Wir reduzieren dieses Traumbild mit Hilfe der Erinnerungen des Träumers auf die Antezedentien. Die Straße erkennt er als eine bestimmte Straße, durch die er tags zuvor gegangen ist. Das Kind erkennt er als das Kind seines Bruders, dem er am Vorabend des Traumes einen Besuch gemacht hat, wobei er das Kind sah. Der Automobilunfall erinnert an einen Unfall, der tatsächlich einige Tage zuvor stattgefunden hat, von dem er aber bloß in der Zeitung gelesen hat. Bekanntlich begnügt sich das Vulgärurteil mit einer derartigen Reduktion. Man sagt: «Aha, darum habe ich diese Sache geträumt.»

Selbstverständlich ist vom wissenschaftlichen Standpunkt aus diese Reduktion ganz ungenügend. Der Träumer ist tags zuvor durch viele Straßen gegangen, warum wählte sein Traum aber gerade diese Straße? Der Träumer hat von mehreren Unfällen gelesen, warum wählte er gerade diesen? Mit der Aufdeckung eines antecedens ist also noch nicht Genügendes geleistet, indem erst die Konkurrenz mehrerer causae eine plausible Determination der Traumbilder ergeben kann. Die weitere Materialaufnahme erfolgt nach demselben Prinzip der Wiedererinnerung, das man auch als *Einfallsmethode* bezeichnet hat. Diese Aufnahme ergibt, wie leicht verständlich, ein sehr mannigfaltiges und zum Teil heterogenes Material, welches anscheinend bloß das eine gemeinsam hat, daß es sich nämlich als mit dem Trauminhalt assoziativ verbunden erwiesen hat, sonst wäre es vom Trauminhalt aus nicht reproduzierbar gewesen.

Es ist nun eine technisch wichtige Frage, wie weit die Materialaufnahme zu gehen hat. Da in der Seele schließlich von jedem Punkt aus der ganze Lebensinhalt aufzurollen ist, so kann man theoretisch zu jedem Traum den ganzen vorgängigen Lebensinhalt aufnehmen. Wir brauchen aber nur soviel Material, als wir zum Begreifen des Traumsinnes unbedingt nötig haben. Die Beschränkung des Materials ist selbstverständlich ein arbiträrer Vorgang nach dem Grundsatze KANTS, wonach Begreifen nichts anderes ist, als *in dem Maße erkennen, als zu unserer Absicht hinreichend ist*[1]. Wenn wir zum Beispiel die causae der Französischen Revolution aufnehmen, so können wir in der Materialaufnahme nicht nur die mittelalterliche Geschichte Frankreichs, sondern auch noch die römische und griechische Geschichte aufnehmen, was «zu unserer Absicht» allerdings nicht «notwendig ist», denn wir können die historische Entstehung der Revolution auch bei weit beschränkterem Material ebensogut begreifen. Wir gehen daher in der Materialaufnahme zu einem Traum so weit, als es uns nötig erscheint, um einen verwertbaren Sinn aus dem Traum gewinnen zu können.

Die Materialaufnahme liegt außerhalb der Willkür des Forschers bis auf die erwähnte arbiträre Beschränkung. Das aufgenommene Material muß nun einem Sichtungsprozeß unterworfen werden, und zwar einer Durcharbeitung, deren Prinzip man in jeder Durcharbeitung eines historischen oder sonstigen erfahrungswissenschaftlichen Materials verwendet. Es handelt sich um eine im wesentlichen vergleichende Methode, welche natürlich nicht automatisch arbeitet, sondern vom Geschick des Forschers und seiner Absicht zu einem guten Teil abhängt.

Wenn ein psychologisches Faktum erklärt werden soll, so ist daran zu erinnern, daß das Psychologische eine doppelte Betrachtungsweise erfordert, nämlich die *kausale* und die *finale*. Ich spreche absichtlich von final, um eine Konfusion mit dem Begriff des Teleologischen zu vermeiden. Mit Finalität möchte ich bloß die immanente psychologische Zielstrebigkeit bezeichnen. Statt «Zielstrebigkeit» ließe sich auch sagen «Zwecksinn». Allen psychologischen Phänomenen wohnt ein solcher Sinn inne, auch den bloß reaktiven Phänomenen, wie zum Beispiel den emotionalen Reaktionen. Der Zorn über eine zugefügte Beleidigung hat den Zwecksinn in der Rache, eine zur Schau getragene Trauer hat den Zwecksinn der Erregung des Mitleids bei den anderen.

Insofern wir auf das zum Traum aufgenommene Material eine kausale Betrachtungsweise anwenden, reduzieren wir den manifesten Trauminhalt auf gewisse durch das Material dargestellte Grundtendenzen oder Grundgedanken. Als solche sind diese naturgemäß von elementarer und allgemeiner Natur. Ein junger Patient träumt zum Beispiel: *«Ich stehe in einem fremden Garten und pflücke von einem Baum einen Apfel. Ich schaue mich vorsichtig um, ob mich auch niemand sieht.»*

Das Traummaterial lautet: Eine Erinnerung, daß er einmal als Junge in einem fremden Garten ein paar Birnen unerlaubterweise pflückte. Das Gefühl des bösen Gewissens, das im Traume besonders hervorgehoben ist, erinnert ihn an eine Situation des Vortages. Er traf eine ihm bekannte, aber sonst gleichgültige junge Dame auf der Straße und wechselte mit ihr einige Worte. In dem Moment kam ein ihm bekannter Herr vorüber, da befiel ihn plötzlich ein merkwürdiges Gefühl der Verlegenheit, etwa wie wenn er ein böses Gewissen hätte. Zu Apfel fällt ihm die Paradiesszene ein und die Tatsache, daß er eigentlich nie verstanden hat, warum das unerlaubte Essen des Apfels so schlimme Folgen für die Ureltern haben konnte. Er habe sich über die damalige Ungerechtigkeit Gottes immer geärgert, denn Gott habe die Menschen doch so geschaffen, wie sie sind, mit all ihrer Neugierde und Begehrlichkeit.

Weiter falle ihm sein Vater ein, der ihn auch manchmal für gewisse Dinge unbegreiflicherweise gestraft habe. Am ärgsten sei er gestraft worden, als er einmal dabei ertappt wurde, wie er die Mädchen beim Baden heimlich beobachtete. Daran schließt sich das Geständnis, daß er jüngst einen noch nicht bis zum natürlichen Ende durchgeführten Liebeshandel mit einem Zimmermädchen angefangen hat. Am Vorabend des Traumes hatte er mit ihr ein Rendezvous.

Wenn wir dieses Material überblicken, so sehen wir, daß der Traum eine sehr durchsichtige Beziehung hat zum Ereignis des Vortages. Die Apfelszene zeigt durch das mit ihr assoziativ verbundene Material, daß sie offenbar als erotische Szene gemeint ist. Es dürfte ja auch aus allen möglichen anderen Gründen als überaus wahrscheinlich angesehen werden, daß dieses Erlebnis des Vortages bis in die Träume weiterwirkt. Im Traume pflückt der junge Mann den paradiesischen Apfel, den er nämlich in Wirklichkeit noch nicht gepflückt hat. Das übrige zum Traum assoziierte Material beschäftigt sich mit einem anderen Ereignis des Vortages, nämlich mit dem eigentümlichen Gefühl von *bösem Gewissen,* das den Träumer befiel, als er mit der ihm gleichgültigen jungen Dame sprach, sodann mit dem Sündenfall im Paradies und zuletzt mit einer erotischen Sünde seiner Kindheit, für die er vom Vater streng bestraft worden war. Diese Assoziationen bewegen sich auf der Linie der *Schuld.*

Wir wollen zunächst die kausale Betrachtungsweise FREUDS auf das gegebene Material anwenden, das heißt, wir wollen diesen Traum, wie FREUD sich ausdrückt, «deuten». Vom Vortage des Traumes bleibt ein unerledigter Wunsch übrig. Dieser Wunsch wird im Traum unter dem Symbol der Apfelszene erfüllt. Warum erfolgt nun diese Erfüllung verhüllt, das heißt in einem symbolischen Bild, statt in einem klaren sexuellen Gedanken? FREUD verweist auf das in diesem Material unverkennbare Moment der Schuld und sagt: Die von Kindheit an dem jungen Manne aufgedrängte Moralität, welche derartige Wünsche zu unterdrükken sucht, ist es, welche dem natürlichen Begehren den Stempel des Peinlichen und Unverträglichen aufdrückt. Daher könne sich der verdrängte peinliche Gedanke nur «symbolisch» durchsetzen. Weil diese Gedanken mit dem moralischen Bewußtseinsinhalt unverträglich sind, so sorgt eine von FREUD angenommene psychische Instanz, die er als *Zensur* bezeichnet, dafür, daß dieser Wunsch nicht unverhüllt ins Bewußtsein übertritt.

Die finale Betrachtungsweise des Traumes, welche ich der FREUDschen Anschauung gegenüberstelle, bedeutet, wie ich ausdrücklich feststellen möchte, nicht eine Leugnung der causae des Traumes, wohl aber eine andere Interpretation der zum Traum gesammelten Materialien. Die Tatsachen, nämlich eben die Materialien, bleiben dieselben, aber der Maßstab, mit dem sie gemessen werden, ist ein anderer. Die Frage läßt sich einfach folgendermaßen formulieren: Wozu dient dieser Traum? Was soll er bewirken? Diese Fragestellung ist insofern nicht willkürlich, als man sie auf alle psychischen Tätigkeiten anwenden kann. Man kann überall nach dem Warum und dem Wozu fragen, weil jedes organische Gebilde aus einem komplizierten Aufbau zweckmäßiger Funktionen besteht und jede Funktion auch in eine Reihe von zweckmäßig orientierten Einzeltatsachen aufzulösen ist.

Es ist klar, daß zu dem erotischen Erlebnis des Vortages durch den Traum ein Material beigebracht wird, welches in erster Linie das Moment der Schuld im erotischen Handeln betont. Die gleiche Assoziation hat sich schon in jenem anderen Erlebnis des Vortages, nämlich beim Zusammentreffen mit der indifferenten Dame, als wirksam erwiesen, indem auch dort das Gefühl des bösen Gewissens sich automatisch und überraschenderweise dazugesellt hat, etwa wie wenn der junge Mann auch dort etwas Unrechtes getan hätte. Auch dieses Erlebnis spielt in den Traum hinein und wird dort noch durch die Assoziation weiteren entsprechenden Materials verstärkt, indem das erotische Erlebnis des Vortages etwa in der Form des paradiesischen Sündenfalles, der so hart bestraft wurde, dargestellt wird.

Ich sage nun: es sei eine dem Träumer unbewußte Neigung oder Tendenz vorhanden, sein erotisches Erleben ihm als Schuld darzustellen. Charakteristischerweise erfolgt im Traum die Assoziation des Sündenfalles, von dem der junge Mann auch nie begriffen hat, warum er so drakonisch bestraft wurde. Diese Assoziation wirft ein Licht auf die Gründe, warum der Träumer nicht einfach gedacht hat: «Es ist nicht recht, was ich tue.» Offenbar weiß er es nicht, daß er sein erotisches Handeln auch als moralisch unrichtig verwerfen könnte. Dies ist tatsächlich der Fall. Er glaubt bewußt, daß sein Verhalten moralisch ganz indifferent sei, indem alle seine Freunde ja das gleiche täten und er auch aus sonstigen Gründen durchaus nicht begreifen könne, warum man daraus ein Aufhebens mache.

Ob man nun diesen Traum als sinnreich oder sinnlos anzusehen hat, liegt an einer sehr beträchtlichen Frage, ob nämlich der Standpunkt der seit alters überlieferten Moralität sinnreich sei oder sinnlos. Ich will mich nicht in eine philosophische Diskussion über diese Frage verirren, sondern bloß bemerken, daß die Menschheit offenbar sehr gute Gründe hatte, diese Moral zu erfinden, sonst wäre wahrhaftig nicht einzusehen, warum sie einem stärksten Begehren Schranken entgegengesetzt hat. Wenn wir diese Tatsache würdigen, so müssen wir diesen Traum als sinnreich erklären, indem er nämlich dem jungen Manne eine gewisse Notwendigkeit vor Augen führt, sein erotisches Handeln einmal unter dem Gesichtspunkt der Moral ins Auge zu fassen. Schon Stämme auf ganz primitiver Stufe haben zum Teil eine außerordentlich strenge Sexualgesetzgebung. Diese Tatsache beweist, daß speziell die Sexualmoral ein nicht zu unterschätzender Faktor in der höheren seelischen Funktion ist, weshalb er voll in Rechnung gestellt zu werden verdient. Es wäre also in diesem Fall zu sagen, daß der junge Mann etwas gedankenlos, hypnotisiert von dem Beispiel seiner Freunde, seinem erotischen Begehren folgt, uneingedenk der Tatsache, daß der Mensch auch ein moralisch verantwortliches Wesen ist, indem er ja selber die Moral erschaffen hat und freiwillig oder widerwillig sich seiner eigenen Schöpfung beugt.

Wir können in diesem Traum ein balancierende Funktion des Unbewußten erkennen, welche darin besteht, daß diejenigen Gedanken, Neigungen und Tendenzen der menschlichen Persönlichkeit, welche im bewußten Leben zu wenig zur Geltung kommen, andeutungsweise in Funktion treten im Zustande des Schlafes, wo der Bewußtseinsprozeß in hohem Maße ausgeschaltet ist.

Man kann nun allerdings die Frage aufwerfen: was soll es dem Träumer nützen, wenn er den Traum doch nicht versteht?

Ich muß darauf bemerken, daß das Verstehen kein ausschließlich intellektueller Prozeß ist, indem, wie die Erfahrung zeigt, unzählige Dinge den Menschen beeinflussen, ja sogar in höchst wirksamer Weise überzeugen können, ohne daß sie intellektuell verstanden wären. Ich erinnere bloß an die Wirksamkeit der religiösen Symbole.

Nach dem hier gegebenen Beispiel könnte man leicht auf den Gedanken kommen, die Funktion der Träume sei direkt als eine «moralische» zu verstehen. Es sieht zwar in dem vorhin gegebenen Beispiel so aus, aber wenn wir uns der Formel erinnern, nach der die Träume die jeweils subliminalen Materialien enthalten, dann können wir nicht mehr von einer «moralischen» Funktion schlechthin reden. Es ist nämlich zu bemerken, daß die Träume von solchen Menschen, die moralisch unanfechtbar handeln, Materialien zutage fördern, welche als «unmoralisch» im landläufigen Sinne bezeichnet werden müssen. So ist es charakteristisch, wenn der heilige AUGUSTIN froh war, Gott für seine Träume nicht verantwortlich zu sein. Das Unbewußte ist das jeweils nicht Gewußte, weshalb es nicht erstaunlich ist, daß der Traum zu der jeweiligen bewußten psychologischen Situation alle diejenigen Aspekte beibringt, die für einen total verschiedenen Standpunkt der Betrachtung wesentlich wären. Es ist ersichtlich, daß diese Funktion des Traumes eine psychologische Balancierung bedeutet, eine Ausgleichung, die zum geordneten Handeln unbedingt erforderlich ist. Wie es im bewußten Überlegungsprozeß unerläßlich ist, daß wir uns möglichst alle Seiten und Konsequenzen eines Problems klarmachen, um die richtige Lösung zu finden, so setzt sich dieser Prozeß auch automatisch in den mehr oder weniger bewußtlosen Schlafzustand fort, wo, wie es nach den bisherigen Erfahrungen scheint, all diejenigen Gesichtspunkte, wenigstens andeutungsweise, dem Träumenden einfallen, welche am Tage ungenügend oder gar nicht gewürdigt wurden, das heißt relativ unbewußt waren.

Was nun den viel diskutierten *Symbolismus* der Träume betrifft, so ist seine Bewertung eine sehr verschiedene, je nachdem er von dem kausalen oder finalen Standpunkt aus betrachtet wird. FREUDS kausale Betrachtungsweise geht vom Begehren aus, das heißt vom verdrängten Traumwunsch. Dieses Begehren ist immer ein relativ einfaches und elementares, das sich hinter mannigfaltigen Hüllen verbergen kann. So könnte etwa der junge Mann im vorhin gegebenen Beispiel ebensogut geträumt haben, er habe mit einem Schlüssel eine Türe zu öffnen, er fahre mit einem Aeroplan, er küsse seine Mutter usw. Es könnte von diesem Standpunkt aus alles dieselbe Bedeutung haben. Auf diesem Wege ist die engere FREUDsche Schule dazu gelangt, um ein krasses Beispiel zu geben, so ziemlich alle länglichen Gegenstände im Traum als phallische und alle runden oder hohlen Gegenstände als weibliche Symbole zu erklären.

Für die finale Betrachtungsweise haben die Bilder des Traumes den ihnen eigentümlichen Wert. Wenn zum Beispiel der junge Mann statt der Apfelszene geträumt hätte, er habe mit dem Schlüssel eine Türe zu öffnen, so wäre wohl entsprechend dem veränderten Traumbild ein wesentlich anderes Assoziationsmaterial herausgekommen, welches die bewußte Situation in einer anderen Weise ergänzt hätte als das Material zur Apfelszene. Für diesen Standpunkt liegt das Sinnreiche gerade in der Verschiedenheit der symbolischen Ausdrücke im Traume, und nicht in deren Eindeutigkeit. Die kausale Betrachtungsweise tendiert, ihrer Natur entsprechend, zur Eindeutigkeit, das heißt zu festen Symbolbedeutungen. Die finale Betrachtungsweise dagegen sieht im veränderten Traumbild den Ausdruck einer veränderten psychologischen Situation. Sie kennt keine festen Symbolbedeutungen. Von ihrem Standpunkt aus sind die Traumbilder an sich wichtig, indem sie nämlich in sich selber die Bedeutung tragen, um derentwillen sie im Traum überhaupt auftreten. Wenn wir beim vorhin gegebenen Beispiel bleiben, so sehen wir, daß vom finalen Standpunkt aus das Symbol im Traume mehr den Wert einer Parabel hat; es verhüllt nicht, sondern es lehrt. Die Apfelszene erinnert deutlich an das Moment der Schuld, zugleich verhüllt sie die Tat der ersten Eltern.

Je nach dem Standpunkt der Betrachtungsweise gelangen wir, wie ersichtlich, zu sehr verschiedenen Auffassungen des Traumsinnes. Es fragt sich nun, welche Auffassung die bessere oder richtigere sei. Daß wir überhaupt eine Auffassung vom Traumsinn haben müssen, das ist für uns Therapeuten zunächst eine praktische und keine theoretische Notwendigkeit. Wenn wir unsere Patienten behandeln wollen, so müssen wir uns aus ganz konkreten Gründen der Mittel zu bemächtigen suchen, welche uns in den Stand setzen, den Kranken wirksam zu erziehen. Es dürfte aus dem oben gegebenen Beispiel ohne weiteres ersichtlich sein, daß die Materialaufnahme zu dem Traum eine Frage aufgerollt hat, welche geeignet ist, dem jungen Manne über vieles die Augen zu öffnen, über das er vorher gedankenlos hinweggegangen ist. Indem er aber darüber hinwegging, ging er über sich selber weg, denn er besitzt eine moralische Kritik und ein moralisches Bedürfnis wie irgendein anderer Mensch. Wenn er also ohne Berücksichtigung dieses Umstandes zu leben versucht, so lebt er einseitig und unvollständig, sozusagen inkoordiniert, was für das psychologische Leben die gleichen Folgen hat wie eine einseitige und unvollständige Diät für den Körper. Um eine Individualität zu ihrer Vollständigkeit und Selbständigkeit zu erziehen, bedürfen wir der Assimilation aller derjenigen Funktionen, die bisher zu wenig oder gar nicht zur bewußten Entfaltung gelangt sind. Um dieses Ziel zu erreichen, müssen wir aus therapeutischen Gründen auf alle jene unbewußten Aspekte der Dinge, die uns die Traummaterialien beibringen, eintreten. Es ist daher leicht ersichtlich, daß gerade die finale Betrachtungsweise der praktischen Individualerziehung eine große Hilfe bedeutet.

Dem naturwissenschaftlichen Geiste unserer Zeit, der streng kausalistisch denkt, liegt die kausale Betrachtung viel mehr. In Hinsicht einer naturwissenschaftlichen Erklärung der Traumpsychologie dürfte daher die FREUDsche kausale Betrachtungsweise außerordentlich viel für sich haben. Aber ich muß ihre Vollständigkeit bestreiten, denn die Psyche ist nicht bloß kausal zu erfassen, sondern erfordert auch eine finale Betrachtung. Erst eine Vereinigung beider Gesichtspunkte, die heutzutage wegen vorhandener enormer Schwierigkeiten theoretischer wie praktischer Natur in wissenschaftlich befriedigender Weise noch nicht vollzogen ist, vermag uns eine vollkommenere Auffassung vom Wesen des Traumes zu geben.

Ich möchte nun noch einige weitere Probleme der Traumpsychologie, die von der allgemeinen Erörterung des Traumproblems abseits liegen, kurz behandeln. Zunächst die Frage der *Klassifikation der Träume.* Ich möchte die praktische sowie theoretische Bedeutung dieser Frage nicht zu hoch einschätzen. Ich habe jährlich ein Material von 1500 bis 2000 Träumen zu bearbeiten, und ich konnte bei dieser Erfahrung konstatieren, daß es tatsächlich typische Träume gibt. Sie sind aber nicht zu häufig, und sie verlieren unter der finalen Betrachtungsweise viel von der Wichtigkeit, die sie hinsichtlich der feststehenden Symbolbedeutung für die kausale Auffassung haben. Die *typischen Motive* in den Träumen scheinen mir von größerer Wichtigkeit zu sein, indem sie nämlich eine Vergleichung mit den mythologischen Motiven erlauben. Viele von jenen mythologischen Motiven, um deren Aufstellung sich namentlich

FROBENIUS außerordentliche Verdienste erworben hat, finden sich auch in den Träumen vieler Menschen, oft genau mit derselben Bedeutung. Der beschränkte Raum erlaubt es mir leider nicht, darüber ausführliche Materialien vorzulegen. Es ist dies anderenorts geschehen. Ich muß aber hervorheben, daß die Vergleichung der typischen Traummotive mit den mythologischen Motiven den Gedanken nahelegt, das Traumdenken, wie es schon NIETZSCHE tat, als eine phylogenetisch ältere Art des Denkens aufzufassen. Wie das gemeint ist, mag statt vieler anderer Beispiele das vorhin erwähnte Traumbeispiel zeigen. Wie erinnerlich, brachte jener Traum die Apfelszene als einen typischen Repräsentanten der erotischen Schuld. Der daraus abstrahierte Gedanke würde lauten: «Ich tue Unrecht, indem ich so handle.» Charakteristischerweise drückt sich der Traum fast nie in dieser logisch abstrakten Weise aus, sondern immer in parabolischer oder Gleichnissprache. Diese Eigentümlichkeit ist zugleich ein Charakteristikum primitiver Sprache, deren blumenreiche Wendungen uns immer auffallen. Wenn man sich an die Denkmäler alter Literatur erinnert, zum Beispiel an die Gleichnissprache der Bibel, so findet man, daß das, was heute durch die Abstraktion besorgt wird, damals auf dem Wege des Gleichnisses erreicht wurde. Selbst ein Philosoph wie PLATON hat es nicht verschmäht, gewisse grundlegende Ideen auf dem Gleichniswege auszudrücken.

Wie unser Körper die Spuren seiner phylogenetischen Entwicklung an sich trägt, so auch der menschliche Geist. Die Möglichkeit, daß die Gleichnissprache unserer Träume ein archaisches Relikt ist, hat darum nichts Überraschendes.

Zugleich ist in unserem Beispiel der Apfelraub eines der typischen Traummotive, das in vielen verschiedenen Abwandlungen in vielen Träumen wiederkehrt. Ebenso ist dieses Bild ein wohlbekanntes mythologisches Motiv, das uns nicht nur in der Paradieserzählung, sondern außerdem noch in zahlreichen Mythen und Märchen aus allen Zeiten und Zonen entgegentritt. Es ist eines der allgemein menschlichen Bilder, die in jedem zu jeder Zeit autochthon wieder auftreten können. Auf diese Weise eröffnet uns die Psychologie des Traumes den Weg zu einer allgemeinen vergleichenden Psychologie, von der wir ein gleiches Verständnis für die Entwicklung und Struktur der menschlichen Seele erwarten, wie es die vergleichende Anatomie uns hinsichtlich des menschlichen Körpers beschert hat.

Der Traum vermittelt uns also in Gleichnissprache, das heißt in sinnlich-anschaulicher Darstellung, Gedanken, Urteile, Auffassungen, Direktiven, Tendenzen, welche aus Gründen der Verdrängung oder des bloßen Nichtwissens unbewußt waren. Weil sie Inhalt des Unbewußten sind, und weil der Traum ein Derivat der unbewußten Prozesse ist, so enthält er eben eine Darstellung der unbewußten Inhalte. Er gibt aber nicht eine Darstellung der unbewußten Inhalte überhaupt, sondern nur gewisser Inhalte, welche assoziativ angezogen und ausgewählt sind durch die momentane Bewußtseinslage. Ich halte diese Konstatierung für einen praktisch sehr wichtigen Gesichtspunkt. Wenn wir einen Traum richtig deuten wollen, so bedürfen wir einer gründlichen Kenntnis der momentanen Bewußtseinslage, denn der Traum enthält deren unbewußte Ergänzung, nämlich das Material, das durch die momentane Bewußtseinslage im Unbewußten konstelliert ist. Ohne diese Kenntnis ist es unmöglich, einen Traum hinlänglich richtig zu deuten – von Zufallstreffern natürlich abgesehen. Ich möchte zur Illustration des Gesagten ein Beispiel geben:

Es kam einmal ein Herr zu mir zu einer erstmaligen Konsultation. Er erklärte mir, daß er allerhand gelehrte Liebhabereien habe und sich auch für die Psychoanalyse literarisch interessiere. Er sei durchaus gesund und komme daher als Patient gar nicht in Betracht. Er verfolge lediglich psychologische Interessen. Er ist sehr wohlhabend und hat viel Zeit übrig, um sich mit allem möglichen zu beschäftigen. Er will meine Bekanntschaft machen, um sich von mir in die theoretischen Geheimnisse der Analyse einführen zu lassen. Es müsse für mich allerdings sehr uninteressant sein, mich mit einem normalen Menschen befassen zu müssen, da «Verrückte» für mich jedenfalls interessanter seien. Er hatte mir einige Tage zuvor geschrieben und mich angefragt, wann ich ihn empfangen könne. Im Laufe der sich entspinnenden Unterhaltung kamen wir bald auf die Frage der Träume. Ich schloß daran die Frage, ob er nicht in der Nacht, bevor er zu mir kam, einen Traum gehabt hätte. Er bejahte und erzählte mir folgenden Traum: *«Ich bin in einem kahlen Zimmer, eine Art Krankenschwester empfängt mich und will mich nötigen, an einen Tisch zu sitzen, auf dem eine Flasche Kefir steht, den ich trinken sollte. Ich wollte zu Dr. Jung, aber die Krankenschwester sagte mir, ich sei in einem Spital, und Dr. Jung habe keine Zeit, mich zu empfangen.»*

Es ist schon aus dem manifesten Trauminhalt ersichtlich, daß die Erwartung des Besuches bei mir das Unbewußte irgendwie konstelliert hat.

Die Einfälle ergeben folgendes. Zum kahlen Zimmer: «Eine Art von frostigem Empfangsraum, wie in einem offiziellen Gebäude, Aufnahmezimmer in einem Spital. Ich war nie in einem Spital als Patient.» Zur Krankenschwester: «Sie sah widerwärtig aus, sie schielte. Da fällt mir eine Kartenschlägerin und Handleserin ein, die ich einmal besuchte, um mir prophezeien zu lassen. Ich war einmal krank, da hatte ich eine Diakonissin als Pflegerin.» Zu der Kefirflasche: «Kefir ist ekelhaft, ich kann es nicht trinken. Meine Frau trinkt immer Kefir, worüber ich sie verspotte, weil sie den Spleen hat, man müsse immer etwas für seine Gesundheit tun. Da fällt mir ein, ich war einmal in einem Sanatorium – ich war herunter in den Nerven – und mußte dort Kefir trinken.»

Ich unterbrach ihn hier mit der indiskreten Frage, ob denn seitdem seine Neurose ganz verschwunden sei. Er versuchte sich herauszuwinden, mußte aber schließlich gestehen, daß er seine Neurose immer noch habe, und daß eigentlich seine Frau ihn schon längst genötigt hätte, mich einmal zu konsultieren. Er fühlte sich aber gar nicht so nervös, daß er mich deshalb konsultieren müßte, er sei doch nicht verrückt, und ich behandelte doch bloß Verrückte. Es hätte ihn nur interessiert, meine psychologischen Theorien kennenzulernen usw.

Aus diesem Material ist ersichtlich, wie der Patient sich die Situation zurechtgefälscht hat; es entspräche nämlich seinem Geschmack, bei mir als Philosoph und Psycholog aufzutreten und die Tatsache seiner Neurose im Hintergrund verschwinden zu lassen. Der Traum erinnert ihn aber in sehr unangenehmer Weise daran und zwingt ihn zur Wahrheit. Er muß diesen bitteren Trank schlucken. Die Kartenschlägerin deckt die Art auf, in der er sich meine Tätigkeit eigentlich vorgestellt hat. Wie ihm der Traum zeigt, muß er sich erst einer Behandlung unterwerfen, bevor er zu mir gelangen kann.

Der Traum rektifiziert die Situation. Er bringt das bei, was auch noch dazu gehört und verbessert dadurch die Einstellung. Dies ist der Grund, warum wir bei unserer Therapie der Traumanalyse bedürfen.

Ich möchte mit diesem Beispiel allerdings nicht den Eindruck erwekken, als ob alle Träume so einfach wären wie dieser, oder als ob alle Träume diesen selben Typus hätten. Meines Erachtens sind zwar alle Träume kompensatorisch zum Bewußtseinsinhalt, aber lange nicht in allen Träumen tritt die kompensierende Funktion so deutlich zutage wie in diesem Beispiel. Obschon der Traum mit beiträgt zur psychologischen Selbststeuerung, indem er automatisch alles Verdrängte und nicht Beachtete oder nicht Gewußte herbeibringt, so ist seine kompensatorische Bedeutung doch oft nicht ohne weiteres klar, weil wir noch über eine sehr unvollkommene Erkenntnis vom Wesen und von den Bedürfnissen der menschlichen Seele verfügen. Es gibt aber psychologische Kompensationen, die anscheinend weit weg liegen. In diesen Fällen muß man sich immer daran erinnern, daß jeder Mensch in gewissem Sinne die ganze Menschheit und ihre Geschichte repräsentiert. Und was in der Geschichte der Menschheit im Großen möglich war, ist im Kleinen auch in jedem einzelnen möglich. Wessen die Menschheit bedurfte, bedarf gegebenenfalls auch der einzelne. Es ist daher nicht erstaunlich, daß in den Träumen religiöse Kompensationen eine große Rolle spielen. Daß dies gerade in unserer Zeit vielleicht in vermehrtem Maße der Fall ist, ist eine natürliche Folge des vorherrschenden Materialismus unserer Weltanschauung.

Daß aber die kompensatorische Bedeutung der Träume weder eine neue Erfindung, noch eine künstliche, durch Interpretationsabsicht erzeugte Erscheinung ist, geht aus einem alten, wohlbekannten Traumbeispiel hervor, das sich im vierten Kapitel des Propheten *Daniel* [7–13] findet: Als Nebukadnezar auf der Höhe seiner Macht stand, hatte er folgenden Traum:

«7. ... siehe, ein Baum stand mitten auf der Erde; der war sehr hoch. 8. Der Baum wuchs und wurde stark, sein Wipfel reichte bis an den Himmel, seine Krone bis ans Ende der ganzen Erde. 9. Sein Laubwerk war schön, und er trug Früchte die Fülle, Nahrung für alle war an ihm. Unter ihm fanden Schatten die Tiere des Feldes, in seinen Zweigen wohnten die Vögel des Himmels, und von ihm nährte sich alles Lebende. 10. Dann sah ich in den Gesichten, die mir auf meinem Lager vor Augen traten, wie ein Wächter, ein Heiliger vom Himmel herabstieg. 11. Er rief mit mächtiger Stimme und gebot: Hauet den Baum um und schneidet seine Zweige ab, schlagt sein Laub herunter und zerstreut seine Früchte! Das Getier fliehe unter ihm weg und die Vögel aus seinen Zweigen! 12. Doch seinen Wurzelstock laßt in der Erde, in Banden von Eisen und Erz, im Grün des Feldes; vom Tau des Himmels soll er benetzt werden und mit dem Getier teilhaben an den Kräutern der Erde. 13. Sein Menschenherz soll ihm genommen und ein Tierherz soll ihm gegeben werden, und sieben Zeiten sollen über ihn dahingehen.»

Im zweiten Teil des Traumes personifiziert sich der Baum, so daß man leicht sieht, daß der große Baum der träumende König selbst ist. Daniel deutet den Traum auch dementsprechend. Sein Sinn ist unmißverständlich eine versuchsweise Kompensation des Cäsarenwahnsinns, der dann nach dem Bericht in eine richtige Geistesstörung übergegangen ist. Die Auffassung des Traumprozesses als eines kompensatorischen Vorganges dürfte meines Erachtens dem Wesen des biologischen Prozesses überhaupt entsprechen. FREUDS Auffassung bewegt sich in der gleichen Richtung, indem sie dem Traum ebenfalls eine kompensatorische Rolle zuschreibt, nämlich hinsichtlich der Erhaltung des Schlafes. Es gibt, wie FREUD gezeigt hat, viele Träume, welche dartun, wie gewisse Reize, die geeignet sind, den Träumer dem Schlafe zu entreißen, in einer Weise entstellt werden, daß sie der Absicht des Schlafenwollens beziehungsweise des Nichtgestörtseinwollens förderlich sind. Ebenso gibt es zahllose Träume, in denen, wie FREUD wiederum zeigen konnte, intrapsychische Störungsreize, wie das Auftreten von persönlichen Vorstellungen, die geeignet sind, stärkere affektive Reaktionen auszulösen, in einer solchen Weise entstellt werden, daß sie sich einem Traumzusammenhange einfügen, der die peinlichen Vorstellungen in einem Maße verhüllt, daß eine stärkere Affektbetonung verunmöglicht wird.

Demgegenüber darf aber die Tatsache nicht übersehen werden, daß es eben gerade die Träume sind, welche den Schlaf am meisten stören, daß es sogar Träume gibt – und zwar nicht wenige –, deren dramatisches Gefüge sozusagen logisch auf eine höchst affektvolle Situation hinzielt und sie auch dermaßen vollständig erzeugt, daß der Affekt den Träumer unbedingt weckt. Die FREUDsche Auffassung erklärt solche Träume damit, daß es der Zensur nicht mehr gelungen sei, den peinlichen Affekt zu unterdrücken. Es scheint mir, daß diese Erklärung den Tatsachen nicht gerecht wird. Jene Fälle, wo die Träume sich manifest mit den peinlichen Erlebnissen oder Vorstellungsinhalten des Taglebens in der unangenehmsten Weise beschäftigen und gerade die am meisten störenden Gedanken in peinlichster Deutlichkeit zur Darstellung bringen, sind allbekannt. Es wäre meines Erachtens ungerechtfertigt, hier von einer schlafbewahrenden, affektverhüllenden Funktion des Traumes zu reden. Man müßte in diesen Fällen die Wirklichkeit geradezu umkehren, um darin eine Bestätigung der vorhin erwähnten Auffassung herauszulesen. Dasselbe gilt auch von jenen Fällen, wo verdrängte Sexualphantasien unverhüllt im manifesten Trauminhalt auftreten.

Ich bin daher zur Ansicht gekommen, daß die FREUDsche Auffassung, die Träume hätten wesentlich wunscherfüllende und schlafbewahrende

Funktion, zu eng ist, wennschon der Grundgedanke einer biologischen kompensierenden Funktion sicher richtig ist. Diese kompensierende Funktion hat nur in beschränktem Maße mit dem Schlafzustand selber zu tun, ihre Hauptbedeutung aber bezieht sich auf das bewußte Leben. *Die Träume verhalten sich kompensatorisch zur jeweiligen Bewußtseinslage.* Sie erhalten, wenn möglich, den Schlaf, das heißt, sie tun es notgedrungen und automatisch unter dem Einfluß des Schlafzustandes, durchbrechen ihn aber auch, wenn ihre Funktion es erfordert, das heißt, wenn die kompensatorischen Inhalte so intensiv sind, daß sie den Schlaf aufzuheben vermögen. Ein kompensatorischer Inhalt ist besonders intensiv, wenn er eine vitale Bedeutung für die bewußte Orientierung hat. Ich habe schon 1906 auf die kompensatorische Beziehungen zwischen dem Bewußtsein und den abgespaltenen Komplexen hingewiesen und deren Zweckmäßigkeitscharakter auch hervorgehoben[2]. Ebenso hat dies FLOURNOY getan, unabhängig von meinen Ansichten[3]. Aus diesen Beobachtungen geht die Möglichkeit von zweckorientierten unbewußten Impulsen hervor. Es ist aber hervorzuheben, daß die finale Orientierung des Unbewußten keineswegs mit den bewußten Absichten parallel geht; in der Regel kontrastiert der unbewußte Inhalt sogar mit dem Bewußtseinsinhalt, was besonders dann der Fall ist, wenn die bewußte Einstellung sich zu ausschließlich in einer bestimmten Richtung bewegt, welche den vitalen Notwendigkeiten des Individuums gefährlich zu werden droht. Je einseitiger und je weiter wegführend vom Optimum der Lebensmöglichkeit die bewußte Einstellung ist, desto eher ist die Möglichkeit vorhanden, daß lebhafte Träume von stark kontrastierendem, aber zweckmäßig kompensierendem Inhalt als Ausdruck der psychologischen Selbststeuerung des Individuums auftreten. So wie der Körper ebenfalls in zweckmäßiger Weise auf Verletzungen oder Infektionen oder abnorme Lebensweise reagiert, so reagieren auch die psychischen Funktionen auf unnatürliche oder gefährdende Störungen mit zweckmäßigen Abwehrmitteln. Zu diesen zweckmäßigen Reaktionen gehört meines Erachtens der Traum, indem er zu einer gegebenen Bewußtseinslage das unbewußte, dazu konstellierte Material in einer symbolischen Kombination dem Bewußtsein zuführt. In diesem unbewußten Material finden sich alle diejenigen Assoziationen, die um ihrer schwachen Betonung willen unbewußt blieben, die aber doch soviel Energie besitzen, um sich im Schlafzustande bemerkbar zu machen. Natürlich ist die Zweckmäßigkeit des Trauminhaltes nicht dem manifesten Trauminhalt ohne weiteres schon von außen anzusehen, sondern es bedarf der Analyse des manifesten Trauminhaltes, um zu den eigentlich kompensatorischen Faktoren des latenten Trauminhaltes zu gelangen. Von dieser wenig offenkundigen, sozusagen indirekten Natur sind aber die meisten körperlichen Abwehrerscheinungen, deren zweckmäßige Natur auch erst durch vertiefte Erfahrung und genaue Untersuchung erkannt worden ist. Ich erinnere an die Bedeutung des Fiebers und an die Eiterungsvorgänge in einer infizierten Wunde.

Der Umstand, daß die kompensierenden psychischen Vorgänge fast immer von sehr individueller Natur sind, erschwert den Nachweis ihres kompensatorischen Charakters ganz beträchtlich. Da es sich in der Regel um individuelle Vorgänge handelt, so ist es, gerade für den Anfänger auf diesem Gebiete, oft schwierig einzusehen, inwiefern ein Trauminhalt kompensatorische Bedeutung hat. Man wäre zum Beispiel geneigt anzunehmen, nach der Kompensationstheorie müßte jemand, der eine zu pessimistische Einstellung zum Leben hat, sehr heitere und optimistische Träume haben. Diese Erwartung trifft aber nur zu bei einem Menschen, der sich durch diese Art einer gewissen Aufmunterung in günstigem Sinne anregen läßt. Wenn er aber eine etwas andere Natur hat, dann haben die Träume zweckmäßigerweise einen noch viel schwärzeren Charakter als seine bewußte Einstellung. Sie können dann das Prinzip similia similibus curantur befolgen.

Es ist also nicht leicht, irgendwelche spezielle Regeln für die Art der Traumkompensation aufzustellen. Der Charakter der Kompensation hängt jeweils innigst zusammen mit dem ganzen Wesen des Individuums. Die Möglichkeiten der Kompensation sind zahllos und unerschöpflich, obschon mit steigender Erfahrung sich gewisse Grundzüge allmählich herauskristallisieren werden.

Mit der Aufstellung einer Kompensationstheorie möchte ich allerdings nicht zugleich behaupten, daß dies die einzig mögliche Theorie des Traumes sei oder daß damit *alle* Erscheinungen des Traumlebens vollständig erklärt seien. Der Traum ist ein außerordentlich komplexes Phänomen, genauso kompliziert und unergründlich wie die Phänomene des Bewußtseins. Ebensowenig, wie es angebracht wäre, die Bewußtseinsphänomene alle unter dem Gesichtswinkel der Wunscherfüllungs- oder Triebtheorie verstehen zu wollen, ist es wahrscheinlich, daß die Traumphänomene sich so einfach erklären ließen. Aber auch ebensowenig dürfen wir die Traumphänomene als bloß kompensatorisch und sekundär zum Bewußtseinsinhalt ansehen, obschon, nach der allgemeinen Ansicht, das Bewußtseinsleben für die Existenz des Individuums von ungleich größerer Bedeutung ist als das Unbewußte. Diese allgemeine Ansicht dürfte aber noch zu revidieren sein, denn mit steigender Erfahrung wird sich auch die Einsicht vertiefen, daß die Funktion des Unbewußten im Leben der Psyche von einer Wichtigkeit ist, von der wir vielleicht jetzt noch eine zu geringe Meinung haben. Es ist gerade die analytische Erfahrung, welche in steigendem Maße Einflüsse des Unbewußten auf das bewußte Seelenleben aufdeckt – Einflüsse, deren Existenz und Bedeutung die bisherige Erfahrung übersah. Nach meiner Ansicht, die sich auf eine langjährige Erfahrung und zahlreiche Untersuchungen gründet, ist die Bedeutung des Unbewußten für die Gesamtleistung der Psyche wahrscheinlich ebenso groß wie die des Bewußtseins. Sollte diese Ansicht richtig sein, dann dürfte nicht bloß die Funktion des Unbewußten als kompensatorisch und relativ zum Bewußtseinsinhalt betrachtet werden, sondern auch der Bewußtseinsinhalt als relativ zum momentan konstellierten unbewußten Inhalt. In diesem Falle wäre dann die aktive Orientierung nach Zweck und Absicht nicht nur ein Vorrecht des Bewußtseins, sondern würde auch vom Unbewußten gelten, so daß also das Unbewußte auch imstande wäre, so gut wie das Bewußtsein, bisweilen eine final orientierte Führung zu übernehmen. Dementsprechend hätte dann der Traum vorkommenden Falles den Wert einer positiv leitenden Idee oder einer Zielvorstellung, die dem momentan konstellierten Bewußtseinsinhalt an vitaler Bedeutung überlegen wäre. Mit dieser meines Erachtens vorhandenen Möglichkeit kommt der consensus gentium überein, indem der Aberglaube aller Zeiten und Völker den Traum als wahrheitskündendes Orakel betrachtet. Wenn man von Übertreibung und Ausschließlichkeit absieht, so bleibt von dergleichen allgemein verbreiteten Vorstellungen immer ein Körnchen Wahrheit zurück. MAEDER hat die prospektiv-finale Bedeutung des Traumes energisch hervorgehoben im Sinne einer zweckmäßigen unbewußten Funktion, welche die Lösung aktueller Konflikte und Probleme vorbereitend übt und durch tastend gewählte Symbole darzustellen sucht[4].

Ich möchte die prospektive Funktion des Traumes unterscheiden von seiner kompensatorischen Fuktion. Letztere bedeutet zunächst, daß das Unbewußte, als relativ zum Bewußten betrachtet, der Bewußtseinslage alle diejenigen Elemente angliedert, die am Vortage unterschwellig geblieben sind, und zwar aus Gründen der Verdrängung sowohl wie auch aus dem Grunde, daß sie einfach zu schwach waren, als daß sie das Bewußtsein hätten erreichen können. Die Kompensation ist, im Sinne der Selbststeuerung des psychischen Organismus, als *zweckmäßig* zu bezeichnen.

Die prospektive Funktion dagegen ist eine im Unbewußten auftretende Antizipation zukünftiger bewußter Leistungen, etwa wie eine Vorübung oder wie eine Vorausskizzierung, ein im voraus entworfener Plan. Sein symbolischer Inhalt ist gelegentlich der Entwurf einer Konfliktlösung, wofür MAEDER treffende Belege gibt. Die Tatsächlichkeit solcher prospektiver Träume ist nicht zu leugnen. Es wäre ungerechtfertigt, sie prophetisch zu nennen, indem sie im Grunde genommen ebensowenig prophetisch sind wie eine Krankheits- oder Wetterprognose. Es handelt sich bloß um eine Vorauskombinierung der Wahrscheinlichkeiten, die gegebenenfalls allerdings mit dem wirklichen Verhalten der Dinge auch zusammentreffen kann, aber nicht notwendigerweise zusammentreffen und in allen Einzelheiten übereinstimmen muß. Nur in diesem letzteren Falle dürfte man von Prophetie sprechen. Daß die prospektive Funktion des Traumes der bewußten Vorauskombinierung gelegentlich bedeutend überlegen ist, ist insofern nicht erstaunlich, als der Traum aus der Verschmelzung unterschwelliger Elemente hervorgeht, also eine Kombination aller derjenigen Wahrnehmungen, Gedanken und Gefühle ist, welche dem Bewußtsein, um ihrer schwachen Betonung willen, entgangen sind. Außerdem kommen dem Traum noch die unterschwelligen Erinnerungsspuren zu Hilfe, welche das Bewußtsein nicht mehr wirksam zu beeinflussen vermögen. Hinsichtlich der Prognosenstellung ist daher der Traum gelegentlich in einer viel günstigeren Lage als das Bewußtsein.

Obschon meines Erachtens die prospektive Funktion eine wesentliche Eigenschaft des Traumes ist, so tut man doch gut daran, diese Funktion nicht zu überschätzen, da man sonst leicht der Meinung verfällt, der Traum sei eine Art von Psychopompos, der aus überlegener Kenntnis heraus dem Leben eine untrügliche Richtung zu verleihen imstande sei. So sehr man auf der einen Seite die psychologische Bedeutung des Traumes unterschätzt, so groß ist auch die Gefahr für den, der sich viel mit Traumanalyse beschäftigt, daß er das Unbewußte in seiner Bedeutung für das reale Leben überschätzt. Wir haben aber, aus allen bisherigen Erfahrungen heraus, ein Recht anzunehmen, daß die Bedeutung des Unbewußten der des Bewußtseins annähernd gleichkomme. Es gibt zweifellos bewußte Einstellungen, die vom Unbewußten überragt werden, das heißt bewußte Einstellungen, die dem Wesen der Individualität als Ganzem dermaßen schlecht angepaßt sind, daß die unbewußte Einstellung oder Konstellation einen ungleich besseren Ausdruck dafür darstellt. Dies ist aber lange nicht immer der Fall. Sehr häufig ist es sogar so, daß der Traum bloß Fragmente zur bewußten Einstellung beiträgt, weil eben in diesem Fall die bewußte Einstellung einerseits bereits in fast genügendem Maße der Realität angepaßt ist und andererseits auch dem Wesen des Individuums annähernd Genüge tut. Eine mehr oder weniger ausschließliche Berücksichtigung des Traumstandpunktes unter Übergehung der Bewußtseinslage wäre in diesem Fall schlecht angebracht und nur geeignet, die bewußte Leistung zu verwirren und zu zerstören. Nur bei einer offenkundig ungenügenden und defekten bewußten Einstellung hat man ein Recht, dem Unbewußten einen höheren Wert zuzubilligen. Die Maßstäbe, die zu einer solchen Beurteilung erforderlich sind, bilden allerdings ein delikates Problem für sich. Es ist selbstverständlich, daß der Wert der bewußten Einstellung niemals von einem ausschließlich kollektiv orientierten Standpunkt aus gemessen werden kann. Dazu ist vielmehr eine gründliche Erforschung der in Frage kommenden Individualität nötig, und nur aus einer genauen Kenntnis des individuellen Charakters läßt sich entscheiden, in welchem Maße die bewußte Einstellung ungenügend ist. Wenn ich den Nachdruck auf die Kenntnis des individuellen Charakters lege, so meine ich damit noch nicht, daß die Forderung des kollektiven Standpunkes gänzlich zu vernachlässigen wäre. Das Individuum ist bekanntlich keineswegs allein durch sich selbst bestimmt, sondern ebensosehr auch durch seine kollektive Bezogenheit. Wenn daher die bewußte Einstellung annähernd genügend ist, dann beschränkt sich die Bedeutung des Traumes auf seine bloß kompensatorische Funktion. Dieser Fall dürfte für den normalen Menschen unter normalen inneren und äußeren Bedingungen die Regel sein. Aus diesem Grunde scheint mir die Kompensationstheorie die im allgemeinen richtige und den Tatsachen angemessene Formel zu geben, indem sie dem Traume die Bedeutung einer in Hinsicht der Selbststeuerung des psychischen Organismus kompensatorischen Funktion gibt.

Wenn der Fall von der Norm in dem Sinne abweicht, daß die bewußte Einstellung objektiv wie subjektiv unangepaßt ist, dann gewinnt die für gewöhnlich bloß kompensierende Funktion des Unbewußten an Wichtigkeit und erhöht sich zu einer *führenden, prospektiven Funktion,* die imstande ist, der bewußten Einstellung eine gänzlich veränderte und der früheren gegenüber verbesserte Richtung zu geben, wie dies MAEDER in seinen oben erwähnten Arbeiten mit Erfolg nachgewiesen hat. In diese Rubrik gehören Träume nach dem Muster des Nebukadnezar-Traumes. Es ist einleuchtend, daß Träume dieser Art sich hauptsächlich bei Individuen finden, die unterhalb ihres eigenen Wertes geblieben sind. Ebenso einleuchtend ist, daß dieses Mißverhältnis sehr häufig vorkommt. Wir kommen daher öfters in den Fall, den Traum unter dem Gesichtswinkel seines prospektiven Wertes zu betrachten.

Nun ist aber noch eine Seite des Traumes in Betracht zu ziehen, welche keineswegs übersehen werden darf. Es gibt viele Menschen, deren bewußte Einstellung hinsichtlich der Anpassung an die Umwelt nicht defekt ist, wohl aber in Hinsicht des Ausdruckes des eigenen Charakters. Es sind dies also Menschen, deren bewußte Einstellung und Anpassungsleistung die individuellen Möglichkeiten überschreiten, das heißt, sie scheinen besser und wertvoller als sie sind. Diese äußerliche Mehrleistung wird natürlich nie aus den individuellen Mitteln allein bestritten, sondern sogar zum größeren Teil aus den dynamischen Reserven der Kollektivsuggestion. Solche Menschen erklimmen eine höhere Stufe, als ihrem Wesen entspricht, zum Beispiel vermöge der Wirkung eines Kollektivideals oder der Lockung eines Kollektivvorteils oder der Unterstützung durch die Sozietät. Sie sind, im Grunde genommen, ihrer äußeren Höhe innerlich nicht gewachsen, weshalb in allen diesen Fällen das Unbewußte eine *negativ-kompensierende,* das heißt eine *reduzierende* Funktion hat. Es ist klar, daß eine Reduktion oder Entwertung unter diesen Umständen ebenfalls kompensierend ist im Sinne einer Selbststeuerung, ebenso, daß diese reduzierende Funktion auch eminent prospektiv sein kann. (Vergleiche den Nebukadnezar-Traum.) Wir verbinden mit dem Begriff des «Prospektiven» gerne die Anschauung von etwas Aufbauendem, Vorbereitendem und Synthetischem. Um den reduzierenden Träumen aber gerecht zu werden, müßten wir diese Anschauung vom Begriff des «Prospektiven» reinlich abtrennen, denn der reduzierende Traum hat eine Wirkung, die nichts weniger als vorbereitend oder aufbauend oder synthetisch ist, er ist vielmehr zersetzend, auflösend, entwertend, sogar zerstörend und herunterreißend. Damit soll natürlich nicht gesagt sein, daß die

Assimilation eines reduktiven Inhaltes durchaus eine destruktive Wirkung auf das Individuum als Ganzes haben müsse, im Gegenteil ist die Wirkung oft eine sehr heilsame, insofern nämlich bloß die Einstellung davon betroffen wird, und nicht die ganze Persönlichkeit. Diese sekundäre Wirkung ändert aber nichts am Charakter des Traumes, der durchaus ein reduzierendes und retrospektives Gepräge trägt und der um dessentwillen auch nicht als «prospektiv» bezeichnet werden sollte. Es ist aus Gründen einer exakten Qualifizierung daher empfehlenswert, solche Träume als *reduktive* Träume und die entsprechende Funktion als *reduzierende Funktion des Unbewußten* zu bezeichnen, obschon es sich, im Grunde genommen, stets um dieselbe kompensierende Funktion handelt. Man muß sich aber an die Tatsache gewöhnen, daß ebensowenig wie die bewußte Einstellung auch das Unbewußte immer denselben Aspekt darbietet. Es ändert sein Aussehen und seine Funktion ebensosehr wie die bewußte Einstellung, weshalb es auch eine so besonders schwierige Unternehmung ist, einen anschaulichen Begriff vom Wesen des Unbewußten herzustellen.

Die reduzierende Funktion des Unbewußten ist uns in erster Linie durch die Forschungen FREUDS deutlich gemacht worden. Seine Traumdeutung beschränkt sich im wesentlichen auf die verdrängten persönlichen und infantil-sexuellen Untergründe des Individuums. Spätere Untersuchungen haben dann noch die Brücke zu den archaischen Elementen, das heißt zu den überpersönlichen, historischen, phylogenetischen Funktionsresten im Unbewußten, geschlagen. Wir können deshalb heute mit Sicherheit sagen, daß die reduzierende Funktion des Traumes ein Material konstelliert, das in der Hauptsache aus persönlichen Verdrängungen infantil-sexueller Wünsche (FREUD), infantiler Machtansprüche (ADLER) und überpersönlicher, archaischer Denk-, Gefühls- und Triebelemente zusammengesetzt ist. Die Reproduktion solcher Elemente, die durchaus retrospektiven Charakter haben, ist wie nichts geeignet, eine zu hohe Position wirksam zu untergraben und das Individuum auf seine menschliche Nichtigkeit und seine physiologische, historische und phylogenetische Bedingtheit herunterzusetzen. Jeder Schein von falscher Größe und Wichtigkeit zerfließt vor dem reduzierenden Bilde des Traumes, der mit unbarmherziger Kritik und unter Heraufführung eines vernichtenden Materials, das sich durch eine vollendete Registrierung aller Peinlichkeiten und Schwächen auszeichnet, die bewußte Einstellung analysiert. Es verbietet sich von selbst, die Funktion eines solchen Traumes als prospektiv zu bezeichnen, da alles darin, bis in die letzte Faser, retrospektiv und auf eine längst begraben gewähnte Vergangenheit zurückgeführt ist. Dieser Umstand hindert natürlich nicht, daß der Trauminhalt auch kompensatorisch zum Bewußtseinsinhalt und natürlich final orientiert ist, indem die reduzierende Tendenz hinsichtlich der Angepaßtheit des Individuums im gegebenen Falle von ganz besonderer Wichtigkeit ist. Aber der Charakter des Trauminhaltes ist ein reduktiver. Es geschieht oft, daß die Patienten selber spontan herausfühlen, wie sich der Trauminhalt zur Bewußtseinslage verhält, und je nach dieser gefühlsmäßigen Erkenntnis wird der Trauminhalt als prospektiv, reduktiv oder kompensatorisch empfunden. Dies ist allerdings lange nicht immer der Fall, und es muß sogar hervorgehoben werden, daß im allgemeinen, namentlich im Anfang einer analytischen Behandlung, der Patient eine unüberwindliche Neigung hat, die Ergebnisse der analytischen Durchforschung seines Materials hartnäckig im Sinne seiner pathogenen (krankmachenden) Einstellung aufzufassen.

Solche Fälle bedürfen einer gewissen Unterstützung von seiten des Arztes, um in den Stand zu gelangen, den Traum richtig aufzufassen. Dieser Umstand macht es darum äußerst wichtig, wie der Arzt die bewußte Psychologie des Patienten beurteilt. Die Analyse der Träume ist nämlich nicht bloß eine praktische Anwendung einer Methode, die man handwerksmäßig erlernt, sondern sie setzt vielmehr eine Vertrautheit mit der ganzen analytischen Anschauungsweise voraus, eine Vertrautheit, die man nur dadurch gewinnt, daß man sich selber hat analysieren lassen. Der größte Fehler nämlich, den ein Therapeut machen kann, ist der, daß er beim Analysanden eine der seinigen ähnliche Psychologie voraussetzt. Diese Projektion kann einmal zutreffen, meistens jedoch bleibt sie bloße Projektion. Alles, was unbewußt ist, ist auch projiziert, daher sollten wenigstens die wichtigsten Inhalte des Unbewußten dem Analytiker selber bewußt sein, damit nicht unbewußte Projektion sein Urteil trübt. Jeder, der Träume bei anderen analysiert, sollte sich stets bewußthalten, daß es keine einfache und allgemein bekannte Theorie der psychischen Phänomene gibt, weder über ihr Wesen, noch über ihre Ursachen, noch über ihren Zweck. Wir besitzen daher keinen allgemeinen Maßstab des Urteils. Wir wissen, daß es vielerlei psychische Phänomene gibt. Was aber deren Wesen ist, darüber wissen wir nichts Gewisses. Wir wissen nur, daß die Betrachtung der Psyche von irgendeinem abgesonderten Standpunkt aus zwar ganz wertvolle Einzelheiten ergeben kann, aber nie eine zureichende Theorie, nach der man auch deduzieren könnte. Die Sexual- und Wunschtheorie, ebenso die Machttheorie sind schätzenswerte Gesichtspunkte, ohne jedoch der Tiefe und dem Reichtum der menschlichen Seele irgendwie gerecht werden zu können. Hätten wir eine solche Theorie, dann könnte man sich mit der handwerksmäßigen Erlernung der Methode begnügen. Dann wären nur noch gewisse Zeichen, die für bereits feststehende Inhalte gesetzt sind, zu lesen, wozu einige semiotische Regeln auswendig zu lernen wären. Die Kenntnis und richtige Beurteilung der Bewußtseinslage wäre dann so überflüssig wie bei einer Lumbalpunktion. Zum Leidwesen der vielbeschäftigten Praktiker unserer Zeit verhält sich die Seele durchaus refraktär gegen jede Methode, welche von vornherein darauf ausgeht, sie von *einem* Standpunkt aus, abgesehen von allen anderen, zu erfassen. Von den Inhalten des Unbewußten wissen wir neben ihrer Unterschwelligkeit zunächst nur, daß sie in einem Kompensationsverhältnis zum Bewußtsein stehen und daher wesentlich relativer Natur sind. Für das Verständnis des Traumes ist daher die Kenntnis der Bewußtseinslage unerläßlich.

Mit den reduktiven, prospektiven oder schlechthin kompensierenden Träumen ist die Reihe der Bedeutungsmöglichkeiten nicht erschöpft. Es gibt einen Traum, den man einfach als *Reaktionstraum* bezeichnen könnte. Man wäre geneigt, in dieser Rubrik alle jene Träume unterzubringen, die im wesentlichen nichts anderes zu sein scheinen als die Reproduktion eines bewußten affektvollen Erlebnisses, wenn nicht die Analyse solcher Träume den tieferen Grund aufdeckte, warum diese Erlebnisse so getreu im Traume reproduziert werden. Es stellt sich nämlich heraus, daß das Erlebnis noch über eine symbolische Seite verfügt, welche dem Individuum entgangen war, und einzig um dieser Seite willen wird das Erlebnis im Traum reproduziert. Diese Träume gehören aber nicht hierher, sondern bloß diejenigen, wo gewisse objektive Vorgänge ein psychisches Trauma gesetzt haben, dessen Formen nicht bloß psychisch sind, sondern auch zugleich eine physische Läsion des Nervensystems bedeuten. Diese Fälle von schwerem Schock hat der Krieg besonders reichlich erzeugt, und bei solchen Fällen dürften besonders viele reine Reaktionsträume erwartet werden, in denen das Trauma die mehr oder weniger ausschlaggebende Determinante darstellt.

Obschon es für die Gesamtfunktion der Psyche gewiß sehr wichtig ist, daß der traumatische Inhalt durch öfteres Erleben allmählich seine Autonomie einbüßt und sich auf diese Weise wieder in die psychische Hierarchie einfügt, so kann ein solcher Traum, der im wesentlichen nur eine Reproduktion des Traumas ist, wohl nicht als kompensatorisch bezeichnet werden. Der Traum bringt zwar anscheinend ein abgespaltenes, autonomes Stück der Psyche zurück, aber es zeigt sich bald, daß die bewußte Assimilation des vom Traum reproduzierten Stückes die traumdeterminierende Erschütterung keineswegs zum Verschwinden bringt. Der Traum «reproduziert» ruhig weiter, das heißt, der autonom gewordene Inhalt des Traumas wirkt von sich aus, und zwar so lange, bis der traumatische Reiz völlig erloschen ist. Vorher nützt das bewußte «Realisieren» nichts.

Es ist im praktischen Fall nicht leicht zu entscheiden, ob ein Traum wesentlich reaktiv ist oder bloß symbolisch eine traumatische Situation reproduziert. Die Analyse kann aber die Frage entscheiden, indem in letzterem Fall die Reproduktion der traumatischen Szene durch eine richtige Deutung sofort zum Aufhören gebracht wird, während die reaktive Reproduktion sich durch die Traumanalyse nicht stören läßt.

Es ist selbstverständlich, daß wir den gleichen reaktiven Träumen auch besonders bei *krankhaften körperlichen Zuständen* begegnen, wo zum Beispiel heftige Schmerzen den Traumablauf entscheidend beeinflussen. Nach meiner Ansicht haben die somatischen Reize nur ausnahmsweise eine determinative Bedeutung. Gewöhnlich gehen sie ganz ein in den symbolischen Ausdruck des unbewußten Trauminhaltes, das heißt, sie werden mit als Ausdrucksmittel benützt. Nicht selten ergeben die Träume eine merkwürdige innere symbolische Verbindung zwischen einer zweifellos körperlichen Krankheit und einem bestimmten seelischen Problem, wobei die physische Störung geradezu als mimischer Ausdruck der psychischen Lage erscheint. Ich erwähne diese Merkwürdigkeit mehr der Vollständigkeit halber, als daß ich auf dieses problematische Gebiet einen besonderen Nachdruck legen wollte. Mir scheint aber, daß zwischen physischen und psychischen Störungen ein gewisser Zusammenhang existiert, dessen Bedeutung man im allgemeinen unterschätzt, allerdings andererseits auch wieder maßlos überschätzt, indem gewisse Richtungen die physische Störung bloß als einen Ausdruck der psychischen Störung verstehen wollen, wie dies zum Beispiel bei der Christian Science der Fall ist. Auf die Frage des Zusammenfunktionierens von Körper und Psyche werfen die Träume höchst interessante Streiflichter, weshalb ich diese Frage hier erwähne.

Als eine weitere Traumdeterminante muß ich das *telepathische Phänomen* anerkennen. Die allgemeine Tatsächlichkeit dieses Phänomens ist heutzutage nicht mehr zu bezweifeln. Selbstverständlich ist es sehr einfach, ohne Prüfung der vorhandenen Beweismaterialien die Existenz des Phänomens zu leugnen; aber das ist ein unwissenschaftliches Verhalten, das keinerlei Beachtung verdient. Ich habe die Erfahrung gemacht, daß das telepathische Phänomen auch die Träume beeinflußt, wie das übrigens schon seit den ältesten Zeiten behauptet wird. Gewisse Personen sind in dieser Hinsicht besonders empfindsam und haben öfters telepathisch beeinflußte Träume. Mit dieser Anerkennung des telepathischen Phänomens meine ich nicht auch zugleich eine bedingungslose Anerkennung der landläufigen theoretischen Auffassung vom Wesen der actio in distans. Das Phänomen existiert zweifellos, jedoch scheint mir seine Theorie nicht so einfach zu sein. Man muß in jedem Fall die Möglichkeiten der Assoziationskonkordanz berücksichtigen, des parallelen psychischen Ablaufes[5], der nachweisbar besonders in Familien eine sehr große Rolle spielt und sich unter anderem auch in der Gleichheit oder weitgehenden Ähnlichkeit der Einstellung manifestiert. Ebensosehr kommt in Betracht der Faktor der *Kryptomnesie,* den besonders FLOURNOY hervorgehoben hat[6] und der gegebenenfalls die erstaunlichsten Phänomene veranlaßt. Da im Traum sowieso das subliminale Material sich bemerkbar macht, so ist es auch keineswegs sonderbar, wenn Kryptomnesie gelegentlich als determinierende Größe auftritt. Ich habe Gelegenheit gehabt, öfters telepathische Träume zu analysieren, darunter mehrere, deren telepathische Bedeutung im Moment der Analyse noch unbekannt war. Die Analyse hat ein subjektives Material ergeben, wie jede andere Traumanalyse auch, und somit hatte der Traum seine auf die momentane Lage des Subjektes abgestimmte Bedeutung. Die Analyse ergab nichts, was darauf hingedeutet hätte, daß der Traum telepathisch war. Ich habe bis jetzt keinen Traum gefunden, bei dem der telepathische Inhalt zweifelsfrei im analytisch aufgebrachten Assoziationsmaterial (im «latenten Trauminhalt») gelegen hätte. Er lag immer in der *manifesten Traumform.*

Gewöhnlich werden in der Literatur der telepathischen Träume nur diejenigen erwähnt, in denen eine besonders affektvolle Angelegenheit räumlich oder zeitlich «telepathisch» antizipiert wird, wo also gewissermaßen die menschliche Wichtigkeit des Ereignisses (zum Beispiel Todesfall) dessen Vorausahnung oder Fernperzeption erklärt oder wenigstens dem Verständnis näherrückt. Die telepathischen Träume, die ich beobachtet habe, entsprechen in der Mehrzahl diesem Muster. Eine Minderzahl dagegen zeichnet sich durch die merkwürdige Tatsache aus, daß der manifeste Trauminhalt eine telepathische Konstatierung enthält, die sich auf etwas gänzlich Belangloses bezieht, zum Beispiel das Gesicht eines unbekannten und ganz indifferenten Menschen, oder eine gewisse Zusammenstellung von Möbeln an einem indifferenten Ort unter indifferenten Bedingungen, die Ankunft eines belanglosen Briefes usw. Mit dieser Konstatierung der Belanglosigkeit will ich natürlich nur sagen, daß ich weder durch gewöhnliche Befragung noch durch Analyse auf einen Inhalt gestoßen bin, dessen Bedeutsamkeit das telepathische Phänomen «gerechtfertigt» hätte. In solchen Fällen ließe sich noch eher als in den ersterwähnten an sogenannten Zufall denken. Leider erscheint mir aber die Zufallshypothese immer als ein asylum ignorantiae. Daß höchst seltsame Zufälle passieren, wird gewiß niemand leugnen, aber daß man auf deren Wiederholung mit Wahrscheinlichkeit rechnen kann, schließt deren Zufallsnatur aus. Natürlich werde ich nie behaupten, daß das dahinterliegende Gesetz etwas «Übernatürliches» sei, sondern bloß etwas, dem unsere Schulweisheit noch nicht recht nachkommt. So haben auch die fraglichen telepathischen Inhalte einen Wirklichkeitscharakter, der jeder Wahrscheinlichkeitserwartung spottet. Obschon ich mir in keinerlei Weise eine theoretische Meinung über diese Dinge anmaßen möchte, so halte ich es doch für richtig, daß ihre Tatsächlichkeit anerkannt und betont werde. Für die Traumforschung ist dieser Gesichtspunkt eine Bereicherung[7].

Gegenüber der bekannten FREUDschen Ansicht vom Wesen des Traumes, daß er eine «Wunscherfüllung» sei, haben ich und ebenso mein Freund und Mitarbeiter ALPHONSE MAEDER den Standpunkt eingenommen, der Traum sei eine *spontane Selbstdarstellung der aktuellen Lage des Unbewußten in symbolischer Ausdrucksform.* Unsere Auffassung berührt sich in diesem Punkt mit den Gedankengängen SILBERERS[8]. Die Übereinstimmung mit SILBERER ist um so erfreulicher, als sie sich als das Resultat gegenseitig unabhängiger Arbeit eingestellt hat.

Diese Auffassung steht nun mit der FREUDschen Formel zunächst nur insofern in Widerspruch, als sie darauf verzichtet, eine bestimmte Aussage über den Sinn des Traumes zu machen. Unsere Formel besagt zunächst nur, daß der Traum eine symbolische Darstellung eines unbewußten Inhaltes sei. Sie läßt es dahingestellt, ob diese Inhalte auch immer Wunscherfüllungen seien. Weitere Forschungen, worauf schon MAEDER ausdrücklich hinweist, haben uns klar gezeigt, daß die Sexualsprache der Träume keineswegs immer in konkretistischer Weise zu verstehen sei[9], das heißt, daß es sich um archaische Sprache handelt, welche natürlich von allen nächsten Analogien erfüllt ist, ohne daß sich mit diesen Inhalten auch jeweils ein wirklicher Sexualgehalt zu decken braucht. Es ist daher nicht zu rechtfertigen, daß die Sexualsprache des Traumes unter allen Umständen konkret genommen wird, während andere Inhalte als symbolisch erklärt werden. Sobald man aber die Sexualformen der Traumsprache als Symbole für unbekannte Dinge auffaßt, dann vertieft sich sofort die Anschauung vom Wesen des Traumes. MAEDER hat dies an einem praktischen, von FREUD gegebenen Beispiel treffend dargestellt[10]. Solange man die Sexualsprache des Traumes konkretistisch versteht, so gibt es nur unmittelbare, äußere und konkrete Lösungen oder entsprechendes Nichttun, das heißt opportunistische Resignation oder gewöhnliche Feigheit oder Faulheit. Aber es gibt keine Auffassung des Problems und keine Einstellung dazu. Dazu kommt man aber sofort, wenn das konkretistische Mißverstehen aufgegeben wird, nämlich das Wörtlichnehmen der unbewußten Sexualsprache und die Deutung der Traumfiguren als reale Personen.

Ebenso wie man geneigt ist anzunehmen, daß die Welt so ist, wie wir sie sehen, so nimmt man auch naiverweise an, daß die Menschen so seien, wie wir sie uns vorstellen. Leider existiert in diesem letzteren Fall noch keine Physik, welche das Mißverhältnis zwischen Wahrnehmung und Wirklichkeit nachweist. Obgleich die Möglichkeit grober Täuschung um ein Vielfaches größer ist als bei der Sinneswahrnehmung, so projizieren wir doch ungescheut und naiv unsere eigene Psychologie in den Mitmenschen. Jedermann schafft sich auf diese Weise eine Reihe von mehr oder weniger imaginären Beziehungen, die wesentlich auf solchen Projektionen beruhen. Unter den Neurotikern gibt es sogar häufig Fälle, wo die phantastische Projektion sozusagen die einzige menschliche Beziehungsmöglichkeit ist. Ein Mensch, den ich hauptsächlich durch meine Projektion wahrnehme, ist eine Imago, oder ein Imago- oder Symbolträger. Alle Inhalte unseres Unbewußten sind konstant projiziert in unsere Umgebung, und nur insofern wir gewisse Eigentümlichkeiten unserer Objekte als Projektionen, als Imagines durchschauen, gelingt es uns, sie von den wirklichen Eigenschaften derselben zu unterscheiden. Insofern uns aber der Projektionscharakter einer Objekteigenschaft nicht bewußt wird, können wir gar nicht anders, als naiv überzeugt sein, daß sie auch wirklich dem Objekt zugehört. Alle unsere menschlichen Beziehungen wimmeln von solchen Projektionen; und wem dies im Persönlichen etwa nicht deutlich werden sollte, den darf man auf die Psychologie der Presse in kriegführenden Ländern aufmerksam machen. Cum grano salis sieht man die eigenen nicht anerkannten Fehler immer im Gegner. Ausgezeichnete Beispiele findet man in allen persönlichen Polemiken. Wer nicht ein ungewöhnliches Maß an Selbstbesinnung besitzt, wird nicht über seinen Projektionen stehen, sondern meistens darunter, denn der natürliche geistige Zustand setzt das Vorhandensein dieser Projektionen voraus. Es ist das Natürliche und Gegebene, daß die unbewußten Inhalte projiziert sind. Das schafft beim relativ primitiven Menschen jene charakteristische Bezogenheit auf Objekt, die LÉVY-BRUHL treffend als «mystische Identität» oder «mystische Partizipation»[11] bezeichnet hat. So ist jeder normale und nicht über ein gewisses Maß hinaus besonnene Mensch unserer Zeit durch ein ganzes System unbewußter Projektionen an die Umgebung gebunden. Der Zwangscharakter dieser Beziehungen (eben das «Magische» oder «Mystisch-Zwingende») ist ihm ganz unbewußt, «solange alles wohlsteht». Wenn aber eine paranoide Geistesstörung einsetzt, dann treten diese unbewußten Bezogenheiten von Projektionscharakter als ebensoviele Zwangsbindungen auf, in der Regel mit den unbewußten Materialien ausgeschmückt, die aber nota bene schon während des normalen Zustandes den Inhalt dieser Projektionen gebildet haben. Solange also das Lebensinteresse, die Libido, diese Projektionen als angenehme und nützliche Brücken zur Welt gebrauchen kann, solange bilden die Projektionen auch eine positive Erleichterung des Lebens. Sobald aber die Libido einen anderen Weg einschlagen will und daher auf den früheren Projektionsbrücken anfängt rückläufig zu werden, wirken die Projektionen als die denkbar größten Hemmnisse, denn sie verhindern wirksam jede wahrhaftige Befreiung vom früheren Objekt. Es tritt dann das charakteristische Phänomen ein, daß man sich bemüht, das frühere Objekt möglichst zu entwerten und herunterzumachen, um nämlich die Libido davon loslösen zu können. Da aber die frühere Identität auf der Projektion subjektiver Inhalte beruht, so kann eine völlige und restlose Loslösung nur dann erfolgen, wenn die Imago, die sich im Objekt darstellte, samt ihrer Bedeutung dem Subjekt zurückerstattet wird. Diese Rückerstattung geschieht durch die bewußte Erkenntnis des projizierten Inhaltes, das heißt durch die Anerkennung des «Symbolwertes» des früheren Objektes.

Die Häufigkeit solcher Projektionen ist ebenso sicher wie die Tatsache, daß deren Charakter nie eingesehen wird. Bei dieser Sachlage ist es nun keineswegs erstaunlich, daß der naive Verstand von vornherein als selbstverständlich annimmt, daß wenn er von Herrn X träume, dieses Traumbild, genannt «Herr X», identisch sei mit dem wirklichen Herrn X. Diese Voraussetzung entspricht ganz dem allgemeinen, unkritischen Bewußtsein, das zwischen dem Objekt an sich und der Vorstellung, die man sich davon macht, keinen Unterschied sieht. Kritisch besehen – das kann niemand bestreiten – hat das Traumbild nur eine äußere und sehr beschränkte Beziehung zum Objekt. In Wirklichkeit aber ist es ein Komplex psychischer Faktoren, der sich – allerdings unter gewissen äußeren Anregungen – selber gebildet hat und deshalb hauptsächlich im Subjekt aus subjektiven Faktoren besteht, die für das Subjekt charakteristisch sind und mit dem realen Objekt öfters sehr wenig zu tun haben. Wir verstehen den anderen immer in der Art, wie wir uns verstehen oder zu verstehen suchen. Was wir in uns nicht verstehen, verstehen wir auch im anderen nicht. So ist reichlich dafür gesorgt, daß das Bild des anderen in der Regel größenteils subjektiv ist. Bekanntlich kann auch eine intime Bekanntschaft eine objektive Erkenntnis des anderen keineswegs garantieren.

Wenn man nun, wie dies die FREUDsche Schule getan, einmal damit anfängt, gewisse manifeste Inhalte des Traumes als «uneigentlich» oder «symbolisch» zu nehmen und zu erklären, der Traum spreche zwar von «Kirchturm», meine aber «Phallus», so ist es nur ein nächster Schritt, wenn wir sagen, daß der Traum öfters von «Sexualität» rede, aber keineswegs immer Sexualität meine, und ebenso, daß der Traum öfters vom Vater rede, aber eigentlich den – Träumer selber meine. Unsere imagines sind Bestandteile unseres Geistes, und wenn unser Traum irgendwelche Vorstellungen reproduziert, so sind dies in erster Linie *unsere* Vorstellungen, in deren Bildung die Gesamtheit unseres Wesens verwoben ist; es sind subjektive Faktoren, die im Traume nicht aus äußeren Gründen, sondern aus den intimsten Regungen unserer Seele heraus sich so oder so gruppieren und damit den oder jenen Sinn ausdrücken. Die ganze Traumschöpfung ist im wesentlichen subjektiv, und der Traum ist jenes Theater, wo der Träumer Szene, Spieler, Souffleur, Regisseur, Autor, Publikum und Kritiker ist. Diese einfache Wahrheit ist die Grundlage jener Auffassung des Traumsinnes, die ich als Deutung auf der *Subjektstufe* bezeichnet habe. Diese Deutung faßt, wie der Terminus sagt, alle Figuren des Traumes als personifizierte Züge der Persönlichkeit des Träumers auf[12].

Es hat sich mehrfach ein gewisser Widerstand bemerkbar gemacht gegen diese Auffassung. Die Argumente der einen stützen sich auf die eben besprochene naive Voraussetzung der normalen Alltagsmentalität. Die Argumente der anderen basieren mehr auf dem prinzipiellen Problem, was wichtiger sei, die «Objektstufe» oder die «Subjektstufe». Gegen die theoretische Wahrscheinlichkeit der Subjektstufe kann ich mir wirklich keinen gültigen Einwand denken. Das zweite Problem dagegen ist bedeutend schwieriger. Ebensosehr wie das Bild eines Objektes einerseits subjektiv zuammengesetzt ist, ist es andererseits objektiv bedingt. Wenn ich es in mir reproduziere, so erzeuge ich damit etwas sowohl subjektiv als objektiv Bedingtes. Um nun zu entscheiden, welche Seite gegebenenfalls überwiegt, muß zuerst nachgewiesen werden, ob das Bild um seiner subjektiven oder objektiven Bedeutung willen reproduziert wird. Wenn ich also von einem Menschen träume, mit dem mich ein vitales Interesse verbindet, dann wird gewiß die Deutung auf der Objektstufe näher liegen als die andere. Wenn ich dagegen von einem mir in Wirklichkeit fernstehenden und indifferenten Menschen träume, dann liegt die Deutung auf der Subjektstufe näher. Es ist aber möglich – und dieser Fall tritt praktisch sogar sehr häufig ein –, daß dem Träumer zu dem indifferenten Menschen sofort jemand einfällt, mit dem er durch einen Affekt verbunden ist. Früher hätte man gesagt, die indifferente Gestalt sei im Traum absichtlich vorgeschoben worden, um die Peinlichkeit der anderen Figur zu verdecken. Ich würde nun in diesem Fall empfehlen, dem Wege der Natur nachzugehen und zu sagen: im Traum ist offenbar jene affektvolle Reminiszenz durch den gleichgültigen Herrn X ersetzt worden, wodurch mir die Deutung auf der Subjektstufe nahegelegt wurde. Diese Ersetzung bedeutet eine Leistung des Traumes, die allerdings einer Verdrängung der peinlichen Reminiszenz gleichkommt. Aber wenn sich diese Reminiszenz so glatt zur Seite schieben läßt, so kann sie auch nicht so wichtig sein. Ihre Ersetzung zeigt, daß sich dieser persönliche Affekt depersonalisieren läßt. Ich könnte mich also darüber erheben und werde darum nicht wieder in die persönliche Affektlage dadurch zurückkehren, daß ich die im Traum geglückte Depersonalisierung als bloße Verdrängung entwerte. Ich glaube richtiger zu handeln, wenn ich die geglückte Ersetzung der peinlichen Person durch eine indifferente als eine Depersonalisierung des vorher persönlichen Affektes einschätze. Dadurch ist nun dieser Affektwert, das heißt der entsprechende Libidobetrag, unpersönlich geworden, mit anderen Worten befreit aus der persönlichen Bindung an das Objekt, und ich kann deshalb den früheren realen Konflikt nunmehr auf die Subjektstufe erheben und zu verstehen versuchen, inwiefern er ein ausschließlich subjektiver Konflikt ist. Ich möchte dies, der Deutlichkeit halber, an einem kurzen Beispiel erörtern:

Ich hatte einmal einen persönlichen Konflikt mit einem Herrn A., wobei ich allmählich zu der Überzeugung kam, daß das Unrecht in höherem Maße auf seiner Seite lag als auf meiner. In dieser Zeit hatte ich folgenden Traum: *«Ich habe einen Advokaten konsultiert in einer gewissen Angelegenheit; er fordert für die Konsultation zu meinem grenzenlosen Erstaunen nicht weniger als Fr. 5000.–, wogegen ich mich energisch zur Wehr setze.»*

Der Advokat ist eine belanglose Reminiszenzfigur aus meiner Studienzeit. Aber die Studienzeit ist wichtig, weil ich dort viele Disputationen und Auseinandersetzungen hatte. Zu der brüsken Art des Advokaten fallen mir aber mit Affekt die Persönlichkeit des Herrn A. ein sowie der noch andauernde Konflikt. Ich kann nun auf der Objektstufe weitergehen und sagen: Herr A. steckt hinter dem Advokaten, also überfordert mich Herr A. Er ist im Unrecht. Ein armer Student hat mich dieser Tage um ein Darlehen von Fr. 5000.– ersucht. Herr A. ist also ein armer Student, hilfsbedürftig und inkompetent, weil ganz am Anfang des Studiums. So jemand hat überhaupt keine Ansprüche zu machen oder Meinungen zu haben. Das wäre die Wunscherfüllung: mein Gegner wäre sanft entwertet, zur Seite geschoben, und mir wäre die Ruhe gewahrt geblieben. In Wirklichkeit aber erwachte ich an dieser Stelle des Traumes in lebhaftestem Affekt über die Anmaßung des Advokaten. Ich war also durch die «Wunscherfüllung» keineswegs beruhigt.

Gewiß steckt hinter dem Advokaten die unangenehme A.-Affäre.

Aber es ist bemerkenswert, daß der Traum jenen indifferenten Juristen aus meiner Studienzeit herbeigeholt hat. Zum Advokaten fällt mir ein: Rechtsstreit, Rechthaben, Rechthaberei – und damit jene Erinnerung aus der Studienzeit, wo ich oft mit und ohne Recht eigensinnig, hartnäckig und rechthaberisch meine These verfocht, um wenigstens den Anschein der Überlegenheit mir zu erfechten. Dieser Punkt – und das fühle ich – hat in der Auseinandersetzung mit Herrn A. mitgewirkt. Damit weiß ich, daß ich es selber bin, nämlich ein der Gegenwart unangepaßtes Stück in mir, das rechthaberisch, wie damals, mich überfordert, das heißt zuviel Libido von mir erpressen will. Ich weiß damit, daß die strittige Angelegenheit mit A. darum nicht sterben kann, weil der Rechthaber in mir noch durchaus für einen «gerechten» Abschluß sorgen möchte.

Diese Auffassung hat zu einem mir sinnvoll erscheinenden Resultat geführt, während die Deutung auf der Objektstufe ergebnislos war, denn es liegt mir nicht im geringsten am Beweis, daß die Träume Wunscherfüllungen seien. Wenn ein Traum mir zeigt, was für einen Fehler ich mache, so verschafft er mir damit die Möglichkeit, meine Einstellung zu verbessern, was immer von Vorteil ist. Zu einem solchen Resultat gelangt man natürlich nur durch die Anwendung der Subjektstufe.

So einleuchtend die Deutung auf der Subjektstufe in einem solchen Fall sein mag, so wertlos kann sie in einem anderen sein, wo eine lebenswichtige Beziehung den Inhalt und Grund eines Konfliktes bildet. In diesem Fall ist natürlich die Traumfigur aufs reale Objekt zu beziehen. Das Kriterium läßt sich jeweils aus dem bewußten Material eruieren, ausgenommen jene Fälle, wo die Übertragung in Frage kommt. Die Übertragung bewirkt sehr leicht Urteilstäuschungen, so daß der Arzt gelegentlich als der absolut unerläßliche deus ex machina oder als ein ebenso unerläßliches Requisit der Wirklichkeit erscheint. Er *ist* es sogar für das Urteil des Patienten. Die Selbstbesinnung des Arztes muß in solchen Fällen entscheiden, in welchem Grade er selber Realproblem des Patienten ist. Sobald die Objektstufe der Deutung anfängt monoton und ergebnislos zu werden, weiß man, daß es Zeit ist, die Figur des Arztes als ein Symbol für projizierte Inhalte aufzufassen, die dem Patienten zugehören. Wenn man das nicht tut, so bleibt dem Analytiker nichts übrig, als durch Reduktion auf Infantilwünsche die Übertragung zu entwerten und damit zu zerstören, oder die Übertragung real zu nehmen und sich für die Patienten (sogar gegen deren unbewußten Widerstand) aufzuopfern, wobei alle Teilnehmer benachteiligt werden und der Arzt regelmäßig am schlechtesten wegkommt. Wenn es dagegen gelingt, die Figur des Arztes auf die Subjektstufe zu erheben, dann können alle übertragenen (projizierten) Inhalte dem Patienten wieder mit ihrem ursprünglichen Wert zugestellt werden. Ein Beispiel für die Rücknahme der Projektionen in der Übertragung findet sich in meiner Schrift *«Die Beziehungen zwischen dem Ich und dem Unbewußten»* [Grundwerk 3] [13].

Es ist mir selbstverständlich, daß jemand, der nicht selber praktizierender Analytiker ist, keinen besonderen Geschmack an Erörterungen über «Subjektstufe» und «Objektstufe» finden kann. Je tiefer wir uns aber mit den Traumproblemen beschäftigen, desto mehr kommen auch die technischen Gesichtspunkte der praktischen Behandlung in Betracht. Es hat in dieser Sache jener unerbittlichen Nötigung bedurft, die ein schwieriger Fall immer auf den Arzt ausübt, denn man muß stets darauf bedacht sein, seine Mittel so zu vervollkommnen, daß man auch in schweren Fällen helfen kann. Wir verdanken es den Schwierigkeiten der täglichen Krankenbehandlung, daß wir zu Auffassungen gedrängt werden, die teilweise an den Fundamenten unserer Alltagsmentalität rütteln. Obschon die Subjektivität einer Imago zu den sogenanten Binsenwahrheiten gehört, so klingt die Feststellung doch etwas philosophisch, was gewissen Ohren unangenehm ist. Warum dies so ist, geht ohne weiteres hervor aus der oben erörterten Tatsache, daß die naive Voraussetzung die Imago ohne weiteres mit dem Objekt identifiziert. Jede Störung einer solchen Voraussetzung wirkt auf diese Menschenklasse irritierend. Aus dem gleichen Grunde wirkt der Gedanke der Subjektstufe unsympathisch, denn er stört die naive Voraussetzung der Identität der Bewußtseinsinhalte mit den Objekten. Unsere Mentalität ist dadurch charakterisiert – wie die Ereignisse in der Kriegszeit [Erster Weltkrieg] deutlich demonstriert haben –, daß wir mit einer schamlosen Naivität über den Gegner urteilen und im Urteil, das wir über ihn aussprechen, unsere eigenen Defekte verraten; ja, man wirft dem Gegner einfach die eigenen, nicht eingestandenen Fehler vor. Man sieht alles am anderen, man kritisiert und verurteilt am anderen, man will auch am anderen bessern und erziehen. Ich habe gar nicht nötig, zum Beweise dieser Sätze eine Kasuistik zusammenzubringen: die schönsten Beweise finden sich in jeder Zeitung. Es ist aber selbstverständlich, daß das, was im großen sich ereignet, auch im kleinen und einzelnen geschieht. Unsere Mentalität ist noch so primitiv, daß sie erst in gewissen Funktionen und Gebieten sich aus der primären mystischen Identität mit dem Objekt befreit hat. Der Primitive hat, bei einem Minimum von Selbstbesinnung, ein Maximum von Bezogenheit aufs Objekt, das sogar einen direkt magischen Zwang auf ihn ausüben kann. Die ganze primitive Magie und Religion beruht auf diesen magischen Objektbeziehungen, welche in nichts anderem bestehen als in Projektionen unbewußter Inhalte ins Objekt. Aus diesem anfänglichen Identitätszustand hat sich allmählich die Selbstbesinnung entwickelt, welche Hand in Hand geht mit der Unterscheidung von Subjekt und Objekt. Diese Unterscheidung hatte die Einsicht im Gefolge, daß gewisse, früher naiv dem Objekt zugerechnete Eigenschaften in Wirklichkeit subjektive Inhalte sind. Die Menschen der Antike glaubten zwar nicht mehr, daß sie rote Papageien oder Krokodilbrüder seien, wohl aber waren sie noch in das magische Gespinst verwoben. In dieser Beziehung hat sogar erst die Aufklärung des 18. Jahrhunderts einen wesentlichen Schritt vorwärts getan. Aber wie jedermann weiß, sind wir noch weit entfernt von einer unserem wirklichen Wissen entsprechenden Selbstbesinnung. Wenn wir uns über irgend etwas bis zur Besinnungslosigkeit ärgern, so lassen wir es uns nicht nehmen, daß die Ursache unseres Ärgers ganz und gar draußen in jenem ärgerlichen Ding oder Menschen liege. Also trauen wir jenen Dingen die Macht zu, uns in den Zustand des Ärgers, eventuell sogar in den der Schlaf- oder Verdauungsstörung versetzen zu können. Wir verurteilen darum ungescheut und schrankenlos den Gegenstand des Anstoßes und beschimpfen damit ein unbewußtes Stück in uns selbst, das in das ärgerliche Objekt projiziert ist.

Solcher Projektionen sind Legion. Sie sind zum Teil günstig, das heißt sie wirken erleichternd als Brücken der Libido; zum Teil sind sie ungünstig, kommen aber praktisch als Hindernis nicht in Betracht, weil die ungünstigen Projektionen meist außerhalb des Kreises intimer Beziehungen sich ansiedeln. Davon macht allerdings der Neurotische eine Ausnahme: er hat bewußt oder unbewußt eine so intensive Beziehung zur nächsten Umgebung, daß er es nicht hindern kann, auch die ungünstigen Projektionen bei den nächsten Objekten einfließen und dadurch Konflikte erregen zu lassen. Er ist daher gezwungen – wenn er Heilung sucht –, seine primitiven Projektionen in weit höherem Maße einzusehen, als dies der Normale je tut. Letzterer macht zwar die gleichen Projektionen, aber besser getrennt; für die günstigen ist das Objekt in der Nähe und für die ungünstigen in größerer Entfernung. Bekanntlich ist das beim Primitiven auch so: fremd ist feindlich und böse. Bei uns waren noch im späten Mittelalter «Fremde» und «Elend» identisch. Diese Verteilung ist zweckmäßig, weshalb der Normale auch keine Nötigung verspürt, sich diese Projektionen bewußtzumachen, obschon der Zustand gefährlich illusionär ist. Die Psychologie des Krieges hat diesen Umstand deutlich hervorgehoben: Alles, was die eigene Nation tut, ist gut, alles was die anderen tun, ist schlecht. Das Zentrum aller Gemeinheit befindet sich stets in einer Distanz von einigen Kilometern hinter den feindlichen Linien. Diese selbe primitive Psychologie hat auch der einzelne, weshalb jeder Versuch, der diese – durch Ewigkeiten unbewußten – Projektionen bewußtmachen könnte, als irritierend empfunden wird. Man möchte gewiß bessere Beziehungen zu den Mitmenschen, aber natürlich unter der Bedingung, daß diese unseren Erwartungen entsprechen, das heißt, daß sie willige Träger unserer Projektionen sind. Wenn man sich diese Projektionen aber bewußtmacht, so tritt dadurch leicht eine Erschwerung der Beziehung zum anderen Menschen ein, denn die Illusionsbrücke fehlt, über die Liebe und Haß befreiend abströmen können, über die auch alle jene angeblichen Tugenden, welche andere «heben» und «bessern» wollen, so leicht und befriedigend an den Mann zu bringen sind. Als Folge dieser Erschwerung ergibt sich eine Aufstauung der Libido, wodurch die ungünstigen Projektionen bewußt werden. Es tritt dann die Aufgabe an das Subjekt heran, alle jene Gemeinheit beziehungsweise Teufelei, die man ungescheut dem anderen zugetraut und worüber man sich ein Leben lang entrüstet hat, auf eigene Rechnung zu übernehmen. Das Irritierende an dieser Prozedur ist die Überzeugung einerseits, daß, wenn alle Menschen so handelten, das Leben wesentlich erträglicher würde, andererseits die Empfindung heftigsten Widerstandes dagegen, dieses Prinzip bei sich selber anzuwenden – und zwar im Ernst. Wenn es der andere täte, – man könnte sich nichts Besseres wünschen; wenn man es aber selber tun sollte, so findet man es unerträglich.

Der Neurotische ist durch seine Neurose allerdings *gezwungen*, diesen Fortschritt zu machen, der Normale aber nicht, dafür erlebt letzterer seine psychische Störung sozial und politisch in der Form von massenpsychologischen Erscheinungen, zum Beispiel von Kriegen und Revolutionen. Die reale Existenz eines Feindes, dem man alle Bosheit aufladen kann, bedeutet eine unverkennbare Erleichterung des Gewissens. Man kann es wenigstens ungescheut sagen, wer der Teufel ist, das heißt, man ist sich darüber klar, daß die Ursache des Mißgeschickes sich außen befindet und nicht etwa in der eigenen Einstellung. Sobald man sich über die etwas unangenehmen Konsequenzen der Auffassung auf der Subjektstufe Rechenschaft gegeben hat, drängt sich einem der Einwand auf, daß doch unmöglich jede schlechte Eigenschaft, über die man sich bei anderen Menschen aufregt, zu uns selber gehörte. Auf diese Weise stünde ja der große Moralist, der fanatische Erzieher und Weltverbesserer, am allerschlimmsten da. Von der Nachbarschaft des Guten und des Übels wäre nicht wenig zu sagen, überhaupt von der unmittelbaren Beziehung der Gegensatzpaare, doch das würde uns zu weit vom Thema entfernen.

Die Auffassung auf der Subjektstufe soll selbstverständlich nicht übertrieben werden. Es handelt sich bloß um eine etwas kritischere Abwägung der Zugehörigkeiten. Was mir am Objekt auffällt, wird wohl wirkliche Eigenschaft des Objektes sein. Je subjektiver und affektiver dieser Eindruck aber ist, desto eher ist die Eigenschaft als eine Projektion aufzufassen. Dabei müssen wir aber eine nicht unwesentliche Unterscheidung vornehmen: nämlich zwischen der wirklich am Objekt vorhandenen Eigenschaft, ohne welche eine Projektion aufs Objekt nicht wahrscheinlich wäre, und dem Wert oder der Bedeutung beziehungsweise der Energie dieser Eigenschaft. Es ist nicht ausgeschlossen, daß eine Eigenschaft auf das Objekt projiziert wird, von der beim Objekt in Wirklichkeit kaum Spuren vorhanden sind (zum Beispiel die Projektion magischer Qualitäten in unbelebte Objekte). Anders liegt es bei den gewöhnlichen Projektionen von Charaktereigenschaften oder momentanen Einstellungen. In diesen Fällen ist es häufig so, daß das Objekt der Projektion auch eine Gelegenheit bietet, ja sie sogar herausfordert. Dieses letztere ist dann der Fall, wenn dem Objekt die Eigenschaft selber unbewußt ist; dadurch wirkt sie auf das Unbewußte des anderen. Denn alle Projektionen bewirken Gegenprojektionen da, wo dem Objekt die vom Subjekt projizierte Eigenschaft unbewußt ist, so wie eine «Übertragung» vom Analytiker mit einer «Gegenübertragung» beantwortet wird, wenn die Übertragung einen Inhalt projiziert, der dem Arzt selber unbewußt, aber trotzdem bei ihm vorhanden ist[14]. Die Gegenübertragung ist dann insofern ebenso zweckmäßig und sinnvoll oder hinderlich wie die Übertragung des Patienten, als sie jenen besseren Rapport herzustellen strebt, der für die

Realisierung gewisser unbewußter Inhalte unerläßlich ist. Die Gegenübertragung ist wie die Übertragung etwas Zwanghaftes, eine Unfreiheit, weil sie eine «mystische», das heißt unbewußte Identität mit dem Objekt bedeutet. Gegen solche unbewußten Bindungen bestehen stets Widerstände, bewußte, wenn das Subjekt so eingestellt ist, daß es seine Libido nur freiwillig geben, sie aber sich nicht ablocken oder abzwingen lassen will; unbewußte, wenn das Subjekt es vor allem liebt, sich die Libido wegnehmen zu lassen. Deshalb schaffen Übertragung und Gegenübertragung, sofern ihre Inhalte unbewußt bleiben, abnorme und unhaltbare Beziehungen, die auf ihre eigene Zerstörung hinzielen.

Auch wenn beim Objekt eine Spur der projizierten Eigenschaft aufgefunden werden kann, so ist die praktische Bedeutung der Projektion doch rein subjektiv und fällt zu Lasten des Subjektes, indem dessen Projektion einer Eigenschaftsspur beim Objekt einen übertriebenen Wert verliehen hat.

Wenn die Projektion einer beim Objekt wirklich vorhandenen Eigenschaft entspricht, so besteht der projizierte Inhalt doch auch beim Subjekt, wo er einen Teil der Objektimago bildet. Die Objektimago selbst ist eine von der Wahrnehmung des Objektes verschiedene psychologische Größe; sie ist ein neben aller Wahrnehmung und doch auf Grund aller Wahrnehmungen existierendes Bild[15], dessen selbständige Lebendigkeit (relative Autonomie) solange unbewußt ist, als sie ganz mit der wirklichen Lebendigkeit des Objektes zusammenfällt. Die Selbständigkeit der Imago wird daher vom Bewußtsein nicht anerkannt, sondern unbewußt ins Objekt projiziert, das heißt mit der Selbständigkeit des Objektes kontaminiert. Dadurch kommt natürlich dem Objekt ein in bezug auf das Subjekt geradezu zwingender Wirklichkeitscharakter zu, also eine übertriebene Wertigkeit. Dieser Wert beruht auf der Projektion beziehungsweise der apriorischen Identität der Imago mit dem Objekt, wodurch das äußere Objekt zugleich auch ein inneres wird. Auf diese Weise kann das äußere Objekt auf unbewußtem Wege direkt eine unmittelbare seelische Wirkung auf das Subjekt ausüben, indem es durch seine Identität mit der Imago gewissermaßen unmittelbar eine Hand im seelischen Getriebe des Subjektes hat. Damit kann das Objekt «magische» Gewalt über das Subjekt bekommen. Treffliche Beispiele hierfür liefern die Primitiven, welche zum Beispiel ihre Kinder oder sonstige «beseelte» Objekte so behandeln, wie sie ihre eigene Psyche behandeln. Sie wagen nichts gegen sie zu tun aus Angst, die Kinder- oder Objektseele zu beleidigen. Daher bleiben die Kinder möglichst unerzogen bis zum Pubertätsalter, wo dann plötzlich eine oft grausame Nacherziehung einsetzt (Initiation).

Ich habe oben gesagt, daß die Selbständigkeit der Imago unbewußt bleibe, weil sie mit der des Objektes identifiziert werde. Dementsprechend müßte der Tod des Objektes sonderbare psychologische Wirkungen auslösen, indem das Objekt dann doch nicht ganz verschwindet, sondern in ungreifbarer Form weiterexistiert. Dies ist bekanntlich der Fall. Die unbewußte Imago, der kein Objekt mehr entspricht, wird zum Totengeist und übt nun Wirkungen auf das Subjekt aus, die man zunächst nicht anders denn als psychologische Phänomene auffassen kann. Die unbewußten Projektionen des Subjektes, welche unbewußte Inhalte in die Objektimago überführt und diese mit dem Objekt identifiziert haben, überdauern den realen Verlust des Objektes und spielen eine bedeutende Rolle im Leben der Primitiven sowohl wie auch bei allen Kulturvölkern ältester wie neuester Zeit. Diese Phänomene beweisen schlagend die relativ autonome Existenz der Objektimagines im Unbewußten. Sie sind offenbar darum im Unbewußten, weil sie bewußt nie als vom Objekt unterschieden betrachtet wurden.

Jeder Fortschritt, jede Auffassungsleistung der Menschheit war mit einem Fortschritt der Selbstbesinnung verknüpft; man hat sich vom Objekt unterschieden und trat der Natur als von ihr verschieden gegenüber. Daher wird auch eine Neuorientierung der psychologischen Einstellung denselben Weg gehen müssen: es ist einleuchtend, daß die Identität des Objektes mit der subjektiven Imago dem Objekt eine Bedeutung verleiht, die ihm nicht eigentlich zukommt, die es aber seit Ewigkeiten besessen hat. Denn die Identität ist eine absolut ursprüngliche Tatsache. Diese Sachlage bedeutet aber für das Subjekt einen primitiven Zustand, der nur solange bestehen bleiben kann, als er nicht zu schweren Inkonvenienzen führt. Die Überwertigkeit des Objektes ist aber nun gerade ein Punkt, der sehr geeignet ist, die Entwicklung des Subjektes zu beeinträchtigen. Ein zu stark betontes, «magisches» Objekt orientiert das subjektive Bewußtsein in hohem Maße im Sinne des Objektes und durchkreuzt jeden Versuch einer individuellen Differenzierung, der selbstverständlich mit einer Ablösung der Imago vom Objekte einsetzen müßte. Die Richtung der individuellen Differenzierung läßt sich nämlich unmöglich beibehalten, wenn äußere Faktoren in den subjektiven seelischen Betrieb «magisch» eingreifen. Die Ablösung der Imagines aber, welche den Objekten jene allzu große Bedeutung verleihen, bringt dem Subjekt jene abgespaltene Energie zurück, deren es zu seiner Entwicklung dringend bedarf.

Die Traumimagines auf der Subjektstufe auffassen, bedeutet daher für den Gegenwartsmenschen dasselbe, wie wenn man dem Primitiven die Ahnenfiguren und Fetische wegnimmt und ihm beizubringen versucht, daß die «Medizinkraft» etwas Geistiges sei, das nicht im Objekt, sondern in der menschlichen Psyche stecke. Der Primitive empfindet einen legitimen Widerstand gegen diese ketzerische Auffassung, und so empfindet es auch der Mensch der Gegenwart als unangenehm, vielleicht sogar als irgendwie gefährlich, die durch unermeßliches Alter geheiligte Identität von Imago und Objekt aufzulösen. Die Folgen sind auch für unsere Psychologie kaum faßbar: man hätte niemand mehr, den man anklagen, niemand, den man verantwortlich machen, den man belehren, bessern und strafen könnte! Man hätte vielmehr in allen Dingen bei sich selber anzufangen, man hätte die Ansprüche, die man an andere stellt, einzig und allein an sich selber zu stellen. Es ist bei dieser Sachlage begreiflich, warum die Auffassung der Traumimagines auf der Subjektstufe kein gleichgültiger Schritt ist, namentlich darum nicht, weil er zu Einseitigkeiten und Übertriebenheiten in beiden Richtungen Anlaß gibt.

Abgesehen von dieser mehr moralischen Schwierigkeit bestehen aber auch einige Hemmnisse auf intellektuellem Gebiete. Man hat mir schon den Einwand gemacht, die Deutung auf der Subjektstufe sei ein philosophisches Problem, und die Durchführung dieses Prinzips stoße an die Schranken der Weltanschauung und höre deshalb auf, Wissenschaft zu sein. Es scheint mir nicht erstaunlich, daß die Psychologie an die Philosophie rührt, denn das der Philosophie zugrunde liegende Denken ist eine psychische Tätigkeit, die als solche Gegenstand der Psychologie ist. Ich denke bei der Psychologie immer an den ganzen Umfang der Seele, und da ist Philosophie und Theologie und so vieles andere mit dabei. Denn gegenüber allen Philosophien und allen Religionen stehen die Tatsachen der menschlichen Seele, welche vielleicht in letzter Instanz über Wahrheit und Irrtum entscheiden.

Es kommt unserer Psychologie zunächst wenig darauf an, ob unsere Probleme da oder dort anstoßen. Wir haben es in erster Linie mit praktischen Notwendigkeiten zu tun. Wenn die Weltanschauungsfrage ein psychologisches Problem ist, dann müssen wir sie behandeln, ob nun die Philosophie zur Psychologie gehört oder nicht. Ebenso sind Religionsfragen für uns zunächst psychologische Fragen. Daß die medizinische Psychologie unserer Zeit diesen Gebieten im allgemeinen fernsteht, ist ein bedauernswerter Mangel, der sich deutlich fühlbar macht in der Tatsache, daß die psychogenen Neurosen irgendwo anders oft bessere Heilungsmöglichkeiten finden als in der Schulmedizin. Obschon ich selber Arzt bin und nach dem Prinzip «medicus medicum non decimat» allen Grund hätte, mich einer Kritik des Arztes zu enthalten, so muß ich dennoch bekennen, daß die Ärzte keineswegs immer diejenigen sind, in deren Händen die psychologische Medizin am besten aufgehoben ist. Ich habe oft die Erfahrung gemacht, daß ärztliche Psychotherapeuten ihre Kunst in jener routinemäßigen Weise, die ihnen durch die Eigenart ihres Studiums nahegelegt wird, auszuüben versuchen. Das medizinische Studium besteht einerseits in der Aufstapelung eines unheimlich großen Gedächtnismaterials, welches ohne wirkliche Kenntnis der Grundlagen einfach memoriert wird, andererseits in der Erfahrung in praktischen Fertigkeiten, welche nach dem Prinzip: «Da wird nicht lange gedacht, sondern in die Hand genommen», erworben werden muß. So kommt es, daß von allen Fakultäten der Mediziner am wenigsten Gelegenheit hat, die Funktion des Denkens zu entwickeln. Daher ist es auch nicht weiter erstaunlich, daß sogar psychologisch orientierte Ärzte meinen Überlegungen gar nicht oder nur mit größter Mühe folgen können. Sie haben es sich angewöhnt, nach Rezepten zu verfahren und mechanisch Methoden anzuwenden, welche sie nicht selber ausgedacht haben. Diese Tendenz ist aber für die Ausübung der ärztlichen Psychologie denkbar ungeeignet, denn sie klammert sich an die Geländer autoritärer Theorien und Methoden und verhindert die Entwicklung eines selbständigen Denkens. So habe ich es erlebt, daß sogar elementare und für die praktische Behandlung ungemein wichtige Unterscheidungen wie Subjekt- und Objektstufe der Deutung, Ich und Selbst, Zeichen und Symbol, Kausalität und Finalität usw. sich als zu hohe Anforderungen an die Denkfähigkeit herausstellten. Aus dieser Schwierigkeit ist das zähe Festhalten an rückständigen und längst revisionsbedürftigen Auffassungen zu erklären. Daß dies nicht nur meine subjektive Auffassung ist, beweist die fanatische Einseitigkeit und sektiererhafte Abgeschlossenheit gewisser «psychoanalytischer» Organisationen. Diese Einstellung ist, wie allbekannt, ein Symptom und bedeutet *überkompensierten Zweifel.* Aber eben – wer wendet schon psychologische Kriterien auf sich selber an?

Die Auffassung der Träume als infantile Wunscherfüllungen oder als final orientierte Arrangements im Dienste der infantilen Machtabsicht ist viel zu eng und wird dem Wesen des Traumes nicht gerecht. Der Traum ist, wie jedes Stück des psychischen Zusammenhanges, eine Resultante des Ganzen der Psyche; weshalb wir im Traum auch alles zu finden erwarten dürfen, was im Leben der Menschheit seit uralters Bedeutung hatte. So wenig sich das menschliche Leben an sich auf diesen oder jenen Grundtrieb beschränkt, sondern sich auf eine Vielheit von Trieben, Bedürfnissen, Notwendigkeiten, physischen und psychischen Bedingtheiten aufbaut, ebensowenig ist der Traum aus diesem oder jenem Element zu erklären, so bestechend einfach eine derartige Erklärung auch ausfallen mag. Wir können sicher sein, daß sie unrichtig ist, denn keine einfache Triebtheorie wird jemals imstande sein, die menschliche Seele, dieses gewaltige und geheimnisvolle Ding, zu erfassen und daher auch nicht ihren Ausdruck, den Traum. Um dem Traum auch nur einigermaßen gerecht zu werden, bedürfen wir eines Rüstzeuges, das wir uns aus allen Gebieten der Geisteswissenschaften mühsam zusammenstellen müssen. Aber mit ein paar schlechten Witzen oder mit dem Nachweis gewisser Verdrängungen ist das Traumproblem nicht gelöst.

Man hat meiner Richtung das «Philosophische» (gar «Theologische») direkt zum Vorwurf gemacht, in der Meinung, daß ich «philosophisch» erklären wolle und daß meine psychologischen Auffassungen «metaphysisch» seien[16]. Ich gebrauche aber gewisse philosophische, religionswissenschaftliche und historische Materialien ausschließlich zur Darstellung seelischer Zusammenhänge. Wenn ich hierbei einen Gottesbegriff gebrauche oder einen ebenso metaphysischen Energiebegriff, so muß ich das tun, weil das Bilder sind, die sich in der menschlichen Seele seit Anbeginn befinden. Ich muß immer wieder betonen, daß weder das Moralgesetz, noch der Gottesbegriff, noch irgendeine Religion von außen, so gewissermaßen vom Himmel herunter, den Menschen angefallen hat, sondern das hat der Mensch alles in nuce in sich, darum erschafft er es auch aus sich heraus. Es ist darum eine müßige Idee, daß es bloß der Aufklärung bedürfe, um diese Gespenster zu vertreiben. Die Ideen des moralischen Gesetzes und der Gottheit gehören zum unausrottbaren Bestand der menschlichen Seele. Darum hat sich jede ehrliche Psychologie, die nicht von einem banausenhaften Aufklärungsdünkel verblendet ist, mit diesen Tatsachen auseinanderzusetzen. Sie sind nicht wegzuerklären und wegzuironisieren. In der Physik können wir eines Gottesbildes entraten, in der Psychologie aber ist es eine definitive Größe, mit der zu rechnen ist, so gut wie mit «Affekt», «Trieb», «Mutter» usw. Es liegt natürlich an der ewigen Vermischung von Objekt und Imago, daß man sich keinen Unterschied denken kann zwischen «Gott» und «Gottesimago» und daher meint, man spreche von Gott, erkläre «theologisch», wenn man von «Gottesbild» spricht. Es steht der Psychologie als Wissenschaft nicht zu, eine Hypostasierung der Gottesimago zu fordern. Sie hat aber, den Tatsachen entsprechend, mit dem Vorhandensein eines Gottesbildes zu rechnen. Ebenso rechnet sie mit dem Trieb und mißt sich keine Kompetenz zu, festzustellen, was «Trieb» an sich sei. Welchen psychologischen Tatbestand man als Trieb bezeichnet, ist jedermann klar, so unklar es ist, was der Trieb an sich eigentlich ist. So ist es auch klar, daß zum Beispiel das Gottesbild einem bestimmten psychologischen Tatsachenkomplex entspricht und so eine bestimmte Größe darstellt, mit der sich operieren läßt; es bleibt aber eine Frage jenseits aller Psychologie, was Gott an sich sei. Ich bedauere, dergleichen Selbstverständlichkeiten wiederholen zu müssen.

Ich habe im vorangegangenen so ziemlich alles mitgeteilt, was ich in bezug auf allgemeine Gesichtspunkte der Traumpsychologie zu sagen habe[17]. Ich habe es absichtlich unterlassen, auf Einzelheiten einzugehen. Das muß kasuistischen Arbeiten vorbehalten bleiben. Die Erörterung der allgemeinen Gesichtspunkte hat uns zu weiteren Problemen geführt, deren Erwähnung unumgänglich ist, wenn man von Träumen spricht. Es wäre vom Ziel der Traumanalyse natürlich noch sehr vieles zu sagen, aber da die Traumanalyse das Instrument der analytischen Behandlung überhaupt ist, so ließe sich dies nur im Zusammenhang mit einer Darstellung der ganzen Behandlung tun. Um aber das Wesen der Behandlung gründlich schildern zu können, bedarf es verschiedener Vorarbeiten dazu, welche das Problem von verschiedenen Seiten her in Angriff nehmen. Die Frage der analytischen Behandlung ist äußerst komplex, obschon gewisse Autoren sich an Simplifikationen überbieten und glauben machen wollen, daß die bekannten «Wurzeln» der Krankheit sehr einfach auszuziehen seien. Ich warne vor allem Leichtsinn in dieser Hinsicht. Ich sähe es lieber, wenn ernsthafte Köpfe mit den großen Problemen, welche die Analyse in Fluß gebracht hat, sich gründlich und gewissenhaft auseinandersetzten. Es wäre wirklich an der Zeit, daß die akademische Psychologie sich einmal zur Wirklichkeit bekehrte und von der wirklichen Menschenseele hören wollte, und nicht bloß von Laboratoriumsexperimenten. Es sollte nicht mehr so sein, daß Professoren ihren Schülern die Beschäftigung mit analytischer Psychologie verbieten oder ihnen den Gebrauch analytischer Begriffe untersagen, oder daß man unserer Psychologie den Vorwurf macht, daß sie in unwissenschaftlicher Weise «Alltagserfahrungen berücksichtige». Ich weiß, daß die allgemeine Psychologie den größten Gewinn aus einer ernsthaften Beschäftigung mit dem Traumproblem ziehen könnte, wenn sie sich nur einmal von dem ganz ungerechtfertigten und laienhaften Vorurteil, die Träume entsprängen ausschließlich somatischen Reizen, befreien könnte. Die Überschätzung des Somatischen ist auch in der Psychiatrie einer der wesentlichsten Gründe, warum die Psychopathologie keine Fortschritte macht, insofern sie nicht direkt von der Analyse befruchtet ist. Das Dogma «Geisteskrankheiten sind Gehirnkrankheiten» ist ein Überbleibsel des Materialismus der siebziger Jahre des vorigen Jahrhunderts. Es ist zu einem durch nichts zu rechtfertigenden Vorurteil geworden, das jeden Fortschritt hemmt. Selbst wenn es wahr wäre, daß alle Geisteskrankheiten Gehirnkrankheiten sind, so wäre das noch lange kein Gegengrund gegen die Erforschung der psychischen Seite der Krankheit. Das Vorurteil wird aber benützt, um alle Versuche in dieser Hinsicht von vornherein zu diskreditieren und totzuschlagen. Der Beweis, daß alle Geisteskrankheiten Gehirnkrankheiten sind, ist aber nie erbracht worden, kann auch gar nie erbracht werden, sonst müßte auch bewiesen werden können, daß der Mensch so oder so denkt oder handelt, weil die oder jene Eiweißkörper in den oder jenen Zellen zerfallen sind oder sich gebildet haben. Eine solche Ansicht führt direkt zum materialistischen Evangelium: «Was der Mensch *ißt,* das ist er.» Diese Orientierung möchte das Geistesleben als Assimilations- und Dissimilationsvorgänge in den Gehirnzellen verstehen, wobei letztere notwendigerweise immer nur als Laboratoriumssynthesen und -desintegrationen gedacht werden, denn die Vorgänge so denken, wie das Leben sie schafft, ist solange gänzlich ausgeschlossen, als wir den Lebensprozeß selbst nicht nachdenken können. Aber so müßte man die Zellvorgänge denken können, wenn man Anspruch erheben wollte auf die Gültigkeit der materialistischen Anschauung. Damit hätte man aber bereits den Materialismus überwunden, indem man das Leben nie als eine Funktion des Stoffes, sondern nur als einen an und für sich selbst bestehenden Prozeß, dem Kraft und Stoff subordiniert sind, denken kann. Leben als Funktion des Stoffes fordert generatio aequivoca. Auf diesen Beweis wird man aber noch lange warten müssen. Ebensowenig aber, wie wir berechtigt sind, das Leben überhaupt einseitig, willkürlich und beweislos materialistisch aufzufassen, sind wir berechtigt, die Psyche als Gehirnvorgang zu verstehen, ganz abgesehen davon, daß der Versuch, sich etwas Derartiges vorzustellen, allein schon aberwitzig ist und auch immer Aberwitz zutage gefördert hat, sooft er ernsthaft gemacht wurde. Vielmehr ist der psychische Vorgang als psychisch zu betrachten und nicht als ein organischer Zellvorgang. So sehr man sich entrüstet über «metaphysische Phantome», wenn jemand den Zellvorgang vitalistisch erklärt, so sehr gilt die physische Hypothese als «wissenschaftlich», obschon sie nicht minder phantastisch ist. Sie paßt aber nicht ins materialistische Vorurteil, und darum ist jeder Unsinn, sobald er nur Psychisches in Physisches zu verkehren verspricht, wissenschaftlich geheiligt. Hoffentlich ist die Zeit nicht mehr fern, wo dieser Zopf eines eingerosteten und gedankenlos gewordenen Materialismus unseren Wissenschaftsvertretern abgeschnitten wird.

Vom Wesen der Träume

Die medizinische Psychologie zeichnet sich vor allen anderen naturwissenschaftlichen Disziplinen dadurch aus, daß sie sich mit den komplexesten Problemen auseinanderzusetzen hat, ohne sich auf gesicherte Versuchsanordnungen, Experimentalserien und logisch faßbare Tatbestände stützen zu können. Im Gegenteil sieht sie sich einer Unzahl beständig wechselnder irrationaler Gegebenheiten gegenübergestellt; ist doch die Seele wohl das undurchsichtigste und unnahbarste Gebilde, mit dem sich wissenschaftliches Denken je beschäftigt hat. Man muß zwar annehmen, daß alle psychischen Erscheinungen irgendwie in einer im weitesten Sinne kausalen Abfolge stehen, obschon es ratsam ist, gerade hier zu berücksichtigen, daß Kausalität in letzter Linie bloß eine statistische Wahrheit ist. Es ist daher vielleicht in gewissen Fällen nicht ganz unangebracht, einer möglicherweise absoluten Irrationalität wenigstens eine Türe offenzulassen, auch wenn man, schon aus heuristischen Gründen, zunächst in allen Fällen die Frage nach der Kausalität aufwirft. Ebenso tut man gut daran, auch innerhalb dieser Fragestellung wenigstens eine der klassischen Begriffsscheidungen, nämlich die der causa efficiens und der causa finalis, in Betracht zu ziehen. Bei psychischen Dingen ist eben die Frage: Warum geschieht es? nicht notwendigerweise ergiebiger als die andere Frage: Wozu geschieht es?

Unter den vielen Problemen der medizinischen Psychologie gibt es ein Sorgenkind, und das ist der Traum. Es wäre nun eine ebenso interessante wie schwierige Aufgabe, den Traum ausschließlich in seinen ärztlichen Aspekten zu behandeln, nämlich in bezug auf Diagnose und Prognose krankhafter Zustände. Der Traum beschäftigt sich tatsächlich auch mit Gesundheit und Krankheit, und da er, vermöge seiner unbewußten Herkunft, aus dem Schatze unterschwelliger Wahrnehmungen schöpft, so kann er gelegentlich sehr wissenswerte Dinge produzieren. Dies hat sich mir schon öfters als hilfreich erwiesen in Fällen schwieriger Differentialdiagnosen bei organischen und psychogenen Symptomen. Auch für die Prognose sind gewisse Träume belangreich[1]. Auf diesem Gebiet fehlen aber noch alle nötigen Vorarbeiten, wie sorgfältige kasuistische Sammlungen und dergleichen mehr. Es ist eine Aufgabe der Zukunft, daß psychologisch geschulte Ärzte systematisch Träume protokollieren, da man so Gelegenheit hätte, ein Traummaterial zu erhalten, das sich auf den später erfolgenden Ausbruch lebensbedrohender akuter Erkrankungen oder sogar auf den letalen Ausgang bezöge, also auf Ereignisse, die zur Zeit der Protokollaufnahme nicht vorauszusehen waren. Die Erforschung der Träume im allgemeinen ist an sich schon eine Lebensarbeit. Zur Ausarbeitung im einzelnen aber bedarf es der Mitarbeit vieler. Ich habe es daher vorgezogen, in dieser kurzen Übersicht die fundamentalen Aspekte der Traumpsychologie und -interpretation so zu behandeln, daß auch der auf diesem Gebiet Unerfahrene sich ein Bild von Fragestellung und Methodik machen kann. Der Kenner dieser Materie wird mir wohl beipflichten, wenn ich die Kenntnis des Grundsätzlichen für wichtiger halte als eine Anhäufung von Kasuistik, welche die mangelnde Erfahrung doch nicht zu ersetzen vermag.

Der Traum ist ein Stück *unwillkürlicher* psychischer Tätigkeit, das gerade soviel Bewußtheit hat, um im Wachzustand reproduzierbar zu sein. Unter den seelischen Erscheinungen bietet der Traum vielleicht am meisten «irrationale» Gegebenheiten. Er scheint ein Minimum von jener logischen Verknüpftheit und Hierarchie der Werte mitbekommen zu haben, die die sonstigen Bewußtseinsinhalte aufweisen, und ist darum weniger durchschaubar und faßbar. Logisch, moralisch und ästhetisch befriedigend kombinierte Träume gehören ja zu den Ausnahmen. In der Regel ist der Traum ein sonderbares und fremdartiges Gebilde, das sich durch viele «schlechte Eigenschaften», wie Mangel an Logik, zweifelhafte Moral, unschöne Gestaltung und offensichtliche Widersinnigkeit oder Sinnlosigkeit auszeichnet. Man tut ihn deshalb gerne als dumm, sinn- und wertlos ab.

Jede Deutung eines Traumes ist eine psychologische Aussage über gewisse seelische Inhalte des Traumes. Sie ist daher nicht ungefährlich, da der Träumer in der Regel, wie die meisten Menschen, eine oft erstaunliche Empfindlichkeit zeigt, nicht nur für unrichtige, sondern vor allem auch für richtige Bemerkungen. Da es nur unter ganz besonderen Voraussetzungen möglich ist, einen Traum ohne die Mitbeteiligung des

Träumers zu bearbeiten, so bedarf es meist einer ungewöhnlichen Anstrengung, taktvoll zu sein, wenn man nicht unnötig ein fremdes Selbstgefühl verletzen will. Was soll man zum Beispiel sagen, wenn ein Patient eine Reihe wenig dezenter Träume erzählt und daran die Frage knüpft: «Warum soll gerade *ich* solche ekelhaften Träume haben?» Auf eine derartige Frage gibt man besser keine Antwort, denn sie ist aus mehreren Gründen schwierig zu beantworten, namentlich für den Anfänger, und allzuleicht sagt man unter solchen Umständen etwas Ungeschicktes, und zwar gerade dann, wenn man die Frage beantworten zu können vermeint. Das Verstehen der Träume ist nämlich eine so schwierige Sache, daß ich es mir schon längst zur Regel gemacht habe, wenn mir jemand einen Traum erzählt und nach meiner Meinung fragt, vor allem einmal zu mir selber zu sagen: «Ich habe keine Ahnung, was dieser Traum bedeutet.» Nach dieser Feststellung kann ich dann darangehen, den Traum zu untersuchen.

Hier wird sich der Leser allerdings die Frage vorlegen: Lohnt es sich überhaupt, im einzelnen Fall dem Sinn eines Traumes nachzuforschen, vorausgesetzt, daß Träume überhaupt einen Sinn haben und daß dieser sich im allgemeinen nachweisen läßt.

Daß zum Beispiel ein Tier ein Vertebrat ist, kann leicht damit bewiesen werden, daß man die Wirbelsäule bloßlegt. Wie aber muß man vorgehen, wenn man eine innere, sinnvolle Struktur des Traumes «bloßlegen» soll? Es gibt anscheinend zunächst keine eindeutigen Formgesetze und überhaupt keine regelmäßigen Verhaltensweisen des Traumes, abgesehen von den allbekannten «typischen» Träumen, wie zum Beispiel dem Alptraum oder «Schrätteli». Angstträume sind zwar nicht selten, bilden aber keineswegs die Regel. Daneben gibt es *typische* Traummotive, die auch dem Laien bekannt sind, wie zum Beispiel das Fliegen, das Treppen- oder Bergsteigen, das Herumgehen mit ungenügender Bekleidung, das Zahnausfallen, die Volksmenge, das Hotel, den Bahnhof, die Eisenbahn, das Flugzeug, das Automobil, die beängstigenden Tiere (Schlangen) usw. Diese Motive sind recht häufig, genügen aber keineswegs, um auf eine Gesetzmäßigkeit im Gefüge des Traumes schließen zu können.

Es gibt Menschen, die von Zeit zu Zeit immer wieder denselben Traum haben. Namentlich kommt dies in jugendlichem Alter vor; gelegentlich aber erstreckt sich eine solche Wiederholung auch über mehrere Jahrzehnte. Dabei handelt es sich nicht selten um sehr eindrucksvolle

Träume, wo man unbedingt das Gefühl hat, daß sie «doch etwas heißen müssen». Dieses Gefühl besitzt insofern seine Berechtigung, als man auch bei größter Vorsicht nicht um die Annahme herumkommt, daß von Zeit zu Zeit eine bestimmte psychische Situation eintritt, die den Traum veranlaßt. Eine «psychische Situation» ist aber etwas, das, wenn es formuliert werden kann, identisch ist mit einem bestimmten *Sinn* – dies allerdings nur, wenn man sich nicht auf die durchaus unbewiesene Hypothese versteift, daß alle Träume auf Magenverstimmungen, Rückenlage des Schläfers und dergleichen mehr zurückzuführen seien. Solche Träume legen es einem in der Tat nahe, einen gewissen kausalen Sinngehalt wenigstens zu vermuten. Dasselbe gilt von den sogenannten typischen Motiven, die sich viele Male in längeren Traumserien wiederholen. Auch hier kann man sich schwer des Eindruckes erwehren, daß «damit etwas gemeint» sei.

Aber wie gelangen wir zu einem plausiblen Sinn, und wie können wir dann die Richtigkeit der Auslegung bestätigen? Eine erste, allerdings nicht wissenschaftliche Methode bestände darin, daß man an Hand eines Traumbuches zukünftige Ereignisse aus den Träumen prophezeien und durch ihr späteres Eintreten die Deutung verifizieren könnte, vorausgesetzt, daß der Sinn der Träume darin läge, daß sie die Zukunft vorausnehmen.

Eine andere Möglichkeit, den Sinn eines Traumes direkt nachzuweisen, bestände vielleicht darin, daß man, auf die Vergangenheit zurückschließend, aus dem Auftreten bestimmter Motive frühere Erlebnisse rekonstruierte. Obschon dies in beschränktem Maße möglich ist, so hätte es aber nur dann einen entscheidenden Wert, wenn man damit etwas erkennen könnte, was tatsächlich stattgefunden hat, dem Träumer aber unbewußt geblieben ist, oder allenfalls etwas, was er unter keinen Umständen preisgeben möchte. Ist beides nicht der Fall, so handelt es sich um ein bloßes Erinnerungsbild, dessen Auftreten im Traum erstens von niemand bestritten wird und zweitens in Hinsicht auf eine sinnvolle Traumfunktion äußerst belanglos ist, insofern als der Träumer ebensogut bewußt darüber hätte Auskunft geben können. Leider sind damit die Möglichkeiten eines direkten Sinn-Nachweises erschöpft.

Es ist das große Verdienst FREUDS, der Traumforschung auf die Spur verholfen zu haben[2]. Er hat vor allem erkannt, daß wir ohne den Träumer keine Deutung vornehmen können. Die Wörter, die einen Traumbericht zusammensetzen, haben eben nicht bloß *einen* Sinn, sondern sind vieldeutig. Träumt zum Beispiel jemand von einem Tisch, so weiß man noch lange nicht, was der «Tisch» des Träumers bedeutet, obwohl das Wort Tisch unzweideutig genug zu sein scheint. Wir wissen nämlich eines nicht, und zwar, daß dieser Tisch gerade jener Tisch ist, an dem sein Vater saß, als er dem Träumer jegliche weitere finanzielle Hilfe versagte und ihn als Taugenichts aus dem Hause warf. Die blanke Oberfläche dieses Tisches starrte ihm als Symbol seiner katastrophalen Untauglichkeit im Bewußtsein des Tages sowohl wie im Traum der Nacht entgegen. Das ist, was unser Träumer unter «Tisch» versteht. Darum brauchen wir die Hilfe des Träumers, um die Vielfalt der Wortbedeutungen auf das Wesentliche und Überzeugende einzuschränken. Daß der Tisch einen peinlichen Hauptpunkt im Leben des Träumers bezeichnet, daran kann jeder zweifeln, der nicht dabei war. Der Träumer aber zweifelt nicht daran, auch ich nicht. Es ist klar, daß die Traumdeutung in allererster Linie ein Erlebnis ist, das zunächst nur für zwei Personen einwandfrei feststeht.

Wenn wir also zur Feststellung gelangen, daß der Tisch im Traum eben jenen fatalen Tisch mit allem, was daran hängt, bedeutet, dann haben wir zwar nicht den Traum, aber wenigstens dieses einzelne Motiv in der Hauptsache gedeutet, das heißt wir erkannten, in was für einem subjektiven Kontext das Wort Tisch steht.

Wir kamen zu diesem Ergebnis durch die methodische Befragung der Einfälle des Träumers. Die weiteren Prozeduren, denen FREUD die Trauminhalte unterzieht, muß ich allerdings ablehnen, denn sie stehen zu sehr unter der vorgefaßten Meinung, daß die Träume Erfüllungen «verdrängter Wünsche» seien. Obschon es auch solche Träume gibt, so ist das noch lange kein Beweis dafür, daß alle Träume Wunscherfüllungen sind, sowenig alle Gedanken des bewußten Seelenlebens Wunscherfüllungen sind. Es besteht gar kein Grund zur Annahme, daß die dem Traum zugrunde liegenden unbewußten Vorgänge in Form und Inhalt beschränkter oder eindeutiger seien als die Bewußtseinsvorgänge. Man könnte eher von den letztgenannten vermuten, daß sie sich auf bekannte Typen einschränken lassen, indem sie meist die Regelmäßigkeit oder gar Monotonie der bewußten Lebensführung abbilden.

Um den Sinn des Traumes festzustellen, habe ich auf Grund der oben erläuterten Erkenntnis ein Verfahren ausgebildet, das ich als das *Aufneh-*

men des Kontextes bezeichne und das darin besteht, daß bei jeder hervorstechenden Einzelheit des Traumes durch die *Einfälle des Träumers* festgestellt wird, in welcher Bedeutungsnuance sie ihm erscheint. Ich verfahre also nicht anders als bei der Dechiffrierung eines schwer lesbaren Textes. Diese Methode ergibt als Resultat durchaus nicht immer einen unmittelbar verständlichen Text, sondern zunächst oft nur einen als bedeutsam erscheinenden Hinweis auf zahlreiche Möglichkeiten. Ich behandelte einmal einen jüngeren Mann, der mir in der Anamnese angab, glücklich verlobt zu sein, und zwar mit einem Mädchen aus «guter» Familie. In seinen Träumen trat ihre Gestalt öfters in sehr unvorteilhafter Weise auf. Der Kontext ergab, daß das Unbewußte des Träumers allerlei Skandalgeschichten aus ganz anderer Quelle mit der Gestalt seiner Braut kombinierte, was ihm durchaus unbegreiflich war und mir natürlich ebenfalls. Aus der ständigen Wiederholung solcher Kombinationen mußte ich aber schließen, daß trotz seinem bewußten Widerstand eine unbewußte Tendenz vorlag, seine Braut in solch zweideutigem Licht erscheinen zu lassen. Er sagte mir, wenn so etwas wahr wäre, so würde ihm das soviel wie eine Katastrophe bedeuten. Seine akute Neurose hatte einige Zeit nach der Verlobungsfeier eingesetzt. Trotz der Undenkbarkeit schien mir die Verdächtigung seiner Braut ein Punkt von so kapitaler Wichtigkeit zu sein, daß ich ihm anriet, Nachforschungen anzustellen. Diese erwiesen nun den Verdacht als gerechtfertigt, und der «Schock» der unerfreulichen Entdeckung erschlug den Patienten nicht, sondern kurierte ihn von seiner Neurose und damit auch von seiner Braut. Obgleich also die Aufnahme des Kontextes eine sogenannte «Undenkbarkeit» und damit eine anscheinend widersinnige Deutung der Träume ergab, so erwies sie sich dennoch im Lichte der später entdeckten Tatsachen als richtig. Dieser Fall ist von exemplarischer Einfachheit. Es ist überflüssig, zu betonen, daß die wenigsten Träume eine so einfache Lösung finden.

Das Aufnehmen des Kontextes ist allerdings eine einfache, beinahe mechanische Arbeit, die nur vorbereitende Bedeutung hat. Die darauffolgende Herstellung eines lesbaren Textes, nämlich die eigentliche Interpretation des Traumes, ist dagegen in der Regel eine anspruchsvolle Aufgabe. Sie setzt psychologische Einfühlung, Kombinationsfähigkeit, Intuition, Welt- und Menschenkenntnis und vor allem ein spezifisches Wissen voraus, bei dem es ebensosehr auf ausgedehnte Kenntnisse wie auf eine gewisse «intelligence du cœur» ankommt. Alle diese Voraussetzungen, sogar die letzgenannte inbegriffen, gelten für die Kunst der ärztlichen Diagnostik überhaupt. Es bedarf durchaus nicht eines sechsten Sinnes, um Träume verstehen zu können. Aber es braucht mehr als geistlose Schemata, wie sie sich in vulgären Traumbüchern finden oder sich fast stets unter dem Einfluß vorgefaßter Meinungen entwickeln. Die stereotype Auslegung von Traummotiven ist abzulehnen; gerechtfertigt sind nur spezifische, durch sorgfältige Kontextaufnahmen eruierbare Bedeutungen. Auch wenn man eine große Erfahrung auf diesem Gebiete besitzt, so ist man doch immer wieder genötigt, vor jedem Traum sein Nichtwissen sich einzugestehen und, auf alle vorgefaßten Meinungen verzichtend, sich auf etwas gänzlich Unerwartetes einzustellen.

So sehr die Träume auf ein bestimmt geartetes Bewußtsein und auf eine bestimmte seelische Situation sich beziehen, so tief liegen ihre Wurzeln in dem unerkennbar dunkeln Hintergrund des Bewußtseinsphänomens. Wir nennen diesen Hintergrund aus Ermangelung eines bezeichnenderen Ausdruckes das *Unbewußte.* Wir kennen sein Wesen an und für sich nicht, sondern beobachten nur gewisse Auswirkungen, aus deren Beschaffenheit wir gewisse Rückschlüsse auf die Natur der unbewußten Psyche wagen. Weil der Traum eine ungemein häufige und normale Äußerung der unbewußten Psyche ist, liefert er das meiste Erfahrungsmaterial zur Erforschung des Unbewußten.

Da nun der Sinn der meisten Träume nicht mit den Tendenzen des Bewußtseins zusammenfällt, sondern eigentümliche Abweichungen aufweist, müssen wir annehmen, daß das Unbewußte, die Matrix der Träume, eine selbständige Funktion hat. Ich bezeichne dies als *Autonomie des Unbewußten.* Der Traum gehorcht nicht nur nicht unserem Willen, sondern stellt sich sogar recht häufig in grellen Gegensatz zu den Absichten des Bewußtseins. Der Gegensatz ist aber nicht immer so ausgeprägt; zuweilen kann der Traum auch nur in geringem Maße von der bewußten Einstellung oder Tendenz abweichen und Modifikationen anbringen; ja, er kann sogar gelegentlich mit Inhalt und Tendenz des Bewußtseins koinzidieren. Um dieses Verhalten zu formulieren, bot sich mir als einzig möglicher Begriff der der *Kompensation* an, welcher allein imstande ist, wie mir scheint, alle Verhaltensweisen des Traumes sinnvoll zusammenzufassen. Die Kompensation muß von der *Komplementierung* streng unterschieden werden. Das Komplement ist ein zu beschränkter und beschränkender Begriff, der nicht genügt, um die Traumfunktion passend zu erklären, da er ein sozusagen zwangsläufiges Ergänzungsverhältnis bezeichnet[3]. Die Kompensation dagegen ist, wie der Terminus besagt, eine Gegeneinanderhaltung und Vergleichung verschiedener Daten oder Standpunkte, wodurch ein Ausgleich oder eine Berichtigung entsteht.

In dieser Hinsicht gibt es drei Möglichkeiten. Wenn die Einstellung des Bewußtseins zur Lebenssituation in hohem Maße einseitig ist, stellt sich der Traum auf die Gegenseite. Hat das Bewußtsein eine der «Mitte» relativ angenäherte Stellung, so begnügt sich der Traum mit Varianten. Ist die Stellung des Bewußtseins aber «korrekt» (adäquat), so koinzidiert der Traum und unterstreicht damit dessen Tendenz, ohne jedoch dabei seine ihm eigentümliche Autonomie zu verlieren. Da man indessen nie mit Sicherheit weiß, wie die Bewußtseinssituation eines Patienten zu bewerten ist, so ist dadurch eine Traumdeutung ohne Befragung des Träumers von vornherein ausgeschlossen. Aber auch wenn wir die bewußte Situation kennen, so wissen wir damit noch nichts über die Haltung des Unbewußten. Da das Unbewußte nicht nur die Matrix der Träume, sondern auch die der psychogenen Symptome ist, kommt der Frage nach der Haltung des Unbewußten eine besondere praktische Wichtigkeit zu. Unbekümmert darum, ob ich und andere mit mir meine bewußte Einstellung als richtig empfinden, kann das Unbewußte sozusagen «anderer Meinung sein». Dies ist – und namentlich im Fall einer Neurose – insofern nicht gleichgültig, als es das Unbewußte durchaus in der Hand hat, allerlei unliebsame Störungen durch oft folgenschwere Fehlhandlungen zu verursachen oder neurotische Symptome zu erzeugen. Solche Störungen beruhen auf einer Nichtübereinstimmung von «bewußt» und «unbewußt». «Normalerweise» sollte wohl eine solche Übereinstimmung vorhanden sein. Tatsache ist aber, daß sie sehr häufig nicht besteht, und dies ist der Grund zu einer unabsehbaren Vielzahl psychogener Unzuträglichkeiten, von schweren Unglücksfällen und Krankheit bis zum harmlosen lapsus linguae. Auf diese Beziehung hingewiesen zu haben, ist das Verdienst von FREUD[4].

Obschon in der weitaus überwiegenden Mehrzahl der Fälle die Kompensation auf die Herstellung eines normalen seelischen Gleichgewichts abzielt und sich damit als eine Art Selbststeuerung des psychischen Systems erweist, so darf man sich mit dieser Erkenntnis doch nicht begnügen, denn unter gewissen Bedingungen und in gewissen Fällen (zum Beispiel bei latenten Psychosen) führt die Kompensation zu einem fatalen

Ausgang (Überwiegen destruktiver Tendenzen!), zum Beispiel zu Selbstmord oder sonstigen abnormen Handlungen, die eben im Lebensplan gewisser belasteter Individuen «vorgemerkt» sind.

In der Neurosenbehandlung stellt sich die Aufgabe, den Einklang zwischen «bewußt» und «unbewußt» wieder annähernd herzustellen. Dies kann bekanntlich auf vielerlei Weise geschehen, angefangen mit «natürlicher Lebensweise», Vernunfteinreden, Willensstärkung bis zur «Analyse des Unbewußten».

Weil die einfacheren Methoden so oft versagen und der Arzt dann nicht mehr weiß, wie er den Patienten weiterbehandeln soll, bietet die kompensatorische Funktion der Träume eine willkommene Hilfe. Nicht, daß etwa die Träume moderner Menschen unmittelbar die passenden Heilmittel angäben, wie dies von den Inkubationsträumen berichtet wird, die in den Asklepiostempeln geträumt wurden[5]; sie beleuchten aber die Situation des Patienten in einer Art und Weise, die überaus gesundheitsfördernd sein kann. Sie bringen Erinnerungen, Einsichten, Erlebnisse, sie wecken Schlafendes in der Persönlichkeit und decken Unbewußtes in den Beziehungen auf, so daß selten einer, der es sich nicht verdrießen ließ, seine Träume während längerer Zeit mit berufenem Beistand zu verarbeiten, ohne Bereicherung und Erweiterung seines Horizontes geblieben ist. Gerade vermöge des kompensatorischen Verhaltens erschließt die konsequent durchgeführte Analyse der Träume neue Gesichtspunkte und öffnet neue Wege, die über den gefürchteten Stillstand hinweghelfen.

Mit dem Begriff der Kompensation ist allerdings nur eine ganz allgemeine Charakterisierung der Traumfunktion gegeben. Wenn man, wie dies in längeren und schwierigen Behandlungen der Fall ist, über viele Hunderte sich erstreckende Serien von Träumen vor die Augen bekommt, dann drängt sich dem Beobachter allmählich ein Phänomen auf, das beim einzelnen Traum hinter der jeweiligen Kompensation verborgen ist. Es ist dies eine Art von Entwicklungsvorgang in der Persönlichkeit. Zunächst erscheinen einem die Kompensationen als jeweilige Ausgleichungen von Einseitigkeiten oder Ausbalancierungen gestörter Gleichgewichtslagen. Bei tieferer Einsicht und Erfahrung dagegen ordnen sich diese anscheinend einmaligen Kompensationsakte einer Art von Plan ein. Sie scheinen unter sich zusammenzuhängen und in tieferem Sinne einem gemeinsamen Ziel untergeordnet zu sein, so daß eine lange

Traumserie nicht mehr als ein sinnloses Aneinanderreihen inkohärenter und einmaliger Geschehnisse erscheint, sondern als ein wie in planvollen Stufen verlaufender Entwicklungs- oder Ordnungsprozeß. Ich habe diesen in der Symbolik langer Traumserien sich spontan ausdrückenden unbewußten Vorgang als *Individuationsprozeß* bezeichnet.

Mehr als irgendwo sonst in der darstellenden Behandlung der Traumpsychologie wären hier erläuternde Beispiele am Platze. Dies ist aber leider aus technischen Gründen ganz unmöglich. Deshalb sei auf mein Buch *«Psychologie und Alchemie»* [Grundwerk 5 und 6] hingewiesen, das unter anderem eine Untersuchung über die Struktur von Traumserien mit besonderer Berücksichtigung des Individuationsprozesses enthält.

Die Frage, ob lange Traumserien, aufgenommen außerhalb der analytischen Prozedur, ebenfalls einen auf die Individuation hindeutenden Entwicklungsgang erkennen lassen, ist aus Mangel an entsprechenden Untersuchungen noch ganz ungeklärt. Die analytische Prozedur bedeutet, namentlich wenn sie die systematische Traumanalyse einschließt, einen «process of quickened maturation», wie STANLEY HALL einmal treffend bemerkte. Es wäre daher möglich, daß die Motive, welche den Individuationsvorgang begleiten, hauptsächlich und in erster Linie nur in Traumserien, die innerhalb der analytischen Prozedur aufgenommen werden, in Erscheinung treten, während sie in «außeranalytischen» Traumserien vielleicht nur in bedeutend größerer zeitlicher Distanzierung vorkommen.

Ich habe oben erwähnt, daß die Traumdeutung nebst anderem auch ein spezifisches Wissen erfordere. Während ich es einem intelligenten Laien mit einigen psychologischen Kenntnissen, einer gewissen Lebenserfahrung und Übung durchaus zutraue, die Traumkompensation praktisch richtig diagnostizieren zu können, halte ich es für ausgeschlossen, daß jemand ohne Kenntnisse auf mythologischem und folkloristischem Gebiet, ohne ein Wissen um die Psychologie der Primitiven und um die vergleichende Religionswissenschaft das Wesen des Individuationsprozesses versteht, der nach allem, was wir wissen, der psychologischen Kompensation zugrunde liegt.

Nicht alle Träume sind von gleicher Wichtigkeit. Schon die Primitiven unterscheiden «kleine» und «große» Träume. Wir würden etwa sagen «unbedeutende» und «bedeutende» Träume. Genauer besehen sind die «kleinen» Träume die allnächtlichen Phantasiefragmente, die der subjektiven und persönlichen Sphäre entstammen und sich hinsichtlich ihrer Bedeutung in der Alltäglichkeit erschöpfen. Deshalb werden solche Träume auch leicht vergessen, weil eben ihre Gültigkeit nicht weiter reicht als die täglichen Schwankungen des seelischen Gleichgewichtes. Bedeutungsvolle Träume dagegen werden oft ein Leben lang im Gedächtnis bewahrt, und nicht selten bilden sie das Kernstück in der Schatzkammer seelischer Erlebnisse. Wie viele Menschen habe ich angetroffen, die es bei der ersten Begegnung nicht lassen konnten zu sagen: «Ich habe einmal einen Traum gehabt!» Gelegentlich war es der erste Traum, an den sie sich überhaupt erinnern konnten und der zwischen dem dritten und fünften Lebensjahr zustande kam. Ich habe viele solcher Träume untersucht und fand an ihnen häufig eine Besonderheit, die sie vor anderen Träumen auszeichnet. Es kommen in ihnen nämlich symbolische Gebilde vor, denen wir auch in der Geschichte des menschlichen Geistes begegnen. Bemerkenswert ist, daß der Träumer von der Existenz solcher Parallelen keine Ahnung zu haben braucht. Diese Besonderheit gilt für die Träume des Individuationsprozesses. Es sind in ihnen sogenannte mythologische Motive beziehungsweise Mythologeme enthalten, die ich als *Archetypen* bezeichnet habe. Darunter sind spezifische Formen und bildmäßige Zusammenhänge zu verstehen, die sich in übereinstimmender Form nicht nur in allen Zeiten und Zonen, sondern auch in den individuellen Träumen, Phantasien, Visionen und Wahnideen finden. Ihr häufiges Vorkommen in individuellen Fällen sowohl wie ihre ethnische Ubiquität beweisen, daß die menschliche Seele nur zu einem Teil einmalig und subjektiv oder persönlich ist, zum anderen aber kollektiv und objektiv[6].

Wir sprechen daher einerseits von einem *persönlichen,* andererseits von einem *kollektiven* Unbewußten, das gleichsam eine tiefere Schicht als das bewußtseinsnähere persönliche Unbewußte darstellt. Die «großen» beziehungsweise bedeutungsvollen Träume entstammen dieser tieferen Schicht. Ihre Bedeutsamkeit verrät sich, abgesehen vom subjektiven Eindruck, schon durch ihre plastische Gestaltung, die nicht selten dichterische Kraft und Schönheit zeigt. Solche Träume ereignen sich meist in schicksalsentscheidenden Abschnitten des Lebens, so in der ersten Jugend, in der Pubertätszeit, um die Lebensmitte (sechsunddreißigstes bis vierzigstes Jahr) und in conspectu mortis. Ihre Deutung ist oft mit beträchtlichen Schwierigkeiten verknüpft, weil das Material, das der Träumer beitragen kann, zu spärlich ist. Es handelt sich eben bei den archetypischen Gebilden nicht mehr um persönliche Erfahrungen, sondern gewissermaßen um allgemeine Ideen, deren Hauptbedeutung in dem ihnen eigentümlichen Sinn und nicht in irgendwelchen persönlichen Erlebniszusammenhängen besteht. Ein junger Mann träumte zum Beispiel *von einer großen Schlange, die in einem unterirdischen Gewölbe eine goldene Schale bewachte.* Er hatte zwar einmal eine Riesenschlange in einem zoologischen Garten gesehen, aber sonst vermochte er gar nichts anzuführen, was ihm zu einem solchen Traum hätte Anlaß geben können, außer die Erinnerung an märchenhafte Erzählungen. Nach diesem unbefriedigenden Kontext zu schließen, hätte der Traum, der sich aber gerade durch stärkste Affekte auszeichnete, eine durchaus gleichgültige Bedeutung. Damit wäre aber dessen ausgesprochene Emotionalität nicht erklärt. In einem solchen Fall müssen wir auf das Mythologem zurückgreifen, wo Schlange oder Drache, Hort und Höhle eine der Bewährungsproben des Heldenlebens darstellen. Dann wird es klar, daß es sich um eine kollektive Emotion handelt, das heißt um eine typische, affektvolle Situation, die nicht in erster Linie ein persönliches Erlebnis ist, sondern erst sekundär zu einem solchen wird. Primär handelt es sich um ein allgemein menschliches Problem, das subjektiv übersehen wurde und das sich deshalb objektiv zum Bewußtsein durchdrängt[7].

Ein Mann in der Lebensmitte fühlt sich noch jung, und Alter und Tod liegen ihm ferne. Etwa mit sechsunddreißig Jahren überschreitet er aber den Zenit des Lebens, ohne sich der Bedeutung dieser Tatsache bewußt zu sein. Ist er nun ein Mensch, der nach seiner ganzen Veranlagung und Begabung ein allzugroßes Unbewußtsein nicht erträgt, so wird ihm die Erkenntnis dieses Momentes vielleicht in Form eines archetypischen Traumes aufgedrängt. Vergeblich wird er sich mit Hilfe eines sorgfältig aufgenommenen Kontextes bemühen, den Traum zu verstehen, denn dieser drückt sich in fremdartigen mythologischen Formen aus, die dem Träumer nicht geläufig sind. Der Traum benützt kollektive Figuren, weil er ein ewiges, unendlich sich wiederholendes menschliches Problem und nicht eine persönliche Gleichgewichtsstörung auszudrücken hat.

Alle jene Augenblicke des individuellen Lebens, wo die allgemeingültigen Gesetze menschlichen Schicksals die Absichten, Erwartungen und Anschauungen des persönlichen Bewußtseins durchbrechen, sind zugleich Stationen des Individuationsprozesses. Dieser Vorgang ist nämlich die spontane *Verwirklichung des ganzen Menschen.* Der ichbewußte Mensch bedeutet nur einen Teil des lebenden Ganzen, und sein Leben stellt noch keine Verwirklichung des Ganzen dar. Je mehr er bloßes Ich ist, desto mehr spaltet er sich vom kollektiven Menschen, der er auch ist, ab und gerät sogar in einen Gegensatz zu diesem. Da aber alles Lebende nach seiner Ganzheit strebt, so findet gegenüber der unvermeidlichen Einseitigkeit des Bewußtseinslebens eine beständige Korrektur und Kompensation von seiten des allgemein menschlichen Wesens in uns statt, mit dem Ziele einer schließlichen Integration des Unbewußten im Bewußtsein oder besser, einer Assimilation des Ich an eine umfangreichere Persönlichkeit.

Solche Überlegungen werden unvermeidlich, wenn man dem Sinn der «großen» Träume gerecht werden will. Sie verwenden nämlich zahlreiche Mythologeme, die das Leben des Heros, das heißt jenes größeren Menschen halbgöttlicher Natur, charakterisieren. Hier gibt es gefährliche Abenteuer und Bewährungsproben, wie sie in Initiationen vorkommen. Es gibt Drachen, hilfreiche Tiere und Dämonen. Wir begegnen dem alten Weisen, dem Tiermenschen, dem verborgenen Schatz, dem Wunschbaum, dem Brunnen, der Höhle, dem ummauerten Garten, den Wandlungsprozessen und Substanzen der Alchemie usw., lauter Dingen, die sich nirgends mit den Banalitäten des Alltags berühren. Der Grund hierfür ist, daß es sich um die Verwirklichung eines Persönlichkeitsteiles handelt, der noch nicht war, sondern erst im Begriffe ist, zu werden.

Die Art und Weise, wie solche Mythologeme, sich gegenseitig verdichtend und modifizierend, im Traum auftreten, schildert die Abbildung (vgl. Titelbild) von Nebukadnezars Traum[8]. Obschon das Bild anscheinend nichts anderes zu sein vorgibt als eine Darstellung jenes Traumes, so ist es doch wie vom darstellenden Künstler nochmals geträumt, was sofort ersichtlich wird, wenn man die Einzelheiten desselben genauer untersucht. Der Baum wächst (in unhistorischer Weise) aus dem Nabel des Königs: er ist also jener Stammbaum der Ahnen Christi, der aus dem Nabel Adams, des Stammvaters wächst[9]. Daher trägt er in der Krone den Pelikan, der mit seinem Blut die Jungen nährt, jene bekannte «allegoria Christi». Außerdem bildet der Pelikan jene Quincunx mit dem Tetramorphos, den vier Vögeln, welche an Stelle der vier Evangelistensymbole stehen. Dieselbe Quincunx findet sich auch unten, der

Hirsch als Symbol Christi[10] und die vier erwartungsvoll nach oben blikkenden Tiere. Diese beiden Quaternitäten haben allernächste Beziehung zu alchemistischen Vorstellungen: oben die volatilia, unten die terrena, erstere (wie gewöhnlich) als Vögel, letztere als quadrupeda dargestellt. Es hat sich also in die Darstellung des Traumbildes nicht nur die christliche Vorstellung des Stammbaumes und der Evangelistenquaternität, sondern auch der (alchemistische) Gedanke der doppelten Quaternität («superius est sicut quod inferius» – Das Obere ist gleich dem Unteren) eingedrängt. Diese Kontamination schildert in höchst anschaulicher Weise, wie die individuellen Träume mit den Archetypen verfahren. Letztere werden nicht nur unter sich (wie hier), sondern auch mit einmaligen individuellen Elementen verdichtet, verwoben und vermischt[11].

Wenn aber die Träume so wesentliche Kompensationen hervorbringen, warum sind sie dann nicht verständlich? Diese Frage wurde mir oft gestellt. Darauf muß man antworten, daß der Traum ein Naturereignis ist und daß die Natur keinerlei Neigung bekundet, ihre Früchte gewissermaßen gratis und der menschlichen Erwartung entsprechend zur Verfügung zu stellen. Man wendet oft ein, daß die Kompensation ja unwirksam sei, wenn der Traum nicht verstanden wird. Das ist aber nicht so sicher, da ja vieles wirkt, ohne daß es verstanden wird. Zweifellos aber können wir durch das Verstehen die Wirkung beträchtlich steigern, was oft notwendig ist, weil das Unbewußte überhört werden kann. «Quod natura relinquit imperfectum, ars perficit!» (Was die Natur unvollendet ließ, vollendet die Kunst!) lautet ein alchemistischer Ausspruch.

Was nun endlich die Gestalt der Träume anbetrifft, so findet sich schlechterdings alles, vom blitzartigen Eindruck bis zum unendlich langen Traumgespinst. Immerhin gibt es eine große Mehrzahl «durchschnittlicher» Träume, in denen sich eine gewisse Struktur erkennen läßt; und zwar ist sie derjenigen des *Dramas* nicht unähnlich. Der Traum beginnt zum Beispiel mit einer *Ortsangabe,* wie: «Ich bin auf einer Straße, es ist eine Allee» (1); oder «Ich bin in einem großen Gebäude, wie ein Hotel» (2) usw. Dazu kommt häufig eine Angabe über die *handelnden Personen,* zum Beispiel: «Ich gehe mit meinem Freund X spazieren in einer städtischen Anlage. Bei einer Wegkreuzung stoßen wir plötzlich auf Frau Y» (3); oder «Ich sitze mit Vater und Mutter in einem Eisenbahncoupé» (4); oder «Ich bin in Uniform, viele Dienstkameraden umgeben mich» (5) und so weiter. Zeitangaben sind seltener. Ich bezeichne diese

Phase des Traumes als *Exposition.* Sie gibt den Ort der Handlung, die handelnden Personen und häufig die Ausgangslage an.

Die zweite Phase ist die der *Verwicklung.* Zum Beispiel: «Ich bin auf einer Straße, es ist eine Allee. In der Ferne taucht ein Automobil auf, das sich rasch nähert. Es fährt merkwürdig unsicher, und ich denke, der Chauffeur sei am Ende betrunken» (1). Oder «Frau Y scheint in großer Erregung zu sein und will mir hastig etwas zuflüstern, was offenbar mein Freund X nicht hören soll» (3). Die Situation wird irgendwie kompliziert, und es tritt eine gewisse Spannung ein, da man nicht weiß, was es jetzt geben soll.

Die dritte Phase ist die der *Kulmination* oder der *Peripetie.* Hier geschieht etwas Entscheidendes, oder es schlägt etwas um, zum Beispiel: «Plötzlich bin *ich* im Wagen und anscheinend selber dieser betrunkene Chauffeur. Ich bin allerdings nicht betrunken, sondern seltsam unsicher und wie steuerlos. Ich kann den rasch fahrenden Wagen nicht mehr halten und stoße mit Krach in eine Mauer» (1). Oder «Plötzlich wird Frau Y leichenblaß und stürzt zu Boden» (3).

Die vierte und letzte Phase ist die *Lysis,* die *Lösung* oder das durch die Traumarbeit erzeugte *Resultat* (es gibt gewisse Träume, bei denen die vierte Phase fehlt, was unter Umständen ein besonderes Problem bilden kann, das hier nicht zu diskutieren ist), zum Beispiel: «Ich sehe, daß der Vorderteil des Wagens zerschmettert ist. Es ist ein fremder Wagen, den ich nicht kenne. Ich selber bin unverletzt. Ich denke mit einiger Bangigkeit über meine Verantwortlichkeit nach» (1). Oder «Wir denken, Frau Y sei tot. Aber es ist offenbar nur eine Ohnmacht. Freund X ruft: ‹Ich muß einen Arzt holen›» (3). Die letzte Phase gibt einen abschließenden Tatbestand, der zugleich auch das «gesuchte» Resultat ist. Im Traum 1 ist offenbar nach einem gewissen steuerlosen Durcheinander eine neue Besinnlichkeit eingetreten, das heißt sie sollte eintreten, da der Traum kompensatorisch ist. In Traum 3 ist das Resultat der Gedanke, daß die Hilfe einer kompetenten Drittperson angezeigt wäre.

Der erste Träumer (1) ist ein Mann, der in schwierigen familiären Umständen den Kopf etwas verloren hat und es nicht zum Äußersten wollte kommen lassen. Der zweite Träumer (3) war im Zweifel, ob er richtig daran tue, für seine Neurose die Hilfe eines Psychotherapeuten in Anspruch zu nehmen. Mit diesen Angaben ist der Traum freilich noch nicht gedeutet, sondern bloß seine Ausgangslage skizziert. Diese Vierphaseneinteilung läßt sich bei der Mehrzahl praktisch vorkommender Träume ohne besondere Schwierigkeiten verwenden, was also bestätigen würde, daß der Traum meist eine «dramatische» Struktur hat.

Der wesentliche Inhalt der Traumhandlung ist, wie ich oben gezeigt habe, eine Art von feinabgestimmter Kompensation für eine gewisse Einseitigkeit, Irrtümlichkeit, Abweichung oder sonstige Defektuosität des bewußten Standpunktes. Eine meiner hysterischen Patientinnen, eine Aristokratin, die sich überflüssigerweise unendlich distinguiert vorkam, begegnete in ihren Träumen serienweise schmutzigen Fischweibern und betrunkenen Prostituierten. In extremen Fällen werden die Kompensationen dermaßen bedrohlich, daß aus Angst davor Schlaflosigkeit eintritt.

Der Traum kann einen also peinlichst desavouieren oder in anscheinend wohlwollendster Weise moralisch stützen. Das erstere kommt gerne vor bei Leuten, die eine zu gute Meinung von sich haben, wie die eben erwähnte Patientin, das letztere bei solchen, die sich für zu gering halten. Gelegentlich wird aber im Traum der Überhebliche nicht etwa bloß gedemütigt, sondern zu einem unwahrscheinlichen Rang erhöht, und zwar bis zur Lächerlichkeit, der allzu Demütige ebenso unwahrscheinlich erniedrigt («to rub it in», wie der Engländer sagt).

Bei vielen Leuten, die etwas, aber nicht genug von Träumen und deren Bedeutung wissen, entsteht unter dem Eindruck einer raffinierten und wie absichtlich erscheinenden Kompensation gerne das Vorurteil, der Traum habe tatsächlich eine moralische Absicht, er warne, tadle, tröste, sage voraus usw. Man läßt sich dadurch, daß man meint, das Unbewußte wisse ja alles besser, leicht verleiten, nötige Entscheidungen und Entschlüsse den Träumen zuzuschieben, und ist dann entsprechend enttäuscht, wenn die Träume immer nichtssagender werden. Die Erfahrung hat mir gezeigt, daß bei einiger Kenntnis der Traumpsychologie sich leicht eine Überschätzung des Unbewußten einstellt, welche die bewußte Entschlußkraft beeinträchtigt. Das Unbewußte funktioniert aber nur befriedigend, wenn das Bewußtsein seine Aufgaben bis zum Rande der Möglichkeit erfüllt. Was dann noch fehlt, vermag vielleicht ein Traum zu ergänzen, oder er kann einem da weiterhelfen, wo auch das beste Bemühen versagt hat. Wenn das Unbewußte dem Bewußtsein tatsächlich überlegen wäre, so wäre schlechterdings nicht einzusehen, worin denn schließlich der Nutzen des Bewußtseins bestände, beziehungsweise warum überhaupt je in der Phylogenese das Bewußtseinsphänomen als Notwendigkeit entstanden wäre. Wäre es ein bloßer lusus naturae, so käme der Tatsache, daß überhaupt jemand weiß, daß die Welt und er selber existieren, keinerlei Bedeutung zu. Diese Ansicht ist irgendwie schwer verdaulich, ihr Hervorheben darum aus psychologischen Gründen zu vermeiden, auch wenn sie richtig wäre, was wir übrigens, glücklicherweise, niemals zu beweisen in der Lage sein werden (sowenig wie das Gegenteil!). Diese Frage gehört in den Bereich der Metaphysik, auf welchem Gebiete es kein Wahrheitskriterium gibt. Damit soll aber keineswegs die Tatsache unterschätzt werden, daß metaphysische Standpunkte für die Wohlfahrt der menschlichen Seele von größter Wichtigkeit sind.

Bei der Erforschung der Traumpsychologie stoßen wir auf weit hinausführende philosophische und sogar auf religiöse Probleme, zu deren Verständnis gerade das Phänomen der Träume schon entscheidende Beiträge geliefert hat. Aber wir könnten uns nicht rühmen, heute schon im Besitz einer allgemein befriedigenden Theorie oder Erklärung dieser schwer zu fassenden Erscheinung zu sein. Dazu ist uns das Wesen der unbewußten Psyche doch noch zu unbekannt. Auf diesem Gebiet ist noch unendlich viel geduldige und vorurteilslose Arbeit zu leisten, die sich niemand wird verdrießen lassen. Die Absicht der Forschung besteht ja nicht darin, sich im Besitz der alleinrichtigen Theorie zu wähnen, sondern durch Bezweiflung aller Theorien der Wahrheit allmählich näherzukommen.

Allgemeines zur Komplextheorie

Die moderne Psychologie hat die Tatsache gemeinsam mit der modernen Physik, daß ihrer Methode eine größere erkennerische Bedeutung zufällt als ihrem Gegenstand. Ihr Gegenstand nämlich, die Psyche, ist von so abgrundtiefer Mannigfaltigkeit, Unbestimmtheit und Unbegrenztheit, daß die von ihr gegebenen Bestimmungen notwendigerweise schwer- bis undeutbar sind, wohingegen die von der Betrachtungsweise und von der aus ihr abgeleiteten Methode gesetzten Bestimmungen bekannte Größen sind oder wenigstens sein sollten. Die psychologische Untersuchung geht von diesen, empirisch oder arbiträr bestimmten Faktoren aus und beobachtet die Psyche an der Veränderung eben dieser Größen. Das Psychische erscheint dadurch als *Störung* einer von der jeweiligen Methode vorausgesetzten, wahrscheinlichen Verhaltensweise. Das Prinzip dieses Procedere ist cum grano salis das naturwissenschaftliche Verfahren überhaupt.

Es ist ohne weiteres klar, daß unter diesen Umständen sozusagen alles von der methodischen Voraussetzung abhängt und daß das Resultat in der Hauptsache von dieser erzwungen ist, wennschon der eigentliche *Gegenstand* der Erkenntnis in gewissem Maße mitspricht, aber dabei sich nicht so verhält, wie er sich als autonomes Wesen in natürlicher Ungestörtheit verhalten würde. Man hat daher gerade in der experimentellen Psychologie und vor allem in der Psychopathologie schon vor langem erkannt, daß eine gewisse Experimentanordnung den psychischen Vorgang nicht unmittelbar erfaßt, sondern daß sich zwischen diesen und das Experiment eine gewisse psychische Bedingung einschiebt, die man als *Experimentsituation* bezeichnen könnte. Diese psychische «Situation» kann gegebenenfalls das ganze Experiment in Frage stellen, indem sie die Versuchsanordnung sowohl wie sogar die dem Experiment zugrunde liegende Absicht *assimiliert.* Unter *Assimilation* versteht man eine Einstellung der Versuchsperson, welche das Experiment mißdeutet, indem eine zunächst unüberwindliche Tendenz besteht, anzunehmen, das Experiment sei beispielsweise eine Intelligenzprüfung oder ein Versuch, einen indiskreten Blick hinter die Kulissen zu tun. Eine solche Einstellung verhüllt den Vorgang, den das Experiment zu erfassen trachtete.

Man hat solche Erfahrungen hauptsächlich beim Assoziationsexperiment gemacht, und es wurde bei dieser Gelegenheit entdeckt, daß das, was die Methode bezweckte, nämlich die Feststellung der durchschnittlichen Reaktionsgeschwindigkeiten und der Reaktionsqualitäten, ein relativ nebensächliches Ergebnis gegenüber der Art und Weise ist, wie die Methode durch das autonome Verhalten der Psyche, nämlich durch Assimilation *gestört* wird. Dabei habe ich nämlich die *gefühlsbetonten Komplexe* entdeckt, welche vorher stets als *Reaktionsfehler* registriert wurden.

Die Entdeckung der Komplexe, sowie der durch diese bewirkten Assimilationsphänomene, zeigte deutlich, auf wie schwachen Füßen die alte, bis auf CONDILLAC[1] zurückgehende Auffassung stand, man könne *isolierte* psychische Vorgänge untersuchen. Es gibt keine isolierten psychischen Vorgänge, so wie es keine isolierten Lebensvorgänge gibt; auf alle Fälle hat man noch kein Mittel entdeckt, sie experimentell zu isolieren[2]. Es gelingt nur einer besonders trainierten Aufmerksamkeit und Konzentration, einen Vorgang anscheinend so zu isolieren, wie es der experimentellen Absicht entspricht. Dies ist aber wiederum eine *Experimentsituation,* die sich von der vorhin beschriebenen nur dadurch unterscheidet, daß diesmal das Bewußtsein die Rolle des assimilierenden Komplexes übernommen hat, während im früheren Fall es mehr oder weniger unbewußte Minderwertigkeitskomplexe waren.

Damit ist nun der *Wert* des Experimentes keineswegs prinzipiell in Frage gestellt, sondern nur kritisch beschränkt. Im Gebiete der psychophysiologischen Vorgänge, wie zum Beispiel der Sinneswahrnehmungen oder der motorischen Reaktionen, überwiegt infolge der offenkundigen Harmlosigkeit der Versuchsabsicht der reine Reflexmechanismus, und es kommt zu keinen oder nur geringfügigen Assimilationen, weshalb auch das Experiment nicht wesentlich gestört wird. Anders aber im Gebiet der komplizierten psychischen Vorgänge, wo auch die Versuchsanordnung keine Beschränkungen auf ganz bestimmte Möglichkeiten erkennen läßt! Hier, wo auch die Sicherungen durch spezifische Zielsetzungen wegfallen, treten dafür unbestimmte Möglichkeiten auf, welche gegebenenfalls schon gleich zu Beginn eine Experimentsituation auslösen, die man als

Konstellation bezeichnet. Mit diesem Begriff wird die Tatsache ausgedrückt, daß durch die äußere Situation ein psychischer Vorgang ausgelöst wird, welcher in einer Sammlung und Bereitstellung gewisser Inhalte besteht. Der Ausdruck, «man ist konstelliert», besagt, daß man eine abwartende Bereitschaftsstellung bezogen hat, von welcher aus in ganz bestimmter Weise reagiert werden wird. Die Konstellation ist ein automatischer Vorgang, der unwillkürlich eintritt, was niemand bei sich selber verhindern kann. Die konstellierten Inhalte sind bestimmte *Komplexe,* die ihre eigene spezifische Energie besitzen. Wenn der in Frage stehende Versuch ein Assoziationsexperiment ist, so werden die Komplexe in der Regel den Verlauf in hohem Maße beeinflussen, indem sie gestörte Reaktionen veranlassen, oder indem sie, in selteneren Fällen, zu ihrem Schutze eine *bestimmte Reaktionsweise* bewirken, welche aber daran erkannt wird, daß sie dem Sinne des Reizwortes nicht mehr entspricht. Gebildete und willensstarke Versuchspersonen können durch sprachlich-motorische Gewandtheit den Sinn eines Reizwortes mit kurzen Reaktionszeiten dermaßen abblenden, daß sie von ihm nicht erreicht werden. Dies gelingt aber nur in solchen Fällen, wo wirklich schwerwiegende, persönliche Geheimnisse geschützt werden müssen. Die Kunst TALLEYRANDS, durch Worte Gedanken zu verheimlichen, ist aber nur wenigen gegeben. Unintelligente Leute, darunter besonders Frauen, schützen sich durch sogenannte *Wertprädikate,* was oft ein sehr komisches Bild ergibt. Wertprädikate sind nämlich Gefühlsattribute, wie schön, gut, teuer, süß, freundlich usw. Man kann in der Unterhaltung nicht selten beobachten, wie gewisse Leute alles interessant, reizend, gut und schön, auf englisch fine, marvellous, grand, splendid und namentlich fascinating finden, womit entweder eine innere Teilnahmslosigkeit zugedeckt oder der Gegenstand drei Schritte vom Leibe gehalten wird. Weitaus die meisten Versuchspersonen können es nicht hindern, daß ihre Komplexe gewisse Reizworte herausgreifen und sie mit einer Reihe von Störungssymptomen, vor allem mit verlängerter Reaktionszeit, versehen. Man kann diese Experimente auch mit den von VERAGUTH[3] erstmals in dieser Hinsicht verwendeten elektrischen Widerstandsmessungen verbinden, wobei das sogenannte *psychogalvanische Reflexphänomen* weitere Indizien der komplexgestörten Reaktionen liefert.

Das Assoziationsexperiment ist insofern allgemein interessant, als es, wie kein anderer, ähnlich einfacher psychologischer Versuch, die psychische Situation des *Zwiegespräches* mit annähernd exakten Maß- und Qualitätsbestimmungen darstellt. Statt der Frage in bestimmter Satzform steht das vage, vieldeutige und deshalb unbehagliche Reizwort, und statt der Antwort die Reaktion in *einem* Wort. Durch genaue Beobachtung der Reaktionsstörungen werden Tatbestände erfaßt und registriert, die in der gewöhnlichen Unterhaltung oft geflissentlich übersehen werden, und dadurch werden Feststellungen ermöglicht, welche auf unausgesprochene Hintergründe deuten, eben auf jene Bereitschaften oder Konstellationen, die ich vorhin andeutete. Was im Assoziationsexperiment geschieht, ereignet sich auch in jedem Gespräch zwischen zwei Menschen. Hier wie dort besteht eine Experimentsituation, welche gegebenenfalls Komplexe konstelliert, die den Gegenstand des Gespräches oder die Situation überhaupt, inklusive Gesprächspartner, assimilieren. Das Gespräch verliert dadurch seinen objektiven Charakter und seinen eigentlichen Zweck, indem durch die Konstellation von Komplexen die Absicht des Antwortenden durchkreuzt und ihm unter Umständen sogar andere Antworten in den Mund gelegt werden, an die er sich nachher nicht mehr erinnern kann. Diesen letzteren Umstand hat sich das kriminalistische *Kreuzverhör* praktisch zunutze gemacht. In der Psychologie ist es das sogenannte *Wiederholungsexperiment,* welches die Erinnerungslücken aufdeckt und lokalisiert. Es besteht darin, daß beispielsweise nach hundert stattgefundenen Reaktionen die Versuchsperson gefragt wird, was sie auf die einzelnen Reizworte geantwortet hat. Die Erinnerungslücken oder -fälschungen finden sich mit durchschnittlicher Regelmäßigkeit immer in den komplexgestörten Assoziationsgebieten.

Ich habe bisher absichtlich nicht von der Natur der Komplexe gesprochen, sondern ihr Bekanntsein stillschweigend vorausgesetzt. Ist doch das Wort «Komplex» im psychologischen Sinne in die deutsche sowohl wie in die englische Umgangssprache übergegangen. Jedermann weiß heutzutage, daß man «Komplexe hat». Daß aber die Komplexe *einen* haben, ist weniger bekannt, aber theoretisch um so wichtiger. Die naive Voraussetzung von der Einheit des Bewußtseins, das gleich «Psyche» gesetzt wird, und von der Suprematie des Willens wird nämlich durch die Existenz des Komplexes ernstlich in Zweifel gezogen. Durch jede Komplexkonstellation wird ein gestörter Bewußtseinszustand gesetzt. Die Einheit des Bewußtseins wird durchbrochen und die Willensintention mehr oder weniger erschwert oder gar verunmöglicht. Auch das Gedächtnis wird oft wesentlich in Mitleidenschaft gezogen, wie wir gesehen haben. Der Komplex muß daher ein psychischer Faktor sein, der, energetisch gesprochen, eine Wertigkeit besitzt, welche zeitweise diejenige der bewußten Absicht übersteigt, sonst wären ja solche Durchbrechungen der Bewußtseinsordnung gar nicht möglich. In der Tat versetzt uns ein aktiver Komplex momentan in einen Zustand der *Unfreiheit,* des Zwangsdenkens und -handelns, wofür unter Umständen der juristische Begriff der «beschränkten Zurechnungsfähigkeit» in Frage käme.

Was ist nun, wissenschaftlich gesprochen, ein «gefühlsbetonter Komplex»? Er ist das *Bild* einer bestimmten psychischen Situation, die lebhaft emotional betont ist und sich zudem als inkompatibel mit der habituellen Bewußtseinslage oder -einstellung erweist. Dieses Bild ist von starker innerer Geschlossenheit, es hat seine eigene Ganzheit und verfügt zudem über einen relativ hohen Grad von *Autonomie,* das heißt, es ist den Bewußtseinsdispositionen in nur geringem Maße unterworfen und benimmt sich daher wie ein belebtes corpus alienum im Bewußtseinsraume. Der Komplex läßt sich gewöhnlich mit einiger Willensanstrengung unterdrücken, aber nicht wegbeweisen, und bei passender Gelegenheit tritt er wieder mit ursprünglicher Kraft hervor. Gewisse experimentelle Untersuchungen scheinen darauf hinzuweisen, daß seine Intensitäts- oder Aktivitätskurve einen wellenförmigen Charakter hat, mit einer Wellenlänge von Stunden, Tagen oder Wochen. Diese sehr komplizierte Frage ist jedoch noch ganz ungeklärt.

Es ist den Arbeiten der französischen Psychopathologie, im besonderen den Verdiensten PIERRE JANETS zu danken, daß wir heute um die weitgehende Aufsplitterungsmöglichkeit des Bewußtseins wissen. JANET sowohl wie MORTON PRINCE ist es gelungen, vier- bis fünffache Persönlichkeitsspaltungen zu erzeugen, wobei es sich herausstellte, daß jeder Persönlichkeitsteil ein ihm eigentümliches Stück Charakter und sein besonderes Gedächtnis hat. Diese Teile existieren relativ unabhängig nebeneinander und können jederzeit einander ablösen, das heißt, jeder Teil besitzt einen hohen Grad von Autonomie. Meine Feststellungen in bezug auf die Komplexe ergänzen dieses etwas beunruhigende Bild der psychischen Desintegrationsmöglichkeiten, denn im Grunde genommen gibt es keinen prinzipiellen Unterschied zwischen einer Teilpersönlichkeit und einem Komplex. Sie haben alle wesentlichen Charaktere gemein, bis auf die delikate Frage der Teilbewußtheit. Teilpersönlichkeiten haben unzweifelhaft eigenes Bewußtsein, aber ob so kleine psychische Fragmente wie Komplexe auch eigenen Bewußtseins fähig sind, ist eine noch unbeantwortete Frage. Ich muß gestehen, daß diese Frage mich des öfteren beschäftigt hat. Die Komplexe benehmen sich ja wie cartesianische Teufelchen und scheinen sich an koboldartigen Streichen zu ergötzen. Sie legen einem gerade das unrichtige Wort auf die Zunge, sie entziehen einem ausgerechnet den Namen der Person, die man vorstellen sollte, sie verursachen den Hustenreiz gerade beim schönsten Piano im Konzert, sie lassen den zuspätkommenden Unscheinbarseinwollenden mit Krach über einen Stuhl stolpern. Sie empfehlen, bei einem Begräbnis zu gratulieren anstatt zu kondolieren, sie sind die Verursacher jener Tücken, die FRIEDRICH THEODOR VISCHER den unschuldigen Objekten ankreiden wollte[4], sie sind die handelnden Personen unserer Träume, denen wir so machtlos gegenüberstehen; sie sind das elfische Wesen, das in der dänischen Folklore so treffend gekennzeichnet ist durch jene Geschichte vom Pastor, welcher zwei Elfen das Vaterunser lehren wollte. Sie gaben sich alle Mühe, ihm richtig nachzusprechen, aber schon beim ersten Satz konnten sie nicht umhin, zu sagen: «Unser Vater, der du *nicht* bist in dem Himmel.» Sie erwiesen sich, der theoretischen Erwartung entsprechend, als unbelehrbar.

Cum maximo salis grano wird man mir diese Metaphorisierung eines wissenschaftlichen Problems hoffentlich nicht verübeln. Auch eine durchaus nüchterne Formulierung der Komplexphänomene kommt um die eindrucksvolle Tatsache der Komplexautonomie nicht herum, und je tiefer sie in das Wesen – ich möchte fast sagen in die *Biologie* des Komplexes – eindringt, desto mehr und desto deutlicher tritt dessen Teilseelencharakter hervor. Die Traumpsychologie zeigt mit aller nur wünschenswerten Deutlichkeit, wie die Komplexe *personifiziert* auftreten, wenn kein hemmendes Bewußtsein sie unterdrückt, genau wie die Folklore die Heinzelmännchen schildert, die nachts im Haus rumoren. Das gleiche Phänomen beobachten wir in gewissen Psychosen, wo die Komplexe «laut» werden und als «Stimmen» erscheinen, die durchaus persönlichen Charakter haben.

Man darf heutzutage wohl die Hypothese als gesichert betrachten, daß Komplexe *abgesprengte Teilpsychen* sind. Die Ätiologie ihres Ursprungs ist ja häufig ein sogenanntes Trauma, ein emotionaler Schock und ähnliches, wodurch ein Stück Psyche abgespalten wurde. Eine der häufigsten Ursachen allerdings ist der moralische Konflikt, welcher seinen letzten Grund in der anscheinenden Unmöglichkeit hat, das Ganze des menschlichen Wesens zu bejahen. Diese Unmöglichkeit setzt unmittelbare Spaltung voraus, unabhängig davon, ob das Ichbewußtsein darum weiß oder nicht. In der Regel besteht sogar eine ausgesprochene Unbewußtheit über die Komplexe, was diesen natürlich um so größere Aktionsfreiheit gewährt. In solchen Fällen erweist sich ihre Assimilationskraft in ganz besonderem Maße, insofern nämlich die Unbewußtheit über den Komplex diesem dazu verhilft, sogar das Ich zu assimilieren, woraus eine momentane und unbewußte Persönlichkeitsveränderung entsteht, die als *Komplexidentität* bezeichnet wird. Dieser durchaus moderne Begriff hatte im Mittelalter einen anderen Namen: damals hieß er Besessenheit. Man stellt sich diesen Zustand wohl nicht so harmlos vor, aber es ist prinzipiell zwischen einem gewöhnlichen Komplexversprechen und den wilden Blasphemien eines Besessenen kein Unterschied. Es ist nur eine Gradverschiedenheit. Dafür gibt uns auch die Sprachgeschichte die reichlichsten Belege. Von einer Komplexemotion sagt man: «Was ist heute wieder in ihn gefahren?», «Er ist vom Teufel geritten» usw. Man denkt bei diesen etwas abgeschliffenen Metaphern natürlich nicht mehr an ihren ursprünglichen Sinn, welcher allerdings noch leicht erkennbar ist und zudem unzweifelhaft darauf hinweist, daß der primitivere und naivere Mensch störende Komplexe nicht «psychologisierte» wie wir, sondern als entia per se, das heißt als Dämonen auffaßte. Die spätere Bewußtseinsentwicklung hat nun eine solche Intensität des Ichkomplexes beziehungsweise der Ichbewußtheit geschaffen, daß die Komplexe ihrer ursprünglichen Autonomie wenigstens im Sprachgebrauch entkleidet wurden. In der Regel sagt man: «Ich habe einen Komplex.» Die mahnende Stimme des Arztes sagt zur hysterischen Patientin: «Ihre Schmerzen sind nicht wirklich; Sie bilden sich bloß ein, es tue Ihnen weh.» Die Infektionsangst ist scheinbar eine willkürliche Einbildung des Kranken, auf jeden Fall sucht man ihn zu überzeugen, daß er sich eine Wahnidee zusammenbraue.

Es ist wohl unschwer zu sehen, daß die moderne landläufige Auffassung das Problem so handhabt, als ob es über jeden Zweifel sicher wäre, daß der Komplex vom Patienten erfunden und «eingebildet» worden sei, daß er mithin gar nicht existieren würde, wenn sich der Kranke nicht die Mühe genommen hätte, ihn gewissermaßen absichtlich ins Leben zu rufen. Demgegenüber steht nun einwandfrei fest, daß die Komplexe eine bemerkenswerte Autonomie besitzen, daß organisch unbegründete, das heißt sogenannte eingebildete Schmerzen genauso weh tun wie legitime, und daß eine Krankheitsphobie nicht die geringste Neigung hat, zu verschwinden, auch wenn der Kranke selber, sein Arzt und der allgemeine Sprachgebrauch obendrein versichern, daß sie nichts als eine Einbildung sei.

Wir stehen hier vor dem interessanten Fall einer sogenannten apotropäischen Auffassungsweise, welche auf *einer* Linie liegt mit den antiken euphemistischen Bezeichnungen, wofür der πόντος εὔξεινος (das gastfreundliche Meer) als das klassische Beispiel steht. Wie die Erinnyen vorsichtigerweise und propitiierend Eumeniden, die Wohlgesinnten, genannt wurden, so faßt das moderne Bewußtsein alle inneren Störungsfaktoren als seine eigene Tätigkeit auf, es assimiliert sie einfach. Dies geschieht natürlich nicht mit dem offenen Eingeständnis des apotropäischen Euphemismus, sondern mit einer ebenso unbewußten Tendenz, durch veränderte Namengebung die Autonomie des Komplexes zu irrealisieren. Das Bewußtsein verfährt dabei, wie einer, der ein verdächtiges Geräusch im oberen Stockwerk hört und sich nun flugs in den Keller begibt, um dort festzustellen, daß kein Einbrecher zu finden und infolgedessen das Geräusch eine bloße Einbildung sei. In Wirklichkeit hat sich dieser vorsichtige Mann einfach nicht in den oberen Stock *getraut.*

Es will allerdings zunächst wenig einleuchten, daß Furcht das Motiv sein sollte, welches das Bewußtsein veranlaßt, Komplexe als eine eigene Tätigkeit zu erklären. Komplexe erscheinen als solche Kleinigkeiten, ja als so lächerliche Nichtigkeiten, daß man sich geradezu ihrer schämt und alles daransetzt, sie zu verbergen. Wären sie aber wirklich so nichtig, so könnten sie auch nicht so peinlich sein. Peinlich ist, was Pein verursacht, also etwas ausgesprochen Unangenehmes, das als solches eo ipso wichtig ist und deshalb auch wichtig zu nehmen wäre. Was aber unbequem ist, irrealisiert man nur allzu gerne, solange es geht. Der Ausbruch der Neurose bezeichnet dann den Moment, wo es nicht mehr mit den primitiven magischen Mitteln der apotropäischen Geste und des Euphemismus zu schaffen ist. Von diesem Moment an hat sich der Komplex an der bewußten Oberfläche etabliert; er kann nicht mehr umgangen werden und assimiliert nun Schritt für Schritt das Ichbewußtsein, wie dieses es früher mit ihm versucht hat. Daraus entsteht schließlich die neurotische *Dissoziation der Persönlichkeit.*

Durch eine derartige Entwicklung erweist der Komplex seine ursprüngliche Stärke, welche gegebenenfalls sogar die des Ichkomplexes überwiegt. Erst in einem solchen Fall versteht man, daß das Ich allen Grund hatte, vorsichtige Namensmagie mit den Komplexen zu treiben, denn es ist unmittelbar einleuchtend, daß ich das fürchte, was mich unheimlich zu überwachsen droht. Es gibt unter jenen Menschen, die allgemein als normal gelten, eine große Anzahl solcher, die ein «skeleton in the cupboard» bewahren, dessen Existenz man bei Todesstrafe vor ihnen nicht erwähnen darf: so groß ist ihre Furcht vor dem lauernden Gespenst. Alle diejenigen, die noch im Stadium der Komplexirrealisierung stehen, benützen den Hinweis auf die Tatsachen der Neurosen als Beweis dafür, daß es sich eben um positiv krankhafte Naturen handle, zu denen man nicht gehöre. Als ob es nur das Vorrecht der Kranken wäre, krank zu werden!

Die Tendenz, Komplexe durch Assimilation zu irrealisieren, beweist nicht etwa deren Nichtigkeit, sondern im Gegenteil deren Wichtigkeit. Sie ist ein negatives Eingeständnis der instinktiven Furcht des primitiven Menschen vor dunkeln, unsichtbaren und selbstbewegten Dingen. Diese Furcht setzt beim Primitiven in Wirklichkeit mit der Dunkelheit der Nacht ein, wie auch die Komplexe bekanntlich am Tage übertönt sind, nachts aber ihre Stimme um so lauter erheben und den Schlaf verscheuchen oder wenigstens mit bösen Träumen stören. Komplexe sind eben Gegenstände der inneren Erfahrung und können nicht im Tageslicht auf Straßen und offenen Plätzen angetroffen werden. Von Komplexen hängt das Wohl und Wehe des persönlichen Lebens ab; sie sind die Laren und Penaten, die uns am häuslichen Herde erwarten, dessen Frieden man so gefährlich laut preist, und sie sind das «gentle folk», das in unseren Nächten sich störend kundgibt. Allerdings, solange das böse Wesen nur den Nebenmenschen faßt, gilt es nichts, aber wenn es uns selber plagt – man muß allerdings Arzt sein, um zu wissen, was für grauenhafte Schädlinge Komplexe sein können. Man muß es schon gesehen haben, wie im Laufe von Jahrzehnten ganze Familien davon moralisch und physisch zerstört werden und wie beispiellose Tragik und hoffnungslose Misere ihren Spuren folgen, um einen vollen Eindruck von der Realität eines Komplexes zu bekommen. Man versteht dann, wie müßig und wie unwissenschaftlich der Gedanke ist, man könne sich einen Komplex «einbilden». Wenn man sich nach einem medizinischen Vergleich umsieht, so könnte man Komplexe am ehesten mit Infektionen oder mit malignen Geschwülsten vergleichen, die beide ohne das geringste Zutun des Bewußtseins entstehen. Dieser Vergleich ist allerdings nicht ganz befriedigend, denn Komplexe sind nicht durchaus krankhafter Natur, sondern eigentümliche Lebenserscheinungen der Psyche, sei sie nun differenziert oder primitiv. Deshalb finden wir auch ihre unverkennbaren Spuren bei allen Völkern und in allen Zeiten. Älteste Literaturdenkmäler enthalten sie; so schildert zum Beispiel das *Gilgamesch-Epos* die Psychologie des Machtkomplexes in unübertroffener Meisterschaft, und das *Buch Tobias* im Alten Testament enthält die Geschichte eines erotischen Komplexes samt seiner Heilung.

Der allgemein verbreitete Geisterglaube ist ein direkter Ausdruck der Komplexstruktur des Unbewußten. Komplexe sind nämlich recht eigentlich die lebendigen Einheiten der unbewußten Psyche, deren Vorhanden- und Beschaffensein wir in der Hauptsache nur durch die ersteren erkennen können. Das Unbewußte wäre in der Tat, wie es in der WUNDTschen Psychologie der Fall ist, nichts als ein Restbestand von lichtschwachen, sogenannten «dunkeln» Vorstellungen, oder «a fringe of consciousness», wie WILLIAM JAMES es nennt, wenn es keine Komplexe gäbe. Deshalb ist auch FREUD zum eigentlichen Entdecker des psychologischen Unbewußten geworden, weil er jene dunkeln Stellen untersuchte und sie nicht einfach als euphemistisch verkleinerte Fehlleistungen zur Seite schob. Die via regia zum Unbewußten sind allerdings nicht die Träume, wie er meint, sondern die Komplexe, welche die Verursacher der Träume und Symptome sind. Auch ist die via insofern weniger königlicher Natur, als der vom Komplex gewiesene Weg mehr einem hökkerigen und vielfach gewundenen Fußpfad gleicht, der des öfteren sich im Gestrüpp verliert und meistens nicht ins Herz des Unbewußten führt, sondern daran vorbei.

Die *Komplexfurcht* ist ein schlechter Wegweiser, weil sie immer vom Unbewußten weg und ins Bewußtsein zurückweist. Komplexe sind etwas derart Unangenehmes, daß sich niemand in seinen gesunden Sinnen einreden läßt, daß die den Komplex unterhaltenden Triebkräfte irgend etwas Gutes bedeuten könnten. Das Bewußtsein ist stets davon überzeugt, daß Komplexe etwas Ungehöriges und deshalb auf irgendeine Art zu eliminieren seien. Trotz einer überwältigenden Fülle von Zeugnissen jeglicher Art, daß Komplexe immer und überall vorhanden sind, kann man es nicht über sich bringen, sie als normale Lebenserscheinung zu betrachten. Die Komplexfurcht bedeutet ein stärkstes Vorurteil, denn die abergläubische Angst vor dem Ungünstigen ist von aller Aufklärung unberührt geblieben. Diese Furcht verursacht bei der Untersuchung der Komplexe einen wesentlichen Widerstand, der zu seiner Überwindung einiger Entschlossenheit bedarf.

Furcht und Widerstand sind die Wegweiser, die an der via regia zum Unbewußten stehen. Begreiflicherweise bedeuten sie in erster Linie eine vorgefaßte Meinung über das, worauf sie hinweisen. Es ist nichts als natürlich, daß man aus dem Gefühl der Angst auf etwas Gefährliches und aus der Empfindung des Widerstandes auf etwas Widerliches schließt. Der Patient tut es, das Publikum tut es, und schließlich tut es auch der Arzt, weshalb die erste medizinische Theorie des Unbewußten folgerichtigerweise die von FREUD aufgestellte Verdrängungslehre war. Rückschließend aus der Natur der Komplexe besteht nach dieser Ansicht das Unbewußte wesentlich aus inkompatibeln Tendenzen, die wegen ihrer Immoralität der Verdrängung verfallen. Nichts, wie diese Feststellung, könnte schlagender beweisen, daß der Autor dieser Auffassung rein empirisch vorgegangen ist, ohne im geringsten durch philosophische Prämissen beeinflußt zu sein. Vom Unbewußten war ja schon geraume Zeit vor FREUD die Rede. Philosophisch ist der Begriff schon bei LEIBNIZ eingeführt, KANT und SCHELLING haben sich dazu geäußert, und CARUS hat ihn erstmals zu einem System ausgebaut, welchem EDUARD VON HARTMANN, in unbestimmbarem Maße von diesem beeinflußt, mit seiner gewichtigen «*Philosophie des Unbewußten*» folgte. Die erste medizinisch-psychologische Theorie hat mit diesen Voraussetzungen nichts zu tun, sowenig wie mit NIETZSCHE.

FREUDS Theorie ist eine getreue Darstellung tatsächlich vorhandener Erfahrungen bei der Untersuchung von Komplexen. Da nun aber diese Untersuchung ein Zwiegespräch ist zwischen zwei Menschen, so kommen bei der Auffassungsbildung nicht nur die Komplexe des einen, sondern auch die des anderen in Betracht. Jeder Dialog, der in jene von Angst und Widerstand verteidigten Gebiete vorstößt, zielt aufs Wesentliche, und indem er den einen zu einer Integration seiner Ganzheit veranlaßt, nötigt er auch den anderen zu einer völligeren Stellungnahme, das heißt ebenfalls zu einer Ganzheit, ohne welche es letzterem auch gar nicht gelänge, das Gespräch in jene furchtverteidigten Hintergründe vorzutreiben. Kein noch so vorurteilsloser und objektiver Forscher ist imstande, von seinen eigenen Komplexen abzusehen, denn auch diese erfreuen sich derselben Autonomie wie jene anderer Menschen. Er kann nicht von ihnen absehen, weil sie nicht von ihm absehen. Denn Komplexe gehören nun einmal zur psychischen Konstitution, welche bei jedem Individuum das absolut Präjudizierte ist. Die Konstitution entscheidet daher unerbittlich, welche psychologische Auffassung aus einem bestimmten Beobachter hervorgehen wird. Dies ist die unvermeidliche Beschränkung der psychologischen Beobachtung, daß letztere nur Gültigkeit hat unter Voraussetzung der persönlichen Gleichung des Beobachters.

Die psychologische Theorie formuliert daher in allererster Linie eine psychische Situation, welche entstanden ist durch Dialoge zwischen einem bestimmten Beobachter und einer Mehrzahl von Beobachteten. Da sich der Dialog in der Hauptsache im Widerstandsgebiet der Komplexe bewegt, so haftet auch der Theorie notwendigerweise ein Komplexcharakter an, das heißt, sie ist im allgemeinsten Sinne anstößig, weil sie wiederum auf die Komplexe des Publikums wirkt. Daher sind alle Auffassungen der modernen Psychologie nicht bloß in objektivem Sinne kontrovers, sondern aufreizend! Sie verursachen beim Publikum heftige Reaktionen in zustimmendem oder ablehnendem Sinn, im Gebiete der wissenschaftlichen Diskussion emotionale Debatten, dogmatische Anwandlungen, persönliche Kränkungen usw.

Aus diesen Tatsachen läßt sich unschwer ersehen, daß die moderne Psychologie mit ihrer Komplexforschung einen psychischen Tabubezirk aufgeschlossen hat, von dem nun allerhand Befürchtungen und Hoffnungen ausgehen. Das Komplexgebiet ist der eigentliche seelische Unruheherd, dessen Erschütterungen tatsächlich dermaßen beträchtlich sind, daß die weitere psychologische Forschung gar nicht hoffen kann, in Frieden stille Gelehrtenarbeit zu tun, welche nämlich einen gewissen wissenschaftlichen consensus voraussetzt. Die Komplexpsychologie ist aber vorderhand noch unendlich weit von einer Verständigung entfernt, viel weiter sogar, wie mir scheint, als die Pessimisten ahnen. Denn mit der Aufdeckung der inkompatibeln Tendenzen ist erst *ein* Sektor des Unbewußten gesehen, und nur *ein* Teil der Angstquelle ist nachgewiesen.

Man wird sich noch erinnern, was für ein Entrüstungssturm sich allerorten erhob, als FREUDS Arbeiten allgemeiner bekannt wurden. Diese Komplexreaktionen haben den Forscher zu einer Isolierung genötigt, welche ihm und seiner Schule den Vorwurf des Dogmatismus eingetragen hat. Alle psychologischen Theoretiker auf diesem Gebiet laufen die gleiche Gefahr, denn sie handhaben einen Gegenstand, der auf das Unbeherrschte im Menschen trifft, auf das Numinose, um OTTOS trefflichen Ausdruck zu gebrauchen. Wo das Komplexgebiet anfängt, hört die Freiheit des Ich auf, denn Komplexe sind seelische Mächte, deren tiefste Natur noch nicht ergründet ist. Jedesmal, wenn es der Forschung gelingt, noch weiter gegen das seelische Tremendum vorzudringen, werden, wie bisher, beim Publikum Reaktionen ausgelöst, genau wie bei Patienten, welche aus therapeutischen Gründen veranlaßt werden, gegen die Unberührbarkeit ihrer Komplexe vorzugehen.

Die Art, wie ich die Komplexlehre darstelle, klingt wohl dem unvorbereiteten Ohr wie eine Schilderung primitiver Dämonologie und Tabupsychologie. Diese Eigentümlichkeit rührt einfach daher, daß die Existenz der Komplexe, also abgespaltener psychischer Fragmente, noch ein ganz merkliches Überbleibsel des *primitiven Geisteszustandes* ist. Letzterer ist von hochgradiger Dissoziierbarkeit, die sich zum Beispiel in der Tatsache ausdrückt, daß von Primitiven sehr häufig mehrere Seelen, in einem Fall sogar bis sechs, angenommen werden, und daneben gibt es erst noch eine Unzahl von Göttern und Geistern, von denen nicht bloß, wie bei uns, *geredet* wird, sondern es handelt sich öfters um sehr eindrucksvolle psychische Erfahrungen.

Bei dieser Gelegenheit möchte ich bemerken, daß ich den Begriff «primitiv» im Sinne von «ursprünglich» gebrauche und damit nicht etwa ein Werturteil meine. Und wenn ich von «Überbleibsel» eines primitiven Zustandes rede, so meine ich damit nicht notwendigerweise, daß dieser Zustand über kurz oder lang sein Ende erreiche. Ich wüßte keinen einzigen Grund dagegen geltend zu machen, daß er nicht bis zum Ende der Menschheit dauere. Bis jetzt hat er sich jedenfalls nicht sehr wesentlich geändert, und mit dem Weltkrieg und seitdem ist sogar eine namhafte Verstärkung desselben eingetreten. Ich bin deshalb eher zur Annahme geneigt, daß autonome Komplexe zu den normalen Lebenserscheinungen gehören und die Struktur der unbewußten Psyche ausmachen.

Wie man sieht, habe ich mich damit begnügt, die wesentlichen Grundtatsachen der Komplexlehre zu schildern. Ich muß es mir aber versagen, dieses unvollständige Bild durch die Darstellung der Problematik, welche sich aus der Existenz autonomer Komplexe ergibt, zu ergänzen. Drei gewichtige Probleme sind dadurch aufgeworfen: das *therapeutische,* das *philosophische* und das *moralische.* Sie stehen noch alle drei zur Diskussion.

Allgemeine Beschreibung der Typen

1. EINLEITUNG

Im Folgenden will ich versuchen, eine allgemeine Beschreibung der Psychologie der Typen zu geben. Zunächst soll dies geschehen für die beiden allgemeinen Typen, die ich als introvertiert und extravertiert bezeichnet habe. Im Anschluß werde ich dann noch versuchen, eine gewisse Charakteristik jener spezielleren Typen zu geben, deren Eigenart dadurch zustande kommt, daß das Individuum sich hauptsächlich mittels der bei ihm am meisten differenzierten Funktion anpaßt oder orientiert. Ich möchte erstere als *allgemeine Einstellungstypen,* die sich durch die Richtung ihres Interesses, ihrer Libidobewegung unterscheiden, letztere dagegen als *Funktionstypen* bezeichnen.

Die allgemeinen Einstellungstypen unterscheiden sich, wie in den früheren Kapiteln vielfach hervorgehoben wurde, durch ihre eigentümliche Einstellung zum Objekt. Der Introvertierte verhält sich dazu abstrahierend; er ist im Grunde genommen immer darauf bedacht, dem Objekt die Libido zu entziehen, wie wenn er einer Übermacht des Objektes vorzubeugen hätte. Der Extravertierte dagegen verhält sich positiv zum Objekt. Er bejaht dessen Bedeutung in dem Maße, daß er seine subjektive Einstellung beständig nach dem Objekt orientiert und darauf bezieht. Im Grunde genommen hat das Objekt für ihn nie genügend Wert, und darum muß dessen Bedeutung erhöht werden. Die beiden Typen sind dermaßen verschieden und ihr Gegensatz ist so auffällig, daß ihre Existenz auch dem Laien in psychologischen Dingen ohne weiteres einleuchtend ist, wenn man ihn einmal darauf aufmerksam gemacht hat. Jedermann kennt jene verschlossenen, schwer zu durchschauenden, oft scheuen Naturen, die den denkbar stärksten Gegensatz bilden zu jenen andern offenen, umgänglichen, öfters heiteren oder wenigstens freundlichen und zugänglichen Charakteren, die mit aller Welt auskommen oder auch sich streiten, aber doch in Beziehung dazu stehen, auf sie wirken und sie auf sich wirken lassen. Man ist natürlich geneigt, solche Unterschiede zunächst nur als individuelle Fälle eigenartiger Charakterbildung aufzufassen. Wer aber Gelegenheit hat, viele Menschen gründlich kennenzulernen, wird unschwer die Entdeckung machen, daß es sich bei diesem Gegensatz keineswegs um isolierte Individualfälle handelt, sondern vielmehr um typische Einstellungen, die weit allgemeiner sind, als eine beschränkte psychologische Erfahrung zunächst annehmen mußte. In der Tat handelt es sich, wie die vorausgegangenen Kapitel gezeigt haben dürften, um einen fundamentalen Gegensatz, der bald deutlicher, bald undeutlicher ist, immer aber sichtbar wird, wo es sich um Individuen von einigermaßen ausgesprochener Persönlichkeit handelt. Solche Menschen treffen wir nicht nur etwa unter den Gebildeten, sondern überhaupt in allen Bevölkerungsschichten an, weshalb sich unsere Typen ebensowohl beim gewöhnlichen Arbeiter und Bauern wie bei den Höchstdifferenzierten einer Nation nachweisen lassen. Auch der Unterschied des Geschlechtes ändert an dieser Tatsache nichts. Man findet die gleichen Gegensätze auch bei den Frauen aller Bevölkerungsschichten.

Eine derart allgemeine Verbreitung könnte wohl kaum vorkommen, wenn es sich um eine Angelegenheit des Bewußtseins, d. h. um eine bewußt und absichtlich gewählte Einstellung handelte. In diesem Falle wäre gewiß eine bestimmte, durch gleichartige Erziehung und Bildung zusammenhängende und dementsprechend lokal begrenzte Bevölkerungsschicht der hauptsächlichste Träger einer solchen Einstellung. Dem ist nun keineswegs so, sondern in geradem Gegenteil dazu verteilen sich die Typen anscheinend wahllos. In derselben Familie ist das eine Kind introvertiert, das andere extravertiert. Da der Einstellungstypus, diesen Tatsachen entsprechend, als allgemeines und anscheinend zufällig verteiltes Phänomen, keine Angelegenheit bewußten Urteils oder bewußter Absicht sein kann, so muß er wohl einem unbewußten, instinktiven Grunde sein Dasein verdanken. Der Typengegensatz muß daher, als ein allgemeines psychologisches Phänomen, irgendwie seine biologischen Vorläufer haben.

Die Beziehung zwischen Subjekt und Objekt ist, biologisch betrachtet, immer ein *Anpassungsverhältnis,* indem jede Beziehung zwischen Subjekt und Objekt modifizierende Wirkungen des einen auf das andere voraussetzt. Diese Modifikationen machen die Anpassung aus. Die typischen Einstellungen zum Objekt sind daher Anpassungsprozesse. Die Natur kennt zwei fundamental verschiedene Wege der Anpassung und der dadurch ermöglichten Fortexistenz der lebenden Organismen: der eine Weg ist die gesteigerte Fruchtbarkeit bei relativ geringer Verteidigungsstärke und Lebensdauer des einzelnen Individuums; der andere Weg ist: Ausrüstung des Individuums mit vielerlei Mitteln der Selbsterhaltung bei relativ geringer Fruchtbarkeit. Dieser biologische Gegensatz scheint mir nicht bloß das Analogon, sondern auch die allgemeine Grundlage unserer beiden psychologischen Anpassungsmodi zu sein. Hier möchte ich mich auf einen allgemeinen Hinweis beschränken, auf die Eigenart des Extravertierten einerseits, sich beständig auszugeben und sich in alles hineinzuverbreiten, und auf die Tendenz des Introvertierten anderseits, sich gegen äußere Ansprüche zu verteidigen, sich möglichst aller Energieausgaben, die sich direkt auf das Objekt beziehen, zu enthalten, dafür aber sich selbst eine möglichst gesicherte und mächtige Position zu schaffen. BLAKES Intuition hat die beiden darum nicht übel als den «prolific» und den «devouring type» bezeichnet[1]. Wie die allgemeine Biologie zeigt, sind beide Wege gangbar und in ihrer Weise erfolgreich, so auch die typischen Einstellungen. Was der eine durch massenhafte Beziehungen zuwege bringt, erreicht der andere durch ein Monopol.

Die Tatsache, daß gelegentlich schon Kinder in den ersten Lebensjahren die typische Einstellung mit Sicherheit erkennen lassen, nötigt zu der Annahme, daß es keineswegs der Kampf ums Dasein, so wie man ihn allgemein versteht, sein kann, der zu einer bestimmten Einstellung zwingt. Man könnte allerdings, und zwar mit triftigen Gründen, einwenden, daß auch das unmündige Kind, ja sogar der Säugling schon eine psychologische Anpassungsleistung unbewußter Natur zu machen habe, indem besonders die Eigenart der mütterlichen Einflüsse zu spezifischen Reaktionen beim Kinde führe. Dieses Argument kann sich auf unzweifelhafte Tatsachen berufen, wird aber hinfällig durch die Erwähnung der ebenso zweifellosen Tatsache, daß zwei Kinder derselben Mutter schon früh den entgegengesetzten Typus aufweisen können, ohne daß auch nur im geringsten eine Änderung der Einstellung der Mutter nachzuweisen wäre. Obschon ich unter keinen Umständen die fast unabsehbare Wichtigkeit der elterlichen Einflüsse unterschätzen möchte, so nötigt diese Erfahrung trotzdem zum Schlusse, daß der ausschlaggebende Faktor in der Disposition des Kindes zu suchen ist. Es ist wohl in letzter Linie der individuellen Disposition zuzuschreiben, daß bei möglichster Gleichartigkeit der äußeren Bedingungen das eine Kind diesen, und das andere jenen Typus annimmt. Ich habe hierbei natürlich nur jene Fälle im Auge, welche unter normalen Bedingungen stehen. Unter abnormen Bedingungen, d.h. wo es sich um extreme und daher abnorme Einstellungen bei Müttern handelt, kann den Kindern auch eine relativ gleichartige Einstellung aufgenötigt werden unter Vergewaltigung ihrer individuellen Disposition, die vielleicht einen andern Typus gewählt hätte, wenn keine abnormen äußeren Einflüsse störend eingegriffen hätten. Wo eine solche, durch äußeren Einfluß bedingte Verfälschung des Typus stattfindet, wird das Individuum später meistens neurotisch, und seine Heilung ist nur möglich durch Herausbildung der dem Individuum natürlicherweise entsprechenden Einstellung.

Was nun die eigenartige Disposition betrifft, so weiß ich darüber nichts zu sagen, als daß es offenbar Individuen gibt, die entweder eine größere Leichtigkeit oder Fähigkeit haben, oder denen es zuträglicher ist, auf die eine und nicht auf die andere Weise sich anzupassen. Dafür dürften unserer Kenntnis unzugängliche, in letzter Linie physiologische Gründe in Frage kommen. Daß es solche sein könnten, schien mir wahrscheinlich. Ich hatte die Erfahrung gemacht, daß eine Umkehrung des Typus das physiologische Wohlbefinden des Organismus unter Umständen schwer beeinträchtigen kann, indem sie meistens eine starke Erschöpfung verursacht.

2. DER EXTRAVERTIERTE TYPUS

Aus Gründen der Übersichtlichkeit und Klarheit der Darstellung ist es nötig, bei der Beschreibung dieses und der folgenden Typen die Psychologie des Bewußtseins und des Unbewußten auseinanderzuhalten. Wir wenden uns daher zuerst der Beschreibung der *Bewußtseinsphänomene* zu.

a) Die allgemeine Einstellung des Bewußtseins

Wie bekannt, orientiert sich jedermann an den Daten, die ihm die Außenwelt vermittelt; jedoch sehen wir, daß dies in einer mehr oder weniger ausschlaggebenden Weise der Fall sein kann. Der eine läßt sich durch die Tatsache, daß es draußen kalt ist, sofort veranlassen, seinen Überzieher anzuziehen, der andere aber findet dies aus Gründen seiner Abhärtungsabsicht überflüssig; der eine bewundert den neuen Tenor, weil alle Welt ihn bewundert, der andere bewundert ihn nicht, nicht etwa darum, weil er ihm mißfiele, sondern weil er der Ansicht ist, was alle bewunderten, brauche noch lange nicht bewundernswert zu sein; der eine ordnet sich den gegebenen Verhältnissen unter, weil, wie die Erfahrung zeige, etwas anderes doch nicht möglich sei, der andere aber ist der Überzeugung, daß, wenn es schon tausendmal so gegangen sei, das tausendunderstemal ein neuer Fall vorliege, usw. Der erstere orientiert sich an den gegebenen äußeren Tatsachen, der letztere reserviert sich eine Ansicht, welche sich zwischen ihn und das objektiv Gegebene hineinschiebt. Wenn nun die Orientierung am Objekt und am objektiv Gegebenen vorwiegt in der Weise, daß die häufigsten und hauptsächlichsten Entschlüsse und Handlungen nicht durch subjektive Ansichten, sondern durch objektive Verhältnisse bedingt sind, so spricht man von einer extravertierten Einstellung. Ist diese habituell, so spricht man von einem extravertierten Typus. Wenn einer so denkt, fühlt und handelt, mit einem Wort, so lebt, wie es den objektiven Verhältnissen und ihren Anforderungen *unmittelbar* entspricht, im guten wie im schlechten Sinne, so ist er extravertiert. Er lebt so, daß ersichtlicherweise das Objekt als determinierende Größe in seinem Bewußtsein eine größere Rolle spielt als seine subjektive Ansicht. Gewiß hat er subjektive Ansichten, aber ihre determinierende Kraft ist geringer als die der äußeren objektiven Bedingungen. Er erwartet daher auch nie, in seinem eigenen Innern auf irgendwelche unbedingten Faktoren zu stoßen, indem er solche nur außen kennt. In epimetheischer Weise erliegt sein Inneres dem äußeren Erfordernis, gewiß nicht ohne Kampf; aber das Ende fällt immer zugunsten der objektiven Bedingung aus. Sein ganzes Bewußtsein blickt nach außen, weil ihm die wichtige und ausschlaggebende Determination immer von außen zukommt. Sie kommt ihm aber so zu, weil er sie von dort erwartet. Aus dieser Grundeinstellung ergeben sich sozusagen alle Eigentümlichkeiten seiner Psychologie, insofern diese nicht entweder auf dem Primat einer bestimmten psychologischen Funktion oder auf individuellen Besonderheiten beruhen.

Interesse und *Aufmerksamkeit* folgen den objektiven Vorkommnissen, in erster Linie denen der nächsten Umgebung. Es sind nicht nur die Personen, sondern auch die Dinge, welche das Interesse fesseln. Dementsprechend richtet sich auch das *Handeln* nach den Einflüssen von Personen und Dingen. Es ist direkt auf objektive Daten und Determinationen bezogen und aus ihnen sozusagen erschöpfend erklärbar. Das Handeln ist in erkennbarer Weise auf objektive Verhältnisse bezogen. Insofern das Handeln nicht bloß reaktiv ist in bezug auf Reize der Umgebung, so hat es doch stets einen auf reale Verhältnisse anwendbaren Charakter und findet innerhalb der Schranken des objektiv Gegebenen genügenden und angemessenen Spielraum. Es hat keinerlei irgendwie ernsthafte Tendenzen, darüber hinauszugehen. Dasselbe gilt vom Interesse: die objektiven Vorkommnisse sind von fast unerschöpflichem Reiz, so daß das Interesse normalerweise nie nach anderem verlangt. Die moralischen Gesetze des Handelns decken sich mit den entsprechenden Anforderungen der Sozietät, resp. mit der allgemein geltenden moralischen Auffassung. Wäre die allgemein geltende Anschauung eine andere, so wären auch die subjektiven moralischen Leitlinien andere, ohne daß damit am psychologischen Gesamthabitus irgend etwas geändert wäre.

Diese strenge Bedingtheit durch objektive Faktoren bedeutet nun keineswegs, wie es etwa den Anschein erwecken könnte, eine völlige oder gar ideale Anpassung an die Lebensbedingungen überhaupt. Einer extravertierten Ansicht muß allerdings eine solche *Einpassung* in das objektiv Gegebene als eine völlige Anpassung erscheinen, denn dieser Ansicht ist ein anderes Kriterium überhaupt nicht gegeben. Es ist aber, von einem höheren Standpunkt aus, gar nicht gesagt, daß das objektiv Gegebene auch unter allen Umständen das Normale sei. Die objektiven Bedingungen können zeitgeschichtlich oder lokal abnorme sein. Ein Individuum, das in diese Verhältnisse eingepaßt ist, macht zwar den abnormen Stil der Umgebung mit, ist aber zugleich mit seiner ganzen Umgebung in einer abnormen Lage hinsichtlich der allgemeingültigen Lebensgesetze. Der einzelne kann dabei allerdings florieren, aber nur solange, bis er mit seiner ganzen Umgebung an der Versündigung gegen die allgemeinen Lebensgesetze zugrunde geht. Diesen Untergang muß er mit derselben Sicherheit mitmachen, mit der er vorher dem objektiv Gegebenen eingepaßt war. Er hat Einpassung, aber nicht Anpassung, denn die Anpassung verlangt mehr als ein bloß reibungsloses Mitgehen mit den jeweiligen Bedingungen der unmittelbaren Umgebung. (Ich verweise auf SPITTELERS Epimetheus[2].) Sie verlangt eine Beobachtung jener Gesetze, welche allgemeiner sind als lokale und zeitgeschichtliche Bedingungen. Die bloße Einpassung ist die Beschränkung des normalen extravertierten Typus.

Seine «Normalität» verdankt der extravertierte Typus einerseits dem Umstand, daß er den gegebenen Verhältnissen relativ reibungslos eingepaßt ist und natürlicherweise keine andern Ansprüche hat, als die objektiv gegebenen Möglichkeiten auszufüllen, also zum Beispiel den Beruf zu ergreifen, der an dieser Stelle und zu dieser Zeit aussichtsreiche Möglichkeiten bietet, oder gerade das zu tun oder zu verfertigen, wessen die Umgebung momentan bedarf und was sie von ihm erwartet, oder sich aller Neuerungen zu enthalten, welche nicht durchaus auf der Hand liegen oder sonstwie über die Erwartung der Umgebung hinausgehen. Anderseits aber hat seine «Normalität» den Effekt, daß der Extravertierte die Tatsächlichkeit seiner subjektiven Bedürfnisse und Notwendigkeiten viel zu wenig in Rechnung zieht. Das ist nämlich sein schwacher Punkt; denn die Tendenz seines Typus geht dermaßen nach außen, daß leicht auch die sinnenfälligste aller subjektiven Tatsachen, nämlich das Befinden des Körpers, als zu wenig objektiv, als zu wenig «außen» nicht genügend in Betracht fällt, so daß die zum physischen Wohlbefinden unerläßliche Befriedigung elementarer Bedürfnisse nicht mehr zustande kommt. Infolgedessen leidet der Körper wie auch die Seele. Doch von diesem letzteren Umstand merkt der Extravertierte in der Regel wenig, desto mehr aber seine intime häusliche Umgebung. Fühlbar wird ihm der Gleichgewichtsverlust erst dann, wenn sich abnorme Körperempfindungen melden.

Diese tastbare Tatsache kann er nicht übersehen. Es ist natürlich, daß er sie als konkret und «objektiv» ansieht, denn für seine Mentalität gibt es nun einmal nichts anderes – bei ihm. Bei andern sieht er die «Einbildung» sofort. Eine zu extravertierte Einstellung kann auch dermaßen rücksichtslos gegen das Subjekt werden, daß letzteres den sogenannten objektiven Anforderungen ganz aufgeopfert wird, z.B. durch ein beständiges Vergrößern des Geschäftes, weil doch Bestellungen vorliegen und weil doch die Möglichkeiten, die sich aufgetan haben, ausgefüllt werden müssen.

Die Gefahr des Extravertierten ist, daß er in die Objekte hineingezogen wird und sich selbst darin ganz verliert. Die daraus entstehenden funktionellen (nervösen) oder wirklichen körperlichen Störungen haben eine kompensatorische Bedeutung, denn sie zwingen das Subjekt zu einer unfreiwilligen Selbstbeschränkung. Sind die Symptome funktionell, so können sie durch ihre eigentümliche Artung symbolisch die psychologische Situation ausdrücken, z.B. bei einem Sänger, dessen Ruhm rasch eine gefährliche Höhe erreicht, die ihn zu unverhältnismäßigen Energieausgaben verführt, versagen aus nervöser Hemmung plötzlich die hohen Töne. Bei einem Manne, der sehr rasch aus bescheidensten Anfängen zu einer sehr einflußreichen und aussichtsvollen sozialen Stellung gelangt ist, stellen sich psychogen alle Symptome der Bergkrankheit ein. Ein Mann, der im Begriffe steht, eine von ihm vergötterte und maßlos überschätzte Frau von sehr zweifelhaftem Charakter zu heiraten, wird von einem nervösen Schlundkrampf befallen, der ihn zwingt, sich auf zwei Tassen Milch pro Tag zu beschränken, deren Aufnahme je drei Stunden erfordert. Damit ist er wirksam verhindert, seine Braut zu besuchen und kann sich nur noch mit der Ernährung seines Körpers beschäftigen. Ein Mann, der der Arbeitslast seines durch eigenen Verdienst enorm ausgedehnten Geschäftes nicht mehr gewachsen ist, wird von nervösen Durstanfällen heimgesucht, infolge deren er rasch einem hysterischen Alkoholismus verfällt.

Wie mir scheint, ist die weitaus häufigste Neurose des extravertierten Typus die Hysterie. Der hysterische Schulfall ist immer durch einen übertriebenen Rapport mit den Personen der Umgebung charakterisiert, ebenso ist die geradezu imitatorische Einpassung in die Verhältnisse eine bezeichnende Eigentümlichkeit. Ein Grundzug des hysterischen Wesens ist die beständige Tendenz, sich interessant zu machen und bei der Umgebung Eindrücke hervorzurufen. Ein Korrelat dazu ist die sprichwörtliche Suggestibilität, die Beeinflußbarkeit durch andere Personen. Eine unverkennbare Extraversion zeigt sich auch in der Mitteilsamkeit der Hysterischen, welche gelegentlich bis zur Mitteilung rein phantastischer Inhalte geht, woher der Vorwurf der hysterischen Lüge stammt. Der hysterische «Charakter» ist zunächst eine Übertreibung der normalen Einstellung, dann aber kompliziert durch kompensatorische Reaktionen von seiten des Unbewußten, welche der übertriebenen Exraversion entgegen die psychische Energie durch körperliche Störungen zur Introversion zwingen. Durch die Reaktion des Unbewußten entsteht eine andere Kategorie von Symptomen, die mehr introvertierten Charakter haben. Hierher gehört vor allen Dingen die krankhaft gesteigerte Phantasietätigkeit.

Nach dieser allgemeinen Charakterisierung der extravertierten Einstellung wenden wir uns nun der Beschreibung der Veränderungen, welche die psychologischen Grundfunktionen durch die extravertierte Einstellung erleiden, zu.

b) Die Einstellung des Unbewußten

Es erscheint vielleicht befremdlich, wenn ich von einer «Einstellung des Unbewußten» spreche. Wie ich hinlänglich auseinandergesetzt habe, denke ich mir die Beziehung des Unbewußten zum Bewußtsein als kompensatorisch. Nach dieser Ansicht käme dem Unbewußten ebensowohl eine Einstellung zu wie dem Bewußtsein.

Ich habe im vorangehenden Abschnitt die Tendenz der extravertierten Einstellung zu einer gewissen Einseitigkeit hervorgehoben, nämlich die Vormachtstellung des objektiven Faktors im Ablauf des psychischen Geschehens. Der extravertierte Typus ist stets versucht, sich (anscheinend) zugunsten des Objektes wegzugeben und sein Subjekt dem Objekt zu assimilieren. Ich habe ausführlich auf die Konsequenzen, die sich aus der Übertreibung der extravertierten Einstellung ergeben können, hingewiesen, nämlich auf die schädliche Unterdrückung des subjektiven Faktors. Es steht demnach zu erwarten, daß eine psychische Kompensation der bewußten extravertierten Einstellung das subjektive Moment besonders betonen wird, d. h. wir werden im Unbewußten eine stark egozentrische Tendenz nachzuweisen haben. Dieser Nachweis glückt der praktischen Erfahrung tatsächlich. Ich gehe hier auf das Kasuistische nicht ein, sondern verweise auf die folgenden Abschnitte, wo ich bei jedem Funktionstypus die charakteristische Einstellung des Unbewußten darzustellen versuche. Insofern es sich in diesem Abschnitt bloß um die Kompensation einer allgemeinen extravertierten Einstellung handelt, beschränke ich mich auf eine ebenso allgemeine Charakteristik der kompensierenden Einstellung des Unbewußten.

Die Einstellung des Unbewußten hat zu einer wirksamen Ergänzung der bewußten extravertierten Einstellung eine Art von introvertierendem Charakter. Es konzentriert die Energie auf das subjektive Moment, d. h. auf alle jene Bedürfnisse und Ansprüche, welche durch eine zu extravertierte bewußte Einstellung unterdrückt oder verdrängt sind. Es ist, wie schon aus dem vorangehenden Abschnitt einleuchten dürfte, leicht verständlich, daß eine Orientierung nach dem Objekt und dem objektiv Gegebenen eine Menge subjektiver Regungen, Meinungen, Wünsche und Notwendigkeiten vergewaltigt und jener Energie beraubt, die ihnen natürlicherweise zukommen sollte. Der Mensch ist ja keine Maschine, die man gegebenenfalls für ganz andere Zwecke umbauen kann und die dann in ganz anderer Weise ebenso regelmäßig funktioniert wie vorher. Der Mensch trägt immer seine ganze Geschichte und die Geschichte der Menschheit mit sich. Der historische Faktor aber stellt ein vitales Bedürfnis dar, dem eine weise Ökonomie entgegenkommen muß. Das Bisherige muß im Neuen irgendwie zu Worte kommen und mitleben. Die gänzliche Assimilation an das Objekt stößt daher auf den Protest der unterdrückten Minorität des Bisherigen und des von Anfang an Gewesenen. Aus dieser ganz allgemeinen Überlegung ist es leicht verständlich, weshalb die unbewußten Ansprüche des extravertierten Typus einen eigentlich primitiven und infantilen, selbstischen Charakter haben. Wenn FREUD vom Unbewußten sagt, daß es «nur wünschen» könne, so gilt dies in hohem Maße für das Unbewußte des extravertierten Typus. Die Einpassung in und die Assimilation an das objektiv Gegebene verhindert die Bewußtmachung unzulänglicher subjektiver Regungen. Diese Tendenzen (Gedanken, Wünsche, Affekte, Bedürfnisse, Gefühle usw.) nehmen entsprechend dem Grade ihrer Verdrängung regressiven Charakter an, d. h. sie werden, je weniger sie anerkannt sind, desto infantiler und archaischer. Die bewußte Einstellung beraubt sie ihrer relativ disponibeln Energiebesetzungen und beläßt ihnen nur das an Energie, was sie ihnen nicht nehmen kann. Dieser Rest, der immerhin noch von nicht zu unterschätzender Stärke ist, ist das, was man als ursprünglichen Instinkt bezeichnen muß. Der Instinkt kann durch willkürliche Maßnahmen eines einzelnen Individuums nicht ausgerottet werden, dazu bedürfte es vielmehr der langsamen organischen Umwandlung vieler Generationen, denn der Instinkt ist der energetische Ausdruck einer bestimmten organischen Anlage.

So bleibt schließlich bei jeder unterdrückten Tendenz ein erheblicher Energiebetrag, der der Instinktstärke entspricht, stehen und bewahrt seine Wirksamkeit, obgleich er durch Energieberaubung unbewußt wurde. Je vollkommener die bewußte extravertierte Einstellung ist, desto infantiler und archaischer ist die unbewußte Einstellung. Es ist bisweilen ein das Kindische weit überschreitender und an das Ruchlose streifender brutaler Egoismus, welcher die unbewußte Einstellung charakterisiert. Hier finden wir jene Inzestwünsche, die FREUD beschreibt, in vollster Blüte. Es ist selbstverständlich, daß die Dinge gänzlich unbewußt sind und auch dem Auge des laienhaften Beobachters verborgen bleiben, solange die extravertierte bewußte Einstellung keinen höheren Grad erreicht. Kommt es aber zu einer Übertreibung des bewußten Standpunktes, so tritt auch das Unbewußte symptomatisch zutage, d. h. der unbewußte Egoismus, Infantilismus und Archaismus verliert seinen ursprünglichen kompensatorischen Charakter, indem er in mehr oder weniger offene Opposition gegen die bewußte Einstellung tritt. Dies geschieht zunächst in einer absurden Übertreibung des bewußten Standpunktes, welche zu einer Unterdrückung des Unbewußten dienen soll, die aber in der Regel mit einer reductio ad absurdum der bewußten Einstellung endet, d. h. mit einem Zusammenbruch. Die Katastrophe kann eine objektive sein, indem die objektiven Zwecke allmählich in subjektive verfälscht werden. So hatte sich z. B. ein Buchdrucker in zwei Jahrzehnte langer harter Arbeit vom bloßen Angestellten zum selbständigen Besitzer eines sehr ansehnlichen Geschäftes emporgearbeitet. Das Geschäft dehnte sich immer mehr und mehr aus, und er geriet mehr und mehr hinein, indem er allmählich alle seine Nebeninteressen darin aufgehen ließ. Dadurch wurde er aufgeschluckt, und dies gereichte ihm in folgender Weise zum Verderben: unbewußt wurden zur Kompensation seiner ausschließlichen Geschäftsinteressen gewisse Erinnerungen aus seiner Kindheit lebendig. Damals hatte er nämlich eine große Freude am Malen und Zeichnen. Anstatt daß er nun diese Fähigkeit als balancierende Nebenbeschäftigung an und für sich aufgenommen hätte, kanalisierte er sie in sein Geschäft und begann von einer «künstlerischen» Ausgestaltung seiner Produkte zu phantasieren. Unglücklicherweise wurden die Phantasien Wirklichkeit: er begann tatsächlich nach seinem eigenen primitiven und infantilen Geschmack zu produzieren, mit dem Erfolg, daß nach wenigen Jahren sein Geschäft zugrunde gerichtet war. Er hat nach einem unserer «Kulturideale» gehandelt, wonach der tatkräftige Mann alles auf den einen Endzweck konzentrieren muß. Er ging aber zu weit und verfiel der Macht subjektiver, infantiler Ansprüche.

Die katastrophale Lösung kann aber auch subjektiver Art sein, nämlich in Gestalt eines nervösen Zusammenbruches. Ein solcher kommt immer dadurch zustande, daß die unbewußte Gegenwirkung die bewußte

Aktion schließlich zu lähmen vermag. In diesem Fall drängen sich die Ansprüche des Unbewußten kategorisch dem Bewußtsein auf und erregen dadurch einen unheilvollen Zwiespalt, der sich meistens darin äußert, daß die Leute entweder nicht mehr wissen, was sie eigentlich wollen und zu nichts mehr Lust haben, oder zu viel auf einmal wollen und zu viel Lust haben, aber zu unmöglichen Dingen. Die aus Kulturgründen öfters notwendige Niederhaltung der infantilen und primitiven Ansprüche führt leicht zur Neurose oder zum Mißbrauch von narkotischen Stoffen, wie Alkohol, Morphium, Kokain usw. In noch schwereren Fällen endet der Zwiespalt mit Selbstmord. Es ist eine hervorstechende Eigentümlichkeit der unbewußten Tendenzen, daß sie nämlich in dem Maße, als sie durch *bewußte Nichtanerkennung* ihrer Energien beraubt werden, einen destruktiven Charakter annehmen, und das, sobald sie aufhören, kompensatorisch zu sein. Sie hören aber dann auf, kompensatorisch zu wirken, wenn sie jenen Tiefstand erreicht haben, der einem Kulturniveau entspricht, welches mit dem unsrigen absolut unverträglich ist. Von diesem Augenblick an bilden die unbewußten Tendenzen einen der bewußten Einstellung in jeder Hinsicht entgegengesetzten Block, dessen Existenz zum offenen Konflikt führt.

Die Tatsache, daß die Einstellung des Unbewußten die des Bewußtseins kompensiert, kommt im allgemeinen im psychischen Gleichgewicht zum Ausdruck. Eine normale extravertierte Einstellung bedeutet natürlich niemals, daß das Individuum nun immer und überall sich nach dem extravertierten Schema benimmt. Unter allen Umständen werden bei demselben Individuum viele psychologische Geschehnisse, wo der Mechanismus der Introversion in Frage kommt, zu beobachten sein. Extravertiert nennen wir einen Habitus ja nur, wenn der Mechanismus der Extraversion vorwiegt. In diesem Falle ist dann stets die am meisten differenzierte psychische Funktion in extravertierter Anwendung, während die minderdifferenzierten Funktionen sich in introvertierter Anwendung befinden, d. h. die höherwertige Funktion ist am meisten bewußt und unterliegt der Bewußtseinskontrolle und der bewußten Absicht am völligsten, während die minderdifferenzierten Funktionen auch weniger bewußt, resp. zum Teil unbewußt sind und in weit geringerem Maße bewußter Willkür unterworfen sind. Die höherwertige Funktion ist immer der Ausdruck der bewußten Persönlichkeit, ihre Absicht, ihr Wille und ihre Leistung, während die minderdifferenzierten Funktionen zu den

Dingen gehören, die einem passieren. Es brauchen nicht gerade lapsus linguae oder calami oder sonstige Versehen zu sein, sondern sie können auch halben oder dreiviertels Absichten entspringen, indem die minderdifferenzierten Funktionen auch geringere Bewußtheit besitzen. Ein klassisches Beispiel hierfür ist der extravertierte Fühltypus, der sich eines ausgezeichneten Gefühlsrapportes mit seiner Umgebung erfreut, dem es aber passiert, gelegentlich Urteile von unübertrefflicher Taktlosigkeit zu äußern. Diese Urteile entspringen seinem minderdifferenzierten und minderbewußten Denken, das nur zum Teil unter seiner Kontrolle steht und zudem ungenügend auf das Objekt bezogen ist, daher kann es als in hohem Maße rücksichtslos wirken.

Die minderdifferenzierten Funktionen in der extravertierten Einstellung verraten stets eine außerordentlich subjektive Bedingtheit von ausgesprochener Egozentrizität und persönlicher Voreingenommenheit, womit sie ihren nahen Zusammenhang mit dem Unbewußten erweisen. In ihnen tritt das Unbewußte beständig zutage. Man darf sich überhaupt nicht vorstellen, daß das Unbewußte dauernd unter so und so vielen Überlagerungen begraben liege und gewissermaßen nur durch eine mühsame Tiefbohrung entdeckt werden könne. Das Unbewußte fließt im Gegenteil beständig in das bewußte psychologische Geschehen ein, und zwar in so hohem Maße, daß es dem Beobachter bisweilen schwer fällt, zu entscheiden, welche Charaktereigenschaften der bewußten und welche der unbewußten Pesönlichkeit zuzurechnen sind. Diese Schwierigkeit tritt hauptsächlich ein bei Personen, die sich in etwas reichlicherem Maße als andere ausdrücken. Es hängt natürlich auch sehr ab von der Einstellung des Beobachters, ob er mehr den bewußten oder den unbewußten Charakter einer Persönlichkeit erfaßt. Im allgemeinen wird ein urteilend eingestellter Beobachter eher den bewußten Charakter erfassen, während ein wahrnehmend eingestellter Beobachter mehr durch den unbewußten Charakter beeinflußt sein wird; denn das Urteil interessiert sich mehr für die bewußte Motivierung des psychischen Geschehens, während die Wahrnehmung mehr das bloße Geschehen registriert. Insofern wir aber Wahrnehmung und Urteil in gleichem Maße verwenden, kann es leicht geschehen, daß uns eine Persönlichkeit zugleich als introvertiert und extravertiert vorkommt, ohne daß wir zunächst anzugeben wüßten, welcher Einstellung die höherwertige Funktion zugehört. In solchen Fällen kann nur eine gründliche Analyse der Funktionseigenschaften zu einer gültigen Auffassung verhelfen. Dabei ist zu beachten, welche Funktion der Bewußtseinskontrolle und -motivation gänzlich unterstellt ist, und welche Funktionen den Charakter des Zufälligen und Spontanen haben. Die erstere Funktion ist immer höher differenziert als die letzteren, die zudem etwas infantile und primitive Eigenschaften besitzen. Gelegentlich macht die erstere Funktion den Eindruck der Normalität, während letztere etwas Abnormes oder Pathologisches an sich haben.

c) Die Besonderheiten der psychologischen Grundfunktionen in der extravertierten Einstellung

Das Denken

Infolge der extravertierten Gesamteinstellung orientiert sich das Denken nach dem Objekt und den objektiven Daten. Diese Orientierung des Denkens ergibt eine ausgesprochene Eigentümlichkeit.

Das Denken überhaupt wird einerseits aus subjektiven, in letzter Linie unbewußten Quellen gespeist, anderseits aus den durch die Sinnesperzeptionen vermittelten objektiven Daten. Das extravertierte Denken ist in höherem Maße von diesen letzteren Faktoren bestimmt als von den ersteren. Das Urteil setzt immer einen Maßstab voraus; für das extravertierte Urteil ist hauptsächlich der von objektiven Verhältnissen entlehnte Maßstab der gültige und bestimmende, gleichgültig, ob er direkt durch eine objektive, sinnlich wahrnehmbare Tatsache, oder durch eine objektive Idee dargestellt wird, denn eine objektive Idee ist ebenfalls etwas äußerlich Gegebenes und von außen Entlehntes, auch wenn sie subjektiv gebilligt wird. Das extravertierte Denken braucht daher keineswegs ein rein konkretes Tatsachendenken zu sein, sondern kann ebensowohl auch ein rein ideelles Denken sein, insofern nur nachgewiesen ist, daß die Ideen, mit denen gedacht wird, in höherem Maße von außen entlehnt, d. h. durch Tradition, Erziehung und Bildungsgang vermittelt sind. Das Kriterium der Beurteilung, ob ein Denken extravertiert sei, besteht also zunächst in der Frage, nach welchem Maßstab sich das Urteilen richtet, ob er von außen vermittelt oder ob er subjektiven Ursprungs ist.

Ein weiteres Kriterium ist die Richtung des Schließens, nämlich die Frage, ob das Denken vorzüglich eine Richtung nach außen habe oder nicht. Die Beschäftigung des Denkens mit konkreten Gegenständen ist kein Beweis für seine extravertierte Natur, denn ich kann mich denkend mit einem konkreten Gegenstand beschäftigen, indem ich mein Denken von ihm abstrahiere oder indem ich mein Denken durch ihn konkretisiere. Wenn auch mein Denken mit konkreten Dingen beschäftigt ist und insofern als extravertiert bezeichnet werden könnte, so bleibt es doch fraglich und charakteristisch, welche Richtung das Denken einschlagen wird, nämlich ob es in seinem weiteren Verlauf wiederum zu objektiven Gegebenheiten, zu äußeren Tatsachen oder allgemeinen, bereits gegebenen Begriffen führe oder nicht. Für das praktische Denken des Kaufmanns, des Technikers, des naturwissenschaftlichen Forschers ist die Richtung auf das Objekt ohne weiteres ersichtlich. Beim Denken des Philosophen kann daher ein Zweifel entstehen, wenn die Richtung seines Denkens auf Ideen abzielt. In diesem Falle muß einerseits untersucht werden, ob diese Ideen lediglich Abstraktionen aus Erfahrungen am Objekt sind und somit nichts anderes darstellen als höhere Kollektivbegriffe, welche eine Summe objektiver Tatsachen in sich begreifen; anderseits muß untersucht werden, ob diese Ideen (wenn sie nämlich nicht als Abstraktionen aus unmittelbaren Erfahrungen ersichtlich sind) etwa durch Tradition überkommen oder der geistigen Umwelt entlehnt sind. Ist diese Frage zu bejahen, so gehören solche Ideen ebenfalls in die Kategorie objektiver Gegebenheiten, und somit ist auch dieses Denken als extravertiert zu bezeichnen.

Obschon ich mir vorgenommen habe, das Wesen des introvertierten Denkens nicht hier, sondern in einem späteren Abschnitt darzustellen, so erscheint es mir doch unerläßlich, schon hier einige Angaben darüber zu machen. Denn wenn man sich genau überlegt, was ich eben über das extravertierte Denken sagte, so kann man unschwer zum Schluß gelangen, daß ich damit wohl überhaupt alles meine, was man unter Denken versteht. Ein Denken, das weder auf objektive Tatsachen noch auf allgemeine Ideen ziele, verdiene, könnte man sagen, nicht «Denken» genannt zu werden. Ich bin mir dessen bewußt, daß unsere Zeit und ihre vorzüglichen Repräsentanten nur den extravertierten Typus des Denkens kennen und anerkennen. Dieses rührt einesteils daher, daß in der Regel alles Denken, das an der Oberfläche der Welt sichtbar wird – in Form von Wissenschaft und Philosophie oder auch von Kunst –, entweder direkt vom Objekt stammt oder in die allgemeinen Ideen mündet. Aus beiderlei

Gründen erscheint es, wenn auch nicht immer als evident, so doch im wesentlichen als verstehbar und mithin als relativ gültig. In diesem Sinne läßt sich sagen, daß eigentlich nur der extravertierte Intellekt, nämlich eben der, der sich am objektiv Gegebenen orientiert, bekannt sei.

Nun aber gibt es – und damit komme ich auf den introvertierten Intellekt zu sprechen – auch eine ganz andere Art des Denkens, der man sogar schwerlich diese Bezeichnung versagen kann, nämlich eine Art, die sich weder an der unmittelbaren objektiven Erfahrung noch an allgemeinen und objektiv vermittelten Ideen orientiert. Ich gelange zu dieser andern Art des Denkens auf folgende Weise: wenn ich mich mit einem konkreten Objekt oder mit einer allgemeinen Idee gedanklich befasse, und zwar in der Weise, daß die Richtung meines Denkens in letzter Linie wieder zu meinen Gegenständen zurückführt, so ist dieser intellektuelle Vorgang nicht der einzige psychische Prozeß, der momentan in mir stattfindet. Ich sehe ab von allen möglichen Empfindungen und Gefühlen, die sich neben meinem Gedankengang mehr oder weniger störend bemerkbar machen, und hebe hervor, daß mein vom objektiv Gegebenen ausgehender und zum Objektiven hinstrebender Gedankengang auch beständig in Beziehung zum Subjekt steht. Diese Beziehung ist eine conditio sine qua non, denn ohne sie fände überhaupt kein Gedankengang statt. Wenn schon mein Gedankengang so viel wie nur möglich sich nach dem objektiv Gegebenen richtet, so ist es doch *mein* subjektiver Gedankengang, der die Einmischung des Subjektiven weder vermeiden noch ihrer entraten kann. Wenn ich schon danach trachte, meinem Gedankengang in jeder Hinsicht objektive Richtung zu geben, so kann ich doch den subjektiven Parallelvorgang und dessen durchgehende Anteilnahme nicht hindern, ohne meinem Gedankengang das Lebenslicht auszublasen. Dieser subjektive Parallelvorgang hat die natürliche und nur mehr oder weniger vermeidbare Tendenz, das objektiv Gegebene zu subjektivieren, d.h. an das Subjekt zu assimilieren. Fällt nun der Hauptakzent auf den subjektiven Vorgang, so entsteht jene andere Art des Denkens, die dem extravertierten Typus gegenübersteht, nämlich die am Subjekt und am subjektiv Gegebenen orientierte Richtung, die ich als introvertiert bezeichne. Aus dieser andern Orientierung entsteht ein Denken, das weder von objektiven Tatsachen determiniert, noch auf objektiv Gegebenes gerichtet ist, ein Denken also, das von subjektiv Gegebenem ausgeht und auf subjektive Ideen oder Tatsachen subjektiver Natur sich richtet. Ich will hier nicht weiter auf dieses Denken eingehen, sondern nur sein Vorhandensein feststellen, um damit das den extravertierten Gedankengang notwendig ergänzende Stück zu geben und so sein Wesen zu klären.

Das extravertierte Denken kommt somit nur dadurch zustande, daß der objektiven Orientierung ein gewisses Übergewicht zufällt. Dieser Umstand ändert nichts an der Logik des Denkens, sondern er macht bloß jenen von JAMES als Temperamentfrage aufgefaßten Unterschied zwischen den Denkern aus. Mit der Orientierung nach dem Objekt ist, wie gesagt, am Wesen der Denkfunktion nichts geändert, wohl aber an seiner Erscheinung. Da es sich am objektiv Gegebenen orientiert, so erscheint es als an das Objekt gebannt, als ob es ohne die äußere Orientierung gar nicht bestehen könnte. Es erscheint quasi im Gefolge äußerer Tatsachen, oder es scheint seine Höhe erreicht zu haben, wenn es in eine allgemeingültige Idee einmünden kann. Es scheint stets durch objektiv Gegebenes bewirkt zu sein und seine Schlüsse nur mit dessen Zustimmung ziehen zu können. Es erweckt daher den Eindruck der Unfreiheit und bisweilen der Kurzsichtigkeit trotz aller Behendigkeit in dem von objektiven Grenzen beschränkten Raum.

Was ich hier beschreibe, ist der bloße Eindruck der Erscheinung des extravertierten Denkens auf den Beobachter, der bereits schon deshalb auf einem andern Standpunkt stehen muß, weil er sonst die Erscheinung des extravertierten Denkens gar nicht beobachten könnte. Infolge seines andern Standpunktes sieht er auch bloß die Erscheinung und nicht deren Wesen. Wer aber im Wesen dieses Denkens selber drin steht, vermag wohl sein Wesen, nicht aber seine Erscheinung zu erfassen. Die Beurteilung nach der bloßen Erscheinung kann dem Wesen nicht gerecht werden, daher sie meist entwertend ausfällt. Dem Wesen nach aber ist dieses Denken nicht minder fruchtbar und schöpferisch als das introvierte Denken, nur dient sein Können andern Zielen als dieses. Dieser Unterschied wird dann besonders fühlbar, wenn das extravertierte Denken sich eines Stoffes, der ein spezifischer Gegenstand des subjektiv orientierten Denkens ist, bemächtigt. Dieser Fall tritt ein, wenn z. B. eine subjektive Überzeugung analytisch aus objektiven Tatsachen oder als Folge und Ableitung aus objektiven Ideen erklärt wird. Noch offenkundiger für unser naturwissenschaftlich orientiertes Bewußtsein aber wird der Unterschied der beiden Denkarten, wenn das subjektiv orientierte Denken den Versuch macht, objektiv Gegebenes in objektiv nicht gegebene Zusammenhänge zu bringen, d.h. einer subjektiven Idee zu unterstellen. Beides wird als Übergriff empfunden und dabei tritt dann jene Schattenwirkung hervor, welche die beiden Denkarten aufeinander haben. Das subjektiv orientierte Denken erscheint dann als reine Willkür, das extravertierte Denken dagegen als platte und banale Inkommensurabilität. Deshalb befehden sich die beiden Standpunkte unaufhörlich.

Man könnte meinen, dieser Streit wäre dadurch leicht zu beendigen, daß man die Gegenstände subjektiver von denjenigen objektiver Natur reinlich schiede. Diese Scheidung ist leider ein Ding der Unmöglichkeit, obschon nicht wenige sie durchzuführen versucht haben. Und wenn diese Scheidung auch möglich wäre, so wäre sie ein großes Unheil, indem beide Orientierungen an sich einseitig und nur von beschränkter Gültigkeit sind, und darum eben ihrer gegenseitigen Beeinflussung bedürfen. Wenn das objektiv Gegebene das Denken in irgendwie höherem Maße unter seinen Einfluß bringt, so sterilisiert es das Denken, indem letzteres zu einem bloßen Anhängsel des objektiv Gegebenen erniedrigt wird, so daß es in keinerlei Hinsicht mehr imstande ist, sich vom objektiv Gegebenen bis zur Herstellung eines abgezogenen Begriffes zu befreien. Der Prozeß des Denkens beschränkt sich dann auf ein bloßes «Nachdenken», nicht etwa im Sinne von «Überlegung», sondern im Sinne von bloßer Imitation, die im wesentlchen durchaus nichts anderes besagt, als was im objektiv Gegebenen allbereits ersichtlich und unmittelbar vorlag. Ein solcher Denkprozeß führt natürlich zum objektiv Gegebenen unmittelbar zurück, aber niemals darüber hinaus, also nicht einmal zum Anschluß der Erfahrung an eine objektive Idee; und umgekehrt, wenn dieses Denken eine objektive Idee zum Gegenstand hat, so wird es nicht imstande sein, die praktische Einzelerfahrung zu erreichen, sondern es wird in einem mehr oder weniger tautologischen Zustand verharren. Hierfür liefert die materialistische Mentalität einleuchtende Beispiele.

Wenn das extravertierte Denken infolge einer verstärkten Determination durch das Objekt dem objektiv Gegebenen unterliegt, so verliert es sich einerseits gänzlich in der Einzelerfahrung und erzeugt eine Anhäufung unverdauter empirischer Materialien. Die bedrückende Masse mehr oder weniger zusammenhangloser Einzelerfahrungen schafft einen Zustand gedanklicher Dissoziation, der in der Regel auf der andern Seite eine psychologische Kompensation erfordert. Diese besteht in einer ebenso einfachen wie allgemeinen Idee, welche dem aufgehäuften, aber innerlich unverbundenen Ganzen einen Zusammenhang geben oder wenigstens die Ahnung eines solchen vermitteln soll. Passende Ideen zu diesem Zweck sind etwa «Materie» oder «Energie». Hängt aber das Denken nicht in erster Linie zu viel an äußeren Tatsachen, sondern an einer überkommenen Idee, so entsteht aus Kompensation der Armut dieses Gedankens eine um so eindrucksvollere Anhäufung von Tatsachen, die eben einseitig nach einem relativ beschränkten und sterilen Gesichtspunkt gruppiert sind, wobei regelmäßig viel wertvollere und sinnreichere Aspekte der Dinge gänzlich verloren gehen. Die schwindelerregende Fülle der sogenannten wissenschaftlichen Literatur unserer Tage verdankt zu einem leider hohen Prozentsatz ihre Existenz dieser falschen Orientierung.

Der extravertierte Denktypus

Wie die Erfahrung zeigt, haben die psychologischen Grundfunktionen in einem und demselben Individuum selten oder so gut wie nie alle dieselbe Stärke oder denselben Entwicklungsgrad. In der Regel überwiegt die eine oder andere Funktion sowohl an Stärke wie an Entwicklung. Wenn nun dem Denken das *Primat* unter den psychologischen Funktionen zufällt, d. h. wenn das Individuum seine Lebensleistung hauptsächlich unter der Führung denkender Überlegung vollbringt, so daß alle irgendwie wichtigen Handlungen aus intellektuell gedachten Motiven hervorgehen oder doch wenigstens der Tendenz gemäß hervorgehen sollten, so handelt es sich um einen *Denktypus*. Ein solcher Typus kann introvertiert oder extravertiert sein. Wir beschäftigen uns hier zunächst mit dem *extravertierten Denktypus*.

Dieser wird also, der Definition gemäß, ein Mensch sein, der das Bestreben hat – natürlich nur, insofern er ein reiner Typus ist –, seine gesamte Lebensäußerung in die Abhängigkeit von intellektuellen Schlüssen zu bringen, die sich in letzter Linie stets am objektiv Gegebenen, entweder an objektiven Tatsachen oder allgemein gültigen Ideen orientieren. Dieser Typus verleiht nicht nur sich selber, sondern auch seiner Umgebung gegenüber der objektiven Tatsächlichkeit, resp. ihrer objektiv orientierten intellektuellen Formel die ausschlaggebende Macht. An dieser Formel wird gut und böse gemessen, wird schön und häßlich bestimmt.

Richtig ist alles, was dieser Formel entspricht, unrichtig, was ihr widerspricht, und zufällig, was indifferent neben ihr herläuft. Weil diese Formel dem Weltsinn entsprechend erscheint, so wird sie auch zum Weltgesetz, das immer und überall zur Verwirklichung gelangen muß, im einzelnen sowohl wie im allgemeinen. Wie der extravertierte Denktypus sich seiner Formel unterordnet, so muß es auch seine Umgebung tun zu ihrem eigenen Heile, denn wer es nicht tut, ist unrichtig, er widerstrebt dem Weltgesetz, ist daher unvernünftig, unmoralisch und gewissenlos. Seine Moral verbietet dem extravertierten Denktypus, Ausnahmen zu dulden. Sein Ideal muß unter allen Umständen Wirklichkeit werden, denn es ist, wie es ihm erscheint, reinste Formulierung objektiver Tatsächlichkeit und muß daher auch allgemein gültige Wahrheit sein, unerläßlich zum Heil der Menschheit. Dies nicht etwa aus Nächstenliebe, sondern vom höheren Gesichtspunkt der Gerechtigkeit und Wahrheit aus. Alles, was in seiner eigenen Natur dieser Formel als widersprechend empfunden wird, ist bloß Unvollkommenheit, ein zufälliges Versagen, das bei nächster Gelegenheit ausgemerzt sein wird, oder wenn dies nicht gelingt, so ist es eben krankhaft. Wenn die Toleranz mit dem Kranken, Leidenden und Abnormen einen Bestandteil der Formel bilden sollte, so wird dafür eine spezielle Einrichtung getroffen, z.B. Rettungsanstalten, Spitäler, Gefängnisse, Kolonien etc., resp. Pläne und Entwürfe dazu. Zur wirklichen Ausführung reicht das Motiv der Gerechtigkeit und Wahrheit in der Regel nicht aus, es bedarf dazu noch der wirklichen Nächstenliebe, die mehr mit dem Gefühl zu tun hat als mit einer intellektuellen Formel. Das «man sollte eigentlich» oder «man müßte» spielt eine große Rolle. Ist die Formel aber weit genug, so kann dieser Typus als Reformator, als öffentlicher Ankläger und Gewissensreiniger oder als Propagator wichtiger Neuerungen eine dem sozialen Leben äußerst nützliche Rolle spielen. Je enger aber die Formel ist, desto mehr wird dieser Typus zum Nörgler, Vernünftler und selbstgerechten Kritiker, der sich und andere in ein Schema pressen möchte. Damit sind zwei Endpunkte angegeben, zwischen denen sich die Mehrzahl dieser Typen bewegt.

Entsprechend dem Wesen der extravertierten Einstellung sind die Wirkungen und Äußerungen dieser Persönlichkeiten um so günstiger oder besser, je weiter außen sie liegen. Ihr bester Aspekt findet sich an der Peripherie ihrer Wirkungssphäre. Je tiefer man in ihren Machtbereich eindringt, desto mehr machen sich ungünstige Folgen ihrer Tyrannei bemerkbar. An der Peripherie pulsiert noch anderes Leben, das die Wahrheit der Formel als schätzenswerte Zugabe zum übrigen empfindet. Je tiefer man aber in den Machtbereich der Formel eintritt, desto mehr stirbt alles Leben ab, das der Formel nicht entspricht. Am meisten bekommen die eigenen Angehörigen die übeln Folgen einer extravertierten Formel zu kosten, denn sie sind die ersten, die unerbittlich damit beglückt werden. Am allermeisten aber leidet darunter das Subjekt selber, und damit kommen wir nun zur andern Seite der Psychologie dieses Typus.

Der Umstand, daß es keine intellektuelle Formel je gegeben hat noch je geben wird, welche die Fülle des Lebens und seiner Möglichkeiten in sich fassen und passend ausdrücken könnte, bewirkt eine Hemmung, resp. Ausschließung anderer wichtiger Lebensformen und Lebensbetätigungen. In erster Linie werden es bei diesem Typus alle vom Gefühl abhängigen Lebensformen sein, welche der Unterdrückung verfallen, also z. B. ästhetische Betätigungen, der Geschmack, der Kunstsinn, die Pflege der Freundschaft usw. Irrationale Formen, wie religiöse Erfahrungen, Leidenschaften und dergleichen sind oft bis zur völligen Unbewußtheit ausgetilgt. Diese unter Umständen außerordentlich wichtigen Lebensformen fristen ein zum größten Teil unbewußtes Dasein. Obschon es Ausnahmemenschen gibt, die ihr ganzes Leben einer bestimmten Formel zum Opfer bringen können, so sind doch die meisten nicht imstande, eine solche Ausschließlichkeit auf die Dauer zu leben. Früher oder später – je nach äußeren Umständen und innerer Veranlagung – werden sich die durch die intellektuelle Einstellung verdrängten Lebensformen indirekt bemerkbar machen, indem sie die bewußte Lebensführung stören. Erreicht diese Störung einen erheblichen Grad, so spricht man von einer Neurose. In den meisten Fällen kommt es allerdings nicht so weit, indem das Individuum instinktiv einige präventive Milderungen der Formel sich gestattet, allerdings mittels einer passenden vernünftigen Einkleidung. Damit ist ein Sicherheitsventil geschaffen.

Infolge der relativen oder gänzlichen Unbewußtheit der von der bewußten Einstellung ausgeschlossenen Tendenzen und Funktionen bleiben diese in einem relativ unentwickelten Zustand stecken. Sie sind gegenüber der bewußten Funktion minderwertig. Insoweit sie unbewußt sind, bleiben sie mit den übrigen Inhalten des Unbewußten verschmolzen, wodurch sie einen bizarren Charakter annehmen. Insoweit sie bewußt sind, spielen sie eine sekundäre Rolle, wennschon sie für das psychologische Gesamtbild von beträchtlicher Bedeutung sind. Von der vom Bewußtsein ausgehenden Hemmung sind in erster Linie die Gefühle betroffen, denn sie widersprechen am ehesten einer starren intellektuellen Formel, daher sie auch am intensivsten verdrängt werden. Ganz ausgeschaltet kann keine Funktion werden, sondern bloß erheblich entstellt. Soweit sich die Gefühle willkürlich formen und unterordnen lassen, müssen sie die intellektuelle Bewußtseinseinstellung unterstützen und ihren Absichten sich anpassen. Dies ist aber nur bis zu einem gewissen Grade möglich; ein Teil des Gefühls bleibt unbotmäßig und muß deshalb verdrängt werden. Gelingt die Verdrängung, so entschwindet es dem Bewußtsein und entfaltet dann unter der Schwelle des Bewußtseins eine den bewußten Absichten zuwiderlaufende Tätigkeit, welche unter Umständen Effekte erzielt, deren Zustandekommen dem Individuum ein völliges Rätsel ist. So wird z.B. der bewußte, oft außerordentliche Altruismus durchkreuzt von einer heimlichen, dem Individuum selber verborgenen Selbstsucht, welche im Gunde genommen uneigennützigen Handlungen den Stempel der Eigennützigkeit aufdrückt. Reine ethische Absichten können das Individuum in kritische Situationen führen, wo es bisweilen mehr als bloß den Anschein hat, als ob ganz andere als ethische Motive ausschlaggebend wären. Es sind freiwillige Retter oder Sittenwächter, welche plötzlich selber als rettungsbedürftig oder als kompromittiert erscheinen. Ihre Rettungsabsicht führt sie gerne zum Gebrauche von Mitteln, die geeignet sind, eben das herbeizuführen, was man vermeiden wollte. Es gibt extravertierte Idealisten, welche ihrem Ideal dermaßen zur Verwirklichung zum Heile der Menschen verhelfen wollen, daß sie selbst vor Lügen und sonstigen unredlichen Mitteln nicht zurückschrecken. Es gibt in der Wissenschaft mehrere peinliche Beispiele, wo hochverdiente Forscher aus tiefster Überzeugung von der Wahrheit und Allgemeingültigkeit ihrer Formel Fälschungen von Belegen zugunsten ihres Ideals begangen haben. Dies nach der Formel: Der Zweck heiligt die Mittel. Nur eine minderwertige Gefühlsfunktion, die unbewußt verführend am Werke ist, kann solche Verirrungen bei sonst hochstehenden Menschen bewirken.

Die Minderwertigkeit des Gefühls bei diesem Typus äußert sich auch noch in anderer Weise. Die bewußte Einstellung ist, wie es der vorherrschenden sachlichen Formel entspricht, mehr oder weniger unpersönlich, oft in dem Maße, daß die persönlichen Interessen erheblich darunter leiden. Ist die bewußte Einstellung extrem, so fallen alle persönlichen Rücksichten fort, auch solche gegen die eigene Person. Die eigene Gesundheit wird vernachlässigt, die soziale Position gerät in Verfall, die eigene Familie wird oft in ihren vitalsten Interessen vergewaltigt, gesundheitlich, finanziell und moralisch geschädigt, alles im Dienste des Ideals. Auf alle Fälle leidet die persönliche Anteilnahme am andern, insofern dieser nicht zufällig ein Förderer derselben Formel ist. Es kommt daher nicht selten vor, daß die engere Familie, z. B. gerade die eigenen Kinder, einen solchen Vater nur als grausamen Tyrannen kennen, während die weitere Umgebung vom Ruhme seiner Menschlichkeit widerhallt. Nicht etwa trotz, sondern gerade wegen der hohen Unpersönlichkeit der bewußten Einstellung sind die Gefühle unbewußt außerordentlich persönlich empfindlich und verursachen gewisse heimliche Vorurteile, namentlich eine gewisse Bereitschaft, z. B. eine objektive Opposition gegen die Formel als ein persönliches Übelwollen mißzuverstehen, oder stets eine negative Voraussetzung von den Qualitäten anderer zu machen, um deren Argumente im voraus zu entkräften, natürlich zum Schutze der eigenen Empfindlichkeit. Durch die unbewußte Empfindlichkeit wird sehr oft der Ton der Sprache verschärft, zugespitzt, aggressiv. Insinuationen kommen häufig vor. Die Gefühle haben den Charakter des Nachträglichen und Nachhinkenden, wie es einer minderwertigen Funktion entspricht. Daher besteht eine ausgesprochene Anlage zum Ressentiment. So großzügig die individuelle Aufopferung für das intellektuelle Ziel auch sein mag, so kleinlich mißtrauisch, launisch und konservativ sind die Gefühle. Alles Neue, das nicht in der Formel schon enthalten ist, wird durch einen Schleier von unbewußtem Haß angesehen und dementsprechend beurteilt. Es ist um die Mitte des vorigen Jahrhunderts vorgekommen, daß ein wegen seiner Menschenfreundlichkeit berühmter Mediziner einen Assistenten fortzuschicken drohte, weil dieser ein Thermometer gebrauchte; denn die Formel lautete: Das Fieber erkennt man am Puls. Ähnliche Fälle gibt es bekanntlich eine Menge.

Je stärker die Gefühle verdrängt sind, desto schlimmer und heimlicher beeinflussen sie das Denken, das sonst in tadelloser Verfassung sein kann. Der intellektuelle Standpunkt, der vielleicht um seines ihm tatsächlich zukommenden Wertes willen auf eine allgemeine Anerkennung Anspruch erheben dürfte, erfährt durch den Einfluß der unbewußten persönlichen Empfindlichkeit eine charakteristische Veränderung: er wird dogmatisch-starr. Die Selbstbehauptung der Persönlichkeit wird auf ihn übertragen. Die Wahrheit wird ihrer natürlichen Wirkung nicht mehr überlassen, sondern durch die Identifikation des Subjektes mit ihr wird sie behandelt wie ein empfindsames Püppchen, dem ein böser Kritiker ein Leid angetan hat. Der Kritiker wird heruntergerissen, womöglich noch mit persönlichen Invektiven, und kein Argument ist unter Umständen schlecht genug, um nicht verwendet zu werden. Die Wahrheit muß vorgeführt werden, bis es dem Publikum anfängt klar zu werden, daß es sich offenbar weniger um die Wahrheit, als um ihren persönlichen Erzeuger handelt.

Der Dogmatismus des intellektuellen Standpunktes erfährt bisweilen durch die unbewußte Einmischung der unbewußten persönlichen Gefühle noch weitere eigentümliche Veränderungen, welche weniger auf dem Gefühl sensu strictiori beruhen, als vielmehr auf der Beimischung von andern unbewußten Faktoren, die mit dem verdrängten Gefühl im Unbewußten verschmolzen sind. Obschon die Vernunft selber beweist, daß jede intellektuelle Formel nur eine beschränkt gültige Wahrheit sein und deshalb niemals einen Anspruch auf Alleinherrschaft erheben kann, so nimmt die Formel praktisch doch ein solches Übergewicht an, daß alle andern Standpunkte und Möglichkeiten neben ihr in den Hintergrund treten. Sie ersetzt jede allgemeinere, unbestimmtere und daher bescheidenere und wahrere Weltanschauung. Sie tritt daher auch an die Stelle jener allgemeinen Anschauung, die man als Religion bezeichnet. Dadurch wird die Formel zur Religion, auch wenn sie dem Wesen nach nicht im geringsten mit etwas Religiösem zu tun hat. Damit gewinnt sie auch den der Religion wesentlichen Charakter der Unbedingtheit. Sie wird sozusagen zum intellektuellen Aberglauben. Alle jene psychologischen Tendenzen jedoch, die durch sie verdrängt werden, sammeln sich als Gegenposition im Unbewußten an und bewirken Anwandlungen von Zweifel. Zur Abwehr der Zweifel wird die bewußte Einstellung fanatisch, denn Fanatismus ist nichts anderes als überkompensierter Zweifel. Diese Entwicklung führt schließlich zu einer überbetonten bewußten Position und zur Ausbildung einer absolut gegensätzlichen unbewußten Position, welche z.B. im Gegensatz zum bewußten Rationalismus äußerst irrational, im Gegensatz zur modernen Wissenschaftlichkeit des bewußten Standpunktes äußerst archaisch und abergläubisch ist. Infolgedessen passieren dann jene aus der Geschichte der Wissenschaften bekannten bornierten und lächerlichen Ansichten, über die viele hochverdiente Forscher schließlich gestolpert sind. Manchmal verkörpert sich die unbewußte Seite bei einem solchen Mann in einer Frau.

Dieser dem Leser gewiß wohlbekannte Typus findet sich nach meiner Erfahrung hauptsächlich bei Männern, wie überhaupt das Denken eine Funktion ist, die beim Manne weit eher zur Vorherrschaft geeignet ist als bei der Frau. Wenn bei Frauen das Denken zur Herrschaft gelangt, so handelt es sich, soweit ich sehen kann, wohl meistens um ein Denken, das im Gefolge einer überwiegend *intuitiven* Geistestätigkeit steht.

Das Denken des extravertierten Denktypus ist *positiv,* d. h. es erschafft. Es führt entweder zu neuen Tatsachen oder zu allgemeinen Auffassungen disparater Erfahrungsmaterialien. Sein Urteil ist im allgemeinen *synthetisch.* Auch wenn es zerlegt, so baut es auf, indem es immer über die Auflösung hinausgeht zu einer neuen Zusammensetzung, zu einer andern Auffassung, die das Zerlegte in anderer Weise wieder vereinigt, oder indem es dem gegebenen Stoff etwas weiteres hinzufügt. Man könnte diese Art des Urteils daher auch im allgemeinen als *prädikativ* bezeichnen. Jedenfalls ist es charakteristisch, daß es niemals absolut entwertend oder destruktiv ist, sondern immer einen zerstörten Wert durch einen andern ersetzt. Diese Eigenschaft kommt daher, daß das Denken eines Denktypus sozusagen der Kanal ist, in dem seine Lebensenergie hauptsächlich fließt. Das stetig fortschreitende Leben manifestiert sich in seinem Denken, wodurch sein Gedanke progressiven, zeugenden Charakter erhält. Sein Denken ist nicht stagnierend oder gar regressiv. Diese letzteren Eigenschaften nimmt aber das Denken an, wenn ihm das Primat im Bewußtsein nicht zukommt. Da es in diesem Fall relativ bedeutungslos ist, so mangelt ihm auch der Charakter einer positiven Lebenstätigkeit. Es folgt anderen Funktionen nach; es wird epimetheisch, indem es quasi zum Treppenwitz wird, der sich stets damit begnügt, das Vorangegangene und bereits Geschehene ruminierend nachzudenken, es zu zergliedern und zu verdauen. Da in diesem Fall das Schöpferische in einer andern Funktion liegt, so ist das Denken nicht mehr progressiv, sondern stagnierend. Sein Urteil nimmt einen ausgesprochenen *Inhärenzcharakter* an, d. h. es beschränkt sich ganz auf den Umfang seines vorliegenden Stoffes, ihn nirgends überschreitend. Es begnügt sich mit mehr oder weniger abstrakter Konstatierung, ohne dem Erfahrungsstoff einen Wert zu erteilen, der nicht bereits von vornherein in ihm läge. Das Inhärenzurteil des extravertierten Denkens ist am Objekt orientiert, d.h. seine Konstatierung erfolgt immer im Sinne einer objektiven Bedeutung der Erfahrung. Es bleibt daher nicht nur unter dem orientierenden Einfluß des objektiv Gegebenen, sondern es bleibt sogar im Banne der einzelnen Erfahrung und sagt über diese nichts aus, was nicht schon bereits durch sie gegeben ist. Man kann dieses Denken leicht beobachten bei Leuten, die es nicht unterlassen können, hinter einen Eindruck oder eine Erfahrung eine vernünftige und zweifellos sehr gültige Bemerkung zu setzen, die aber in nichts über den gegebenen Umfang der Erfahrung hinausgeht. Eine solche Bemerkung besagt im Grunde nur: «Ich habe es verstanden, ich kann es nachdenken.» Aber dabei hat es auch sein Bewenden. Ein solches Urteil bedeutet höchstens die Einreihung einer Erfahrung in einen objektiven Zusammenhang, wobei aber die Erfahrung schon ohne weiteres, als in diesen Rahmen gehörig, ersichtlich ist.

Besitzt aber eine andere Funktion als das Denken das Bewußtseinsprimat in einem irgendwie höheren Grade, so nimmt das Denken, soweit es dann überhaupt bewußt ist und soweit es sich nicht in direkter Abhängigkeit von der vorherrschenden Funktion befindet, *negativen* Charakter an. Soweit das Denken der vorherrschenden Funktion untergeordnet ist, kann es allerdings als positiv erscheinen, aber eine nähere Untersuchung kann unschwer nachweisen, daß es einfach die vorherrschende Funktion nachspricht, sie mit Argumenten stützt, oft in unverkennbarem Widerspruch mit den dem Denken eigenen Gesetzen der Logik. Dieses Denken fällt also für unsere vorliegende Betrachtung fort. Wir beschäftigen uns vielmehr mit der Beschaffenheit jenes Denkens, das sich dem Primat einer andern Funktion nicht unterordnen kann, sondern seinem eigenen Prinzip treu bleibt. Die Beobachtung und Untersuchung dieses Denkens ist schwierig, weil es im konkreten Fall stets mehr oder weniger verdrängt ist durch die Einstellung des Bewußtseins. Es muß daher meistens erst aus den Hintergründen des Bewußtseins hevorgeholt werden, wenn es nicht zufälligerweise in einem unbewachten Moment einmal an die Oberfläche kommt. Meist muß man es mit der Frage hervorlocken: «Aber was denken Sie denn eigentlich, im Grunde genommen und so ganz bei Ihnen, von der Sache?» Oder man muß sogar zu einer List greifen und die Frage etwa so formulieren: «Was denken Sie denn, daß *ich* von dieser Sache denke?» Diese letztere Form muß nämlich dann gewählt werden, wenn das eigentliche Denken unbewußt und darum projiziert ist. Das Denken, das auf diese Weise an die Oberfläche des Bewußtseins gelockt wird, hat charakteristische Eigenschaften, um derentwillen ich es eben als *negativ* bezeichne. Sein Habitus ist am besten gekennzeichnet durch die beiden Worte «nichts als». GOETHE hat dieses Denken in der Figur des Mephistopheles personifiziert. Vor allem zeigt es die Tendenz, den Gegenstand seines Urteilens auf irgendeine Banalität zurückzuführen und ihn seiner eigenen selbständigen Bedeutung zu entkleiden. Dies geschieht dadurch, daß er als in Abhängigkeit von einer andern banalen Sache befindlich dargestellt wird. Ergibt sich zwischen zwei Männern ein Konflikt von anscheinend sachlicher Natur, so sagt das negative Denken: «Cherchez la femme.» Verficht oder propagiert jemand eine Sache, so fragt das negative Denken nicht nach der Bedeutung der Sache, sondern: «Wieviel verdient er dabei?» Das MOLESCHOTT zugeschriebene Wort: «Der Mensch ist, was er ißt», gehört ebenfalls in dieses Kapitel, wie noch viele andere Aussprüche und Anschauungen, die ich nicht wörtlich anzuführen brauche.

Das Destruktive dieses Denkens sowohl wie seine gegebenenfalls beschränkte Nützlichkeit bedarf wohl keiner weiteren Erklärung. Es gibt nun aber noch eine andere Form des negativen Denkens, die man auf den ersten Blick wohl kaum als solche erkennen würde, und das ist das *theosophische* Denken, das sich heute rapide in allen Weltteilen ausbreitet, vielleicht als eine Reaktionserscheinung auf den Materialismus der unmittelbar vorausgegangenen Epoche. Das theosophische Denken ist anscheinend keineswegs reduktiv, sondern erhöht alles zu transzendenten und weltumfassenden Ideen. Ein Traum z.B. ist nicht mehr ein bescheidener Traum, sondern ein Erlebnis auf einer «andern Ebene». Die vorderhand noch unerklärbare Tatsache der Telepathie erklärt sich sehr einfach durch «Vibrationen», die von einem zum andern gehen. Eine gewöhnliche nervöse Störung ist sehr einfach dadurch erklärt, daß dem «Astralkörper» etwas zugestoßen ist. Gewisse anthropologische Eigentümlichkeiten der atlantischen Küstenbewohner erklären sich leicht durch den Untergang der Atlantis, usw. Man braucht nur ein theosophisches Buch zu öffnen, um von der Erkenntnis erdrückt zu werden, daß alles schon erklärt ist und daß die «Geisteswissenschaft» überhaupt keine Rätsel mehr übrig gelassen hat. Diese Art des Denkens ist im Grunde genommen ebenso negativ wie das materialistische Denken. Wenn letzteres die Psychologie als chemische Veränderungen der Ganglienzellen oder als ein Ausstrekken und Zurückziehen der Zellfortsätze oder als innere Sekretion auffaßt, so ist dies genau so abergläubisch wie die Theosophie. Der einzige Unterschied liegt darin, daß der Materialismus auf die uns geläufige Physiologie reduziert, während die Theosophie alles auf Begriffe der indischen Metaphysik bringt. Wenn man den Traum auf einen überladenen Magen zurückführt, so ist damit doch der Traum nicht erklärt, und wenn man die Telepathie als «Vibration» erklärt, so ist damit ebensowenig gesagt. Denn was ist «Vibration»? Beide Erklärungsmodi sind nicht nur impotent, sondern sie sind auch destruktiv, indem sie eine ernsthafte Erforschung des Problems dadurch verhindern, daß sie durch eine Scheinerklärung das Interesse von der Sache abziehen und in ersterem Fall dem Magen und in letzterem Fall den imaginären Vibrationen zuwenden. Beide Denkarten sind steril und sterilisierend. Die negative Qualität rührt davon her, daß dieses Denken so unbeschreiblich billig ist, d. h. arm an zeugender und schöpferischer Energie. Es ist ein Denken im Schlepptau anderer Funktionen.

Das Fühlen

Das Fühlen in der extravertierten Einstellung orientiert sich nach dem objektiv Gegebenen, d. h. das Objekt ist die unerläßliche Determinante der Art des Fühlens. Es befindet sich in Übereinstimmung mit objektiven Werten. Wer immer das Gefühl nur als einen subjektiven Tatbestand kennt, wird das Wesen des extravertierten Fühlens nicht ohne weiteres verstehen, denn das extravertierte Fühlen hat sich vom subjektiven Faktor möglichst befreit und sich dafür ganz dem Einfluß des Objektes unterworfen. Auch wo es sich anscheinend von der Qualität des konkreten Objektes als unabhängig erweist, steht es dennoch im Banne traditioneller oder sonstwie allgemeingültiger Werte. Ich kann mich zum Prädikat «schön» oder «gut» gedrängt fühlen, nicht weil ich aus subjektivem Gefühl das Objekt «schön» oder «gut» fände, sondern weil es *passend* ist, es «schön» oder «gut» zu nennen; und zwar passend insofern, als ein gegenteiliges Urteil die allgemeine Gefühlssituation irgendwie stören würde. Bei einem solchen passenden Gefühlsurteil handelt es sich keineswegs um eine Simulation oder gar um eine Lüge, sondern um einen Akt der Einpassung. So kann z. B. ein Gemälde als «schön» bezeichnet werden, weil ein in einem Salon aufgehängtes, mit einem bekannten Namen signiertes Gemälde allgemein als «schön» vorausgesetzt wird, oder weil das Prädikat «häßlich» die Familie des glücklichen Besitzers kränken könnte, oder weil auf seiten des Besuchers die Intention vorhanden ist, eine angenehme Gefühlsatmosphäre zu erzeugen, wozu es notwendig ist, daß alles als angenehm gefühlt wird. Solche Gefühle sind nach Maßgabe objektiver Determinanten gerichtet. Sie sind als solche genuin und stellen die gesamte sichtbare Fühlfunktion dar. Genau wie das extravertierte Denken sich subjektiver Einflüsse soviel wie möglich entledigt, so muß auch das extravertierte Fühlen einen gewissen Differenzierungsprozeß durchlaufen, bis es von jeder subjektiven Zutat entkleidet ist. Die durch den Gefühlsakt erfolgenden *Bewertungen* entsprechen entweder direkt den objektiven Werten oder wenigstens gewissen traditionellen oder allgemein verbreiteten Wertmaßstäben.

Dieser Art des Fühlens ist es zum großen Teil zuzuschreiben, warum so viele Leute ins Theater oder ins Konzert oder in die Kirche gehen und zwar mit richtig abgemessenen positiven Gefühlen. Ihm sind auch die Moden zu verdanken, und – was weit wertvoller ist – die positive und verbreitete Unterstützung sozialer, philanthropischer und sonstiger Kulturunternehmungen. In diesen Dingen erweist sich das extravertierte Fühlen als schöpferischer Faktor. Ohne dieses Fühlen ist z. B. eine schöne und harmonische Geselligkeit undenkbar. Insoweit ist das extravertierte Fühlen eine ebenso wohltätige, vernünftig wirkende Macht wie das extravertierte Denken. Diese heilsame Wirkung geht aber verloren, sobald das Objekt einen übertriebenen Einfluß gewinnt. In diesem Falle nämlich zieht das zu extravertierte Fühlen die Persönlichkeit zu viel ins Objekt, d. h. das Objekt assimiliert die Person, wodurch der persönliche Charakter des Fühlens, der seinen Hauptreiz ausmacht, verloren geht. Dadurch wird nämlich das Gefühl kalt, sachlich und unglaubwürdig. Es verrät geheime Absicht, jedenfalls erweckt es solchen Verdacht beim unbefangenen Beobachter. Es macht nicht mehr jenen angenehmen und erfrischenden Eindruck, der ein genuines Fühlen stets begleitet, sondern man wittert Pose oder Schauspielerei, wennschon vielleicht die egozentrische Absicht noch ganz unbewußt ist. Ein solch übertrieben extravertiertes Fühlen erfüllt zwar ästhetische Erwartungen, aber es spricht nicht mehr zum Herzen, sondern bloß noch zu den Sinnen, oder – noch schlimmer – bloß noch zum Verstande. Es kann zwar eine Situation ästhetisch ausfüllen, es beschränkt sich aber darauf und wirkt nicht darüber hinaus. Es ist steril geworden. Schreitet dieser Prozeß weiter, so entwickelt sich eine merkwürdig widerspruchsvolle Dissoziation des Fühlens: es bemächtigt sich jeglichen Objektes mit gefühlsmäßigen Bewertungen, und es werden zahlreiche Beziehungen angeknüpft, die einander innerlich widersprechen. Da dergleichen gar nicht möglich wäre, wenn ein einigermaßen betontes Subjekt vorhanden wäre, so werden auch die letzten Reste eines wirklich persönlichen Standpunktes unterdrückt. Das Subjekt wird dermaßen aufgesogen in die einzelnen Fühlprozesse, daß der Beobachter den Eindruck erhält, als ob nur noch ein Prozeß des Fühlens und kein Subjekt des Fühlens mehr vorhanden sei. Das Fühlen in diesem Zustande hat seine ursprüngliche menschliche Wärme ganz eingebüßt, es macht den Eindruck der Pose, des Flatterhaften, des Unzuverlässigen und in schlimmeren Fällen den Eindruck des Hysterischen.

Der extravertierte Fühltypus

Insofern das Gefühl unbestreitbar eine sichtbarere Eigentümlichkeit der weiblichen Psychologie ist als das Denken, so finden sich auch die ausgesprochensten Fühltypen beim weiblichen Geschlecht. Wenn das extravertierte Fühlen das Primat besitzt, so sprechen wir von einem extravertierten Fühltypus. Die Beispiele, die mir bei diesem Typus vorschweben, betreffen fast ohne Ausnahme Frauen. Diese Art Frau lebt nach der Richtschnur ihres Gefühls. Ihr Gefühl hat sich infolge der Erziehung zu einer eingepaßten und der Bewußtseinskontrolle unterworfenen Funktion entwickelt. In Fällen, die nicht extrem liegen, hat das Gefühl persönlichen Charakter, obschon das Subjektive bereits in höherem Maße unterdrückt wurde. Die Persönlichkeit erscheint daher als in die objektiven Verhältnisse eingepaßt. Die Gefühle entsprechen den objektiven Situationen und den allgemein gültigen Werten. Dies zeigt sich nirgends deutlicher als in der sogenannten Liebeswahl. Der «passende» Mann wird geliebt, nicht irgend ein anderer; er ist passend, nicht etwa, weil er dem subjektiven verborgenen Wesen der Frau durchaus zusagte – das weiß sie meistens gar nicht –, sondern weil er in puncto Stand, Alter, Vermögen, Größe und Respektabilität seiner Familie allen vernünftigen Anforderungen entspricht. Man könnte natürlich eine solche Formulierung leicht als ironisch und entwertend ablehnen, wenn ich nicht der vollen Überzeugung wäre, daß das Liebesgefühl dieser Frau ihrer Wahl auch vollkommen entspricht. Es ist echt und nicht etwa vernünftige Mache. Solcher «vernünftigen» Ehen gibt es unzählige, und es sind keineswegs die schlechtesten. Solche Frauen sind gute Gefährtinnen ihrer Männer und gute Mütter, solange ihre Männer oder Kinder die landesübliche psychische Konstitution besitzen. «Richtig» fühlen kann man nur dann, wenn nichts anderes das Gefühl stört. Nichts stört aber das Fühlen so sehr wie das Denken. Es ist daher ohne weiteres begreiflich, daß das Denken bei diesem Typus möglichst unterdrückt wird. Damit soll nun keineswegs gesagt sein, daß eine solche Frau überhaupt nicht denke; im Gegenteil, sie denkt vielleicht sehr viel und sehr klug, aber ihr Denken ist niemals sui generis, sondern ein epimetheisches Anhängsel ihres Fühlens. Was sie nicht fühlen kann, kann sie auch bewußt nicht denken. «Ich kann doch nicht denken, was ich nicht fühle», sagte mir einmal eine Patientin in entrüstetem Tone. Soweit es das Gefühl erlaubt, kann sie sehr gut denken, aber jeder noch so logische Schluß, der zu einem das Gefühl störenden Ergebnis führen könnte, wird a limine abgelehnt. Er wird einfach nicht gedacht. Und so wird alles, was objektiver Bewertung entsprechend gut ist, geschätzt oder geliebt; übriges scheint bloß außerhalb ihrer selbst zu existieren.

Dieses Bild ändert sich aber, wenn die Bedeutung des Objektes einen noch höheren Grad erreicht. Wie ich bereits oben erläuterte, erfolgt dann eine solche Assimilation des Subjektes an das Objekt, daß das Subjekt des Fühlens mehr oder weniger untergeht. Das Fühlen verliert den persönlichen Charakter, es wird Fühlen an sich, und man gewinnt den Eindruck, als ob sich die Persönlichkeit gänzlich in das jeweilige Gefühl auflöse. Da nun im Leben beständig Situationen miteinander abwechseln, welche verschiedene oder sogar miteinander kontrastierende Gefühlstöne auslösen, so löst sich die Persönlichkeit in ebenso viele verschiedene Gefühle auf. Man ist das eine Mal dies, das andere Mal etwas ganz anderes – anscheinend; denn in Wirklichkeit ist eine derartige Mannigfaltigkeit der Persönlichkeit etwas Unmögliches. Die Basis des Ich bleibt doch immerhin sich selber identisch und tritt deshalb in eine deutliche Opposition zu den wechselnden Gefühlszuständen. Infolgedessen fühlt der Beobachter das zur Schau getragene Gefühl nicht mehr als einen persönlichen Ausdruck des Fühlenden, sondern vielmehr als eine Alteration seines Ich, also eine Laune. Je nach dem Grade der Dissoziation zwischen dem Ich und dem jeweiligen Gefühlszustand treten mehr oder weniger Zeichen des Uneinsseins mit sich selber auf, d.h. die ursprünglich kompensierende Einstellung des Unbewußten wird zur manifesten Opposition. Dies zeigt sich zunächst in einer übertriebenen Gefühlsäußerung, z.B. in lauten und aufdringlichen Gefühlsprädikaten, die aber eine gewisse Glaubwürdigkeit vermissen lassen. Sie klingen hohl und überzeugen nicht. Sie lassen im Gegenteil bereits die Möglichkeit erkennen, daß damit ein Widerstand überkompensiert wird und daß darum ein solches Gefühlsurteil auch ganz anders lauten könnte. Und wenig später lautet es auch anders. Die Situation braucht sich nur um ein weniges zu ändern, um sofort eine ganz entgegengesetzte Bewertung desselben Objektes auf den Plan zu rufen. Das Ergebnis einer solchen Erfahrung ist, daß der Beobachter weder das eine noch das andere Urteil ernst nehmen kann. Er fängt an, sich sein eigenes Urteil zu reservieren. Da es nun aber diesem Typus vor allem darauf ankommt, einen intensiven Gefühlsrapport mit der Umgebung herzustellen, so werden verdoppelte Anstrengungen nötig, um die Reserve der Umgebung zu überwinden. Dies verschlimmert die Situation auf dem Wege des circulus vitiosus. Je stärker die Gefühlsbeziehung zum Objekt betont wird, desto mehr nähert sich die unbewußte Opposition der Oberfläche.

Wir haben bereits gesehen, daß der extravertierte Fühltypus am meisten sein Denken unterdrückt, weil eben das Denken am ehesten geeignet ist, das Fühlen zu stören. Aus diesem Grunde schließt ja auch das Denken, wenn es zu irgendwie reinen Resultaten gelangen will, am allermeisten das Fühlen aus, denn nichts ist so geeignet, das Denken zu stören und zu verfälschen, wie die Gefühlswerte. Das Denken des extravertierten Fühltypus ist daher, insofern es eine selbständige Funktion ist, verdrängt. Wie ich bereits erwähnte, ist es nicht ganz verdrängt, sondern nur insofern seine unerbittliche Logik zu Schlüssen zwingt, die dem Gefühl nicht passen. Es ist aber zugelassen als Diener des Gefühls oder besser gesagt als sein Sklave. Sein Rückgrat ist gebrochen, es kann sich nicht selber, seinem eigenen Gesetze gemäß, durchführen. Da es nun aber doch eine Logik und unerbittlich richtige Schlüsse gibt, so geschehen sie auch irgendwo, aber außerhalb des Bewußtseins, nämlich im Unbewußten. Darum ist der unbewußte Inhalt dieses Typus in allererster Linie ein eigenartiges Denken. Dieses Denken ist infantil, archaisch und negativ.

Solange das bewußte Fühlen den persönlichen Charakter bewahrt, oder mit andern Worten: solange die Persönlichkeit nicht von den einzelnen Gefühlszuständen aufgeschluckt wird, verhält sich das unbewußte Denken kompensierend. Wenn aber die Persönlichkeit sich dissoziiert und sich in einzelne, einander widersprechende Gefühlszustände auflöst, so geht die Identität des Ich verloren, das Subjekt wird unbewußt. Indem das Subjekt aber ins Unbewußte gerät, assoziiert es sich mit dem unbewußten Denken und verhilft dadurch dem unbewußten Denken zu gelegentlicher Bewußtheit. Je stärker die bewußte Gefühlsbeziehung ist und je mehr sie darum das Gefühl «ent-icht», desto stärker wird auch die unbewußte Opposition. Dies äußert sich darin, daß gerade um die am höchsten bewerteten Objekte sich unbewußte Gedanken ansammeln, welche den Wert dieser Objekte erbarmungslos herunterreißen. Das Denken im Stile des «Nichts als» ist hier durchaus am Platze, denn es zerstört die Übermacht des an Objekte geketteten Gefühls.

Das unbewußte Denken erreicht die Oberfläche in Form von Einfällen, oft obsedierender Natur, deren allgemeiner Charakter immer negativ und entwertend ist. Es gibt darum bei Frauen von diesem Typus Momente, wo die schlimmsten Gedanken sich gerade an diejenigen Objekte heften, welche das Gefühl am höchsten wertet. Das negative Denken bedient sich aller infantilen Vorurteile oder Vergleiche, die geeignet sind, den Gefühlswert in Zweifel zu setzen, und es zieht alle primitiven Instinkte heran, um die Gefühle für «nichts als» erklären zu können. Es ist mehr eine Seitenbemerkung, wenn ich hier erwähne, daß auf diese Weise auch das kollektive Unbewußte, die Gesamtheit der primordialen Bilder, herangezogen wird, aus deren Bearbeitung sich dann wieder die Möglichkeit einer Regeneration der Einstellung auf einer andern Basis ergibt.

Die hauptsächlichste Neurosenform dieses Typus ist die Hysterie mit ihrer charakteristischen infantil-sexuellen unbewußten Vorstellungswelt.

Zusammenfassung der rationalen Typen

Ich bezeichne die beiden vorausgegangenen Typen als rationale oder urteilende Typen, weil sie charakterisiert sind durch das Primat vernünftig urteilender Funktionen. Es ist ein allgemeines Merkmal beider Typen, daß ihr Leben in hohem Maße dem vernünftigen Urteil unterstellt ist.

Wir haben allerdings zu berücksichtigen, ob wir dabei vom Standpunkt der subjektiven Psychologie des Individuums sprechen oder vom Standpunkt des Beobachters, der von außen wahrnimmt und urteilt. Dieser Beobachter könnte nämlich leicht zu einem entgegengesetzten Urteil gelangen, und zwar dann, wenn er intuitiv bloß das Vorkommende erfaßt und danach urteilt. Das Leben dieses Typus in seiner Gesamtheit ist ja niemals allein vom vernünftigen Urteil abhängig, sondern auch in beinahe ebenso hohem Maße von der unbewußten Unvernünftigkeit. Wer nun allein das Vorkommende beobachtet, ohne sich um den inneren Haushalt des Bewußtseins des Individuums zu kümmern, kann leicht in höherem Maße von der Unvernünftigkeit und Zufälligkeit gewisser unbewußter Äußerungen des Individuums betroffen sein als von der Vernunftmäßigkeit seiner bewußten Absichten und Motivationen. Ich gründe daher mein Urteil auf das, was das Individuum als seine bewußte Psychologie empfindet. Ich gebe aber zu, daß man ebenso gut eine solche Psychologie gerade umgekehrt auffassen und darstellen könnte. Ich bin auch überzeugt, daß ich, falls ich selber eine andere individuelle Psychologie besäße, die rationalen Typen in umgekehrter Weise vom Unbewußten her als irrational beschreiben würde. Dieser Umstand erschwert die Darstellung und Verständlichkeit psychologischer Tatbestände in nicht zu unterschätzender Weise und erhöht die Möglichkeit von Mißverständnissen ins Ungemessene. Die Diskussionen, die sich aus diesen Mißverständnissen ergeben, sind in der Regel hoffnungslos, denn man spricht aneinander vorbei. Diese Erfahrung war für mich ein Grund mehr, mich in meiner Darstellung auf die subjektiv bewußte Psychologie des Individuums zu gründen, weil man dadurch wenigstens einen bestimmten objektiven Anhalt hat, der gänzlich wegfällt, wenn man eine psychologische Gesetzmäßigkeit auf das Unbewußte gründen wollte. In diesem Fall nämlich könnte das Objekt gar nicht mehr mitsprechen, denn es weiß von allem andern mehr als vom eigenen Unbewußten. Das Urteil wäre damit dem Beobachter, dem Subjekt, allein anheimgestellt – eine sichere Gewähr dafür, daß er sich auf seine eigene individuelle Psychologie gründen und diese dem Beobachteten aufdrängen wird. Dieser Fall liegt meines Erachtens sowohl in der FREUDschen, wie in der ADLERschen Psychologie vor. Das Individuum ist damit ganz dem Gutfinden des urteilenden Beobachters ausgeliefert. Dies kann aber nicht der Fall sein, wenn die bewußte Psychologie des Beobachteten zur Basis genommen wird. In diesem Fall ist er der Kompetente, weil er allein seine bewußten Motive kennt.

Die Vernünftigkeit der bewußten Lebensführung dieser beiden Typen bedeutet eine bewußte Ausschließung des Zufälligen und Nichtvernunftgemäßen. Das vernünftige Urteil repräsentiert in dieser Psychologie eine Macht, welche das Ungeordnete und Zufällige des realen Geschehens in bestimmte Formen zwingt oder wenigstens zu zwingen versucht. Damit wird einerseits unter den Lebensmöglichkeiten eine bestimmte Auswahl geschaffen, indem bewußt nur das Vernunftgemäße angenommen wird, und anderseits wird die Selbständigkeit und der Einfluß derjenigen psychischen Funktionen, welche der Wahrnehmung des Vorkommenden dienen, wesentlich beschränkt. Diese Beschränkung der Empfindung und der Intuition ist natürlich keine absolute. Diese Funktionen existieren wie überall, nur unterliegen ihre Produkte der Wahl des vernünftigen Urteils. Die absolute Stärke der Empfindung z. B. ist nicht ausschlaggebend für die Motivation des Handelns, sondern das Urteil.

Die wahrnehmenden Funktionen teilen also in gewissem Sinne das Schicksal des Fühlens im Falle des ersten Typus und das des Denkens im zweiten Falle. Sie sind relativ verdrängt und daher in minderdifferenziertem Zustand. Dieser Umstand gibt dem Unbewußten unserer beiden Typen ein eigenartiges Gepräge: was die Menschen bewußt und absichtlich tun, ist vernunftgemäß (*ihrer* Vernunft gemäß!); was ihnen aber passiert, entspricht dem Wesen infantil-primitiver Empfindungen einerseits und anderseits ebensolchen Intuitionen. Was unter diesen Begriffen zu verstehen ist, versuche ich in den folgenden Abschnitten darzustellen. Jedenfalls ist das, was diesen Typen passiert, irrational (natürlich von ihrem Standpunkt aus gesehen!). Da es nun sehr viele Menschen gibt, die mehr aus dem leben, was ihnen passiert, als aus dem, was sie aus vernünftiger Absicht tun, so kann leicht der Fall eintreten, daß ein solcher Mensch unsere beiden Typen nach sorgfältiger Analyse als irrational bezeichnen würde. Man muß ihm zugeben, daß nicht allzu selten das Unbewußte eines Menschen einen weit stärkeren Eindruck macht als sein Bewußtsein und daß seine Taten oft bedeutend schwerer wiegen, als seine vernünftigen Motivationen.

Die Vernünftigkeit der beiden Typen ist objektiv orientiert, vom objektiv Gegebenen abhängig. Ihre Vernünftigkeit entspricht dem, was kollektiv als vernünftig gilt. Subjektiv gilt ihnen nichts anderes vernünftig, als was allgemein als vernünftig angesehen wird. Aber auch die Vernunft ist zum guten Teil subjektiv und individuell. In unserem Fall ist dieser Teil verdrängt, und zwar um so mehr, je größer die Bedeutung des Objektes ist. Das Subjekt und die subjektive Vernunft sind daher immer von der Verdrängung bedroht, und wenn sie ihr verfallen, so geraten sie unter die Herrschaft des Unbewußten, das in diesem Falle sehr unangenehme Eigentümlichkeiten besitzt. Von seinem Denken sprachen wir bereits. Dazu kommen primitive Empfindungen, die sich als Empfindungszwang äußern, z.B. in Form einer abnormen, zwangsmäßigen Genußsucht, die alle möglichen Formen annehmen kann, und primitive Intuitionen, welche den Betroffenen und ihrer Umgebung direkt zur Qual werden können. Alles Unangenehme und Peinliche, alles Widerwärtige, Häßliche oder Schlechte wird herausgewittert oder hineinvermutet, und meistens handelt es sich dabei um halbe Wahrheiten, welche wie nichts anderes geeignet sind, Mißverständnisse giftigster Art zu erzeugen. Aus der starken Beeinflussung durch die opponierenden unbewußten Inhalte ergibt sich notwendigerweise auch eine häufige Durchbrechung der bewußten Vernunftregel, nämlich eine auffallende Bindung an Zufälligkeiten, die entweder vermöge ihrer Empfindungsstärke oder vermöge ihrer unbewußten Bedeutung einen zwingenden Einfluß erlangen.

Das Empfinden

In der extravertierten Einstellung ist das Empfinden vorwiegend durch das Objekt bedingt. Als Sinnesperzeption ist das Empfinden natürlicherweise vom Objekt abhängig. Es ist aber ebenso natürlicherweise auch vom Subjekt abhängig, daher es auch ein subjektives Empfinden gibt, welches seiner Art nach vom objektiven Empfinden durchaus verschieden ist. In der extravertierten Einstellung ist der subjektive Anteil des Empfindens, insoweit dessen bewußte Verwendung in Frage kommt, gehemmt oder verdrängt. Ebenso ist das Empfinden als irrationale Funktion relativ verdrängt, wenn Denken oder Fühlen das Primat besitzen, d.h. es funktioniert bewußt bloß in dem Maße, als die bewußte, urteilende Einstellung die zufälligen Wahrnehmungen zu Bewußtseinsinhalten werden läßt, mit andern Worten sie realisiert. Die Sinnesfunktion sensu strictiori ist natürlich absolut, es wird z.B. alles gesehen und gehört, soweit dies physiologisch möglich ist, aber nicht alles erreicht jenen Schwellenwert, welchen eine Perzeption besitzen muß, um auch apperzipiert zu werden. Dies ändert sich, wenn keine andere Funktion das Primat besitzt, als das Empfinden selber. In diesem Falle wird aus der Objektempfindung nichts ausgeschlossen und nichts verdrängt (mit Ausnahme des subjektiven Anteils, wie schon erwähnt). Das Empfinden wird vorzugsweise durch das Objekt determiniert, und diejenigen Objekte, welche die stärkste Empfindung auslösen, sind für die Psychologie des Individuums ausschlaggebend. Dadurch entsteht eine ausgesprochen *sinnliche Bindung* an die Objekte. Das Empfinden ist daher eine vitale Funktion, die mit dem stärksten Lebenstrieb ausgerüstet wird. Insofern Objekte Empfindungen auslösen, gelten sie und werden auch, insoweit dies durch Empfindungen überhaupt möglich ist, völlig in das Bewußtsein aufgenommen, ob sie nun dem vernünftigen Urteil passen oder nicht. Ihr Wertkriterium ist einzig die durch ihre objektiven Eigenschaften bedingte Empfindungsstärke. Infolgedessen treten alle objektiven Vorgänge ins Bewußtsein, insofern sie überhaupt Empfindungen auslösen. Es sind aber nur konkrete, sinnlich wahrnehmbare Objekte oder Vorgänge, welche in der extravertierten Einstellung Empfindungen erregen, und zwar ausschließlich solche, die jedermann überall und zu allen Zeiten als konkret empfinden würde. Das Individuum wird daher nach rein sinnenfälliger Tatsächlichkeit orientiert. Die urteilenden Funktionen stehen unterhalb der konkreten Tatsache der Empfindung und haben daher die Eigenschaften der minderdifferenzierten Funktionen, d. h. also eine gewisse Negativität mit infantil-archaischen Zügen. Am stärksten von der Verdrängung betroffen ist natürlich die der Empfindung entgegengesetzte Funktion, nämlich die unbewußte Wahrnehmung, die Intuition.

Der extravertierte Empfindungstypus

Es gibt keinen andern menschlichen Typus, der an Realismus dem extravertierten Empfindungstypus gleichkäme. Sein objektiver Tatsachensinn ist außerordentlich entwickelt. Er häuft in seinem Leben reale Erfahrungen am konkreten Objekt, und je ausgesprochener er ist, desto weniger macht er Gebrauch von seiner Erfahrung. Sein Erlebnis wird in gewissen Fällen überhaupt nicht zu dem, was den Namen «Erfahrung» verdiente.

Was er empfindet, dient ihm höchstens als Wegleitung zu neuen Empfindungen, und alles, was etwa Neues in den Kreis seiner Interessen eintritt, ist auf dem Wege der Empfindung erworben und soll zu diesem Zwecke dienen. Insofern man einen ausgesprochenen Sinn für reine Tatsächlichkeit als sehr vernünftig aufzufassen geneigt ist, wird man solche Menschen als vernünftig preisen. Sie sind es aber in Wirklichkeit keineswegs, indem sie der Empfindung des irrationalen Zufalls genau so unterworfen sind wie der des rationalen Vorkommens. Ein solcher Typus – vielfach handelt es sich anscheinend um Männer – meint natürlich nicht, der Empfindung «unterworfen» zu sein. Er wird diesen Ausdruck vielmehr als ganz unzutreffend belächeln, denn für ihn ist Empfindung konkrete Lebensäußerung; sie bedeutet ihm eine Fülle wirklichen Lebens. Seine Absicht geht auf den konkreten Genuß, ebenso seine Moralität. Denn das wahre Genießen hat seine besondere Moral, seine besondere Mäßigkeit und Gesetzmäßigkeit, seine Selbstlosigkeit und Opferwilligkeit. Er braucht keineswegs ein sinnlicher Rohling zu sein, sondern kann sein Empfinden zu größter ästhetischer Reinheit differenzieren, ohne daß er auch in der abstraktesten Empfindung jemals seinem Prinzip der objektiven Empfindung untreu würde. WULFENS[3] Cicerone des rücksichtslosen Lebensgenusses ist das ungeschminkte Selbstbekenntnis eines derartigen Typus. Das Buch erscheint mir unter diesem Gesichtswinkel als lesenswert.

Auf niederer Stufe ist dieser Typus der Mensch der tastbaren Wirklichkeit, ohne Neigung zu Reflexionen und ohne Herrscherabsichten. Sein stetiges Motiv ist, das Objekt zu empfinden, Sensationen zu haben und womöglich zu genießen. Er ist kein unliebenswürdiger Mensch, im Gegenteil, er ist häufig von erfreulicher und lebendiger Genußfähigkeit, bisweilen ein lustiger Kumpan, bisweilen ein geschmackvoller Ästhet. Im ersteren Fall hängen die großen Probleme des Lebens ab von einem mehr oder weniger guten Mittagstisch, im letzteren gehören sie zum guten Geschmack. Wenn er empfindet, so ist für ihn alles Wesentliche gesagt und erfüllt. Nichts kann mehr als konkret und wirklich sein; Vermutungen daneben oder darüber hinaus sind nur zugelassen, insofern sie die Empfindung verstärken. Sie brauchen diese keineswegs im angenehmen Sinn zu verstärken, denn dieser Typus ist nicht ein gewöhnlicher Lüstling, sondern er will nur die stärkste Empfindung, die er seiner Natur nach immer von außen empfangen muß. Was von innen kommt, erscheint ihm als krankhaft und verwerflich. Insofern er denkt und fühlt, reduziert er immer auf objektive Grundlagen, d. h. auf Einflüsse, die vom Objekt kommen, unbekümmert auch um die stärkste Beugung der Logik. Tastbare Wirklichkeit läßt ihn unter allen Umständen aufatmen. In dieser Beziehung ist er von unerwarteter Leichtgläubigkeit. Ein psychogenes Symptom wird er unbedenklich auf den tiefen Barometerstand beziehen, die Existenz eines psychischen Konfliktes dagegen erscheint ihm als abnorme Träumerei. Seine Liebe gründet sich unzweifelhaft auf die sinnenfälligen Reize des Objektes. Insofern er normal ist, ist er der gegebenen Wirklichkeit auffallend eingepaßt, auffallend darum, weil es immer sichtbar ist. Sein Ideal ist die Tatsächlichkeit, er ist rücksichtsvoll in dieser Beziehung. Er hat keine Ideen-Ideale, darum auch keinen Grund, sich irgendwie gegen die tatsächliche Wirklichkeit fremd zu verhalten. Das drückt sich in allen Äußerlichkeiten aus. Er kleidet sich gut, seinen Umständen entsprechend, man ißt und trinkt gut bei ihm, man sitzt bequem oder man begreift wenigstens, daß sein verfeinerter Geschmack einige Ansprüche an seine Umgebung stellen darf. Er überzeugt sogar, daß gewisse Opfer dem Stil zuliebe sich entschieden lohnen.

Je mehr aber die Empfindung überwiegt, so daß das empfindende Subjekt hinter der Sensation verschwindet, desto unerfreulicher wird dieser Typus. Er entwickelt sich entweder zum rohen Genußmenschen oder zum skrupellosen, raffinierten Ästheten. So unerläßlich ihm dann das Objekt wird, so sehr wird es auch als etwas, das in und durch sich selbst besteht, entwertet. Es wird ruchlos vergewaltigt und ausgepreßt, indem es überhaupt nur noch als Anlaß zur Empfindung gebraucht wird. Die Bindung an das Objekt wird aufs Äußerste getrieben. Dadurch aber wird auch das Unbewußte aus der kompensatorischen Rolle in die offene Opposition gedrängt. Vor allem machen sich die verdrängten Intuitionen geltend in Form von Projektionen auf das Objekt. Die abenteuerlichsten Vermutungen entstehen; handelt es sich um ein Sexualobjekt, so spielen Eifersuchtsphantasien eine große Rolle, ebenso Angstzustände. In schwereren Fällen entwickeln sich Phobien aller Art, und besonders Zwangssymptome. Die pathologischen Inhalte sind von einem bemerkenswerten Irrealitätscharakter, häufig moralisch und religiös gefärbt. Es entwickelt sich oft eine spitzfindige Rabulistik, eine lächerlich-skrupulöse Moralität und eine primitive, abergläubische und «magische» Religiosität, die auf abstruse Riten zurückgreift. Alle diese Dinge stammen aus den verdrängten, minderdifferenzierten Funktionen, welche in solchen Fällen dem Bewußtsein schroff gegenüberstehen und um so auffallender in Erscheinung treten, als sie auf den absurdesten Voraussetzungen zu beruhen scheinen, ganz im Gegensatz zum bewußten Tatsachensinn. Die ganze Kultur des Fühlens und Denkens erscheint in dieser zweiten Persönlichkeit in eine krankhafte Primitivität verdreht; Vernunft ist Vernünftelei und Haarspalterei, Moral ist öde Moralisiererei und handgreiflicher Pharisäismus, Religion ist absurder Aberglauben, das Ahnungsvermögen, diese vornehme Gabe des Menschen, ist persönliche Tüftelei, Beschnupperung jeder Ecke, und geht, statt ins Weite, ins Engste allzumenschlicher Kleinlichkeit.

Der spezielle Zwangscharakter der neurotischen Symptome stellt das unbewußte Gegenstück dar zur bewußten moralischen Zwangslosigkeit einer bloß empfindenden Einstellung, welche vom Standpunkt des rationalen Urteils aus wahllos das Vorkommende aufnimmt. Wenn schon die Voraussetzungslosigkeit des Empfindungstypus keineswegs absolute Gesetz- und Schrankenlosigkeit bedeutet, so fällt bei ihm doch die ganz wesentliche Beschränkung durch das Urteil weg. Das rationale Urteil aber stellt einen bewußten Zwang dar, den sich der rationale Typus anscheinend freiwillig auferlegt. Dieser Zwang befällt den Empfindungstypus vom Unbewußten her. Zudem bedeutet die Objektbindung des rationalen Typus eben wegen der Existenz eines Urteils niemals so viel wie jene unbedingte Beziehung, die der Empfindungstypus zum Objekt hat. Wenn seine Einstellung eine abnorme Einseitigkeit erreicht, so ist er daher in Gefahr, ebenso sehr dem Griff des Unbewußten zu verfallen, wie er bewußt am Objekt hängt. Ist er einmal neurotisch geworden, so ist es auch viel schwieriger, ihn in vernünftiger Weise zu behandeln, weil die Funktionen, an die der Arzt sich wendet, sich in einem relativ undifferenzierten Zustand befinden und daher wenig oder gar nicht verläßlich sind. Es bedarf öfters affektiver Pressionsmittel, um ihm etwas bewußt zu machen.

Die Intuition

Die Intuition als die Funktion unbewußter Wahrnehmung richtet sich in der extravertierten Einstellung ganz auf äußere Objekte. Da die Intuition ein in der Hauptsache unbewußter Prozeß ist, so ist auch ihr Wesen bewußt sehr schwer zu erfassen. Im Bewußtsein ist die intuitive Funktion vertreten durch eine gewisse Erwartungseinstellung, ein Anschauen und Hineinschauen, wobei immer erst das nachträgliche Resultat erweisen kann, wieviel hineingeschaut wurde und wieviel wirklich am Objekt lag. Wie auch die Empfindung, falls sie das Primat besitzt, nicht bloß ein reaktiver, für das Objekt weiter nicht bedeutsamer Vorgang ist, sondern vielmehr eine actio, welche das Objekt ergreift und gestaltet, so ist auch die Intuition nicht bloß eine Wahrnehmung, ein bloßes Anschauen, sondern ein aktiver, schöpferischer Vorgang, der ebensoviel in das Objekt hineinbildet, als er davon herausnimmt. Wie er unbewußt die Anschauung herausnimmt, so schafft er auch eine unbewußte Wirkung im Objekt. Die Intuition vermittelt allerdings zunächst bloß Bilder oder Anschauungen von Beziehungen und Verhältnissen, die mittels anderer Funktionen entweder gar nicht, oder nur auf großen Umwegen erreicht werden können. Diese Bilder haben den Wert bestimmter Erkenntnisse, welche das Handeln ausschlaggebend beeinflussen, insofern der Intuition das Hauptgewicht zufällt. In diesem Fall gründet sich die psychische Anpassung beinahe ausschließlich auf Intuitionen. Denken, Fühlen und Empfinden sind relativ verdrängt, wobei die Empfindung am meisten betroffen ist, weil sie als bewußte Sinnesfunktion der Intuition am meisten hinderlich ist. Die Empfindung stört die reine, unvoreingenommene, naive Anschauung durch aufdringliche Sinnesreizungen, welche den Blick auf physische Oberflächen lenken, also gerade auf die Dinge, hinter welche die Intuition zu gelangen sucht. Da sich die Intuition in der extravertierten Einstellung vorwiegend auf das Objekt richtet, so kommt sie eigentlich der Empfindung sehr nahe, denn die Erwartungseinstellung auf äußere Objekte kann sich mit fast ebenso großer Wahrscheinlichkeit der Empfindung bedienen. Damit aber die Intuition funktionieren kann, muß die Empfindung in hohem Maße unterdrückt werden. Unter Empfindung verstehe ich in diesem Falle die einfache und direkte Sinnesempfindung als ein fest umrissenes physiologisches und psychisches Datum. Das muß nämlich zuvor ausdrücklich festgestellt werden, denn wenn ich den Intuitiven frage, wonach er sich orientiere, so wird er mir von Dingen sprechen, die aufs Haar den Sinnesempfindungen gleichen. Er wird sich auch des Ausdruckes «Empfindung» vielfach bedienen. Er hat tatsächlich Empfindungen, aber er richtet sich nicht nach den Empfindungen selber, sondern sie sind ihm bloße Anhaltspunkte für die Anschauung. Sie sind ausgewählt durch unbewußte Voraussetzung. Nicht die physiologisch stärkste Empfindung erlangt den Hauptwert, sondern irgendeine andere, welche durch die unbewußte Einstellung des Intuitiven in ihrem Wert beträchtlich erhöht wird. Dadurch erlangt sie eventuell den Hauptwert, und es erscheint dem Bewußtsein des Intuitiven, als ob sie eine reine Empfindung wäre. Sie ist es aber tatsächlich nicht.

Wie die Empfindung in der extravertierten Einstellung stärkste Tatsächlichkeit zu erreichen sucht, weil dadurch allein der Anschein eines vollen Lebens erweckt wird, so erstrebt die Intuition die Erfassung größter *Möglichkeiten,* weil durch die Anschauung von Möglichkeiten die *Ahnung* am allermeisten befriedigt wird. Die Intuition strebt nach der Entdeckung von Möglichkeiten im objektiv Gegebenen, darum ist sie auch als bloße beigeordnete Funktion (nämlich wenn ihr das Primat nicht zukommt) das Hilfsmittel, das automatisch wirkt, wenn keine andere Funktion den Ausweg aus einer überall versperrten Situation zu entdekken vermag. Hat die Intuition das Primat, so erscheinen alle gewöhnlichen Lebenssituationen so, als ob sie verschlossene Räume wären, welche die Intuition zu öffnen hat. Sie sucht beständig Auswege und neue Möglichkeiten äußeren Lebens. Der intuitiven Einstellung wird jede Lebenssituation in kürzester Frist zum Gefängnis, zur erdrückenden Fessel, welche zu Lösungen drängt. Die Objekte erscheinen zeitweise von beinahe übertriebenem Wert, nämlich dann, wenn sie gerade einer Lösung, einer Befreiung, der Auffindung einer neuen Möglichkeit zu dienen haben. Kaum haben sie ihren Dienst als Stufe oder Brücke erfüllt, so haben sie anscheinend überhaupt keinen Wert mehr und werden als lästiges Anhängsel abgestreift. Eine Tatsache gilt nur, insofern sie neue Möglichkeiten erschließt, die über sie hinausgehen, das Individuum von ihr befreien. Auftauchende Möglichkeiten sind zwingende Motive, denen sich die Intuition nicht entziehen kann und der sie alles andere aufopfert.

Der extravertierte intuitive Typus

Wo die Intuition vorherrscht, ergibt sich eine eigenartige, nicht zu verkennende Psychologie. Da sich die Intuition nach dem Objekt orientiert, ist eine starke Abhängigkeit von äußeren Situationen erkennbar, jedoch ist die Art der Abhängigkeit von der des Empfindungstypus durchaus verschieden. Der Intuitive findet sich nie dort, wo allgemein anerkannte Wirklichkeitswerte zu finden sind, sondern immer da, wo Möglichkeiten vorhanden sind. Er hat eine feine Witterung für Keimendes und Zukunftversprechendes. Nie findet er sich in stabilen, seit langem bestehenden und wohlgegründeten Verhältnissen von allgemein anerkanntem, aber beschränktem Wert. Da er immer auf der Suche nach neuen Möglichkeiten ist, so droht er in stabilen Verhältnissen zu ersticken. Er erfaßt zwar neue Objekte und Wege mit großer Intensität und mit bisweilen außerordentlichem Enthusiasmus, um sie ohne Pietät und anscheinend ohne Erinnerung kaltblütig aufzugeben, sobald ihr Umfang festgestellt ist und sie weiter keine beträchtliche Entwicklung mehr vorausahnen lassen. Solange eine Möglichkeit besteht, ist der Intuitive daran gebunden mit Schicksalsmacht. Es ist, als ob sein ganzes Leben in der neuen Situation aufginge. Man hat den Eindruck, und er selber teilt ihn, als ob er soeben die definitive Wendung in seinem Leben erreicht hätte und als ob er von nun an nichts anderes mehr denken und fühlen könnte. Auch wenn es noch so vernünftig und zweckmäßig wäre, auch wenn alle erdenklichen Argumente zugunsten der Stabilität sprächen, nichts wird ihn davon abhalten, eines Tages dieselbe Situation, die ihm eine Befreiung und Erlösung schien, als ein Gefängnis zu betrachten und auch demgemäß zu behandeln. Weder Vernunft noch Gefühl können ihn zurückhalten oder von einer neuen Möglichkeit abschrecken, auch wenn sie unter Umständen seinen bisherigen Überzeugungen zuwiderläuft. Denken und Fühlen, die unerläßlichen Komponenten der Überzeugung, sind bei ihm minderdifferenzierte Funktionen, die kein ausschlaggebendes Gewicht besitzen und darum der Kraft der Intuition keinen nachhaltigen Widerstand entgegenzusetzen vermögen. Und doch sind diese Funktionen allein imstande, das Primat der Intuition wirksam zu kompensieren, indem sie dem Intuitiven das *Urteil* geben, das ihm als Typus gänzlich mangelt. Die Moralität des Intuitiven ist weder intellektuell noch gefühlsmäßig, sondern er hat seine eigene Moral, nämlich die Treue zu seiner Anschauung und die willige Unterwerfung unter ihre Macht. Die Rücksicht auf das Wohlergehen der Umgebung ist gering. Ihr physisches Wohlempfinden ist so wenig wie sein eigenes ein stichhaltiges Argument. Ebenso wenig ist ein Respekt für die Überzeugungen und Lebensgewohnheiten seiner Umgebung vorhanden, so daß er nicht selten als unmoralischer und rücksichtsloser Abenteurer gilt. Da seine Intuition sich mit äußeren Objekten befaßt und äußere Möglichkeiten herauswittert, so wendet er sich gerne Berufen zu, wo er seine Fähigkeiten möglichst vielseitig entfalten kann. Viele Kaufleute, Unternehmer, Spekulanten, Agenten, Politiker usw. gehören zu diesem Typus.

Noch häufiger als bei Männern scheint dieser Typus bei Frauen vorzukommen. In diesem letzteren Fall offenbart sich die intuitive Tätigkeit weit weniger beruflich als vielmehr gesellschaftlich. Solche Frauen verstehen es, alle sozialen Möglichkeiten auszunützen, gesellschaftliche Verbindungen anzuknüpfen, Männer mit Möglichkeiten ausfindig zu machen, um für eine neue Möglichkeit wieder alles aufzugeben.

Es ist ohne weiteres verständlich, daß ein solcher Typus volkswirtschaftlich sowohl wie als Kulturförderer ungemein bedeutsam ist. Wenn er gutgeartet, d.h. nicht zu selbstisch eingestellt ist, so kann er sich als Initiator oder doch wenigstens als Förderer aller Anfänge ungemeine Verdienste erwerben. Er ist ein natürlicher Anwalt aller zukunftversprechenden Minoritäten. Da er, wenn er weniger auf Sachen als auf Menschen eingestellt ist, gewisse Fähigkeiten und Möglichkeiten in ihnen ahnungsweise erfaßt, so kann er auch Leute «machen». Niemand wie er hat die Fähigkeit, seinen Mitmenschen Mut zu machen oder Begeisterung einzuflößen für eine neue Sache, auch wenn er sie schon übermorgen wieder verläßt. Je stärker seine Intuition, desto mehr verschmilzt auch sein Subjekt mit der geschauten Möglichkeit. Er belebt sie, er führt sie anschaulich und mit überzeugender Wärme vor, er verkörpert sie sozusagen. Es ist keine Schauspielerei, sondern ein Schicksal.

Diese Einstellung hat ihre großen Gefahren, denn allzu leicht verzettelt der Intuitive sein Leben, indem er Menschen und Dinge belebt und eine Fülle des Lebens um sich verbreitet, das aber nicht er, sondern die andern leben. Könnte er bei der Sache bleiben, so kämen ihm die Früchte seiner Arbeit zu, aber nur allzu bald muß er der neuen Möglichkeit nachrennen und seine eben bepflanzten Felder verlassen, die andere ernten werden. Am Ende geht er leer aus. Wenn der Intuitive es aber so weit kommen läßt, so hat er auch sein Unbewußtes gegen sich.

Das Unbewußte des Intuitiven hat eine gewisse Ähnlichkeit mit dem des Empfindungstypus. Denken und Fühlen sind relativ verdrängt und bilden im Unbewußten infantil-archaische Gedanken und Gefühle, die sich mit denen des Gegentypus vergleichen lassen. Sie treten ebenfalls in Form von intensiven Projektionen zu Tage und sind ebenso absurd wie die des Empfindungstypus, nur fehlt ihnen, wie es mir scheint, der mystische Charakter; sie betreffen meistens konkrete, quasi reale Dinge, wie sexuelle, finanzielle und andere Vermutungen wie z. B. Krankheitswitterungen. Diese Verschiedenheit scheint von den verdrängten Realempfindungen herzurühren. Diese letzteren machen sich in der Regel auch dadurch bemerkbar, daß der Intuitive plötzlich an eine höchst unpassende Frau, oder im entgegengesetzten Fall an einen unpassenden Mann verhaftet wird, und zwar infolge des Umstandes, daß diese Personen die archaische Empfindungssphäre berührt haben. Daraus ergibt sich eine unbewußte Zwangsbindung an ein Objekt von meist unzweifelhafter Aussichtslosigkeit. Ein solcher Fall ist bereits ein Zwangssymptom, das auch für diesen Typus durchaus charakteristisch ist. Er beansprucht eine ähnliche Freiheit und Ungebundenheit wie der Empfindungstypus, indem er seine Entschließungen keinen rationalen Urteilen unterwirft, sondern einzig und allein der Wahrnehmung von zufälligen Möglichkeiten. Er enthebt sich der Beschränkung durch die Vernunft und verfällt darum in der Neurose dem unbewußten Zwang, der Vernünftelei, Tüftelei und der Zwangsbindung an die Empfindung des Objektes. Im Bewußtsein behandelt er die Empfindung und das empfundene Objekt mit souveräner Überlegenheit und Rücksichtslosigkeit. Nicht daß er etwa meint, rücksichtslos oder überlegen zu sein, er sieht das Objekt, das jedermann sehen kann, einfach nicht und geht darüber hinweg, ähnlich wie der Empfindungstypus; nur sieht letzterer die Seele des Objektes nicht. Dafür rächt sich später das Objekt und zwar in Form von hypochondrischen Zwangsideen, Phobien und allen möglichen absurden Körperempfindungen.

Zusammenfassung der irrationalen Typen

Ich bezeichne die beiden vorangegangenen Typen als *irrational* aus dem schon erörterten Grunde, daß sie ihr Tun und Lassen nicht auf Vernunfturteile gründen, sondern auf die absolute Stärke der Wahrnehmung. Ihre Wahrnehmung richtet sich auf das schlechthin Vorkommende, das keiner Auswahl durch Urteil unterliegt. In dieser Hinsicht haben die beiden letzteren Typen eine bedeutende Überlegenheit über die beiden ersteren, urteilenden Typen. Das objektiv Vorkommende ist gesetzmäßig und zufällig. Insofern es gesetzmäßig ist, ist es der Vernunft zugänglich, insofern es zufällig ist, ist es der Vernunft unzugänglich. Man könnte auch umgekehrt sagen, daß wir das am Vorkommenden als gesetzmäßig bezeichnen, was unserer Vernunft so erscheint, und das als zufällig, worin wir keine Gesetzmäßigkeit entdecken können. Das Postulat einer universalen Gesetzmäßigkeit bleibt Postulat unserer Vernunft allein, ist aber keineswegs ein Postulat unserer Wahrnehmungsfunktionen. Da sie sich in keinerlei Weise auf das Prinzip der Vernunft und ihres Postulates gründen, sind sie irrational ihrem Wesen nach. Daher bezeichne ich auch die Wahrnehmungstypen ihrem Wesen nach als irrational.

Es wäre aber ganz unrichtig, darum nun etwa diese Typen als «unvernünftig» aufzufassen, weil sie das Urteil unter die Wahrnehmung stellen. Sie sind bloß in hohem Maße *empirisch;* sie gründen sich ausschließlich auf Erfahrung, sogar dermaßen ausschließlich, daß ihr Urteil mit ihrer Erfahrung meistens nicht Schritt halten kann. Aber die Urteilsfunktionen sind trotzdem vorhanden, nur fristen sie ein zum großen Teil unbewußtes Dasein. Insofern das Unbewußte trotz seiner Abtrennung vom bewußten Subjekt doch immer wieder in die Erscheinung tritt, so machen sich auch im Leben der irrationalen Typen auffallende Urteile und auffallende Wahlakte bemerkbar in Form von anscheinender Vernünftelei, kaltherziger Urteilerei und anscheinend absichtsvoller Auswahl von Personen und Situationen. Diese Züge tragen ein infantiles oder auch primitives Gepräge; bisweilen sind sie auffallend naiv, bisweilen auch rücksichtslos, schroff und gewalttätig. Dem rational Eingestellten könnte es leicht erscheinen, als ob diese Leute ihrem wirklichen Charakter nach rationalistisch und absichtsvoll im schlimmen Sinne wären. Dieses Urteil würde aber bloß für ihr Unbewußtes gelten und keineswegs für ihre bewußte Psychologie, die ganz auf Wahrnehmung eingestellt und infolge ihres irrationalen Wesens dem vernünftigen Urteil ganz unfaßbar ist. Einem rational Eingestellten kann es schließlich vorkommen, als ob eine solche Zusammenhäufung von Zufälligkeiten überhaupt den Namen «Psychologie» nicht verdiene. Der Irrationale macht dies abschätzige Urteil wett durch den Eindruck, den ihm der Rationale macht: er sieht ihn als etwas nur Halblebendiges an, dessen einziger Lebenszweck darin besteht, allem Lebendigen Vernunftfesseln anzulegen und ihm mit Urteilen den Hals zuzuschnüren. Das sind natürlich krasse Extreme, aber sie kommen vor.

Vom Urteil des Rationalen könnte der Irrationale leicht als ein Rationaler minderer Güte dargestellt werden, wenn er nämlich aus dem erfaßt wird, was ihm passiert. Ihm passiert nämlich nicht das Zufällige – darin ist er der Meister –, sondern das vernünftige Urteil und die vernünftige Absicht sind die Dinge, die ihm zustoßen. Dies ist eine dem Rationalen kaum faßbare Tatsache, deren Unausdenkbarkeit bloß noch dem Erstaunen des Irrationalen gleichkommt, welcher jemanden entdeckt hat, der Vernunftideen höher stellt als das lebendige und wirkliche Vorkommen. Etwas dergleichen erscheint ihm kaum glaubhaft. In der Regel ist es schon hoffnungslos, ihm überhaupt etwas Prinzipielles in dieser Richtung vorsetzen zu wollen, denn eine rationale Verständigung ist ihm genau so unbekannt und sogar widerwärtig, wie es dem Rationalen unausdenkbar erschiene, einen Kontrakt ohne gegenseitige Aussprache und Verpflichtung herzustellen.

Dieser Punkt führt mich auf das Problem der psychischen Beziehung unter den Repräsentanten verschiedener Typen. Die psychische Beziehung wird in der neueren Psychiatrie in Anlehnung an die Sprache der französischen Hypnotistenschule als «Rapport» bezeichnet. Der Rapport besteht in erster Linie in einem *Gefühl von bestehender Übereinstimmung,* trotz anerkannter Verschiedenheit. Sogar die Anerkennung von bestehenden Verschiedenheiten ist, insofern sie nur gemeinsam ist, allbereits ein Rapport, ein Übereinstimmungsgefühl. Wenn wir dieses Gefühl vorkommenden Falles in höherem Maße bewußt machen, so entdecken wir, daß es nicht bloß schlechthin ein Gefühl von nicht weiter zu analysierender Beschaffenheit ist, sondern zugleich eine Einsicht oder ein Erkenntnisinhalt, welcher den Punkt der Übereinstimmung in gedanklicher Form darstellt. Diese rationale Darstellung gilt nun ausschließlich für den Rationalen, keineswegs aber für den Irrationalen, denn sein Rapport basiert nicht im geringsten auf dem Urteil, sondern auf der Parallelität des Geschehenden, des lebendigen Vorkommens überhaupt. Sein Übereinstimmungsgefühl ist die gemeinsame Wahrnehmung einer Empfindung oder Intuition. Der Rationale würde sagen, der Rapport mit dem Irrationalen beruhe auf reiner Zufälligkeit. Wenn die objektiven Situationen zufälligerweise gerade stimmen, dann komme etwas wie eine menschliche Beziehung zustande, aber niemand wisse, von welcher Gültigkeit oder Dauer diese Beziehung sei. Es ist dem Rationalen ein oft geradezu peinlicher Gedanke, daß die Beziehung genau so lange dauert, als die äußeren Umstände zufälligerweise eine Gemeinsamkeit aufweisen. Dies kommt ihm als nicht besonders menschlich vor, während der Irrationale gerade darin eine besonders schöne Menschlichkeit sieht. Das Resultat ist, daß der eine den andern als beziehungslos ansieht, als einen Menschen, auf den kein Verlaß sei und mit dem man nie richtig auskommen könne. Zu einem solchen Resultat gelangt man allerdings nur dann, wenn man sich bewußte Rechenschaft abzulegen versucht über die Art der Beziehung zum Mitmenschen. Da eine solche psychologische Gewissenhaftigkeit nicht allzu gewöhnlich ist, so ergibt es sich häufig, daß trotz einer absoluten Standpunktverschiedenheit eine Art Rapport zustande kommt und zwar in folgender Weise: der eine setzt mit stillschweigender Projektion voraus, daß der andere in wesentlichen Punkten dieselbe Meinung habe, der andere aber ahnt oder empfindet eine objektive Gemeinsamkeit, von welcher aber der erstere keine bewußte Ahnung hat und deren Vorhandensein er auch sofort bestreiten würde, wie letzterer nie auf den Gedanken verfallen würde, daß seine Beziehung auf einer gemeinsamen Meinung beruhen sollte. Ein solcher Rapport ist das allerhäufigste; er beruht auf Projektion, welche später zur Quelle von Mißverständnissen wird.

Die psychische Beziehung in der extravertierten Einstellung reguliert sich immer nach objektiven Faktoren, nach äußeren Bedingungen. Das, was einer ist nach innen, ist niemals von ausschlaggebender Bedeutung. Für unsere gegenwärtige Kultur ist die extravertierte Einstellung zum Problem der menschlichen Beziehung im Prinzip maßgebend; das introvertierte Prinzip kommt natürlich vor, gilt aber als Ausnahme und appelliert an die Toleranz der Mitwelt.

3. DER INTROVERTIERTE TYPUS

a) Die allgemeine Einstellung des Bewußtseins

Wie ich bereits in der Einleitung zu diesem Kapitel ausführte, unterscheidet sich der introvertierte Typus vom extravertierten dadurch, daß er sich nicht, wie letzterer, vorwiegend am Objekt und am objektiv Gegebenen orientiert, sondern an subjektiven Faktoren. Ich habe im erwähnten Abschnitt u.a. angegeben, daß sich dem Introvertierten zwischen die Wahrnehmung des Objektes und sein eigenes Handeln eine subjektive Ansicht einschiebt, welche verhindert, daß das Handeln einen dem objektiv Gegebenen entsprechenden Charakter annimmt. Dies ist natürlich ein spezieller Fall, der nur beispielsweise angeführt wurde und nur einer einfachen Veranschaulichung dienen sollte. Hier müssen wir selbstverständlich allgemeinere Formulierungen aufsuchen.

Das introvertierte Bewußtsein sieht zwar die äußeren Bedingungen, erwählt aber die subjektive Determinante als die ausschlaggebende. Dieser Typus richtet sich daher nach jenem Faktor des Wahrnehmens und Erkennens, welcher die den Sinnesreiz aufnehmende subjektive Disposition darstellt. Zwei Personen sehen z. B. dasselbe Objekt, aber sie sehen es nie so, daß die beiden davon gewonnenen Bilder absolut identisch wären. Ganz abgesehen von der verschiedenen Schärfe der Sinnesorgane und der persönlichen Gleichung bestehen oft tiefgreifende Unterschiede in Art und Maß der psychischen Assimilation des Perzeptionsbildes. Während nun der extravertierte Typus sich stets vorwiegend auf das, was ihm vom Objekt zukommt, beruft, stützt sich der Introvertierte vorwiegend auf das, was der äußere Eindruck im Subjekt zur Konstellation bringt. Im einzelnen Fall einer Apperzeption kann der Unterschied natürlich sehr delikat sein, im ganzen des psychologischen Haushaltes aber macht er sich in höchstem Maße bemerkbar, und zwar in Form eines *Reservates des Ich.* Um es gleich vorweg zu nehmen: ich betrachte diejenige Ansicht, welche mit WEININGER diese Einstellung als philautisch oder als autoerotisch oder egozentrisch oder subjektivistisch oder egoistisch bezeichnen möchte, als prinzipiell irreführend und entwertend. Sie entspricht dem Vorurteil der extravertierten Einstellung gegenüber dem Wesen des Introvertierten. Man darf nie vergessen – die extravertierte Ansicht aber vergißt es allzuleicht –, daß alles Wahrnehmen und Erkennen nicht nur objektiv, sondern auch subjektiv bedingt ist. Die Welt ist nicht nur an und für sich, sondern auch so, wie sie mir erscheint. Ja, wir haben sogar im Grunde genommen gar kein Kriterium, das uns zur Beurteilung einer Welt verhülfe, welche dem Subjekt unassimilierbar wäre. Es hieße den großen Zweifel in eine absolute Erkenntnismöglichkeit leugnen, wenn wir den subjektiven Faktor übersähen. Damit geriete man auf den Weg jenes hohlen und schalen Positivismus, welcher die Wende unseres Jahrhunderts verunziert hat, und damit auch in jene intellektuelle Unbescheidenheit, welche der Vorläufer der Gefühlsroheit und einer ebenso stumpfsinnigen wie anmaßenden Gewalttätigkeit ist. Durch die Überschätzung des objektiven Erkenntnisvermögens verdrängen wir die Bedeutung des subjektiven Faktors, die Bedeutung des Subjektes schlechthin. Was aber ist das Subjekt? Das Subjekt ist der Mensch, wir sind das Subjekt. Es ist krankhaft, zu vergessen, daß das Erkennen ein Subjekt hat, und daß es überhaupt kein Erkennen und darum auch für uns keine Welt gibt, wo nicht einer sagt: «Ich erkenne», womit er aber allbereits die subjektive Beschränkung alles Erkennens ausspricht. Das gleiche gilt für alle psychischen Funktionen: sie haben ein Subjekt, das so unerläßlich ist wie das Objekt.

Es ist charakteristisch für unsere derzeitige extravertierte Schätzung, daß das Wort «subjektiv» gelegentlich fast wie ein Tadel klingt, auf alle Fälle aber als «bloß subjektiv» eine gefährliche Waffe bedeutet, bestimmt, denjenigen zu treffen, der von der unbedingten Überlegenheit des Objektes nicht restlos überzeugt ist. Wir müssen uns darum klar darüber sein, was mit dem Ausdruck «subjektiv» in dieser Untersuchung gemeint ist. Als subjektiven Faktor bezeichne ich jene psychologische Aktion oder Reaktion, welche sich mit der Einwirkung des Objektes zu einem neuen psychischen Tatbestand verschmilzt. Insofern nun der subjektive Faktor seit ältesten Zeiten und bei allen Völkern der Erde in einem sehr hohen Maße sich selber identisch bleibt – indem elementare Wahrnehmungen und Erkenntnisse sozusagen überall und zu allen Zeiten dieselben sind –, so ist er eine ebenso fest gegründete Realität wie das äußere Objekt. Wenn dem nicht so wäre, so könnte von irgendeiner dauerhaften und im wesentlichen sich gleichbleibenden Wirklichkeit gar nicht gesprochen werden, und eine Verständigung mit Überlieferungen wäre ein Ding der Unmöglichkeit. Insofern ist daher der subjektive Faktor etwas ebenso unerbittlich Gegebenes wie die Ausdehnung des Meeres und der Radius der Erde. Insofern beansprucht auch der subjektive Faktor die ganze Würde einer weltbestimmenden Größe, die nie und nirgends aus der Rechnung ausgeschlossen werden kann. Er ist das andere Weltgesetz, und wer sich auf ihn gründet, gründet sich auf ebensoviel Sicherheit, auf ebensoviel Dauer und Gültigkeit, wie der, der sich auf das Objekt beruft. Wie aber das Objekt und das objektiv Gegebene keineswegs immer dasselbe bleibt, indem es der Hinfälligkeit sowohl wie der Zufälligkeit unterworfen ist, so unterliegt auch der subjektive Faktor der Veränderlichkeit und der individuellen Zufälligkeit. Und damit ist auch sein Wert bloß relativ. Die übermäßige Entwicklung des introvertierten Standpunktes im Bewußtsein führt nämlich nicht zu einer besseren und gültigeren Verwendung des subjektiven Faktors, sondern zu einer künstlichen Subjektivierung des Bewußtseins, welcher man den Vorwurf des «bloß Subjektiven» nicht ersparen kann. Es entsteht dadurch ein Gegenstück zu der Entsubjektivierung des Bewußtseins in einer übertriebenen extravertierten Einstellung, welche WEININGERS Bezeichnung «misautisch» verdient.

Weil sich die introvertierte Einstellung auf eine allgemein vorhandene, höchst reale und absolut unerläßliche Bedingung der psychologischen Anpassung stützt, so sind Ausdrücke wie «philautisch», «egozentrisch» und dergleichen mehr unangebracht und verwerflich, weil sie das Vorurteil erwecken, daß es sich allemal bloß um das liebe Ich handle. Nichts wäre verkehrter als eine solche Annahme. Man begegnet ihr aber häufig, wenn man die Urteile des Extravertierten über den Introvertierten untersucht. Ich möchte diesen Irrtum allerdings keineswegs dem einzelnen Extravertierten zuschreiben, sondern eher auf Rechnung der gegenwärtig allgemein geltenden extravertierten Ansicht setzen, welche sich nicht auf den extravertierten Typus beschränkt, sondern vom andern, sehr gegen ihn selbst, in gleichem Maße vertreten wird. Letzteren trifft sogar mit Recht der Vorwurf, daß er seiner eigenen Art untreu ist, während dies dem ersteren wenigstens nicht vorgeworfen werden kann.

Die introvertierte Einstellung richtet sich im Normalfall nach der im Prinzip durch Vererbung gegebenen psychischen Struktur, welche eine dem Subjekt innewohnende Größe ist. Sie ist aber keineswegs als schlechthin identisch mit dem Ich des Subjektes zu setzen, was durch die oben erwähnten Bezeichnungen geschehen würde, sondern sie ist die psychische Struktur des Subjektes vor aller Entwicklung eines Ich. Das eigentlich zugrunde liegende Subjekt, nämlich das Selbst, ist bei weitem umfangreicher als das Ich, indem ersteres auch das Unbewußte umfaßt, während letzteres im wesentlichen der Mittelpunkt des Bewußtseins ist. Wäre das Ich identisch mit dem Selbst, so wäre es undenkbar, wieso wir in den Träumen gelegentlich in gänzlich andern Formen und Bedeutungen auftreten können. Es ist nun allerdings eine für den Introvertierten bezeichnende Eigentümlichkeit, daß er, ebensosehr eigener Neigung wie allgemeinem Vorurteil folgend, sein Ich mit seinem Selbst verwechselt und ersteres zum Subjekt des psychischen Prozesses erhöht, womit er eben jene vorhin erwähnte, krankhafte Subjektivierung seines Bewußtseins vollzieht, die ihn dem Objekt entfremdet.

Die psychische Struktur ist dasselbe, was SEMON[4] als *Mneme* und ich als das *kollektive Unbewußte* bezeichnet haben. Das individuelle Selbst ist ein Teil oder Ausschnitt oder Repräsentant einer überall, in allen lebendigen Wesen vorhandenen und entsprechend abgestuften Art des psychischen Ablaufes, die auch jedem Wesen wieder aufs neue angeboren ist. Seit alters wird die angeborene Art des *Handelns* als *Instinkt* bezeichnet, die Art oder Form der psychischen Erfassung des Objektes habe ich als *Archetypus* zu bezeichnen vorgeschlagen. Was unter Instinkt zu verstehen ist, kann ich wohl als bekannt voraussetzen. Ein anderes ist es mit den Archetypen. Ich verstehe darunter dasselbe, was ich in Anlehnung an JACOB BURCKHARDT als «urtümliches Bild» bezeichnet habe[5]. Der Archetypus ist eine symbolische Formel, welche überall da in Funktion tritt, wo entweder noch keine bewußten Begriffe vorhanden oder solche aus inneren oder äußeren Gründen überhaupt nicht möglich sind. Die Inhalte des kollektiven Unbewußten sind im Bewußtsein als ausgesprochene Neigungen und Auffassungen vertreten. Sie werden vom Individuum in der Regel als vom Objekt bedingt aufgefaßt – fälschlicherweise, im Grunde genommen –, denn sie entstammen der unbewußten Struktur der Psyche und werden durch die Objekteinwirkung nur ausgelöst. Diese subjektiven Neigungen und Auffassungen sind stärker als der Objekteinfluß, ihr psychischer Wert ist höher, so daß sie sich allen Eindrücken superponieren. So wie es dem Introvertierten unbegreiflich erscheint, daß immer das Objekt ausschlaggebend sein soll, so bleibt es dem Extravertierten ein Rätsel, wieso ein subjektiver Standpunkt der objektiven Situation überlegen sein soll. Er gelangt unvermeidlich zu der Vermutung, daß der Introvertierte entweder ein eingebildeter Egoist oder ein doktrinärer Schwärmer sei. Neuerdings würde er auf die Hypothese kommen, der Introvertierte stehe unter dem Einfluß eines unbewußten Machtkomplexes. Diesem extravertierten Vorurteil kommt der Introvertierte unzweifelhaft dadurch entgegen, daß er durch seine bestimmte und stark verallgemeinernde Ausdrucksweise den Anschein erweckt, als ob er jede andere Meinung im vornherein ausschließe. Überdies könnte allein schon die Entschiedenheit und Starrheit des subjektiven Urteils, welches allem objektiv Gegebenen a priori übergeordnet ist, genügen, den Eindruck einer starken Egozentrizität zu erwecken. Diesem Vorurteil gegenüber fehlt dem Introvertierten meistens das richtige Argument: er weiß nämlich nicht um die unbewußten, aber durchaus allgemeingültigen Voraussetzungen seines subjektiven Urteils oder seiner subjektiven Wahrnehmungen. Dem Stile der Zeit entsprechend sucht er außen und nicht hinter seinem Bewußtsein. Ist er gar etwas neurotisch, so heißt das eine mehr oder weniger völlige unbewußte Identität des Ich mit dem Selbst, wodurch das Selbst in seiner Bedeutung auf Null heruntergesetzt wird, das Ich dagegen maßlos anschwillt. Die unzweifelhafte, weltbestimmende Macht des subjektiven Faktors wird dann in das Ich hineingepreßt, wodurch ein ungemessener Machtanspruch und eine geradezu läppische Egozentrizität erzeugt wird. Jede Psychologie, welche das Wesen des Menschen auf den unbewußten Machttrieb reduziert, ist aus dieser Anlage geboren. Viele Geschmacklosigkeiten bei NIETZSCHE z. B. verdanken ihre Existenz der Subjektivierung des Bewußtseins.

b) Die Einstellung des Unbewußten

Die überlegene Stellung des subjektiven Faktors im Bewußtsein bedeutet eine Minderbewertung des objektiven Faktors. Das Objekt hat nicht jene Bedeutung, die ihm eigentlich zukommen sollte. Wie es in der extravertierten Einstellung eine zu große Rolle spielt, so hat es in der introvertierten Einstellung zu wenig zu sagen. In dem Maße, als das Bewußtsein des Introvertierten sich subjektiviert und dem Ich eine ungehörige Bedeutung zuerteilt, wird dem Objekt eine Position gegenübergestellt, die auf die Dauer ganz unhaltbar ist. Das Objekt ist eine Größe von unzweifelhafter Macht, während das Ich etwas sehr Beschränktes und Hinfälliges ist. Ein anderes wäre es, wenn das Selbst dem Objekt gegenüber träte. Selbst und Welt sind kommensurable Größen, daher eine normale introvertierte Einstellung ebensoviel Daseinsberechtigung und Gültigkeit hat, wie eine normale extravertierte Einstellung. Hat aber das Ich den Anspruch des Subjektes übernommen, so entsteht naturgemäß, zur Kompensierung, eine unbewußte Verstärkung des Objekteinflusses. Diese Veränderung macht sich dadurch bemerkbar, daß trotz einer manchmal geradezu krampfhaften Anstrengung, dem Ich die Überlegenheit zu sichern, das Objekt und das objektiv Gegebene übermächtige Einflüsse entfalten, die um so unüberwindlicher sind, als sie das Individuum unbewußt erfassen und sich dadurch dem Bewußtsein unwiderstehlich aufdrängen. Infolge der mangelhaften Beziehung des Ich zum Objekt – Beherrschenwollen ist nämlich keine Anpassung – entsteht im Unbewußten eine kompensatorische Beziehung zum Objekt, die sich im Bewußtsein als eine unbedingte und nicht zu unterdrückende Bindung an das Objekt geltend macht. Je mehr sich das Ich alle möglichen Freiheiten zu sichern sucht, unabhängig, überlegen und ohne Verpflichtungen sein will, desto mehr gerät es in die Sklaverei des objektiv Gegebenen. Die Freiheit des Geistes wird an die Kette einer schmählichen finanziellen Abhängigkeit gelegt, die Unbekümmertheit des Handelns erleidet ein ums andere Mal ein ängstliches Zusammenknicken vor der öffentlichen Meinung, die moralische Überlegenheit gerät in den Sumpf minderwertiger Beziehungen, die Herrscherlust endet mit einer kläglichen Sehnsucht nach dem Geliebtwerden.

Das Unbewußte besorgt in erster Linie die Beziehung zum Objekt und zwar in einer Art und Weise, welche geeignet ist, die Machtillusion und die Überlegenheitsphantasie des Bewußtseins aufs gründlichste zu zerstören. Das Objekt nimmt angsterregende Dimensionen an, trotz bewußter Heruntersetzung. Infolgedessen wird die Abtrennung und die Beherrschung des Objektes vom Ich noch heftiger betrieben. Schließlich umgibt sich das Ich mit einem förmlichen System von Sicherungen (wie dies A. ADLER zutreffend geschildert hat), welche wenigstens den Wahn der Überlegenheit zu wahren suchen. Damit aber trennt sich der Introvertierte vom Objekt gänzlich ab und reibt sich völlig auf in Verteidigungsmaßnahmen einerseits und in fruchtlosen Versuchen anderseits, dem Objekt zu imponieren und sich durchzusetzen. Diese Bemühungen werden aber beständig durchkreuzt durch die überwältigenden Eindrükke, die er vom Objekt erhält. Wider seinen Willen imponiert ihm das Objekt anhaltend, es verursacht ihm die unangenehmsten und nachhaltigsten Affekte und verfolgt ihn auf Schritt und Tritt. Er bedarf beständig einer ungeheuren inneren Arbeit, um «sich halten» zu können. Daher ist eine typische Neurosenform die *Psychasthenie,* eine Krankheit, die einerseits durch eine große Sensitivität, anderseits durch große Erschöpfbarkeit und chronische Ermüdung gekennzeichnet ist.

Eine Analyse des persönlichen Unbewußten ergibt eine Menge von Machtphantasien, gepaart mit Angst vor gewaltig belebten Objekten, denen der Introvertierte in der Tat auch leicht zum Opfer fällt. Es entwikkelt sich nämlich aus der Objektangst eine eigentümliche Feigheit, sich oder seine Meinung geltend zu machen, denn er fürchtet einen verstärkten Objekteinfluß. Er fürchtet eindrucksvolle Affekte der andern und kann sich kaum der Angst erwehren, unter einen fremden Einfluß zu geraten. Die Objekte nämlich haben für ihn furchterregende, machtvolle Qualitäten, die er ihnen zwar bewußt nicht ansehen kann, die er aber durch sein Unbewußtes wahrzunehmen glaubt. Da seine bewußte Beziehung zum Objekt relativ verdrängt ist, so geht sie durch das Unbewußte, wo sie mit den Qualitäten des Unbewußten beladen wird. Diese Qualitäten sind in erster Linie infantil-archaische. Infolgedessen wird seine Objektbeziehung primitiv und nimmt alle jene Eigentümlichkeiten an, welche die primitive Objektbeziehung kennzeichnen. Es ist dann, wie wenn das Objekt magische Gewalt besäße. Fremde, neue Objekte erregen Furcht und Mißtrauen, wie wenn sie unbekannte Gefahren bärgen, althergebrachte Objekte sind wie mit unsichtbaren Fäden an seine Seele gehängt, jede Veränderung erscheint störend, wenn nicht geradezu gefährlich, denn sie scheint eine magische Belebtheit des Objektes zu bedeuten. Eine einsame Insel, wo sich nur das bewegt, dem man sich zu bewegen erlaubt, wird zum Ideal. Der Roman von F. TH. VISCHER *Auch Einer*[6] gibt einen trefflichen Einblick in diese Seite des introvertierten Seelenzustandes, zugleich auch in die dahinterliegende Symbolik des kollektiven Unbewußten, die ich in dieser Typenbeschreibung beiseite lasse, weil sie nicht bloß dem Typus angehört, sondern allgemein ist.

c) Die Besonderheiten der psychologischen Grundfunktionen in der introvertierten Einstellung

Das Denken

Ich habe bei der Beschreibung des extravertierten Denkens bereits eine kurze Charakteristik des introvertierten Denkens gegeben, auf die ich hier nochmals verweisen möchte. Das introvertierte Denken orientiert sich in erster Linie am subjektiven Faktor. Der subjektive Faktor ist dargestellt mindestens durch ein subjektives Richtungsgefühl, welches die Urteile letzten Endes bestimmt. Bisweilen ist es auch ein mehr oder weniger fertiges Bild, welches gewissermaßen als Maßstab dient. Das Denken kann sich mit konkreten oder abstrakten Größen befassen, immer aber orientiert es sich an entscheidendem Orte am subjektiv Gegebenen. Es führt also nicht aus der konkreten Erfahrung wieder in die objektiven Dinge zurück, sondern zum subjektiven Inhalt. Die äußeren Tatsachen sind nicht Ursache und Ziel dieses Denkens, obschon der Introvertierte sehr oft seinem Denken diesen Anschein geben möchte, sondern dieses Denken beginnt im Subjekt und führt zum Subjekt zurück, auch wenn es die weitesten Ausflüge in das Gebiet realer Tatsächlichkeiten unternimmt. Es ist daher in Ansehung der Aufstellung neuer Tatsachen hauptsächlich indirekt von Wert, insofern es in erster Linie neue Ansichten vermittelt und weit weniger Kenntnis neuer Tatsachen. Es erschafft Fragestellungen und Theorien, es eröffnet Ausblicke und Einblicke, aber es zeigt Tatsachen gegenüber ein reserviertes Verhalten. Sie sind ihm recht als illustrierende Beispiele, sie dürfen aber nicht überwiegen. Tatsachen werden nur gesammelt als Beweistümer, niemals aber um ihrer selbst willen. Letzteres wird überhaupt, wenn es geschieht, nur als Kompliment an den extravertierten Stil getan. Die Tatsachen sind diesem Denken von sekundärer Bedeutung, von überwiegendem Wert aber erscheint ihm die Entwicklung und Darstellung der subjektiven Idee, des anfänglichen symbolischen Bildes, das mehr oder weniger dunkel vor seinem inneren Blick steht. Es strebt daher nie nach einer gedanklichen Rekonstruktion der konkreten Tatsächlichkeit, sondern nach einer Ausgestaltung des dunkeln Bildes zur lichtvollen Idee. Es will die Tatsächlichkeit erreichen, es will die äußeren Tatsachen sehen, wie sie den Rahmen seiner Idee ausfüllen, und seine schöpferische Kraft bewährt sich darin, daß dieses Denken auch jene Idee erzeugen kann, die nicht in den äußeren Tatsachen lag und doch deren passendster, abstrakter Ausdruck ist. Seine Aufgabe ist vollendet, wenn die von ihm geschaffene Idee als aus den äußeren Tatsachen hervorgehend erscheint und auch durch sie als gültig erwiesen werden kann.

Ebenso wenig aber, wie es dem extravertierten Denken immer gelingt, einen tüchtigen Erfahrungsbegriff den konkreten Tatsachen zu entwinden oder neue Tatsachen zu erschaffen, ebenso wenig glückt es dem introvertierten Denken, sein anfängliches Bild immer auch in eine den Tatsachen angepaßte Idee zu übersetzen. Wie in ersterem Falle die rein empirische Tatsachenzusammenhäufung den Gedanken verkrüppelt und den Sinn erstickt, so zeigt das introvertierte Denken eine gefährliche Neigung, die Tatsachen in die Form seines Bildes hineinzuzwängen oder sie gar zu ignorieren, um sein Phantasiebild entrollen zu können. In diesem Fall wird die dargestellte Idee ihre Herkunft aus dem dunkeln archaischen Bild nicht verleugnen können. Es wird ihr ein mythologischer Zug anhaften, den man etwa als «Originalität» und in schlimmeren Fällen als Schrullenhaftigkeit deutet, indem ihr archaischer Charakter dem mit mythologischen Motiven unbekannten Fachgelehrten nicht als solcher durchsichtig ist. Die subjektive Überzeugungskraft einer solchen Idee pflegt eine große zu sein, sie ist wohl um so größer, je weniger sie mit äußeren Tatsachen in Berührung kommt. Obschon es dem, der die Idee vertritt, erscheinen mag, als ob sein spärliches Tatsachenmaterial Grund und Ursache der Glaubwürdigkeit und Gültigkeit seiner Idee wäre, so ist dem doch nicht so; denn die Idee bezieht ihre Überzeugungskraft aus ihrem unbewußten Archetypus, der als solcher allgemeingültig und wahr ist und ewig wahr sein wird. Aber diese Wahrheit ist dergestalt allgemein und dermaßen symbolisch, daß sie immer zuerst in die momentan anerkannten und anerkennbaren Erkenntnisse eingehen muß, um eine praktische Wahrheit von einigem Lebenswert zu werden. Was wäre z.B. eine Kausalität, die nirgends in praktischen Ursachen und praktischen Wirkungen erkennbar wäre?

Dieses Denken verliert sich leicht in die immense Wahrheit des subjektiven Faktors. Es schafft Theorien um der Theorie willen, anscheinend im Hinblick auf wirkliche oder wenigstens mögliche Tatsachen, aber mit deutlicher Neigung, vom Ideellen zum bloß Bildhaften überzugehen. Dadurch kommen zwar Anschauungen von vielen Möglichkeiten zustande, von denen aber keine zur Wirklichkeit wird, und schließlich werden Bilder geschaffen, die überhaupt nichts äußerlich Wirkliches mehr ausdrücken, sondern «bloß» noch Symbole des schlechthin Unerkennbaren sind. Damit wird dieses Denken mystisch und genau so unfruchtbar wie ein Denken, das sich bloß im Rahmen objektiver Tatsachen abspielt. Wie letzteres auf das Niveau des Tatsachenvorstellens hinuntersinkt, so verflüchtigt sich ersteres zum Vorstellen des Unvorstellbaren, das sogar jenseits aller Bildhaftigkeit ist. Das Tatsachenvorstellen ist von unbestreitbarer Wahrheit, denn der subjektive Faktor ist ausgeschlossen, und die Tatsachen beweisen sich aus sich selber. So ist auch das Vorstellen des Unvorstellbaren von subjektiv unmittelbarer, überzeugender Kraft und beweist sich aus seinem eigenen Vorhandensein. Ersteres sagt: Est, ergo est; dagegen letzteres: Cogito, ergo cogito. Das auf die Spitze getriebene introvertierte Denken gelangt zur Evidenz seines eigenen subjektiven Seins, das extravertierte Denken dagegen zur Evidenz seiner völligen Identität mit der objektiven Tatsache. Wie nun dieses durch sein völliges Aufgehen im Objekt sich selber leugnet, so entledigt sich jenes allen und jeglichen Inhaltes und begnügt sich mit seinem bloßen Vorhandensein. Damit wird in beiden Fällen das Weiterschreiten des Lebens aus der Denkfunktion herausgedrängt in das Gebiet anderer psychischer Funktionen, die bisher in relativer Unbewußtheit existieren. Die Verarmung des introvertierten Denkens an objektiven Tatsachen wird kompensiert durch eine Fülle unbewußter Tatsachen. Je mehr sich das Bewußtsein mit der Denkfunktion auf einen kleinsten und möglichst leeren Kreis einschränkt, der aber die ganze Fülle der Gottheit zu enthalten scheint, desto mehr bereichert sich die unbewußte Phantasie mit einer Vielheit von archaisch geformten Tatsachen, einem Pandämonium magischer und irrationaler Größen, die je nach der Art der Funktion, welche die Denkfunktion als Lebensträgerin zunächst ablöst, ein besonderes Gesicht erhalten. Ist es die intuitive Funktion, so wird die «andere Seite» mit den Augen eines KUBIN oder eines MEYRINK gesehen. Ist es die Fühlfunktion, so entstehen bisher unerhörte, phantastische Gefühlsbeziehungen und Gefühlsurteile widerspruchsvollen und unverständlichen Charakters. Ist es die Empfindungsfunktion, so entdecken die Sinne Neues, Niezuvorerfahrenes inner- und außerhalb des eigenen Körpers. Eine nähere Untersuchung dieser Veränderungen kann unschwer das Hervortreten primitiver Psychologie mit allen ihren Kennzeichen nachweisen. Natürlich ist das Erfahrene nicht bloß primitiv, sondern auch symbolisch, und je älter und ursprünglicher es aussieht, desto zukunftswahrer ist es. Denn alles Alte unseres Unbewußten meint Kommendes.

Unter gewöhnlichen Umständen glückt nicht einmal der Übergang nach der «andern Seite», geschweige denn der erlösende Durchgang durch das Unbewußte. Der Übergang wird meistens verhindert durch den bewußten Widerstand gegen die Unterwerfung des Ich unter die unbewußte Tatsächlichkeit, unter die bedingende Realität des unbewußten Objektes. Der Zustand ist eine Dissoziation, mit andern Worten eine Neurose mit dem Charakter der inneren Aufreibung und der zunehmenden Gehirnerschöpfung, der Psychasthenie.

Wie ein DARWIN etwa den normalen extravertierten Denktypus darstellen könnte, so könnte man beispielsweise KANT als den gegenüberstehenden, normalen introvertierten Denktypus bezeichnen. Wie ersterer in Tatsachen spricht, so beruft sich letzterer auf den subjektiven Faktor. DARWIN drängt nach dem weiten Felde objektiver Tatsächlichkeit, KANT dagegen reserviert sich eine Kritik des Erkennens überhaupt. Nehmen wir einen CUVIER und stellen ihn einem NIETZSCHE gegenüber, so spannen wir die Gegensätze noch schärfer.

Der introvertierte Denktypus ist charakterisiert durch das Primat des oben beschriebenen Denkens. Er ist, wie sein extravertierter Parallelfall, ausschlaggebend beeinflußt durch Ideen, die aber nicht dem objektiv Gegebenen, sondern der subjektiven Grundlage entspringen. Er wird, wie der Extravertierte, seinen Ideen folgen, aber in umgekehrter Richtung, nicht nach außen, sondern nach innen. Er strebt nach Vertiefung und nicht nach Verbreiterung. Durch diese Grundanlage unterscheidet er sich von seinem extravertierten Parallelfall in ganz erheblichem Maße und in unverkennbarer Weise. Was den andern auszeichnet, nämlich seine intensive Bezogenheit auf das Objekt, fehlt ihm gelegentlich fast völlig, wie übrigens jedem introvertierten Typus. Ist das Objekt ein Mensch, so fühlt dieser Mensch deutlich, daß er eigentlich nur negativ in Frage kommt, d.h. in milderen Fällen wird er sich seiner Überflüssigkeit bewußt, in schlimmeren fühlt er sich als störend direkt abgelehnt. Diese negative Beziehung zum Objekt, Indifferenz bis Ablehnung, charakterisiert jeden Introvertierten und macht auch die Beschreibung des introvertierten Typus überhaupt äußerst schwierig. Es tendiert in ihm alles zum Verschwinden und zur Verborgenheit. Sein Urteil erscheint als kalt, unbeugsam, willkürlich und rücksichtslos, weil es weniger auf das Objekt als auf das Subjekt bezogen ist. Es ist nichts daran zu fühlen, was dem Objekt etwa höheren Wert verliehe, sondern es geht immer etwas über das Objekt hinweg und läßt eine Überlegenheit des Subjektes durchfühlen. Höflichkeit, Liebenswürdigkeit und Freundlichkeit mögen vorhanden sein, aber öfters mit dem sonderbaren Beigeschmack einer gewissen Ängstlichkeit, welche eine Absicht dahinter verrät, nämlich die Absicht der Entwaffnung des Gegners. Er soll beruhigt oder stillgelegt werden, denn er könnte störend werden. Er ist zwar kein Gegner, aber, wenn er empfindsam ist, so wird er eine gewisse Zurückdrängung, vielleicht sogar Entwertung fühlen. Das Objekt unterliegt immer einer gewissen Vernachlässigung oder wird, in schlimmeren Fällen, mit unnötigen Vorsichtsmaßregeln umgeben. So verschwindet dieser Typus gerne hinter einer Wolke von Mißverständnis, die um so dichter wird, je mehr er kompensatorisch versucht, mit Hilfe seiner minderwertigen Funktionen die Maske einer gewissen Urbanität anzunehmen, welche aber zu seinem wirklichen Wesen oft in grellstem Kontrast steht. Wenn er schon beim Ausbau seiner Ideenwelt vor keinem noch so kühnen Wagnis zurückschreckt und keinen Gedanken darum nicht denkt, weil er gefährlich, umstürzlerisch, ketzerisch und gefühlsverletzend sein könnte, so wird er doch von der größten Ängstlichkeit befallen, wenn das Wagnis äußere Wirklichkeit werden sollte. Das geht ihm gegen den Strich. Wenn er auch seine Gedanken in die Welt setzt, so führt er sie nicht ein wie eine besorgte Mutter ihre Kinder, sondern er setzt sie aus und ärgert sich höchstens, wenn sie ihr Fortkommen nicht von selber finden. Sein meist enormer Mangel an praktischer Fähigkeit oder seine Abneigung gegen Reklame in jeder Hinsicht kommen ihm dabei helfend entgegen. Wenn ihm sein Produkt subjektiv richtig und wahr erscheint, so muß es auch richtig sein, und andere haben sich dieser Wahrheit einfach zu beugen. Er wird wohl kaum hingehen, um jemand, hauptsächlich jemand von Einfluß, dafür zu gewinnen. Und wenn er es tut, so tut er es meistens dermaßen ungeschickt, daß er das Gegenteil seines Vorhabens erreicht. Mit Konkurrenten im eigenen Fach macht er meistens schlechte Erfahrungen, indem er niemals ihre Gunst zu erringen versteht; er gibt ihnen in der Regel sogar zu verstehen, wie überflüssig sie ihm sind.

In der Verfolgung seiner Ideen ist er meist hartnäckig, eigensinnig und unbeeinflußbar. Seltsam kontrastiert damit seine Suggestibilität persönlichen Einflüssen gegenüber. Ist die anscheinende Ungefährlichkeit eines Objektes erkannt, so ist dieser Typus gerade minderwertigen Elementen äußerst zugänglich. Sie fassen ihn vom Unbewußten her. Er läßt sich brutalisieren und aufs schmählichste ausbeuten, wenn er nur in der Verfolgung seiner Ideen nicht gestört wird. Er sieht es nicht, wenn er hinterrücks ausgeplündert und praktisch geschädigt wird, denn seine Beziehung zum Objekt ist ihm sekundär, und die objektive Bewertung seines Produktes ist ihm unbewußt. Weil er seine Probleme nach Möglichkeit ausdenkt, kompliziert er sie und ist daher stets in allen möglichen

Bedenklichkeiten befangen. So klar ihm die innere Struktur seiner Gedanken ist, so unklar ist ihm, wo und wie sie in die wirkliche Welt hineingehören. Er kann sich nur schwer darein finden, anzunehmen, daß etwas, was ihm klar ist, nicht auch jedermann klar erscheint. Sein Stil ist meistens erschwert durch allerhand Zutaten, Einschränkungen, Vorsichten, Zweifel, die von seiner Bedenklichkeit herstammen. Die Arbeit geht ihm schwer von der Hand. Entweder ist er schweigsam, oder er verfällt auf Leute, die ihn nicht verstehen; damit sammelt er sich Beweisstücke für die unergründliche Dummheit der Menschen. Wird er zufällig einmal verstanden, so verfällt er leichtgläubiger Überschätzung. Gerne wird er das Opfer ehrgeiziger Frauen, die seine Kritiklosigkeit dem Objekt gegenüber auszunützen verstehen, oder er entwickelt sich zum misanthropischen Junggesellen mit einem kindlichen Herzen. Öfters ist auch sein äußeres Auftreten ungeschickt, etwa peinlich sorgfältig, um Aufsehen zu vermeiden oder auch bemerkenswert unbekümmert, von kindlicher Naivität. In seinem speziellen Arbeitsgebiet erregt er heftigsten Widerspruch, mit dem er nichts anzufangen weiß, wenn er sich durch seinen primitiven Affekt nicht etwa in eine ebenso bissige wie fruchtlose Polemik hineinreißen läßt. Er gilt als rücksichtslos und autoritär im weiteren Umkreis. Je näher man ihn kennt, desto günstiger wird das Urteil über ihn, und die Nächsten wissen seine Intimität aufs höchste zu schätzen. Für den Fernerstehenden scheint er borstig, unnahbar und hochmütig, öfters auch verbittert infolge seiner der Gesellschaft ungünstigen Vorurteile. Er hat als persönlicher Lehrer geringen Einfluß, da ihm die Mentalität seiner Schüler unbekannt ist. Auch interessiert ihn das Lehren im Grunde genommen gar nicht, wenn es ihm nicht gerade zufälligerweise ein theoretisches Problem ist. Er ist ein schlechter Lehrer, da er während des Lehrens über den Lehrstoff denkt und sich nicht mit dem Vorstellen desselben begnügt.

Mit der Verstärkung seines Typus werden seine Überzeugungen starrer und unbeugsamer. Fremde Einflüsse werden ausgeschaltet, auch persönlich wird er für die Fernerstehenden unsympathischer und dafür von den Nächsten abhängiger. Seine Sprache wird persönlicher und rücksichtsloser, und seine Ideen werden tief, vermögen sich aber im noch vorhandenen Stoff nicht mehr genügend auszudrücken. Der Mangel wird durch Emotivität und Empfindlichkeit ersetzt. Die fremde Beeinflussung, die er außen schroff ablehnt, befällt ihn von innen, von seiten des Unbewußten, und er muß Beweise dagegen häufen, und zwar gegen Dinge, die Außenstehenden als gänzlich überflüssig erscheinen. Da durch den Mangel an Beziehung zum Objekt sein Bewußtsein sich subjektiviert, so erscheint ihm das als das Wichtigste, was im geheimen seine *Person* am meisten angeht. Und er beginnt, seine subjektive Wahrheit mit seiner Person zu verwechseln. Er wird zwar niemanden persönlich für seine Überzeugungen zu pressen versuchen, er wird aber giftig und persönlich gegen jede auch noch so gerechte Kritik losfahren. Damit isoliert er sich allmählich in jeder Hinsicht. Seine anfänglich befruchtenden Ideen werden destruktiv, weil sie durch den Niederschlag der Verbitterung vergiftet werden. Mit der Isolierung nach außen wächst der Kampf mit der unbewußten Beeinflussung, welche ihn allmählich zu lähmen beginnt. Ein verstärkter Hang zur Einsamkeit soll ihn vor den unbewußten Beeinflussungen schützen, sie führt ihn in der Regel aber tiefer in den Konflikt, der ihn innerlich aufreibt.

Das Denken des introvertierten Typus ist positiv und synthetisch in Hinsicht der Entwicklung von Ideen, die sich in steigendem Maße der ewigen Gültigkeit der Urbilder annähern. Lockert sich aber ihr Zusammenhang mit der objektiven Erfahrung, so werden sie mythologisch und für die momentane Zeitlage unwahr. Daher ist dieses Denken nur so lange auch für den Zeitgenossen wertvoll, als es in ersichtlichem und verstehbarem Zusammenhang mit den derzeit bekannten Tatsachen steht. Wird das Denken aber mythologisch, so wird es irrelevant und verläuft in sich selbst. Die diesem Denken gegenüberstehenden, relativ unbewußten Funktionen des Fühlens, Intuierens und Empfindens sind minderwertig und haben einen primitiv extravertierten Charakter, welchem alle die lästigen Objekteinflüsse, denen der introvertierte Denktypus unterworfen ist, zuzuschreiben sind. Die Selbstschutzmaßnahmen und die Hindernisfelder, die solche Leute um sich herum anzulegen pflegen, sind genugsam bekannt, so daß ich mir ihre Schilderung ersparen kann. Dies alles dient zur Abwehr «magischer» Einwirkungen; dazu gehört auch die Angst vor dem weiblichen Geschlecht.

Das Fühlen

Das introvertierte Fühlen ist in der Hauptsache determiniert durch den subjektiven Faktor. Dies bedeutet für das Gefühlsurteil einen ebenso wesentlichen Unterschied vom extravertierten Fühlen, wie die Introversion des Denkens von der Extraversion. Es gehört zweifellos zu den schwierigeren Dingen, den introvertierten Gefühlsprozeß intellektuell darzustellen oder auch nur annähernd zu beschreiben, obschon das eigentümliche Wesen dieses Fühlens unbedingt auffällt, wenn man seiner überhaupt gewahr wird. Da sich dieses Fühlen hauptsächlich subjektiven Vorbedingungen unterwirft und sich nur sekundär mit dem Objekt beschäftigt, so tritt es viel weniger und in der Regel mißverständlich in die Erscheinung. Es ist ein Fühlen, das anscheinend die Objekte entwertet und sich darum meistens negativ bemerkbar macht. Die Existenz eines positiven Gefühles ist sozusagen nur indirekt zu erschließen. Es sucht nicht, sich dem Objektiven einzupassen, sondern sich ihm überzuordnen, indem es unbewußt versucht, die ihm zugrunde liegenden Bilder zu verwirklichen. Es sucht daher stets nach einem in der Wirklichkeit nicht anzutreffenden Bild, das es gewissermaßen zuvor gesehen hat. Es gleitet anscheinend über die Objekte, die seinem Ziel niemals passen, achtlos hinweg. Es strebt nach einer inneren Intensität, zu der die Objekte höchstens einen Anreiz beitragen. Die Tiefe dieses Gefühls läßt sich nur ahnen, aber nicht klar erfassen. Es macht die Menschen still und schwer zugänglich, da es sich vor der Brutalität des Objektes mimosenhaft zurückzieht, um den tiefen Hintergrund des Subjektes zu erfüllen. Zum Schutze schiebt es negative Gefühlsurteile vor oder eine auffallende Indifferenz.

Die urtümlichen Bilder sind bekanntlich ebensosehr Idee wie Gefühl. Daher sind auch grundlegende Ideen wie Gott, Freiheit und Unsterblichkeit ebensosehr Gefühlswerte, wie sie als Ideen bedeutend sind. Es ließe sich demnach alles, was vom introvertierten Denken gesagt wurde, auch auf das introvertierte Fühlen übertragen, nur wird hier alles erfühlt, was dort erdacht wird. Die Tatsache aber, daß Gedanken in der Regel verständlicher ausgedrückt werden können als Gefühle, bedingt, daß es bei diesem Fühlen schon einer nicht gewöhnlichen sprachlichen oder künstlerischen Ausdrucksfähigkeit bedarf, um seinen Reichtum auch nur annähernd äußerlich darzustellen oder mitzuteilen. Wie das subjektive Denken wegen seiner Unbezogenheit nur schwierig ein adäquates Verständnis zu erwecken vermag, so gilt dies vielleicht in noch höherem Maße für das subjektive Fühlen. Um sich andern mitzuteilen, muß es eine äußere Form finden, welche geeignet ist, einerseits das subjektive Fühlen entsprechend aufzunehmen und anderseits dem Mitmenschen so zu übermitteln, daß in ihm ein Parallelvorgang entsteht. Wegen der relativ großen inneren (wie äußeren) Gleichheit der Menschen kann diese Wirkung auch erreicht werden, obschon es außerordentlich schwierig ist, eine dem Gefühl zusagende Form zu finden, solange nämlich das Fühlen sich wirklich noch hauptsächlich am Schatze der urtümlichen Bilder orientiert. Wird es aber durch Egozentrizität verfälscht, so wird es unsympathisch, weil es sich dann überwiegend nur noch mit dem Ich beschäftigt. Es erweckt dann unfehlbar den Eindruck sentimentaler Eigenliebe, des Sichinteressantmachens und selbst einer krankhaften Selbstbespiegelung. Wie das subjektivierte Bewußtsein des introvertierten Denkens nach einer Abstraktion der Abstraktionen strebt und damit nur eine höchste Intensität eines an sich leeren Denkprozesses erreicht, so vertieft sich auch das egozentrische Fühlen zu einer inhaltlosen Leidenschaftlichkeit, die bloß sich selber fühlt. Diese Stufe ist mystisch-ekstatisch und bereitet den Übergang in die vom Fühlen verdrängten, extravertierten Funktionen vor.

Wie dem introvertierten Denken ein primitives Fühlen, dem sich Objekte mit magischer Gewalt anhängen, gegenübersteht, so tritt dem introvertierten Fühlen ein primitives Denken gegenüber, das an Konkretismus und Tatsachensklaverei seinesgleichen sucht. Das Fühlen emanzipiert sich fortschreitend von der Beziehung aufs Objekt und schafft sich eine nur subjektiv gebundene Handlungs- und Gewissensfreiheit, die sich gegebenenfalls von allem Hergebrachten lossagt. Um so mehr verfällt das unbewußte Denken der Macht des Objektiven.

Der introvertierte Fühltypus

Das Primat des introvertierten Fühlens habe ich hauptsächlich bei Frauen angetroffen. Das Sprichwort «Stille Wasser gründen tief» gilt von diesen Frauen. Sie sind meist still, schwer zugänglich, unverständlich, öfters hinter einer kindlichen oder banalen Maske verborgen, öfters auch von melancholischem Temperament. Sie scheinen nicht und treten nicht auf. Da sie sich überwiegend von ihrem subjektiv orientierten Gefühl leiten lassen, so bleiben ihre wahren Motive meistens verborgen. Nach außen zeigen sie eine harmonische Unauffälligkeit, eine angenehme Ruhe, einen sympathischen Parallelismus, der den andern nicht veranlassen, beeindrucken oder gar bearbeiten und verändern will. Ist diese Außenseite etwas ausgeprägter, so drängt sich ein leiser Verdacht von Indifferenz und Kühle auf, der sich bis zu dem der Gleichgültigkeit für das Wohl und Wehe der andern verstärken kann. Man fühlt dann deutlich die vom Objekt sich abwendende Gefühlsbewegung. Beim normalen Typus tritt dieser Fall allerdings nur dann ein, wenn das Objekt in irgend einer Weise zu stark einwirkt. Die harmonische Gefühlsbegleitung findet darum nur solange statt, als das Objekt in mittlerer Gefühlslage sich auf seinem eigenen Weg bewegt und den Weg des andern nicht zu durchkreuzen sucht. Eigentliche Emotionen des Objektes werden nicht begleitet, sondern gedämpft und abgewehrt, oder besser gesagt «abgekühlt» mit einem negativen Gefühlsurteil. Obschon stets eine Bereitschaft zu einem ruhigen und harmonischen Nebeneinandergehen vorhanden ist, so zeigt sich dem fremden Objekt gegenüber keine Liebenswürdigkeit, kein warmes Entgegenkommen, sondern eine indifferent erscheinende, kühle bis abweisende Art. Man bekommt gelegentlich die Überflüssigkeit der eigenen Existenz zu fühlen. Gegen etwas Mitreißendes, Enthusiastisches beobachtet dieser Typus zunächst eine wohlwollende Neutralität, bisweilen mit einem leisen Zug von Überlegenheit und Kritik, der einem empfindsamen Objekt leicht den Wind aus den Segeln nimmt. Eine anstürmende Emotion aber kann mit mörderischer Kälte schroff niedergeschlagen werden, wenn sie nicht zufälligerweise das Individuum vom Unbewußten her erfaßt, d.h. mit andern Worten irgend ein urtümliches Gefühlsbild belebt und damit das Fühlen dieses Typus gefangen nimmt. Wenn dieser Fall eintritt, so empfindet eine solche Frau einfach eine momentane Lähmung, gegen die sich später unfehlbar ein um so heftigerer Widerstand erhebt, welcher das Objekt an der verwundbarsten Stelle erreichen wird. Die Beziehung zum Objekt wird möglichst in einer ruhigen und sicheren Mittellage des Gefühls gehalten unter hartnäckiger Verpönung der Leidenschaft und ihrer Ungemessenheit. Der Gefühlsausdruck bleibt daher spärlich, und das Objekt fühlt dauernd seine Minderbewertung, wenn es deren bewußt wird. Dies ist allerdings nicht immer der Fall, indem der Fehlbetrag sehr oft unbewußt bleibt, dafür aber mit der Zeit infolge unbewußten Gefühlsanspruches Symptome entwickelt, welche eine vermehrte Aufmerksamkeit erzwingen sollen.

Da dieser Typus meist kühl und reserviert erscheint, so spricht ihm ein oberflächliches Urteil leicht jedes Gefühl ab. Das ist aber grundfalsch, indem die Gefühle nicht extensiv, sondern intensiv sind. Sie entwickeln sich in die Tiefe. Während z.B. ein extensives Mitleidsgefühl sich an passender Stelle mit Worten und Taten äußert und sich bald von diesem Eindruck wieder befreien kann, verschließt sich ein intensives Mitleid vor jedem Ausdruck und gewinnt eine leidenschaftliche Tiefe, welche das Elend einer Welt in sich begreift und daran erstarrt. Es mag vielleicht im Übermaß herausbrechen und zu einer verblüffenden Tat sozusagen heroischen Charakters führen, zu der aber weder das Objekt noch das Subjekt ein richtiges Verhältnis finden können. Nach außen und dem blinden Auge des Extravertierten erscheint dieses Mitleid als Kälte, denn es tut nichts Sichtbares, und an unsichtbare Kräfte vermag ein extravertiertes Urteil nicht zu glauben. Dieses Mißverständnis ist ein charakteristisches Vorkommnis im Leben dieses Typus und wird in der Regel registriert als ein wichtiges Argument gegen jede tiefere Gefühlsbeziehung zum Objekt. Was aber der wirkliche Gegenstand dieses Fühlens ist, ist dem Normaltypus selbst nur ahnungsweise gegeben. Er drückt sein Ziel und seinen Inhalt vielleicht in einer verborgenen und vor profanen Augen ängstlich gehüteten Religiosität oder in ebenso vor Überraschung gesicherten poetischen Formen vor sich selber aus, nicht ohne den geheimen Ehrgeiz, damit eine Überlegenheit über das Objekt zustandezubringen. Frauen, die Kinder haben, legen vieles davon in diese, indem sie ihnen heimlich ihre Leidenschaftlichkeit einflößen.

Obschon im Normaltypus die angedeutete Tendenz, das heimlich Gefühlte dem Objekt einmal offen und sichtbar überzuordnen oder überwältigend aufzuzwingen, keine störende Rolle spielt und niemals zu einem ernstlichen Versuch in dieser Richtung führt, so sickert davon doch etwas in die persönliche Wirkung auf das Objekt durch, in Form eines oft schwer zu definierenden, dominierenden Einflusses. Es wird etwa als ein erdrückendes oder erstickendes Gefühl empfunden, das die Umgebung in einen Bann schlägt. Dadurch gewinnt dieser Typus eine gewisse geheimnisvolle Macht, welche namentlich den extravertierten Mann in höchstem Maße faszinieren kann, weil sie sein Unbewußtes berührt. Diese Macht stammt von den erfühlten, unbewußten Bildern, wird aber vom Bewußtsein leicht auf das Ich bezogen, wodurch der Einfluß verfälscht wird im Sinne der persönlichen Tyrannei. Wenn aber das unbewußte Subjekt mit dem Ich identifiziert wird, so wandelt sich auch die geheimnisvolle Macht des intensiven Gefühls in banale und anmaßende

Herrschsucht, Eitelkeit und tyrannische Zwängerei. Daraus entsteht ein Typus Frau, der wegen seines skrupellosen Ehrgeizes und wegen seiner heimtückischen Grausamkeit unvorteilhaft bekannt ist. Diese Wendung führt aber in die Neurose.

Solange das Ich sich unterhalb der Höhe des unbewußten Subjektes fühlt und das Gefühl Höheres und Mächtigeres erschließt als das Ich, ist der Typus normal. Das unbewußte Denken ist zwar archaisch, kompensiert aber hilfreich durch Reduktionen die gelegentlichen Anwandlungen, das Ich zum Subjekt zu erheben. Tritt dieser Fall aber doch ein durch völlige Unterdrückung der reduzierenden unbewußten Denkeinflüsse, dann begibt sich das unbewußte Denken in die Opposition und projiziert sich in die Objekte. Damit bekommt das egozentrisch gewordene Subjekt die Macht und Bedeutung der entwerteten Objekte zu fühlen. Das Bewußtsein beginnt zu fühlen, «was die andern denken». Natürlich denken die andern alle möglichen Gemeinheiten, planen Übles, hetzen und intrigieren im geheimen, usw. Dem muß das Subjekt zuvorkommen, indem es selber anfängt, präventiv zu intrigieren und zu verdächtigen, auszuhorchen und zu kombinieren. Es wird von Gerüchten befallen, und krampfhafte Anstrengungen müssen gemacht werden, um eine drohende Unterlegenheit womöglich in eine Überlegenheit zu verwandeln. Es entstehen endlose Rivalitäten geheimer Natur, und in diesen erbitterten Kämpfen wird nicht nur kein schlechtes oder gemeines Mittel gescheut, sondern auch die Tugenden werden mißbraucht, nur um einen Trumpf ausspielen zu können. Eine solche Entwicklung führt zur Erschöpfung. Die Neurosenform ist weniger hysterisch als neurasthenisch, bei Frauen oft mit starker Mitbeteiligung des körperlichen Zustandes, z. B. Anämie mit Folgezuständen.

Zusammenfassung der rationalen Typen

Die beiden vorausgegangenen Typen sind rationale, indem sie sich auf vernünftig urteilende Funktionen gründen. Das vernünftige Urteil gründet sich nicht bloß auf das objektiv Gegebene, sondern auch auf das Subjektive. Das Überwiegen des einen oder andern Faktors, bedingt durch eine oft von früher Jugend her existierende psychische Disposition, beugt allerdings die Vernunft. Ein wirklich vernünftiges Urteil sollte sich nämlich ebensowohl auf den objektiven wie auf den subjektiven Faktor berufen und beiden gerecht werden können. Das wäre aber ein Idealfall und würde eine gleichmäßige Entwicklung der Extraversion und der Introversion voraussetzen. Die beiden Bewegungen aber schließen sich aus und können, solange ihr Dilemma besteht, nebeneinander überhaupt gar nicht sein, sondern höchstens nacheinander. Darum ist auch unter den gewöhnlichen Umständen eine ideale Vernunft unmöglich. Ein rationaler Typus hat immer eine typisch variierte Vernunft. So haben die introvertierten rationalen Typen zweifellos ein vernünftiges Urteil, nur richtet sich dieses Urteil mehr nach dem subjektiven Faktor. Die Logik braucht nirgends gebeugt zu sein, denn die Einseitigkeit liegt in der Prämisse. Die Prämisse ist das vor allen Schlüssen und Urteilen bestehende Überwiegen des subjektiven Faktors. Er tritt von vornherein mit selbstverständlich höherem Wert auf als der objektive. Es handelt sich dabei, wie gesagt, keineswegs um einen erteilten Wert, sondern um eine vor aller Werterteilung vorhandene natürliche Disposition. Daher erscheint dem Introvertierten notwendigerweise das Vernunfturteil um einige Nuancen anders als dem Extravertierten. Um den allgemeinsten Fall zu erwähnen, erscheint dem Introvertierten diejenige Schlußkette, die auf den subjektiven Faktor führt, etwas vernünftiger als die, die zum Objekt führt. Diese, im einzelnen Fall zunächst geringfügige, fast unmerkliche Differenz bewirkt im Großen unüberbrückbare Gegensätze, die um so irritierender sind, je weniger einem die im Einzelfall minimale Standpunktverschiebung durch die psychologische Prämisse bewußt ist. Ein Hauptirrtum, der dabei regelmäßig passiert, ist, daß man sich bemüht, einen Irrtum im Schluß nachzuweisen, anstatt die Verschiedenheit der psychologischen Prämisse anzuerkennen. Eine solche Anerkennung fällt jedem rationalen Typus schwer, denn sie untergräbt die anscheinend absolute Gültigkeit seines Prinzips und liefert ihn seinem Gegensatz aus, was einer Katastrophe gleichkommt.

Fast mehr noch als der extravertierte Typus unterliegt der introvertierte dem Mißverständnis; nicht etwa, weil ihm der Extravertierte ein schonungsloserer oder kritischerer Gegner ist, als er selbst es sein könnte, sondern weil der Stil der Epoche, den er selber mitmacht, gegen ihn ist. Nicht dem Extravertierten gegenüber, sondern unserer allgemeinen okzidentalen Weltanschauung gegenüber befindet er sich in der Minorität, wohl nicht zahlenmäßig, sondern seinem Gefühl nach. Da er den allgemeinen Stil überzeugt mitmacht, untergräbt er sich selbst, denn der gegenwärtige Stil mit seiner fast ausschließlichen Anerkennung des Sicht- und Tastbaren ist gegen sein Prinzip. Er muß den subjektiven Faktor wegen seiner Unsichtbarkeit entwerten und sich zwingen, die extravertierte Objektüberwertung mitzumachen. Er selber schätzt den subjektiven Faktor zu niedrig ein und wird dafür von Minderwertigkeitsgefühlen heimgesucht. Es ist daher kein Wunder, daß gerade in unserer Zeit und besonders in jenen Bewegungen, die der Gegenwart um einiges voraneilen, der subjektive Faktor sich in übertriebener und darum in geschmackloser und karikierter Weise äußert. Ich meine die heutige Kunst. Die Unterschätzung des eigenen Prinzips macht den Introvertierten egoistisch und nötigt ihm die Psychologie des Unterdrückten auf. Je egoistischer er wird, desto mehr erscheint es ihm auch, als ob die andern, die den gegenwärtigen Stil anscheinend restlos mitmachen können, die Unterdrücker wären, gegen die er sich schützen und zur Wehr setzen muß. Er sieht meistens nicht, daß er darin seinen Hauptfehler begeht, daß er am subjektiven Faktor nicht mit jener Treue und Ergebenheit hängt, mit welcher sich der Extravertierte nach dem Objekt richtet. Durch die Unterschätzung des eigenen Prinzips wird sein Hang zum Egoismus unvermeidlich, und damit verdient er sich auch das Vorurteil des Extravertierten. Bliebe er aber seinem Prinzip treu, so wäre er als Egoist grundfalsch beurteilt, und die Berechtigung seiner Einstellung würde sich durch ihre allgemeinen Wirkungen bestätigen und die Mißverständnisse zerstreuen.

Das Empfinden

Auch das Empfinden, das seinem ganzen Wesen nach auf das Objekt und den objektiven Reiz angewiesen ist, unterliegt in der introvertierten Einstellung einer beträchtlichen Veränderung. Auch es hat einen subjektiven Faktor, denn neben dem Objekt, das empfunden wird, steht ein Subjekt, welches empfindet und welches dem objektiven Reiz seine subjektive Disposition beiträgt. Das Empfinden in der introvertierten Einstellung gründet sich überwiegend auf den subjektiven Anteil der Perzeption. Was damit gemeint ist, erhellt am ehesten aus Kunstwerken, welche äußere Objekte reproduzieren. Wenn z.B. mehrere Maler eine und dieselbe Landschaft malen mit der Bemühung, dieselbe getreu wiederzugeben, so wird doch jedes Gemälde vom andern verschieden sein, nicht etwa bloß vermöge eines mehr oder minder entwickelten Könnens, sondern hauptsächlich infolge eines verschiedenen Sehens, ja, es wird an einigen Gemälden sogar eine ausgesprochen psychische Verschiedenheit in der Stimmungslage und Bewegung von Farbe und Figur zutage treten. Diese Eigenschaften verraten ein mehr oder weniger starkes Mitwirken des subjektiven Faktors.

Der subjektive Faktor des Empfindens ist im wesentlichen derselbe wie für die andern bereits besprochenen Funktionen. Es ist eine unbewußte Disposition, welche die Sinnesperzeption schon in ihrem Entstehen verändert und ihr dadurch den Charakter einer reinen Objekteinwirkung wegnimmt. In diesem Fall bezieht sich die Empfindung überwiegend auf das Subjekt und erst in zweiter Linie auf das Objekt. Wie außerordentlich stark der subjektive Faktor sein kann, zeigt uns am deutlichsten die Kunst. Das Überwiegen des subjektiven Faktors geht gelegentlich bis zur völligen Unterdrückung der bloßen Objektwirkung, und doch bleibt die Empfindung dabei Empfindung; allerdings ist sie dann zu einer Wahrnehmung des subjektiven Faktors geworden, und die Objekteinwirkung ist auf die Stufe eines bloßen Anregers gesunken. Das introvertierte Empfinden entwickelt sich in dieser Richtung. Es besteht zwar eine richtige Sinneswahrnehmung, aber es hat den Anschein, als ob die Objekte gar nicht eigentlich ins Subjekt eindringen würden, sondern als ob das Subjekt die Dinge ganz anders oder ganz andere Dinge sähe als andere Menschen. Tatsächlich nimmt das Subjekt dieselben Dinge wahr wie jedermann, verweilt aber dann keineswegs bei der reinen Objekteinwirkung, sondern beschäftigt sich mit der durch den objektiven Reiz ausgelösten subjektiven Wahrnehmung.

Die subjektive Wahrnehmung ist merklich verschieden von der objektiven. Sie ist im Objekt entweder gar nicht oder höchstens andeutungsweise anzutreffen, d. h. sie kann zwar in andern Menschen ähnlich sein, aber sie ist im objektiven Verhalten der Dinge nicht unmittelbar zu begründen. Sie macht nicht den Eindruck eines Bewußtseinsproduktes, dazu ist sie zu genuin. Sie macht aber einen psychischen Eindruck, da in ihr Elemente von einer höheren psychischen Ordnung erkennbar sind. Jedoch stimmt diese Ordnung nicht überein mit den Inhalten des Bewußtseins. Es handelt sich um kollektiv-unbewußte Voraussetzungen oder Dispositionen, um mythologische Bilder, Urmöglichkeiten von

Vorstellungen. Der subjektiven Wahrnehmung haftet der Charakter des Bedeutenden an. Sie sagt mehr als das reine Bild des Objektes, natürlich nur zu dem, dem der subjektive Faktor überhaupt etwas sagt. Einem andern scheint ein reproduzierter subjektiver Eindruck an der Eigenschaft zu leiden, daß er keine genügende Ähnlichkeit mit dem Objekt besitzt und darum seinen Zweck verfehlt habe. Das introvertierte Empfinden erfaßt daher mehr die Hintergründe der physischen Welt als ihre Oberfläche. Es empfindet nicht die Realität des Objektes als das Ausschlaggebende, sondern die Realität des subjektiven Faktors, nämlich der urtümlichen Bilder, welche in ihrer Gesamtheit eine psychische Spiegelwelt darstellen. Dieser Spiegel hat aber die eigentümliche Fähigkeit, die gegenwärtigen Inhalte des Bewußtseins nicht in ihrer uns bekannten und geläufigen Form darzustellen, sondern in gewissem Sinne sub specie aeternitatis, nämlich etwa so, wie ein Millionen Jahre altes Bewußtsein sie sehen würde. Ein solches Bewußtsein würde das Werden und Vergehen der Dinge zugleich mit ihrem gegenwärtigen und momentanen Sein sehen und nicht nur das, sondern zugleich auch das andere, das vor ihrem Werden war und nach ihrem Vergehen sein wird. Der gegenwärtige Moment ist diesem Bewußtsein unwahrscheinlich. Selbstverständlich ist dies nur ein Gleichnis, dessen ich aber bedarf, um das eigentümliche Wesen der introvertierten Empfindung einigermaßen zu veranschaulichen. Die introvertierte Empfindung vermittelt ein Bild, welches weniger das Objekt reproduziert, als daß es das Objekt überkleidet mit dem Niederschlag uralter und zukünftiger subjektiver Erfahrung. Dadurch wird der bloße Sinneseindruck entwickelt nach der Tiefe des Ahnungsreichen, während die extravertierte Empfindung das momentane und offen zutage liegende Sein der Dinge erfaßt.

Der introvertierte Empfindungstypus

Das Primat des introvertierten Empfindens schafft einen bestimmten Typus, der sich durch gewisse Eigentümlichkeiten auszeichnet. Er ist ein irrationaler Typus, insofern er unter dem Vorkommenden nicht vorwiegend nach Vernunfturteilen auswählt, sondern sich nach dem richtet, was eben vorkommt. Während der extravertierte Empfindungstypus durch die Intensität der Objekteinwirkung determiniert ist, orientiert sich der introvertierte nach der Intensität des durch den objektiven Reiz ausgelösten subjektiven Empfindungsanteiles. Dabei besteht, wie ersichtlich, gar kein proportionaler Zusammenhang zwischen Objekt und Empfindung, sondern ein anscheinend durchaus unabgemessener und willkürlicher. Es ist von außen darum sozusagen nie vorauszusehen, was Eindruck machen wird und was nicht. Wäre eine der Empfindungsstärke proportionale Ausdrucksfähigkeit und -willigkeit vorhanden, so würde die Irrationalität dieses Typus außerordentlich auffallen. Dies ist z. B. der Fall, wenn das Individuum ein produzierender Künstler ist. Da dies aber ein Ausnahmefall ist, so verbirgt die für den Introvertierten charakteristische Ausdruckserschwerung auch seine Irrationalität. Er kann im Gegenteil durch seine Ruhe oder Passivität oder durch eine vernünftige Selbstbeherrschung auffallen. Diese Eigentümlichkeit, welche das oberflächliche Urteil irreleitet, verdankt ihre Existenz der Nichtbezogenheit auf die Objekte. Das Objekt wird im Normalfall zwar keineswegs bewußt entwertet, aber sein Anreiz wird ihm dadurch entzogen, daß er sofort durch eine subjektive Reaktion, die sich auf die Wirklichkeit des Objektes weiter nicht mehr bezieht, ersetzt wird. Das wirkt natürlich wie eine Objektentwertung. Ein solcher Typus kann einem leicht die Frage beibringen, wozu man überhaupt existiere, wozu überhaupt Objekte daseinsberechtigt seien, da ja doch alles Wesentliche ohne das Objekt passiere. Dieser Zweifel mag in extremen Fällen berechtigt sein, im Normalfall aber nicht, denn der Empfindung ist der objektive Reiz unerläßlich, nur bringt er anderes hervor, als nach der äußeren Sachlage vermutet werden könnte.

Von außen betrachtet sieht es aus, als ob die Objekteinwirkung überhaupt nicht zum Subjekt vordringen würde. Dieser Eindruck ist insofern richtig, als ein subjektiver, dem Unbewußten entstammender Inhalt sich dazwischen drängt und die Objekteinwirkung abfängt. Dieses Dazwischentreten kann mit solcher Schroffheit erfolgen, daß man den Eindruck gewinnt, als schütze sich das Individuum direkt vor Objekteinwirkungen. In einem irgendwie gesteigerten Fall ist auch tatsächlich eine solche schützende Abwehr vorhanden. Wenn das Unbewußte nur um etwas verstärkt ist, so wird der subjektive Empfindungsanteil dermaßen lebendig, daß er die Objekteinwirkung fast gänzlich überdeckt. Daraus entsteht einerseits für das Objekt das Gefühl einer völligen Entwertung, anderseits für das Subjekt eine illusionäre Auffassung der Wirklichkeit, die allerdings nur in krankhaften Fällen soweit geht, daß das Individuum nicht mehr imstande wäre, zwischen dem wirklichen Objekt und der subjektiven Wahrnehmung zu unterscheiden. Obschon eine so wichtige Unterscheidung erst in einem nahezu psychotischen Zustand gänzlich verschwindet, so kann doch längst zuvor die subjektive Wahrnehmung das Denken, Fühlen und Handeln in höchstem Maße beeinflussen, obschon das Objekt in seiner ganzen Wirklichkeit klar gesehen wird. In Fällen, wo die Objekteinwirkung infolge besonderer Umstände, z.B. infolge besonderer Intensität oder völliger Analogie mit dem unbewußten Bild, bis zum Subjekt vordringt, ist auch der Normalfall dieses Typus veranlaßt, nach seiner unbewußten Vorlage zu *handeln.* Dieses Handeln ist in bezug auf die objektive Wirklichkeit von illusionärem Charakter und darum äußerst befremdlich. Es enthüllt mit einem Schlag die wirklichkeitsfremde Subjektivität des Typus. Wo aber die Objekteinwirkung nicht völlig durchdringt, da begegnet sie einer wenig Anteilnahme verratenden, wohlwollenden Neutralität, welche stets zu beruhigen und auszugleichen bestrebt ist. Das allzu Niedere wird etwas gehoben, das allzu Hohe etwas niedriger gemacht, das Enthusiastische gedämpft, das Extravagante gezügelt und das Ungewöhnliche auf die «richtige» Formel gebracht, all dies, um die Objekteinwirkung in den nötigen Schranken zu halten. Dadurch wirkt auch dieser Typus auf die Umgebung drückend, sofern seine gänzliche Harmlosigkeit nicht außer allem Zweifel steht. Ist letzteres aber der Fall, so wird das Individuum leicht das Opfer der Aggressivität und der Herrschsucht anderer. Solche Menschen lassen sich in der Regel mißbrauchen und rächen sich dafür an ungeeigneter Stelle durch vermehrte Resistenz und Störrigkeit.

Ist keine künstlerische Ausdrucksfähigkeit vorhanden, so gehen alle Eindrücke nach innen in die Tiefe und halten das Bewußtsein im Banne, ohne daß es ihm möglich wäre, des faszinierenden Eindruckes durch bewußten Ausdruck Herr zu werden. Für seine Eindrücke stehen diesem Typus nur archaische Ausdrucksmöglichkeiten zu relativer Verfügung, weil Denken und Fühlen relativ unbewußt sind und, insofern sie bewußt sind, nur über die notwendigen, banalen und alltäglichen Ausdrücke verfügen. Sie sind als bewußte Funktionen darum ganz ungeeignet, die subjektiven Wahrnehmungen adäquat wiederzugeben. Dieser Typus ist daher dem objektiven Verständnis äußerst schwer erschließbar, wie er auch sich selber meist verständnislos gegenübersteht.

Seine Entwicklung entfernt ihn hauptsächlich von der Wirklichkeit des Objektes und liefert ihn an seine subjektiven Wahrnehmungen aus, die sein Bewußtsein im Sinne einer archaischen Wirklichkeit orientieren, obschon ihm dieses Faktum aus Mangel an vergleichendem Urteil gänzlich unbewußt bleibt. Tatsächlich bewegt er sich aber in einer mythologischen Welt, in der ihm Menschen, Tiere, Eisenbahnen, Häuser, Flüsse und Berge zum Teil als huldvolle Götter und zum Teil als übelwollende Dämonen erscheinen. Daß sie ihm so erscheinen, ist ihm unbewußt. Aber sie wirken als solche auf sein Urteilen und Handeln. Er urteilt und handelt so, als ob er es mit solchen Mächten zu tun hätte. Dies fängt erst dann an, ihm aufzufallen, wenn er entdeckt, daß seine Empfindungen von der Wirklichkeit total verschieden sind. Neigt er mehr zur objektiven Vernunft, so wird er diesen Unterschied als krankhaft empfinden, ist er dagegen, getreu seiner Irrationalität, bereit, seiner Empfindung Realitätswert zuzusprechen, so wird ihm die objektive Welt zum Schein und zur Komödie. Es sind aber nur zum Extrem geneigte Fälle, welche dieses Dilemma erreichen. In der Regel begnügt sich das Individuum mit seiner Eingeschlossenheit und mit der Banalität der Wirklichkeit, die es aber unbewußt archaisch behandelt.

Sein Unbewußtes ist hauptsächlich gekennzeichnet durch die Verdrängung der Intuition, welch letztere einen extravertierten und archaischen Charakter hat. Während die extravertierte Intuition jene charakteristische Findigkeit, die «gute Nase» für alle Möglichkeiten der objektiven Wirklichkeit besitzt, hat die unbewußte, archaische Intuition ein Witterungsvermögen für alle zweideutigen, düsteren, schmutzigen und gefährlichen Hintergründe der Wirklichkeit. Dieser Intuition gegenüber will die wirkliche und bewußte Absicht des Objektes nichts bedeuten, sondern sie wittert dahinter alle Möglichkeiten der archaischen Vorstufen einer solchen Absicht. Sie hat daher etwas geradezu gefährlich Untergrabendes, das oft in grellstem Kontrast steht zu der wohlwollenden Harmlosigkeit des Bewußtseins. Solange das Individuum sich nicht zu weit vom Objekt entfernt, wirkt die unbewußte Intuition als heilsame Kompensation für die etwas phantastische und zur Leichtgläubigkeit neigende Einstellung des Bewußtseins. Tritt das Unbewußte aber in Opposition zum Bewußtsein, dann erreichen solche Intuitionen die Oberfläche und entfalten ihre verderblichen Wirkungen, indem sie sich zwangsweise dem Individuum aufnötigen und Zwangsvorstellungen widerwärtigster

Art über Objekte auslösen. Die daraus entstehende Neurose ist in der Regel eine Zwangsneurose, in der die hysterischen Züge hinter Erschöpfungssymptomen zurücktreten.

Die Intuition

Die Intuition in der introvertierten Einstellung richtet sich auf die inneren Objekte, wie man mit Recht die Elemente des Unbewußten bezeichnen könnte. Die inneren Objekte verhalten sich nämlich zum Bewußtsein ganz analog wie äußere Objekte, obschon sie nicht von einer physischen, sondern von einer psychischen Realität sind. Die inneren Objekte erscheinen der intuitiven Wahrnehmung als subjektive Bilder von Dingen, die in der äußeren Erfahrung nicht anzutreffen sind, sondern die Inhalte des Unbewußten, in letzter Linie des kollektiven Unbewußten, ausmachen. Diese Inhalte sind in ihrem An- und Fürsichsein natürlich keiner Erfahrung zugänglich, eine Eigenschaft, die sie mit dem äußeren Objekt gemeinsam haben. Wie die äußeren Objekte nur ganz relativ so sind, wie wir sie perzipieren, so sind auch die Erscheinungsformen der inneren Objekte relativ, Produkte ihrer uns unzugänglichen Essenz und der Eigenart der intuitiven Funktion. Wie die Empfindung, so hat auch die Intuition ihren subjektiven Faktor, welcher in der extravertierten Intuition möglichst unterdrückt, in der introvertierten aber zur maßgebenden Größe wird. Wenn schon die introvertierte Intuition ihren Anstoß von äußeren Objekten empfangen mag, so hält sie sich doch nicht bei den äußeren Möglichkeiten auf, sondern verweilt bei dem, was durch das Äußere innerlich ausgelöst wurde. Während sich die introvertierte Empfindung in der Hauptsache auf die Wahrnehmung der eigenartigen Innervationserscheinungen durch das Unbewußte beschränkt und bei ihnen verweilt, unterdrückt die Intuition diese Seite des subjektiven Faktors und nimmt das Bild wahr, welches diese Innervation veranlaßt hat. Wird z.B. jemand von einem psychogenen Schwindelanfall betroffen, verweilt die Empfindung bei der eigenartigen Beschaffenheit dieser Innervationsstörung und nimmt alle ihre Qualitäten, ihre Intensität, ihren zeitlichen Ablauf, die Art ihres Entstehens und Vergehens mit allen Einzelheiten wahr, ohne sich im geringsten darüber zu erheben und zu ihrem Inhalt, von dem die Störung ausging, fortzuschreiten. Die Intuition dagegen empfängt aus der Empfindung nur den Anstoß zu sofortiger Tätigkeit, sie versucht dahinter zu sehen und nimmt auch bald das innere Bild wahr, welches die Ausdruckserscheinung, eben den Schwindelanfall, veranlaßt hat. Sie sieht das Bild eines schwankenden Mannes, der von einem Pfeil ins Herz getroffen wurde. Dieses Bild fasziniert die intuitive Tätigkeit, sie verweilt bei ihm und sucht alle seine Einzelheiten auszukundschaften. Sie hält das Bild fest und konstatiert mit lebhaftester Anteilnahme, wie sich dieses Bild verändert und weiter entwickelt und schließlich verschwindet.

Auf diese Weise nimmt die introvertierte Intuition alle Hintergrundsvorgänge des Bewußtseins etwa mit derselben Deutlichkeit wahr, wie die extravertierte Empfindung die äußeren Objekte. Für die Intuition erlangen daher die unbewußten Bilder die Dignität von Dingen oder Objekten. Weil aber die Intuition die Mitwirkung der Empfindung ausschließt, so erlangt sie entweder gar keine oder eine nur ungenügende Kenntnis der Innervationsstörungen, der Beeinflussungen des Körpers durch die unbewußten Bilder. Dadurch erscheinen die Bilder als vom Subjekt losgelöst und als für sich selber ohne Beziehung zur Person existierend. Infolgedessen würde im vorhin erwähnten Beispiel der vom Schwindelanfall betroffene introvertierte Intuitive nicht auf den Gedanken kommen, daß sich das wahrgenommene Bild auch irgendwie auf ihn selber beziehen könnte. Das erscheint natürlich einem urteilend Eingestellten als beinahe undenkbar, ist aber trotzdem eine Tatsache, die ich bei diesem Typus oftmals erfahren habe.

Die merkwürdige Indifferenz des extravertierten Intuitiven in bezug auf äußere Objekte hat auch der introvertierte in bezug auf innere Objekte. Wie der extravertierte Intuitive immerfort neue Möglichkeiten wittert und diesen unbekümmert sowohl um das eigene wie um das Wohl und Wehe der andern nachgeht, achtlos über menschliche Rücksichten hinweg tritt und in ewiger Veränderungssucht kaum Erbautes wieder niederreißt, so bewegt sich der Introvertierte von Bild zu Bild, allen Möglichkeiten des gebärenden Schoßes des Unbewußten nachjagend, ohne den Zusammenhang der Erscheinung mit sich herzustellen. Wie die Welt demjenigen, der sie bloß empfindet, nie zum moralischen Problem wird, so wird auch dem Intuitiven die Welt der Bilder nie zum moralischen Problem. Sie ist dem einen wie dem andern *ein ästhetisches Problem,* eine Frage der Wahrnehmung, eine «Sensation». Auf diese Weise entschwindet dem introvertierten Intuitiven das Bewußtsein seiner körperlichen Existenz sowohl wie ihrer Wirkung auf andere. Der extravertierte Standpunkt würde von ihm sagen, «die Wirklichkeit existiert nicht für ihn, er hängt unfruchtbaren Träumereien nach». Die Anschauung der Bilder des Unbewußten, welche die schaffende Kraft in unerschöpflicher Fülle erzeugt, ist allerdings in bezug auf unmittelbare Nützlichkeit unfruchtbar. Insofern jedoch diese Bilder Möglichkeiten sind von Auffassungen, welche der Energie gegebenenfalls ein neues Gefälle zu verleihen vermögen, so ist auch diese Funktion, welche der äußeren Welt die allerfremdeste ist, im psychischen Gesamthaushalt unerläßlich, wie auch der entsprechende Typus dem psychischen Leben eines Volkes keineswegs fehlen darf. Israel hätte seine Propheten nicht gehabt, wenn dieser Typus nicht existierte.

Die introvertierte Intuition erfaßt die Bilder, welche aus den a priori, d. h. infolge Vererbung vorhandenen Grundlagen des unbewußten Geistes stammen. Diese Archetypen, deren innerstes Wesen der Erfahrung unzugänglich ist, stellen den Niederschlag des psychischen Funktionierens der Ahnenreihe dar, d. h. die durch millionenfache Wiederholung aufgehäuften und zu Typen verdichteten Erfahrungen des organischen Daseins überhaupt. In diesen Archetypen sind daher alle Erfahrungen vertreten, welche seit Urzeit auf diesem Planeten vorgekommen sind. Sie sind im Archetypus um so deutlicher, je häufiger und je intensiver sie waren. Der Archetypus wäre, um mit KANT zu reden, etwa das Noumenon des Bildes, welches die Intuition wahrnimmt und im Wahrnehmen erzeugt. Da das Unbewußte nun keineswegs etwas ist, das bloß daliegt wie ein psychisches caput mortuum, sondern vielmehr etwas, das mitlebt und innere Verwandlungen erfährt, Verwandlungen, die in innerer Beziehung zum allgemeinen Geschehen überhaupt stehen, so gibt die introvertierte Intuition durch die Wahrnehmung der inneren Vorgänge gewisse Daten, die von hervorragender Wichtigkeit für die Auffassung des allgemeinen Geschehens sein können; sie kann sogar die neuen Möglichkeiten sowohl wie das später tatsächlich Eintreffende in mehr oder weniger klarer Weise voraussehen. Ihre prophetische Voraussicht ist erklärbar aus ihrer Beziehung zu den Archetypen, welche den gesetzmäßigen Ablauf aller erfahrbaren Dinge darstellen.

Die Eigenart der introvertierten Intuition schafft auch, wenn sie das Primat erlangt, einen eigenartigen Typus, nämlich den mystischen Träumer und Seher einerseits, den Phantasten und Künstler anderseits. Der letztere Fall dürfte der Normalfall sein, denn im allgemeinen besteht bei diesem Typus die Neigung, sich auf den Wahrnehmungscharakter der Intuition zu beschränken. Der Intuitive bleibt in der Regel beim Wahrnehmen, sein höchstes Problem ist das Wahrnehmen, und – insofern er ein produktiver Künstler ist – die Gestaltung der Wahrnehmung. Der Phantast aber begnügt sich mit der Anschauung, durch die er sich gestalten, d. h. determinieren läßt. Die Vertiefung der Intuition bewirkt natürlich eine oft außerordentliche Entfernung des Individuums von der handgreiflichen Wirklichkeit, so daß er selbst seiner näheren Umgebung zum völligen Rätsel wird. Ist er ein Künstler, so verkündet seine Kunst außerordentliche, weltentrückte Dinge, die in allen Farben schillern, bedeutend und banal, schön und grotesk, erhaben und schrullenhaft zugleich sind. Ist er kein Künstler, so ist er häufig ein verkanntes Genie, eine verbummelte Größe, eine Art weiser Halbnarr, eine Figur für «psychologische» Romane.

Obschon es nicht ganz auf der Linie des introvertierten Intuitionstypus liegt, die Wahrnehmung zu einem moralischen Problem zu machen, indem dazu eine gewisse Verstärkung der urteilenden Funktionen nötig ist, so genügt doch schon eine relativ geringe Differenzierung des Urteils, um die Anschauung aus dem rein Ästhetischen ins Moralische überzuführen. Dadurch entsteht eine Spielart dieses Typus, welche von seiner ästhetischen Form wesentlich verschieden, für den introvertierten Intuitiven aber trotzdem charakteristisch ist. Das moralische Problem entsteht dann, wenn der Intuitive sich zu seiner Vision in Beziehung setzt, wenn er sich nicht mehr mit der bloßen Anschauung und ihrer ästhetischen Bewertung und Gestaltung begnügt, sondern zu der Frage gelangt: Was heißt das für mich oder für die Welt? Was geht daraus hervor für mich oder für die Welt in Hinsicht einer Pflicht oder Aufgabe? Der rein Intuitive, der das Urteil verdrängt oder ein solches nur im Banne der Wahrnehmung besitzt, gelangt im Grunde genommen nie zu dieser Frage, denn seine Frage ist nur das Wie der Wahrnehmung. Er findet darum das moralische Problem unverständlich oder gar absurd und verbannt darum das Denken über das Geschaute soviel wie möglich. Anders der moralisch eingestellte Intuitive. Er beschäftigt sich mit der Bedeutung seiner Vision, er kümmert sich weniger um ihre weiteren ästhetischen Möglichkeiten als vielmehr um ihre möglichen moralischen Wirkungen, die aus ihrer inhaltlichen Bedeutung für ihn hervorgehen. Sein Urteil läßt ihn, allerdings öfters nur dämmerhaft, erkennen, daß er als Mensch, als Ganzes irgendwie in seine Vision einbezogen ist, daß sie etwas ist, das nicht bloß angeschaut werden kann, sondern auch zum Leben des Subjektes werden möchte. Durch diese Erkenntnis fühlt er sich verpflichtet, seine Vision in sein eigenes Leben umzugestalten. Da er sich aber in der überwiegenden Hauptsache auf die Vision allein stützt, so gerät sein moralischer Versuch einseitig; er macht sich und sein Leben symbolisch, angepaßt zwar an den inneren und ewigen Sinn des Geschehens, unangepaßt aber an die gegenwärtige tatsächliche Wirklichkeit. Damit beraubt er sich auch der Wirksamkeit auf diese, denn er bleibt unverständlich. Seine Sprache ist nicht die, die allgemein gesprochen wird, sondern eine zu subjektive. Seinen Argumenten fehlt die überzeugende Ratio. Er kann nur bekennen oder verkündigen. Er ist die Stimme des Predigers in der Wüste.

Der introvertierte Intuitive verdrängt die Empfindung des Objektes am allermeisten. Dadurch ist sein Unbewußtes gekennzeichnet. Im Unbewußten besteht eine kompensierende extravertierte Empfindungsfunktion von archaischem Charakter. Die unbewußte Persönlichkeit ließe sich daher am ehesten beschreiben als ein extravertierter Empfindungstypus niedriger, primitiver Gattung. Triebhaftigkeit und Maßlosigkeit sind die Eigenschaften dieser Empfindung, samt einer außerordentlichen Gebundenheit an den sinnlichen Eindruck. Diese Qualität kompensiert die dünne Höhenluft der bewußten Einstellung und gibt ihr eine gewisse Schwere, so daß eine völlige «Sublimierung» verhindert wird. Tritt aber durch eine forcierte Übertreibung der bewußten Einstellung eine völlige Unterordnung unter die innere Wahrnehmung ein, so begibt sich das Unbewußte in die Opposition, und es entstehen dann Zwangsempfindungen mit übermäßiger Gebundenheit ans Objekt, welche der bewußten Einstellung widerstreben. Die Neurosenform ist eine Zwangsneurose, die als Symptome teils hypochondrische Erscheinungen, teils Überempfindlichkeit der Sinnesorgane, teils Zwangsbindungen an bestimmte Personen oder andere Objekte aufweist.

Zusammenfassung der irrationalen Typen

Die beiden eben geschilderten Typen sind einer äußerlichen Beurteilung fast unzugänglich. Da sie introvertiert sind und infolgedessen eine geringere Fähigkeit oder Willigkeit zur Äußerung haben, so geben sie nur wenig Handhaben zu einer treffenden Beurteilung. Da ihre Haupttätigkeit sich nach innen richtet, so ist außen nichts als Zurückhaltung, Verstecktheit, Teilnahmslosigkeit oder Unsicherheit und anscheinend unbegründete Verlegenheit sichtbar. Wenn sich etwas äußert, so sind es meistenteils indirekte Manifestationen der minderwertigen und relativ unbewußten Funktionen. Äußerungen solcher Art bedingen natürlich ein Vorurteil der Umgebung gegen diese Typen. Infolgedessen werden sie meistenteils unterschätzt oder zum mindesten nicht begriffen. In dem Maße, wie diese Typen sich selber nicht begreifen, da ihnen eben das Urteil in hohem Maße fehlt, können sie auch nicht verstehen, warum sie beständig von der öffentlichen Meinung unterschätzt werden. Sie sehen nämlich nicht ein, daß ihre nach außen gehende Leistung auch tatsächlich von minderwertiger Beschaffenheit ist. Ihr Blick ist gebannt vom Reichtum der subjektiven Ereignisse. Was innen geschieht, ist dermaßen fesselnd und von solch unerschöpflichem Reiz, daß sie gar nicht bemerken, daß das, was sie davon der Umgebung mitteilen, in der Regel nur höchst wenig von dem enthält, was sie in sich selbst als damit verbunden erleben. Der fragmentarische und meist bloß episodische Charakter ihrer Mitteilungen stellt zu hohe Anforderungen an das Verständnis und an die Bereitwilligkeit der Umgebung, zudem fehlt ihrer Mitteilung eine dem Objekt zufließende Wärme, welche einzig überzeugende Kraft haben könnte. Im Gegenteil zeigen diese Typen sehr oft ein barsch abweisendes Verhalten gegen außen, obschon ihnen dies gar nicht bewußt ist und sie es auch nicht zu zeigen beabsichtigen. Man wird solche Menschen gerechter beurteilen und mit mehr Nachsicht umgeben, wenn man weiß, wie schwer sich das, was innerlich erschaut wird, in eine verständliche Sprache übertragen läßt. Immerhin darf diese Nachsicht keineswegs so weit gehen, daß man ihnen die Anforderung der Mitteilung überhaupt erließe. Dies würde solchen Typen zum größten Schaden gereichen. Das Schicksal selbst bereitet ihnen, vielleicht noch öfter als andern Menschen, überwältigende äußere Schwierigkeiten, die sie vom Rausche der inneren Anschauung zu ernüchtern vermögen. Es muß aber oft eine große Not sein, die ihnen die menschliche Mitteilung endlich abpreßt.

Von einem extravertierten und rationalistischen Standpunkt aus sind diese Typen wohl die allerunnützlichsten aller Menschen. Von einem höheren Standpunkt aus gesehen sind solche Menschen lebendige Zeugen für die Tatsache, daß die reiche und vielbewegte Welt und ihr überquellendes und berauschendes Leben nicht nur außen, sondern auch innen ist. Gewiß sind diese Typen einseitige Demonstrationen der Natur, aber sie sind lehrreich für den, der sich nicht von der jeweiligen geistigen Mode verblenden läßt. Menschen von solcher Einstellung sind Kulturförderer und Erzieher in ihrer Art. Ihr Leben lehrt mehr, als was sie sagen. Wir verstehen aus ihrem Leben und nicht zum mindesten gerade aus ihrem größten Fehler, ihrem Nichtmitteilenkönnen, einen der großen Irrtümer unserer Kultur, nämlich den Aberglauben an das Sagen und Darstellen, die maßlose Überschätzung des Belehrens durch Worte und durch Methoden. Ein Kind läßt sich gewiß imponieren durch die großen Worte der Eltern, und man scheint sogar zu glauben, daß das Kind damit erzogen werde. In Wirklichkeit erzieht das, was die Eltern leben, das Kind, und was die Eltern noch an Wortgesten dazufügen, verwirrt das Kind höchstens. Das gleiche gilt vom Lehrer. Aber man glaubt so sehr an die Methoden, daß, wenn nur die Methode gut ist, auch der Lehrer, der sie ausübt, dadurch geheiligt erscheint. Ein minderwertiger Mensch ist niemals ein guter Lehrer. Er verbirgt aber seine schädliche Minderwertigkeit, welche den Schüler heimlich vergiftet, hinter einer ausgezeichneten Methodik und einer ebenso glänzenden intellektuellen Ausdrucksfähigkeit. Natürlich verlangt der Schüler von reiferem Alter nichts Besseres als die Kenntnis der nützlichen Methoden, weil er der allgemeinen Einstellung, welche an die siegreiche Methode glaubt, schon erlegen ist. Er hat bereits erfahren, daß der leerste Kopf, der eine Methode gut nachbeten kann, der beste Schüler ist. Seine ganze Umgebung redet und lebt es ihm vor, daß aller Erfolg und alles Glück außen ist und daß man nur der richtigen Methode bedürfe, um das Gewünschte zu erreichen. Oder demonstriert ihm etwa das Leben seines Religionslehrers jenes Glück, das vom Reichtum der inneren Anschauung ausstrahlt? Gewiß sind die irrationalen introvertierten Typen keine Lehrer vollendeter Menschlichkeit. Ihnen fehlt die Vernunft und die Ethik der Vernunft; aber ihr Leben lehrt die andere Möglichkeit, die unsere Kultur schmerzlicherweise vermissen läßt.

Durch die vorangegangenen Beschreibungen möchte ich keineswegs den Eindruck erwecken, als ob diese Typen in solcher Reinheit irgendwie häufiger in praxi vorkämen. Es sind gewissermaßen nur Galtonsche Familienphotographien, welche den gemeinsamen, und deshalb typischen Zug kumulieren und dadurch unverhältnismäßig herausheben, während die individuellen Züge ebenso unverhältnismäßig verwischt werden. Die genaue Untersuchung des individuellen Falles ergibt die offenbar gesetzmäßige Tatsache, daß neben der am meisten differenzierten Funktion stets eine zweite Funktion von sekundärer Bedeutung und darum von minderer Differenzierung im Bewußtsein vorhanden und relativ determinierend ist.

Um es aus Gründen der Klarheit nochmals zu wiederholen: bewußt können die Produkte aller Funktionen sein; wir sprechen aber nur dann von Bewußtheit einer Funktion, wenn nicht nur ihre Ausübung dem Willen zur Verfügung steht, sondern auch ihr Prinzip für die Orientierung des Bewußtseins maßgebend ist. Letzteres aber ist dann der Fall, wenn z. B. das Denken nicht nur ein nachhinkendes Überlegen und Ruminieren ist, sondern wenn sein Schließen eine absolute Gültigkeit besitzt, so daß der logische Schluß gegebenenfalls ohne irgendwelche andere Evidenz als Motiv sowohl wie als Garantie des praktischen Handelns gilt. Diese absolute Vormachtstellung kommt empirisch immer nur einer Funktion zu und kann nur einer Funktion zukommen, denn die ebenso selbständige Intervention einer andern Funktion würde notwendigerweise eine andere Orientierung ergeben, welche der ersteren, teilweise wenigstens, widersprechen würde. Da es aber eine vitale Bedingung für den bewußten Anpassungsprozeß ist, stets klare und eindeutige Ziele zu haben, so verbietet sich naturgemäß eine Gleichordnung einer zweiten Funktion. Die zweite Funktion kann daher nur von sekundärer Bedeutung sein, was sich auch empirisch stets bestätigt. Ihre sekundäre Bedeutung besteht darin, daß sie nicht, wie die primäre Funktion, gegebenenfalls einzig und allein als absolut verläßlich sowohl wie als ausschlaggebend gilt, sondern mehr als Hilfs- oder Ergänzungsfunktion in Betracht kommt. Als sekundäre Funktion kann natürlich nur eine solche auftreten, deren Wesen nicht im Gegensatz zur Hauptfunktion steht. Neben dem Denken kann z. B. niemals das Fühlen als zweite Funktion auftreten, denn sein Wesen steht zu sehr im Gegensatz zu dem des Denkens. Das Denken muß das Fühlen sorgfältig ausschließen, wenn anders es ein wirkliches, seinem Prinzip getreues Denken sein will. Dies schließt natürlich nicht aus, daß es Individuen gibt, denen das Denken auf gleicher Höhe wie das Fühlen steht, wobei beide von gleicher bewußter Motivkraft sind. In einem solchen Falle handelt es sich aber auch nicht um einen differenzierten Typus, sondern um ein relativ unentwickeltes Denken und Fühlen. Die gleichmäßige Bewußtheit und Unbewußtheit der Funktionen ist daher ein Kennzeichen des primitiven Geisteszustandes.

Die sekundäre Funktion ist erfahrungsgemäß immer eine solche, deren Wesen anders, aber nicht gegensätzlich zur Hauptfunktion ist; also z. B. kann sich ein Denken als Hauptfunktion leicht mit Intuition als sekundärer Funktion paaren, oder auch ebenso gut mit Empfindung, aber, wie gesagt, niemals mit Fühlen. Die Intuition sowohl wie die Empfindung sind nicht gegensätzlich zum Denken, d. h. sie müssen nicht unbedingt ausgeschlossen werden, denn sie sind dem Denken nicht wesensähnlich in umgekehrtem Sinne wie das Fühlen, welches als Urteilsfunktion mit dem Denken erfolgreich konkurriert, sondern sie sind Wahrnehmungsfunktionen, welche dem Denken willkommene Hilfe gewähren. Sobald sie aber auf eine dem Denken gleiche Höhe der Differenzierung gelangten, würden sie eine Veränderung der Einstellung bedingen, die der Tendenz des Denkens widerspräche. Sie würden nämlich aus der urteilenden Einstellung eine wahrnehmende machen. Dadurch würde das dem Denken unerläßliche Prinzip der Rationalität unterdrückt zugunsten der Irrationalität des bloßen Wahrnehmens. Die Hilfsfunktion ist daher nur insofern möglich und nützlich, als sie der Hauptfunktion *dient,* ohne dabei einen Anspruch auf die Autonomie ihres Prinzips zu erheben.

Für alle praktisch vorkommenden Typen nun gilt der Grundsatz, daß sie neben der bewußten Hauptfunktion noch eine relativ bewußte, auxiliäre Funktion besitzen, welche in jeder Hinsicht vom Wesen der Hauptfunktion verschieden ist. Aus diesen Mischungen entstehen wohlbekannte Bilder, z. B. der praktische Intellekt, der mit Empfindung gepaart ist, der spekulative Intellekt, der mit Intuition durchsetzt ist, die künstlerische Intuition, welche mittels des Gefühlsurteils ihre Bilder auswählt und darstellt, die philosophische Intuition, die vermöge eines kräftigen Intellektes ihre Vision in die Sphäre des Verstehbaren übersetzt usw.

Entsprechend dem bewußten Funktionsverhältnis gestaltet sich auch die unbewußte Funktionsgruppierung. So entspricht z. B. einem bewußten praktischen Intellekt eine unbewußte intuitiv-fühlende Einstellung, wobei die Funktion des Fühlens von einer relativ stärkeren Hemmung betroffen ist als die Intuition. Diese Eigentümlichkeit hat allerdings nur Interesse für den, der sich mit der praktischen psychologischen Behandlung solcher Fälle beschäftigt. Für diesen aber ist es wichtig, darum zu wissen. Ich habe nämlich öfters gesehen, daß der Arzt sich bemühte, z. B. bei einem exquisit Intellektuellen die Fühlfunktion direkt aus dem Unbewußten zu entwickeln. Dieser Versuch dürfte wohl immer scheitern, denn er bedeutet eine zu große Vergewaltigung des bewußten Standpunktes. Gelingt die Vergewaltigung, so entsteht dadurch eine förmliche Zwangsabhängigkeit des Patienten vom Arzt, eine nur noch mit Brutalität abzuschneidende «Übertragung», denn durch die Vergewaltigung wird der Patient standpunktlos, d. h. sein Arzt wird sein Standpunkt. Der Zugang zum Unbewußten und zu der am meisten verdrängten Funktion aber erschließt sich sozusagen von selbst und mit genügender Wahrnehmung des bewußten Standpunktes, wenn der Entwicklungsweg über die sekundäre Funktion geht, also im Falle eines rationalen Typus über die irrationale Funktion. Diese nämlich verleiht dem bewußten Standpunkt eine solche Um- und Übersicht über das Mögliche und Vorkommende, daß dadurch das Bewußtsein einen genügenden Schutz gegen die destruktive Wirkung des Unbewußten bekommt. Umgekehrt verlangt ein irrationaler Typus eine stärkere Entwicklung der im Bewußtsein vertretenen rationalen Hilfsfunktion, um genügend vorbereitet zu sein, den Stoß des Unbewußten aufzufangen.

Die unbewußten Funktionen befinden sich in einem archaisch-animalischen Zustand. Ihre in Träumen und Phantasien auftretenden symbolischen Ausdrücke stellen meistens den Kampf oder das Gegenübertreten zweier Tiere oder zweier Monstren dar.

Die Schizophrenie

Es ist die Prärogative des Alters, auf Wege zurückzublicken, die man einstmals gegangen. Ich verdanke es dem gütigen Interesse Herrn Prof. MANFRED BLEULERS, daß ich die Möglichkeit fand, meine Erfahrungen im Gebiete der Schizophrenie für ein Gremium meiner Fachkollegen zusammenzustellen.

Es war im Jahre 1901, als ich – ein junger Assistenzarzt im Burghölzli – meinen damaligen Chef, Prof. EUGEN BLEULER, um ein Thema für meine Doktordissertation bat. Er schlug mir vor, den Vorstellungszerfall bei Schizophrenie experimentell zu untersuchen. Wir waren damals schon so weit in die Psychologie dieser Kranken mit Hilfe des Assoziationsexperimentes vorgedrungen, daß wir um die Existenz jener affektbetonten *Komplexe* wußten, welche sich in der Schizophrenie manifestierten: es waren essentiell dieselben Komplexe, die sich auch bei den Neurosen feststellen lassen. Die Art, wie sich die Komplexe im Assoziationsexperiment ausdrückten, war in vielen nicht akut verwirrten Fällen etwa dieselbe wie zum Beispiel in Hysterien. In anderen Fällen dagegen und namentlich in solchen, bei denen das Sprachgebiet in Mitleidenschaft gezogen war, ergab sich ein für die Schizophrenie charakteristisches Bild, nämlich eine im Vergleich zu Neurosen übergroße Anzahl von Sperrungen, Perseverationen, Neologismen, Danebenreden und Ausfällen, welche sich bei oder im Umkreis von komplexanregenden Reizwörtern ereigneten.

Die Frage war nun, wie man von hier aus in die Struktur der spezifischen Störungen weiter eindringen könnte. Sie blieb aber damals unbeantwortbar. Auch mein verehrter Chef und Lehrer wußte keinen Rat. Ich habe damals – und wohl nicht zufällig – ein Thema gewählt, welches einerseits weniger Schwierigkeiten bot und andererseits insofern eine Analogie zur Schizophrenie darstellte, als es sich um eine *systematische Persönlichkeitsdissoziation* bei einem jungen Mädchen handelte[1]. Es galt als Medium und entwickelte in spiritistischen Sitzungen einen genuinen *Som-*

nambulismus, in welchem – dem Bewußtsein fremde – Inhalte aus dem Unbewußten auftraten und die manifeste Ursache der Persönlichkeitsspaltung bildeten. Bei der Schizophrenie finden sich ja auch sehr oft fremdartige Inhalte, welche mehr oder weniger plötzlich das Bewußtsein überfluten und den inneren Zusammenhalt der Persönlichkeit zerspalten, allerdings in einer für die Schizophrenie charakteristischen Weise. Während die neurotische Dissoziation den systematischen Charakter niemals vermissen läßt, zeigt die Schizophrenie das Bild einer sozusagen unsystematischen Zufälligkeit, welche den Sinnzusammenhang, der für die Neurosen so kennzeichnend ist, oft bis zur Unkenntlichkeit verstümmelt.

In einer 1907 veröffentlichten Arbeit *«Über die Psychologie der Dementia praecox»*[2] habe ich versucht, den damaligen Zustand meines Wissens darzustellen. Es handelte sich im wesentlichen um einen Fall von typischem Paranoid mit charakteristischer Sprachstörung. Obschon die pathologischen Inhalte als kompensatorische erkennbar waren und infolgedessen ihre andeutungsweise systematische Natur nicht verleugnen konnten, waren die dem Ausdruck zugrundeliegenden Vorstellungen durch unsystematische Zufälligkeit doch bis zur Unverständlichkeit zersetzt. Um ihren ursprünglich kompensatorischen Sinn wieder sichtbar zu machen, bedurfte es oft eines ausgedehnten amplifikatorischen Assoziationsmaterials.

Woher es aber rührt, daß in der Schizophrenie der den Neurosen eigentümliche Charakter in die Brüche geht und an Stelle systematischer, das heißt äquivalenter Analogien abstruse, groteske oder sonstwie höchst unerwartete Fragmente von solchen produziert werden, blieb zunächst unverständlich. Man konnte nur konstatieren, daß ein derartiger Vorstellungszerfall für die Schizophrenie kennzeichnend ist. Sie hat diese Eigentümlichkeit gemeinsam mit einem gewissen normalen Phänomen, nämlich dem *Traum.* In diesem beobachten wir einen scheinbar identischen zufälligen absurden und fragmentarischen Charakter, der dieselben amplifikatorischen Maßnahmen herausfordert, um Verstehbarkeit zu ermöglichen. Der nicht zu übersehende Unterschied zur Schizophrenie besteht aber in der Tatsache, daß der Traum im *Schlafzustande,* also in einer hochgradigen Verdunkelung des Bewußtseins, stattfindet, während das schizophrene Phänomen die elementare Orientierung des Bewußtsein wenig oder gar nicht in Mitleidenschaft zieht. (In parenthesi sei hier bemerkt, daß es schwerhalten dürfte, die Mehrzahl der Träume Schizophrener von denjenigen Normaler zu unterscheiden.) Der Eindruck einer tiefgreifenden Analogie des schizophrenen Phänomens mit dem Traum hat sich mit steigender Erfahrung bei mir immer mehr vertieft. (Ich analysierte damals jährlich mindestens viertausend Träume!)

Obschon ich 1909 meine Tätigkeit an der Klinik aufgab, um mich ganz der psychotherapeutischen Praxis zu widmen, habe ich den Kontakt mit der Schizophrenie trotz meiner Befürchtung nicht verloren. Im Gegenteil bin ich mit dieser Krankheit trotz aller Erwartung des Gegenteils und zu meinem nicht geringen Erstaunen erst recht in Beziehung getreten. Die Zahl der latenten und potentiellen Psychosen ist im Vergleich zu derjenigen der manifesten Fälle erstaunlich groß. Ich rechne – allerdings ohne genaue statistische Angaben machen zu können – mit einem Verhältnis von 10:1. Nicht wenige der klassischen Neurosen, wie Hysterie und Zwangsneurosen, entpuppen sich unter der Behandlung als latente Psychosen, die gegebenenfalls in manifeste übergehen können – eine Tatsache, die sich der Psychotherapeut stets vor Augen halten sollte. Obschon mich ein wohlwollendes Schicksal, mehr als eigenes Verdienst, davor bewahrt hat, einen meiner Patienten unaufhaltsam in eine Psychose abgleiten zu sehen, habe ich doch als Konsiliarius eine ganze Reihe derartiger Fälle zu Gesicht bekommen, wie zum Beispiel klassische Zwangsneurosen, deren Zwangsimpulse sich allmählich in entsprechende Gehörshalluzinationen verwandelt oder unzweifelhafte Hysterien, die sich als bloße Überlagerungen verschiedenster Schizophrenieformen enthüllt haben, eine Erfahrung, die dem klinischen Psychiater keineswegs fremd ist. Jedenfalls neu aber war für mich, als ich in die freie Praxis eintrat, die relativ große Anzahl latenter Schizophrenien, welche die Irrenanstalten mit oft unbewußter, aber systematischer Absicht vermeiden, um dafür den Psychologen um Rat und Hilfe anzugehen. Es handelt sich bei diesen Fällen keineswegs immer um bloß schizoid Veranlagte, sondern um wirkliche Psychosen, welche die Kompensation durch das Bewußtsein aber noch nicht definitiv unterminiert haben.

Es sind jetzt rund fünfzig Jahre her, daß ich durch praktische Erfahrungen von der Behandelbarkeit und Heilbarkeit schizophrener Störungen durch psychische Mittel überzeugt wurde. Der schizophrene Patient benimmt sich, wie ich fand, in bezug auf die Behandlung nicht anders als ein Neurotiker. Er hat dieselben Komplexe, dieselben Einsichten und Bedürfnisse, nicht aber dieselbe *Sicherheit der Grundlagen.* Während der Neurotiker sich instinktiv darauf verlassen kann, daß seine Persönlichkeitsdissoziation nie ihres systematischen Charakters verlustig geht und somit die Einheit und der innere Zusammenhang seiner Ganzheit niemals ernstlich in Frage gestellt ist, hat der Latent-Schizophrene immer mit der Möglichkeit zu rechnen, daß sein Fundament irgendwo nachgibt, daß ein unaufhaltsamer Zerfall eintritt und daß seine Vorstellungen und Begriffe ihre Kompaktheit und ihre Beziehungen zu anderen und ihre Abgestimmtheit auf andere Assoziationssphären beziehungsweise auf die Umwelt verlieren können, wodurch er sich von einem nicht zu bewältigenden Chaos der Zufälligkeit bedroht sieht. Er steht auf unsicherem Boden, und nicht selten weiß er es auch. Das Gefahrvolle seiner Situation zeigt sich oft in drastischen Träumen von großen Katastrophen, Weltuntergängen und dergleichen. Oder der Boden, auf dem er steht, beginnt zu schwanken, die Wände biegen oder verschieben sich, die feste Erde wird zu Wasser, ein Sturm entführt ihn in die Lüfte, alle seine Angehörigen sind tot usw. Diese Bilder beschreiben eine fundamentale Störung der Beziehung, das heißt des *Rapportes* des Kranken zu seiner Umwelt, und zeigen seine drohende *Isolierung* an.

Die unmittelbare Ursache dieser Störung ist ein heftiger Affekt, der beim Neurotiker, wie jede Emotion, eine zwar ähnliche, aber rasch vorübergehende *Alienierung* beziehungsweise Isolierung herbeiführt. Auch die Bilder, die seine Phantasie gebraucht, um die Störung darzustellen, können gegebenenfalls eine gewisse Ähnlichkeit mit schizoiden Imaginationen aufweisen, aber sie erwecken, im Gegensatz zu dem bedrohlichen und unheimlichen Charakter dieser, den Eindruck der Dramatisierung und Übertreibung. Sie können daher therapeutisch ohne Schaden ignoriert werden. Ganz anders aber sind die Isolierungssymptome bei latenten Psychosen zu werten! Hier haben sie die Bedeutung bedrohlicher Anzeichen, die man in ihrer Gefährlichkeit nicht früh genug erkennen kann. Sie rufen nach sofortigen Maßnahmen, wie Unterbrechung der Behandlung, sorgfältigster Wiederherstellung des persönlichen Rapportes, Veränderung des Milieus, Wahl eines anderen Therapeuten, strengster Vermeidung des Eingehens auf Inhalte des Unbewußten, insbesondere der Traumanalyse und anderem mehr.

Selbstverständlich sind dies nur generelle Maßnahmen, die im individuellen Fall allen möglichen Modifikationen unterliegen. Ich erwähne, um ein Beispiel zu geben, den Fall einer mir bis dahin unbekannten akademisch gebildeten Dame, die meinen Vorlesungen über einen tantrischen Text, welcher sich sehr eingehend mit den Inhalten des Unbewußten befaßte, folgte. Sie war von den ihr neuen Ideen in zunehmendem Maße fasziniert und erregt, ohne daß sie die in ihr aufsteigenden Fragen und Probleme zu formulieren vermochte. Dementsprechend entstanden kompensierende Träume von ihr unverständlicher Natur, die in rascher Folge zu destruktiven Bildern, eben jenen oben erwähnten Isolierungssymptomen, führten. In diesem Stadium konsultierte sie mich mit dem Wunsche, ich sollte sie analysieren und ihr zum Verständnis ihrer unbegreiflichen Gedanken verhelfen. Ihre Träume von Erdbeben, einstürzenden Häusern und Überschwemmungen zeigten mir aber, daß ganz im Gegenteil die Patientin vor dem allbereits bedrohlichen Einbruch des Unbewußten gerettet werden mußte, indem man in ihrer gegenwärtigen Situation eine gründliche Veränderung vornahm. Ich verbot ihr den Besuch meiner Vorlesungen und riet ihr an, statt dessen SCHOPENHAUERS *«Welt als Wille und Vorstellung»* einem gründlichen Studium zu unterziehen[3]. Sie war glücklicherweise vernünftig genug, meinem Rat zu folgen, worauf die symptomatischen Träume sofort aufhörten und die Erregung abklang. Die Patientin hatte, wie sich herausstellte, etwa fünfundzwanzig Jahre zuvor einen schizophrenen Schub von kurzer Dauer gehabt, welchem in der Zwischenzeit angeblich keine Rezidive gefolgt waren.

Bei schizophrenen Patienten, die bereits in erfolgreicher Behandlung stehen, können sich emotionale Verwicklungen ereignen, welche zu einem psychotischen Rezidiv oder zu einer akuten Initialpsychose führen, wenn die gefahranzeigenden Symptome, insbesondere die destruktiven Träume, nicht rechtzeitig erkannt werden. Die Behandlung beziehungsweise Kupierung derartiger Entwicklungen benötigt keineswegs immer drastische Eingriffe. Man kann das Bewußtsein des Patienten auch durch gewöhnliche therapeutische Maßnahmen sozusagen in eine sichere Entfernung vom Unbewußten bringen, zum Beispiel dadurch, daß der Patient angehalten wird, ein Bild seiner psychischen Situation zu zeichnen beziehungsweise zu malen[4]. Damit wird die scheinbar unbegreifliche und nicht formulierbare chaotische Gesamtlage veranschaulicht und objektiviert und kann so gewissermaßen aus der Distanz vom Bewußtsein betrachtet, analysiert und gedeutet werden. Der Effekt dieser Methode scheint darin zu bestehen, daß der ursprüngliche chaotische oder schreckhafte Eindruck durch das Bild, das sich gewissermaßen davorschiebt, ersetzt wird. Das Tremendum wird durch das Bild «gebannt», banalisiert und familiarisiert, und wenn der Patient durch bedrohliche Affekte an das Urerlebnis gemahnt wird, dann unterschiebt sich diesem das davon entworfene Bild und hält den Schrecken ab. Ein gutes Beispiel für diesen Vorgang bietet die furchtbare Gottesvision des BRUDERS KLAUS, die er durch lange Meditation mit Hilfe gewisser Diagramme eines süddeutschen Mystikers in jenes Dreifaltigkeitsbild verwandelte, das heute in der Pfarrkirche von Sachseln hängt.

Die schizoide Disposition ist gekennzeichnet durch von gewöhnlichen Komplexen ausgehende Affekte, welche im allgemeinen viel tiefergreifende Folgen haben als diejenigen der Neurosen. Vom psychologischen Standpunkt aus betrachtet bilden die affektiven Folgeerscheinungen symptomatisch das Spezifische der Schizophrenie. Sie sind, wie schon hervorgehoben, unsystematisch und scheinbar chaotisch zufällig. Sie sind außerdem charakterisiert, ähnlich gewissen Träumen, durch *primitive beziehungsweise archaische Assoziationsgebilde,* welche in nächster Berührung zu den mythologischen Motiven und Ideenzusammenhängen stehen[5].

Schon FREUD konnte nicht umhin, den bei Neurosen häufigen Inzestkomplex mit einem mythologischen Motiv in Vergleich zu setzen und hierfür den passenden Namen *Ödipuskomplex* zu wählen. Dieses Motiv ist aber bei weitem nicht das einzige. Schon für die weibliche Psychologie müßte eine entsprechend andere Bezeichnung gewählt werden, wie etwa *Elektrakomplex,* wie ich das schon längst vorgeschlagen habe. Außer dem Endogamiekomplex gibt es noch viele andere Verwicklungen, die ebensogut mit mythischen Motiven verglichen werden können.

Der häufige Rückgriff auf archaische Assoziationsformen und -gebilde, den wir in der Schizophrenie beobachten, hat mir sogar erstmals die Idee gegeben, an ein Unbewußtes zu denken, das nicht nur aus verlorengegangenen, ursprünglichen Bewußtseinsinhalten besteht, sondern aus einer gewissermaßen tieferen Schicht von ähnlich universalem Charakter wie die mythischen Motive, welche die menschliche Phantasie überhaupt charakterisieren. Diese Motive sind keineswegs *erfunden,* sondern vielmehr *vorgefunden* als typische Formen, die spontan und mehr oder weniger universal, unabhängig von Tradition, in Mythen, Märchen, Phantasien, Träumen, Visionen und Wahngebilden auftreten. Eine nähere Untersuchung derselben ergibt, daß es sich um typische Haltungen, Handlungsweisen, Vorstellungsarten und Impulse handelt, welche als *das für den Menschen typische instinktive Verhalten* angesprochen werden müssen. Der von mir hierfür gewählte Terminus *Archetypus* fällt daher mit dem der Biologie bekannten Begriff des «pattern of behaviour» zusammen. Es handelt sich hier keineswegs um vererbte *Vorstellungen,* sondern um *vererbte instinktive Antriebe und Formen,* wie sie bei allen Lebewesen zu beobachten sind.

Wenn daher in der Schizophrenie besonders häufig archaische Formen auftreten, so weist dieses Phänomen meines Erachtens darauf hin, daß in dieser Krankheit die biologischen Grundlagen der Psyche in ungleich höherem Maße als bei der Neurose in Mitleidenschaft gezogen sind. Man weiß aus Erfahrung, daß archaische Traumgebilde mit ihrer charakteristischen Numinosität in der Breite des Normalen hauptsächlich bei Situationen auftreten, welche irgendwie an die Grundlagen der individuellen Existenz greifen, also zum Beispiel in lebensgefährlichen Momenten, vor oder nach Unfällen, schweren Krankheiten, Operationen usw. oder bei der Entwicklung psychischer Probleme, die dem individuellen Leben eine vielleicht katastrophale Wendung geben, oder überhaupt in den kritischen Lebensabschnitten, wo sich eine Modifikation der bisherigen psychischen Einstellung gebieterisch aufdrängt, oder vor, während und nach tiefgreifenden Veränderungen in der unmittelbaren oder weiteren Umgebung. Derartige Träume wurden daher nicht nur im Altertum dem Areopag oder dem römischen Senat angezeigt, sondern sind in primitiven Gesellschaften noch heute Gegenstand des Palavers, woraus erhellt, daß ihnen von jeher eine gewisse kollektive Bedeutung zuerkannt wurde.

Es ist ohne weiteres verständlich, daß in vital wichtigen Situationen die Instinktgrundlage der Psyche mobilisiert wird, auch wenn das Bewußtsein keinerlei Einsicht in die Lage besitzt. Ja, man kann sagen, daß eben gerade dann der Instinkt die beste Gelegenheit hat, sich durchzusetzen. Die vitale beziehungsweise bedrohliche Wichtigkeit der Psychose liegt auf der Hand, weshalb das Auftreten instinktdeterminierter Inhalte in der schizophrenen Situation keineswegs an sich befremdlich ist. Merkwürdig ist nur, daß diese Manifestation nicht in systematischer Weise innerhalb der Reichweite des Bewußtseins erfolgt wie zum Beispiel in der Hysterie, wo der in eine Einseitigkeit sich verlierenden bewußten Persönlichkeit eine systematisch organisierte kompensierend gegenübertritt und vermöge ihres rationalen Aufbaues und der Durchsichtigkeit ihrer Äußerung der Integration eine viel bessere Chance gibt. Im Gegensatz hierzu bleibt die schizophrene Kompensation fast regelmäßig in kollektiven archaischen Formen stecken und verschließt sich dadurch in ungleich höherem Maße dem Verständnis und der Integration.

Wenn sich nun die schizophrene Kompensation, das heißt der Ausdruck ihrer affektiven Komplexe, mit einer bloß archaischen beziehungsweise mythologischen Formulierung begnügte, so könnten ihre Assoziationsgebilde leicht als *poetische Umschreibungen* verstanden werden. Dies ist nun in der Regel nicht der Fall, so wenig wie bei den normalen Träumen; sondern wie bei den letzteren sind die Assoziationen unsystematisch, abrupt, grotesk, absurd und dementsprechend schwer- bis unverständlich. Nicht nur also sind die schizophrenen Kompensationsgebilde archaisch, sondern noch dazu entstellt durch chaotische Zufälligkeit.

Es handelt sich hierbei offensichtlich um eine Desintegration, einen Zerfall der Apperzeption, wie er in Fällen von extremem «abaissement du niveau mental» (P. JANET) und bei hochgradiger Ermüdung und Intoxikation zu beobachten ist. Sehr häufig treten dabei die von der normalen Apperzeption ausgeschlossenen Assoziationsvarianten ins Bewußtseinsfeld, nämlich jene zahlreichen Form-, Sinn- und Wertnuancen, welche zum Beispiel die *Meskalinwirkung* charakterisieren. Letztere Droge und ihre Verwandten verursachen bekanntlich ein abaissement, das durch die Erniedrigung der Bewußtseinsschwelle die normalerweise unbewußten *Perzeptionsvarianten*[6] wahrnehmbar macht und dadurch die Apperzeption einerseits erstaunlich bereichert, andererseits aber auch der Integration in die allgemeine Bewußtseinsorientierung entzieht: Dies geschieht dadurch, daß die Häufung der bewußtgewordenen Varianten dem einzelnen Apperzeptionsakt zu einer das ganze Bewußtsein erfüllenden Ausdehnung verhilft. Dies entspricht der für die Meskalinphänomene so charakteristischen *Faszination.* Man kann nicht bestreiten, daß die schizophrene Apperzeption sehr viel Ähnlichkeit damit besitzt.

Nach dem bis jetzt vorliegenden Erfahrungsmaterial erscheint es aber nicht sicher, daß Meskalin und die schizophrene Noxe eine *identische Störung* bewirken. Von der fließenden und beweglichen Kontinuität des Meskalinsymptoms unterscheidet sich das abrupte, harte, stockende und diskontinuierliche Verhalten der schizophrenen Apperzeption. Im Zusammenhang mit den Störungen des Sympathikus, des Stoffwechsels und der Blutzirkulation ergibt sich ein psychologisches wie physiologisches Gesamtbild der Schizophrenie, welches in vielen Hinsichten an eine *toxische Störung* erinnert und mich schon vor fünfzig Jahren an das mögliche Vorhandensein eines *spezifischen Stoffwechseltoxins*[7] denken ließ. Während ich dazumal aus Mangel an psychologischer Erfahrung die Frage, ob die Ätiologie primär oder sekundär toxisch sei, offenlassen mußte, bin ich nach langer praktischer Erfahrung zur Ansicht gekommen, daß die *psychogene Verursachung der Krankheit wahrscheinlicher ist als die toxische.* Es gibt zahlreiche leichte und vorübergehende, manifest schizophrene Erkrankungen – ganz abgesehen von den noch häufigeren latenten Psychosen –, welche rein psychogen beginnen, ebenso psychologisch verlaufen – abgesehen von gewissen vermutlich toxischen Nuancen –, und durch ein rein psychotherapeutisches Verfahren sozusagen ad integrum restituiert werden können. Dasselbe habe ich auch bei schweren Fällen beobachtet.

So erinnere ich mich beispielsweise an den Fall eines neunzehnjährigen Mädchens, das mit siebzehn Jahren wegen Katatonie und Halluzinosis in einer Irrenanstalt untergebracht war. Ihr Bruder war Arzt, und da er an der Kette pathogener Erlebnisse, welche zur Katastrophe führten, selbst wesentlich beteiligt war, verlor er in seiner Verzweiflung die Geduld, wandte sich an mich und gab mir «carte blanche» – die Möglichkeit des Suizids eingeschlossen –, damit «endlich einmal das Menschenmögliche geschähe». Er brachte mir die Patientin in katatonem Zustand, völlig mutistisch, mit kalten blauen Händen, fleckigen Stasen im Gesicht und erweiterten, schwach reagierenden Pupillen. Ich brachte sie in einem naheliegenden Sanatorium unter, von wo sie mir täglich zur einstündigen Konsultation gebracht wurde. Nach wochenlangen Bemühungen gelang es mir, durch beständig wiederholte Fragen sie zu veranlassen, zu Ende jeder Stunde ein paar Worte zu flüstern. Im Moment, wo sie sich zu sprechen anschickte, verengten sich jeweils die Pupillen, die Stasen im Gesicht verschwanden, bald erwärmten sich auch die Hände und nahmen normale Farbe an. Schließlich begann sie – zunächst mit endlosen Sperrungen – zu reden und mir den Inhalt ihrer Psychose zu erzählen. Sie hatte eine nur fragmentarische Bildung, war in einer kleinen Stadt in bürgerlichem Milieu aufgewachsen und hatte keine Spur von mythologischen und folkloristischen Kenntnissen aufzuweisen. Sie erzählte mir nun einen langen und ausführlichen Mythus, eine Beschreibung ihres Lebens auf dem Monde, wo sie die Rolle eines weiblichen Heilandes für das Mondvolk spielte. Wie die klassische Beziehung des Mondes zur Geisteskrankheit, so waren ihr auch die zahlreichen anderen mythologischen Motive in ihrer Erzählung als solche unbekannt. Das *erste Rezidiv* erfolgte nach etwa viermonatiger Behandlung und war verursacht durch die plötzliche Erkenntnis, daß sie nicht mehr auf den Mond zurückkehren konnte, nachdem sie ihr Geheimnis einem Menschen verraten hatte. Sie verfiel in einen heftigen Erregungszustand, welcher ihre Überführung in die psychiatrische Klinik notwendig machte. Prof. EUGEN BLEULER, mein früherer Chef, bestätigte die Diagnose Katatonie. Nach etwa zwei Monaten klang das akute Intervall ab, und die Patientin konnte ins Sanatorium und in die Behandlung zurückkehren. Sie war nun etwas zugänglicher und fing an, Probleme zu diskutieren, wie sie für Neurosenfälle charakteristisch sind. Ihre frühere Apathie und Affektlosigkeit machte allmählich einer gewissen schwerflüssigen Emotionalität und Gefühlhaftigkeit Platz. Wie nicht zu vermeiden, dämmerte ihr in zunehmendem Maße das Problem ihres Wiedereintrittes in das normale Leben und der Bejahung einer menschlich-sozialen Existenz. Als sie sich der Unvermeidlichkeit dieser Aufgabe gegenübergestellt sah, erfolgte das *zweite Rezidiv,* und wiederum mußte sie in einem schweren Tobsuchtsanfall in die Klinik gebracht werden. Diesmal lautete die klinische Diagnose: «ungewöhnlicher epileptoider Dämmerzustand», mit Fragezeichen. Offenbar hatte das in der Zwischenzeit wieder erwachte Gefühlsleben die schizophrenen Züge verwischt.

Ich konnte trotz einigen Zweifeln die Patientin nach etwas mehr als einjähriger Behandlung als geheilt entlassen. Während mehr als dreißig Jahren hat sie mich brieflich über ihren Gesundheitszustand auf dem laufenden gehalten. Sie hatte einige Jahre nach ihrer Heilung geheiratet, hatte Kinder und versicherte, niemals mehr pathologische Anwandlungen gehabt zu haben.

Der Psychotherapie der schweren Fälle sind nun allerdings relativ enge Grenzen gezogen. Es wäre ein Irrtum, anzunehmen, daß es mehr oder weniger geeignete *Methoden* der Behandlung gebe. Theoretische Voraussetzungen in dieser Hinsicht haben so gut wie nichts zu bedeuten. Man unterlasse es auch, von «Methode» überhaupt zu reden. Das, worauf es bei der Behandlung in erster Linie ankommt, ist *der persönliche Einsatz, der ernste Vorsatz und die Hingabe, ja Aufopferung der Behandelnden.* Ich habe einige wahre Wunder an Resultaten gesehen, wo verständnisvolle Pfleger und Laien durch persönlichen Mut und geduldige Hingabe es vermocht haben, den psychischen Rapport mit den Kranken wiederherzustellen und damit erstaunliche Heilwirkungen zu erzielen. Selbstverständlich können sich nur wenige Ärzte in einer sehr beschränkten Anzahl von Fällen einer derart schwierigen Aufgabe unterziehen. Man kann zwar in der Tat auch schwere Schizophrenien durch psychische Behandlung merklich bessern oder sogar heilen, sofern es «die eigene Konstitution aushält». Diese Frage kommt nämlich ernstlich in Betracht, insofern die Behandlung gegebenenfalls nicht nur ungewöhnliche Anstrengungen erfordert, sondern auch psychische Infektionen beim Therapeuten, der selber eine etwas unsichere Disposition besitzt, veranlassen kann. Im Bereich meiner Erfahrung haben sich nicht weniger als drei Fälle von induzierter Psychose in derartigen Behandlungen ereignet.

Die Resultate der Behandlung sind oft kurios: So erinnere ich mich des Falles einer sechzigjährigen Witwe, die seit etwa dreißig Jahren nach einem akuten schizophrenen Intervall, das sie für einige Monate in eine Irrenanstalt gebracht hatte, an chronischer Halluzinosis litt. Sie hörte «Stimmen», die über die ganze Körperoberfläche verteilt und namentlich um sämtliche Körperöffnungen sowie um die Mamillae und den Nabel aufgehäuft waren. Sie litt erheblich unter diesen Beschwerden. Ich hatte den Fall aus gewissen, hier nicht zu erörternden Gründen sozusagen zur «Behandlung», die aber mehr eine Kontrolle oder Betreuung war, angenommen. Therapeutisch schien er mir hoffnungslos zu sein, dies besonders noch, da die Patientin nur über eine beschränkte Intelligenz verfügte. Obschon sie ihrem Hauswesen leidlich vorzustehen vermochte, war eine verständige Unterhaltung mit ihr kaum möglich. Am besten ging es noch, wenn man sich auf eine Stimme bezog, die von der Patientin als «Gottesstimme» bezeichnet wurde. Sie war ungefähr auf der Mitte des Brustbeins lokalisiert. Diese Stimme sagte ihr, sie solle mich dazu bestimmen, daß ich sie, die Patientin, veranlassen solle, in der Konsultation jeweils ein von mir ausgewähltes Kapitel in der Bibel zu lesen und es in der Zwischenzeit zu Hause zu memorieren und zu überlegen. Ich solle sie dann in der nächstfolgenden Konsultation darüber abhören. Dieser zunächst sonderbar anmutende Vorschlag entpuppte sich in der Folgezeit als eine nicht unwesentliche therapeutische Maßnahme, insofern die

Übung es bewirkte, daß nicht nur das Sprach- und Ausdrucksvermögen der Patientin, sondern auch der psychische Rapport merklich gebessert wurden. Der Enderfolg bestand darin, daß nach etwa acht Jahren die rechte Körperhälfte genau bis zur Mittellinie von Stimmen völlig befreit war. Diese dauerten nur noch auf der linken Seite an. Dieses unvorhergesehene Ergebnis geduldiger Übung ist wohl nur dem Umstande zu verdanken, daß die Aufmerksamkeit und das Interesse der Patientin wachgehalten wurden. (Sie starb dann an einer Apoplexie.)

Im allgemeinen ist für die therapeutische Prognose der Intelligenz- und Bildungsgrad des Patienten von erheblicher Bedeutung. In Fällen von abklingenden akuten Intervallen oder im Frühstadium scheint mir die erklärende Besprechung der Symptome, insbesondere der psychotischen Inhalte, von größtem Wert. Da die Faszination durch archetypische Inhalte besonders gefährlich ist, scheint mir die Erklärung des allgemeinen unpersönlichen Sinnes derselben besonders hilfreich zu sein und dies in einem gewissen Gegensatz zur üblichen Diskussion persönlicher Komplexe. Letztere sind die Ursachen, die ursprünglich die archaischen Reaktionen und Kompensationen hervorriefen; sie können daher jederzeit wieder dieselben Folgen bewirken. Man muß deshalb dem Patienten oft helfen, sein Interesse von den persönlichen Reizquellen wenigstens temporär abzulösen, um ihm eine allgemeine Orientierung und Übersicht in seiner verworrenen Lage zu ermöglichen. Ich habe es mir daher zur Regel gemacht, dem intelligenten Patienten so viel psychologische Kenntnisse als nur möglich zu vermitteln. Je mehr er in dieser Hinsicht weiß, desto besser gestaltet sich seine Prognose überhaupt; denn wenn er mit den nötigen Kenntnissen ausgerüstet ist, so kann er erneuten Einbrüchen des Unbewußten mit Verständnis begegnen und auf diese Weise die fremdartigen Inhalte des Unbewußten assimilieren und seiner Bewußtseinswelt integrieren. Ich pflege deshalb in Fällen, wo die Patienten sich des Inhaltes ihrer Psychose erinnern, denselben mit dem Kranken eingehend zu erörtern und so weit wie möglich dem Verständnis zu erschließen.

Dieses Procedere fordert nun allerdings vom Arzt mehr als bloß psychiatrische Kenntnisse, denn er muß um Mythologie, primitive Psychologie usw. Bescheid wissen. Solche Kenntnisse gehören heutzutage zum Rüstzeug des Psychotherapeuten, wie sie auch einen wesentlichen Teil des ärztlichen Wissens bis zum Zeitalter der Aufklärung bildeten.

(Man denke zum Beispiel an die paracelsischen Ärzte des Mittelalters!) Man kann der menschlichen Seele, namentlich in ihrem leidenden Zustande, nicht mit der Unkenntnis eines Laien, der von der Seele nur seine persönlichen Komplexe kennt, begegnen. Deshalb setzt auch die somatische Medizin eine gründliche Kenntnis der Anatomie und Physiologie voraus. Denn wie es einen objektiven menschlichen Körper gibt und nicht bloß einen subjektiven und persönlichen, so gibt es auch eine objektive Psyche mit ihren spezifischen Strukturen und Tätigkeiten, von denen der Psychotherapeut wenigstens genügende Kenntnis haben sollte. In dieser Hinsicht hat sich allerdings im letzten halben Jahrhundert wenig geändert. Es gibt zwar einige meines Erachtens vorschnelle Ansätze zu einer Theoriebildung, die aber an den Präjudizien des Konsultationszimmers und an der mangelhaften Tatsachenkenntnis scheitern. Es sind noch sehr viele Erfahrungen in allen Bereichen der psychischen Erscheinungen zu sammeln, bevor auch nur jene Grundlagen gesichert sind, welche sich zum Beispiel mit den Ergebnissen der vergleichenden Anatomie messen könnten. Wir wissen heute von der Beschaffenheit des Körpers unendlich viel mehr als von der Struktur der Seele, deren Biologie allerdings in zunehmendem Maße für das Verständnis der somatischen Störungen und schließlich des Menschen überhaupt wichtig wird.

Das Gesamtbild der Schizophrenie, das sich mir in mehr als fünfzigjähriger Erfahrung ergeben hat und das ich hier kurz zu skizzieren versucht habe, weist auf keine eindeutige Ätiologie hin. Allerdings, soweit ich meine Fälle über anamnestische Erhebungen und klinische Beobachtung hinaus auch analytisch untersuche, das heißt mit Hilfe der Träume und des psychotischen Materials überhaupt mich nicht nur des Initialzustandes, sondern auch des Verlaufes des Kompensationsprozesses während der Behandlung vergewissern konnte, muß ich feststellen, daß mir kein Fall vorgekommen ist, der nicht eine logisch und kausal zusammenhängende Entwicklung aufgewiesen hätte. Ich halte mir dabei kritisch vor Augen, daß mein Beobachtungsmaterial überwiegend aus leichteren, noch liquiden Fällen und aus latenten Psychosen besteht. Ich weiß daher nicht, wie es sich zum Beispiel mit jenen schweren Katatonien verhält, die sogar zum letalen Ausgang führen können und die naturgemäß nicht in der Sprechstunde des Psychotherapeuten erscheinen. Ich muß somit die Möglichkeit offenlassen, daß es auch Schizophrenien gibt, bei denen eine psychogene Ätiologie nur in minderem Maße oder vielleicht gar nicht in Frage kommt.

Trotz der im allgemeinen unzweifelhaften Psychogeneität, die einen rein psychologischen Verlauf der Krankheit erwarten ließe, stellen sich aber bei der Schizophrenie Folgeerscheinungen ein, die mir psychologisch nicht mehr erklärbar scheinen. Diese Phänomene finden, wie oben schon angedeutet, im Umkreis des pathogenen Komplexes statt. Normalerweise und innerhalb des neurotischen Bereiches veranlaßt der den Komplex zusammenhaltende Affekt Symptome, die als leichtere Vorformen der schizophrenen gedeutet werden können, so vor allem ein gewisses «abaissement du niveau mental» mit seiner charakteristischen Einseitigkeit, Urteilstrübung, Willensschwäche und mit den den Komplexreaktionen anhaftenden Eigenschaften der Sperrung, Perseveration, Stereotypie, der sprachmotorischen Oberflächlichkeit, Alliteration und Assonanz. Ebenso erweist sich der Affekt als ein Schöpfer von Neologismen. Alle diese Phänomene kehren, gehäuft und verstärkt, in der Schizophrenie wieder, was unzweideutig auf eine außergewöhnliche Heftigkeit des Affektes hinweist. Wie dies häufig der Fall ist, pflegt der Affekt keineswegs immer äußerlich wahrnehmbar, sozusagen dramatisiert zu erscheinen, sondern verläuft gewissermaßen, dem äußeren Beobachter unsichtbar, nach innen, wo er intensive Kompensationserscheinungen seitens des Unbewußten hervorruft[8]. Diese äußern sich namentlich in Wahnbildungen und in Träumen, welche mit possessiver Gewalt sich des Bewußtseins bemächtigen. Die Intensität ihrer Faszination entspricht der Stärke des pathogenen Affekts und kann in der Regel unschwer aus diesem erklärt werden.

Während nun aber in der Breite des Normalen und Neurotischen der akute Affekt relativ rasch abklingt und der chronische die allgemeine Bewußtseinsorientierung und die Dispositionsfähigkeit in oft kaum merklichem Maße beeinträchtigt, kommt dem schizophrenen Komplex eine um ein Vielfaches erhöhte Wirkung zu. Seine Äußerungen fixieren sich, seine relative Autonomie wird zu einer absoluten, und er possediert das Bewußtsein bis zur Alienierung und Zerstörung der Persönlichkeit. Er erzeugt keine «double personnalité», sondern entmachtet die Ich-Persönlichkeit, indem er sich an deren Stelle setzt – ein Phänomen, das man sonst nur bei akutesten und schwersten Affektzuständen, die deshalb auch als pathologische Affekte bezeichnet werden, oder in Delirien beobachten kann. Die normale Vorform dieses Zustandes ist der *Traum,* der aber, im Gegensatz zur Schizophrenie, nicht im Wach-, sondern im Schlafzustande stattfindet.

Das Urteil steht hier vor einem gewissen Dilemma: Soll man als ursächliches Moment eine gewisse Schwäche der Ich-Persönlichkeit oder eine besondere Affektstärke annehmen? Ich halte letztere Annahme für aussichtsreicher und zwar aus folgenden Gründen: Für das psychologische Verständnis bedeutet die notorische Schwäche des Ichbewußtseins im Schlafzustand inhaltlich so gut wie nichts. Der affektbetonte Komplex aber entscheidet dynamisch sowohl wie inhaltlich über den Sinn des Traumes. Man darf diese Erkenntnis wohl auch auf den schizophrenen Zustand anwenden, denn, soweit wir bis jetzt sehen können, zentriert die ganze Phänomenologie dieser Krankheit im pathogenen Komplex. Beim Versuche zu einer Erklärung geht man wohl am besten von diesem aus und betrachtet die Schwächung der Ich-Persönlichkeit als sekundär und als eine der destruktiven Folgeerscheinungen eines zwar in der Breite des Normalen entstandenen affektbetonten Komplexes, der aber in der Folge die Einheit der Persönlichkeit durch seine Intensität sprengte.

Jeder Komplex, auch im neurotischen Bereich, hat die ausgesprochene Tendenz, sich sozusagen zu normalisieren, indem er sich der Hierarchie höherer psychischer Ordnungen eingliedert oder, schlimmstenfalls, eine der Ich-Persönlichkeit entsprechende persönliche Abspaltung erzeugt. Im Fall der Schizophrenie dagegen bleibt der Komplex nicht nur im Archaischen, sondern auch im Chaotisch-Zufälligen stecken, ohne Rücksicht auf seinen sozialen Aspekt. Er bleibt fremd, unverständlich und unmittelbar, wie die überwiegende Mehrzahl der Träume. Für diese Eigentümlichkeit der Träume ist der Schlafzustand verantwortlich. Für die Schizophrenie dagegen muß als erklärende Hypothese eine spezifische *Noxe* in Anspruch genommen werden. Man kann sich darunter ein durch den exzessiven Affekt erzeugtes *Toxin* vorstellen, bei dem man allerdings eine spezifische Wirkung voraussetzen muß. Es wirkt nämlich nicht allgemein in dem Sinne, daß es gleichermaßen die Sinnesfunktionen oder den Bewegungsapparat stören würde, sondern es wirkt nur im Umkreis des pathogenen Komplexes, dessen Assoziationsvorgänge durch ein intensives «abaissement du niveau mental» bis auf eine archaische Stufe hinunterdrückt und zum Teil auch in ihre elementaren Bestandteile zerlegt werden.

Dieses Postulat legt nun allerdings den Gedanken an eine *Lokalisierung* nahe, welcher vielleicht als allzu kühn aufgefaßt werden könnte. Nach einer brieflichen Mitteilung scheint es aber neuerdings zwei amerikanischen Forschern gelungen zu sein, durch Reizung des Hirnstammes die halluzinäre Vision einer archetypischen Gestaltung hervorzurufen. Es handelt sich um einen Fall von Epilepsie, der als Prodromalsymptom des Anfalles jeweils die Vision einer quadratura circuli hatte. Dieses Motiv gehört in die lange Reihe der sogenannten Mandalasymbole, deren Lokalisation im Hirnstamm ich schon lange vermutete. Es handelt sich psychologisch um einen Archetypus von zentraler Bedeutung und universaler Verbreitung, welcher unabhängig von aller Tradition spontan in den Produkten des Unbewußten auftritt. Er ist leicht zu erkennen und kann niemandem verborgen bleiben, der über einige Erfahrung mit Träumen verfügt. Der Grund, der mich zur Annahme einer Lokalisation im Hirnstamm veranlaßte, besteht in der psychologischen Tatsache, daß speziell diesem Archetypus die Rolle eines richtunggebenden *Anordners* eignet[9]. Mandalasymbole erscheinen daher häufig in Momenten geistiger Desorientierung und zwar als kompensierende Ordnungsfaktoren. Letzterer Aspekt drückt sich vornehmlich in der *mathematischen Struktur* des Symbols aus, welche der Hermetischen Naturphilosophie schon seit der Spätantike als das Axiom der *Maria prophetissa* (einer neuplatonischen Philosophin vielleicht des 3. Jahrhunderts) bekannt und während 1400 Jahren Gegenstand eifriger Spekulation war[10].

Sollte sich der Gedanke einer Lokalisierung des Archetypus durch weitere Erfahrungen bestätigen lassen, so würde die *Selbstzerstörung des pathogenen Komplexes* durch ein spezifisches Toxin erheblich an Wahrscheinlichkeit gewinnen, und es würde dann die Möglichkeit vorhanden sein, den destruktiven Vorgang als eine Art von fehlgegangener biologischer Abwehrreaktion zu verstehen.

Es wird allerdings noch geraume Zeit vergehen, bis Physiologie und Pathologie des Gehirns einerseits und die Psychologie des Unbewußten andererseits sich die Hand reichen können. Bis dahin müssen sie wohl auf getrennten Wegen marschieren. Die Psychiatrie aber, die sich mit dem ganzen Menschen beschäftigen muß, ist durch ihre Aufgabe, den Kranken zu verstehen und zu behandeln, dazu gezwungen, die eine Seite sowohl wie die andere zu berücksichtigen, unbekümmert um den Abgrund, der zwischen den beiden Aspekten des psychischen Phänomens klafft. Wenn es auch unserer gegenwärtigen Einsicht noch nicht vergönnt ist, jene Brücken aufzufinden, welche die beiden Ufer, einerseits die Sicht- und Tastbarkeit des Gehirns, andererseits die scheinbare Substanzlosigkeit der psychischen Gestalten, miteinander verbinden, so besteht doch die untrügliche Gewißheit ihres Vorhandenseins. Diese Gewißheit möge die Forschung davor bewahren, vorschnell und ungeduldig das eine zugunsten des anderen zu vernachlässigen oder das eine gar durch das andere ersetzen zu wollen. Die Natur würde ja nicht sein ohne Substanzhaftigkeit, und sie würde auch nicht sein, wenn sie nicht psychisch reflektiert wäre.

Anmerkungen

Grundsätzliches zur praktischen Psychotherapie

Vortrag, gehalten vor der Medizinischen Gesellschaft in Zürich, 1935. Publiziert im Zentralblatt für Psychotherapie, VIII, 1935, 2, p. 66–82. *GW 16.*

[1] HERBERT SILBERER: *Probleme der Mystik und ihre Symbolik*, Wien 1914, p. 138.

[2] Vgl. *Grundwerk 5.*

Psychotherapie und Weltanschauung

Einleitendes Votum zur Diskussion auf der Tagung für Psychologie, Sept. 1942. Erstmals erschienen in: Schweizerische Zeitschrift für Psychologie, 1943, Bd. I, H. 3, danach in: Aufsätze zur Zeitgeschichte, 1946, pp. 57–72. *GW 16.*

Ziele der Psychotherapie

Vortrag, veröffentlicht im Kongreßbericht der Deutschen Psychotherapeutischen Gesellschaft, 1929, und in: *Seelenprobleme der Gegenwart*, 5. Aufl. 1950, p. 76 ff. *GW 16.*

[1] Leipzig, 1904–1913.

[2] Vgl. *GW 6*: *Psychologische Typen* XI, unter: Funktion.

[3] SCHILLER: *Über die ästhetische Erziehung des Menschen.* 15. Brief.

[4] Dieser Mangel ist seither behoben worden. Vgl. *Zur Empirie des Individuationsprozesses*, *GW 9/I.*

Die Psychotherapie in der Gegenwart

Vortrag, gehalten bei der Zusammenkunft der schweizerischen Psychotherapeuten in Zürich, 1941. Erschienen in: Schweizerische Zeitschrift für Psychologie, 1945, Bd. IV, H. 1, und in: Aufsätze zur Zeitgeschichte, 1946, pp. 25–56. *GW 16.*

[1] Bekanntlich besteht die Elternimago einesteils aus dem persönlich erworbenen Bild der persönlichen Eltern, andernteils aber aus dem Elternarchetypus, der a priori, d. h. in der vorbewußten Struktur der Psyche vorhanden ist.

[2] Die Taufe. Vgl. dazu auch den Text der benedictio fontis in der Ostermesse.

[3] Henry Alexander Murray (ed.): *Explorations in Personality*, New York and London 1938.

[4] Paracelsus: *Labyrinthus medicorum errantium. Vom Irrgang der Ärzte*, 1537/38. Sudhoff K., Bd. II, p. 161–221, Kap. 8: Theoria medica, München und Berlin 1928.

[5] Paracelsus: *De ente dei*, in: Tractatus de ente dei (p. 225) in: Bruchstücke des Buches Von den fünf Entien, genannt Volumen medicinae Paramirum de medica industria, um 1520. Sudhoff K., Bd. 1, p. 163–239, München und Berlin 1929, p. 226.

[6] Vgl. dazu: *Psychologie und Alchemie, GW 12, Grundwerk 5 und* 6, und: *Psychologie und Religion, Grundwerk 4*.

[7] Henricus Khunrath: *Von hylealischen, das ist pri-materialichen catholischen, oder allgemeinem natürlichen Chaos*, Magdeburg 1597.

[8] Pestalozzi: *Ideen*, hg. von Martin Hürlimann, Bd. II, Zürich 1927, p. 187, sagt: «Die Einrichtungen, Maßregeln und Bildungsmittel, die um der Masse und des Volkshaufens und seiner Bedürfnisse als solcher willen gemacht werden, in welcher Form und Gestalt sie auch erscheinen... sie sind durchaus nicht die Sache der Menschenbildung. In tausend Fällen taugen sie für sie gar nicht und stehen ihr geradezu entgegen. Unser Geschlecht bildet sich wesentlich nur von Angesicht zu Angesicht, nur von Herz zu Herz menschlich. Es bildet sich wesentlich nur in engen, kleinen, sich allmählich in Anmut und Liebe, in Sicherheit und Treue ausdehnenden Kreisen also. Die *Bildung zur Menschlichkeit, die Menschbildung* und alle ihre Mittel sind in ihrem Ursprung und in ihren Wesen ewig die Sache des Individuums und solcher Einrichtungen, die sich eng und nahe an dasselbe, an sein Herz und an seinen Geist anschließen. Sie sind ewig nie die Sache der Menschenhaufen. Sie sind ewig nie die Sache der Zivilisation.»

[9] «Die kollektive Existenz unseres Geschlechts kann es nur zivilisieren, sie kann es nicht kultivieren.

Oder ist es nicht wahr, siehst du es nicht alle Tage, je bedeutender der Menschenhaufen ist, der also herdenweis zusammensteht, und hinwieder, je freier der Spielraum und je größer die Gewalt von jeder Behörde ist, die die gesetzlich konzentrierte Gewalt dieser Massen repräsentiert, desto leichter löscht sich auch der göttliche Hauch der Zartheit des menschlichen Gemüts in den Individuen dieser Menschenhaufen und dieser Behördenmenschen aus, und ebenso gehen auch die tieferen Fundamente der Wahrheitsempfänglichkeit der Menschennatur in ihnen leicht in dem gleichen Grad verloren?

Der kollektiv vereinigte Mensch, wenn er nichts anders als das ist, versinkt in allen Verhältnissen in die Tiefen des Zivilisations-Verderbens, und in dieses Verderben versunken, sucht er auf der ganzen Erde nichts anderes, als was der Wilde im Walde auch sucht.» (Pestalozzi, l. c. p. 189 f.)

[10] Vor mehr als einem Jahrhundert, unter Umständen, die der heutigen Zeit ähnlich sind, sagte Pestalozzi (l. c. p. 186): «Das Menschengeschlecht kann ohne ordnende Kraft nicht gesellschaftlich vereinigt bleiben. Die Kraft der Kultur vereinigt die Menschen als Individua in Selbständigkeit und Freiheit durch Recht und Kunst. Die Kraft der kulturlosen Zivilisation vereinigt sie ohne Rücksicht auf Selbständigkeit, Freiheit, Recht und Kunst als Masse durch Gewalt.»

Grundfragen der Psychotherapie

Erschienen in: Dialectica, Neuchâtel, 1951, Bd. V, H. 1, pp. 8–24. *GW 16.*

[1] *Über die Psychologie des Unbewußten*, *GW* 7, Paragr. 16–55.

[2] KARL KERENYI: *Der göttliche Arzt. Studien über Asklepios und seine Kultstätte*, Basel 1948, p. 84.

[3] FREUD: *Eine Kindheitserinnerung des Leonardo da Vinci*. Ges. Werke VIII.

[4] Zum Beispiel Ps. 147,3, Hiob 5,18.

[5] Der Begriff des Archetypus bildet den psychologischen Spezialfall des «pattern of behaviour» in der Biologie. Es handelt sich also beim Archetypus keineswegs um vererbte Vorstellungen, sondern um Verhaltensweisen.

[6] J. B. RHINE: *Extra-Sensory Perception*, Boston 1934.

Der therapeutische Wert des Abreagierens

Übersetzung eines Vortrages «The Therapeutic Value of Abreaction», der im British Journal of Psychology (London, 1921, I, p. 13–22) erschien. Später wurde er revidiert und in Contributions to Analytical Psychology (London und New York, 1928) publiziert. *GW 16.*

[1] British Journal of Psychology (London), Medical Section, I (1920/21) p. 16–19.

[2] Ebd. I, 1920/21, 23/29

Die praktische Verwendbarkeit der Traumanalyse

Referat beim Kongreß der Allgemeinen Ärztlichen Gesellschaft für Psychotherapie, Dresden 1931, publiziert im Kongreßbericht und in: *Wirklichkeit der Seele*, 3. Aufl., 1947, p. 68 ff. *GW 16.*

[1] W. M. KRANEFELDT: *«Komplex» und Mythos*, in: C. G. Jung, *Seelenprobleme der Gegenwart*, 1931, Olten 1973.

Allgemeine Gesichtspunkte zur Psychologie des Traumes

Erstmals auf englisch erschienen als «The Psychology of Dreams» in: *Collected Papers on Analytical Psychology*, herausgegeben von Constance E. Long. Baillière, Tindall and Cox, London 1916. Das ursprüngliche Manuskript, stark erweitert, wurde unter dem jetzigen Titel publiziert in: *Über die Energetik der Seele.* (Psychologische Abhandlungen II) Rascher, Zürich 1928. Noch einmal bearbeitet und etwas erweitert in: *Über psychische Energetik und das Wesen der Träume* (Psychologische Abhandlungen II), Rascher, Zürich 1948; Paperback 1965. Studienausgabe bei Walter, Olten 1971. *GW 8.*

[1] Vgl. Einleitung zu: KANT: *Die Logik*, Werke VIII, Berlin 1922.

[2] Vgl. *Über die Psychologie der Dementia praecox*, *GW 3*.
[3] THÉODORE FLOURNOY, *Automatisme téléologique antisuicide*, in: Archives de psychologie VII, Genf 1908, p. 113 ff.
[4] Vgl. ALPHONSE MAEDER, *Sur le mouvement psychoanalytique*, in: L'Année psychologique XVIII, Paris 1912, p. 389 ff.; ders., *Über die Funktion des Traumes*, in: Jahrbuch für psychoanalytische und psychopathologische Forschungen IV, Leipzig und Wien 1912, p. 692 ff.; ders., *Über das Traumproblem*, in: ebd., p. 647 ff.
[5] Vgl. EMMA FÜRST, *Statistische Untersuchungen über Wortassoziationen und über familiäre Übereinstimmung im Reaktionstypus bei Ungebildeten*, in: Diagnostische Assoziationsstudien, hg. von C. G. Jung, Leipzig 1906/10, Neuauflagen 1911/15, II, p. 95.
[6] THÉODORE FLOURNOY, *Des Indes à la planète Mars. Etude sur un cas de somnambulisme avec glossolalie*. 3., Paris und Genf 1900, und: *Nouvelles observations sur un cas de somnambulisme avec glossalalie*, in: Archives de psychologie I, Genf 1902, pp. 101–255.
[7] Zur Frage der Telepathie verweise ich auf J. B. RHINE: *New Frontiers of the Mind* (deutsch: *Neuland der Seele*, Stuttgart 1938).
[8] Vgl. HERBERT SILBERERS, Arbeiten zur «Symbolbildung» in: Jahrbuch für psychopathologische Forschungen III (1911) und IV (1912).
[9] Wir begegnen uns hier auch mit ADLER.
[10] ALPHONSE MAEDER, *Über das Traumproblem*, a. a. O., p. 680 ff.
[11] LUCIEN LÉVY-BRUHL, *Les Fonctions mentales dans les sociétés inférieures*, Paris 1912, p. 140. Bedauerlicherweise hat dieser Autor die durchaus treffende Bezeichnung «mystisch» später wieder ausgemerzt. Wahrscheinlich ist er dem Ansturm der Dummen, die sich unter «mystisch» ihren eigenen Kohl gedacht haben, erlegen.
[12] Für die Deutung auf der Subjektstufe hat bereits MAEDER, *Traumproblem*, einige Beispiele beigebracht. Diese beiden Deutungsverfahren sind des näheren besprochen in meiner Schrift: *Über die Psychologie des Unbewußten*, *GW 7* (Paragr. 128 ff.).
[13] Bezüglich der Projektionen in der Übertragung siehe: *Die Psychologie der Übertragung*, *Grundwerk 3*.
[14] Über die typischen Projektionsinhalte vgl.: *Die Psychologie der Übertragung*, *Grundwerk 3*.
[15] Aus Gründen der Vollständigkeit muß erwähnt werden, daß keine Imago nur von außen stammt. Zu ihrer spezifischen Gestalt trägt auch die a priori vorhandene psychische Disposition, nämlich der Archetypus bei.
[16] Damit ist die Lehre vom «Archetypus» gemeint. Ist der biologische Begriff des «pattern of behaviour» auch «metaphysisch»?
[17] Im nachfolgenden, viel später verfaßten Aufsatz *(Vom Wesen der Träume)* finden sich noch einige Ergänzungen.

Vom Wesen der Träume

Ursprünglich erschienen in der Ciba Zeitschrift IX/99 (Basel, Juli 1945). Bearbeitet und erweitert in: *Über psychische Energetik und das Wesen der Träume* (Psychologische Abhandlungen II), Rascher, Zürich 1948; Paperback 1965. Studienausgabe bei Walter, Olten 1971. *GW 8*.
[1] Vgl. das vorangehende Kapitel.

[2] Vgl. FREUD: *Die Traumdeutung*, Ges. Werke II/III.
[3] Damit soll das Prinzip der Komplementarität nicht in Abrede gestellt sein. Der Begriff der Kompensation bedeutet nur eine psychologische Verfeinerung desselben.
[4] Vgl. FREUD: *Zur Psychopathologie des Alltagslebens*, Ges. Werke IV.
[5] Vgl. C. A. MEIER: *Antike Inkubation und moderne Psychotherapie*, Zürich 1949.
[6] Vgl.: *Über die Psychologie des Unbewußten, GW 7.*
[7] Vgl.: *Zur Psychologie des Kindarchetypus, Grundwerk 2.*
[8] Dan. 4,7 ff.
[9] Der Baum ist zugleich ein alchemistisches Symbol. Vgl. *Grundwerk* 6, Abb. 231 und Titelbild, *Grundwerk 1.*
[10] Der Hirsch ist eine allegoria Christi, weil die Legende ihm die Fähigkeit der Selbsterneuerung zuschreibt. So schreibt HONORIUS VON AUTUN in seinem *Speculum Ecclesiae* (Migne, P. L. CLXXII, col. 847): «Es heißt, daß der Hirsch, nachdem er eine Schlange verschlungen habe, zur Quelle eile, um dort durch einen Schluck Wasser das Gift herausspeien zu können und dann das Geweih und die Haare abzuwerfen und neue zu empfangen.» (lat. Text siehe GW). Im *Saint-Graal* (hg. von HUCHER, III, pp. 219 und 224) wird erzählt, daß Christus den Jüngern bisweilen als weißer Hirsch mit vier Löwen (= Evangelisten) erscheine. In der Alchemie wird der Mercurius als Hirsch allegorisiert (MANGET, *Bibliotheca chemica curiosa,* Genf 1702, II, tab. IX, fig. XIII, und a. a. O.), weil der Hirsch sich selber erneuern kann: «Les os du cuer du serf vault moult pour conforter le cuer humain.» (DELATTE, *Textes latins et vieux français relatifs aux Cyranides,* Lüttich 1942, p. 346).
[11] Bezüglich der hier verwendeten alchemistischen Begriffe siehe *Grundwerk 5 und* 6.

Allgemeines zur Komplextheorie

Antrittsvorlesung, gehalten an der Eidgenössischen Technischen Hochschule, Zürich, 5. Mai 1934. Erschienen unter demselben Titel in der Reihe «Kultur- und staatswissenschaftliche Schriften der ETH» XII. Sauerländer, Aarau 1934. Bearbeitete Neuausgabe in: *Über psychische Energetik und das Wesen der Träume* (Psychologische Abhandlungen II), Rascher, Zürich 1948, Paperback 1965. Studienausgabe bei Walter, Olten 1971. *GW 8.*
[1] ETIENNE BONNOT DE CONDILLAC, französischer Philosoph und Nationalökonom, 1715–1749. Er verbreitete die Ansichten LOCKES in Frankreich und ist durch seine Schriften *Traité des systèmes* (1749) und *Traité des sensations* (1754) der eigentliche Begründer des Sensualismus geworden.
[2] Eine Ausnahme von dieser Regel bilden die Wachstumsvorgänge in Gewebestücken, welche zur Erhaltung ihres Lebens in einer Nährflüssigkeit aufbewahrt sind.
[3] OTTO VERAGUTH: *Das psychogalvanische Reflexphänomen,* Berlin 1909.
[4] Vgl. FRIEDRICH THEODOR FISCHER: *Auch Einer,* 2 Bde., Stuttgart und Leipzig 1884. Dazu JUNG: *Psychologische Typen, GW* 6, Paragr. 568 und *Grundwerk 1,* p. 252 f.

Allgemeine Beschreibung der Typen

Dieser Beitrag stammt aus *GW* 6.

[1] Vgl.: *Das Typenproblem in der Dichtkunst, GW* 6, Paragr. 526.

[2] CARL SPITTELER: *Prometheus und Epimetheus,* Jena 1915 (1. Aufl. 1880/81).

[3] WILLEM VAN WULFEN: *Der Genußmensch; ein Cicerone im rücksichtslosen Lebensgenuß,* München 1911.

[4] RICHARD SEMON: *Die Mneme als erhaltendes Prinzip im Wechsel des organischen Geschehens,* Leipzig 1904.

[5] Vgl. *GW* 6, Kap. XI, unter «Bild».

[6] 9. Aufl., Leipzig 1902.

Die Schizophrenie

Erstmals erschienen in: Schweizer Archiv für Neurologie und Psychiatrie LXXXI (Zürich 1958), pp. 163–177. *GW 3.*

[1] *Zur Psychologie und Pathologie sogenannter occulter Phänomene, GW 1.*

[2] *GW 3*

[3] Ich wählte gerade SCHOPENHAUER, weil dieser Philosoph, unter buddhistischem Einfluß stehend, den Nachdruck auf die erlösende Wirkung des Bewußtseins legt.

[4] Malen ist insofern wirksamer, als vermöge der Farben auch das Gefühl in die Darstellung einbezogen wird.

[5] Selbstverständlich kommen solche Archaismen auch bei Neurosen und ebenso bei Normalen vor. Sie sind aber seltener.

[6] Dieser Terminus ist etwas mehr spezifisch als der von WILLIAM JAMES gebrauchte Begriff des «fringe of consciousness» (*Pragmatism,* London und Cambridge [Mass.] 1907).

[7] *Über die Psychologie der Dementia praecox, GW 3,* p. 41, Paragr. 195 f.

[8] Diesem Zustand entspricht die charakteristische Affektlosigkeit des Schizophrenen.

[9] Näheres hierüber in: *Traumsymbole des Individuationsprozesses, Grundwerk 5,* 11. Traum; *Über Mandalasymbolik, GW 9/1; Synchronizität als ein Prinzip akausaler Zusammenhänge,* passim, *GW 8; Über Synchronizität, Grundwerk 2.*

[10] Historische Vorlagen hierzu dürfte die in der Rahmenerzählung des PLATONschen *Timaios* versteckte Schwierigkeit des kosmogonischen Problems sein. (Vgl.: *Versuch einer psychologischen Deutung des Trinitätsdogmas, GW 11,* p. 131 ff.)

Register

Grundwerk C.G. Jung

BAND 3
PERSÖNLICHKEIT UND ÜBERTRAGUNG

Die Beziehungen zwischen dem Ich und dem Unbewußten

I. Die Wirkungen des Unbewußten auf das Bewußtsein
Das persönliche und das kollektive Unbewußte
Die Folgeerscheinungen der Assimilation des Unbewußten
Die Persona als ein Ausschnitt aus der Kollektivpsyche
Die Versuche zur Befreiung der Individualität aus der Kollektivpsyche

II. Die Individuation
Die Funktion des Unbewußten – Anima und Animus
Die Technik der Unterscheidung zwischen dem Ich und den Figuren des Unbewußten
Die Mana-Persönlichkeit

Die Psychologie der Übertragung

Die Bilderserie des Rosarium Philosophorum als Grundlage für die Darstellung der Übertragungsphänomene

BAND 4
MENSCHENBILD UND GOTTESBILD

Psychologie und Religion

Die Autonomie des Unbewußten
Dogma und natürliche Symbole
Geschichte und Psychologie eines natürlichen Symbols

Das Wandlungssymbol in der Messe

Einleitung
Die einzelnen Teile des Wandlungsritus
Die Parallelen zum Wandlungsmysterium
Zur Psychologie der Messe

Antwort auf Hiob

BAND 5

TRAUMSYMBOLE DES INDIVIDUATIONSPROZESSES

Einleitung in die religionsgeschichtliche Problematik der Alchemie

Traumsymbole des Individuationsprozesses

I. Einführung
Das Material – Die Methode

II. Die Initialträume

III. Die Mandalasymbolik
Über das Mandala – Die Mandalas in den Träumen
Die Vision der Weltuhr – Über die Symbole des Selbst

BAND 6

ERLÖSUNGSVORSTELLUNGEN IN DER ALCHEMIE

Die alchemistischen Grundbegriffe
Die psychische Natur des alchemistischen Werkes
Das Werk
Die Materia prima
Die Lapis-Christus-Parallele
Die alchemistische Symbolik im religionsgeschichtlichen Rahmen

BAND 7

SYMBOL UND LIBIDO

Über die zwei Arten des Denkens
Vorgeschichte
Der Schöpfungshymnus
Das Lied von der Motte
Über den Begriff der Libido
Die Wandlung der Libido

BAND 8
HEROS UND MUTTERARCHETYP

BAND 9
MENSCH UND KULTUR

Gesammelte Werke von C. G. Jung

Herausgegeben
von Lilly Jung-Merker †, Dr. phil. Elisabeth Rüf und
Dr. phil. Leonie Zander

Band 12
Psychologie und Alchemie

Band 13
Studien über alchemistische Vorstellungen

Band 14/I und II
Mysterium Coniunctionis

Band 14/III
Mysterium Coniunctionis.
Ergänzungsband «Aurora consurgens»

Band 15
Über das Phänomen des Geistes in Kunst und Wissenschaft

Band 16
Praxis der Psychotherapie

Band 17
Über die Entwicklung der Persönlichkeit

Band 18/I und II
Das symbolische Leben. Verschiedene Schriften

Band 19
Bibliographie

Band 20
Gesamtregister

Supplementband Seminare: Kinderträume

Supplementband Seminare: Traumanalyse

Supplementband Seminare: Analytische Psychologie

Briefe in drei Bänden 1906–1961

WALTER-VERLAG

Das C. G. Jung-Lesebuch

Ausgewählt von Franz Alt

Vorwort
Das Grundproblem der gegenwärtigen Psychologie
C. G. Jung über Sigmund Freud
Einige Aspekte der modernen Psychotherapie
Vom Wesen der Träume
Die praktische Verwendbarkeit der Traumanalyse
Die Bedeutung der analytischen Psychologie
für die Erziehung
Vom Werden der Persönlichkeit
Die Lebenswende
Seele und Tod
Die Frau in Europa
Wotan – Sein Wiedererwachen im Dritten Reich
Nach der Katastrophe
Gegenwart und Zukunft
Techniken für einen dem Weltfrieden dienlichen
Einstellungswandel – Memorandum
für die UNESCO
«Religion und Psychologie» –
Eine Antwort auf Martin Buber
«Was ist Gott?»
«Kirche und Wissenschaft»
«Der Herr des Schicksals im Unbewußten»
«Lärm als Kompensation der Angst»
«Schrittmacher der Vermassung»
«Das wahre Problem unserer Welt ist ein psychologisches»